実践 土地の有効活用

所法58条の交換・共有地の解消(分割)・立体買換えに係る実務とQ&A

税理士・不動産鑑定士 松本 好正 著

税務研究会出版局

は し が き

 このたび「実践 土地の有効活用 所法58条の交換・共有地の解消（分割）・立体買換えに係る実務とQ&A」を発刊することになりました。
 私は、現在、税理士及び不動産鑑定士として活動しておりますが、仕事柄、不動産に関する仕事に携わることが多く、中でも固定資産の交換や共有状態にある不動産の解消などについて質問されることが多いです。
 本書はそうした観点から、土地の有効活用という面を意識して、「交換」・「共有地の解消（分割）」・「立体買換え」の実務とそれに係る課税関係について著述しました。
 まずは、「固定資産の交換」ですが、所得税法第58条で定める要件を満たすことによって所得税の負担なしで、他の固定資産と交換取得することができるので、その効果は非常に大きいということがいえます。
 しかしながら、適用要件について、非常に重要な特例であるにも関わらず、所得税法第58条に記載があるだけですので、抽象的で解りにくいといった声が聞かれます。
 例えば、①交換する相互土地の時価の問題、②交換取得する土地等の同一用途に供する時期、③1年以上の所有期間の判定、④交換の相手が交換のために取得したものでないことの確認、⑤要件は交換当事者双方に係るものか一方に係るものか（要件を満たさなかった場合、当事者双方の特例適用が否認されるのか又は要件を満たさなかった者だけが特例の適用ができないのか）、⑤一部を交換とし、その他を売買としたようなケースなど実務では、さまざまな疑問が生じます。

i

第1章では、所得税法第58条が創設された趣旨などの基本的事項から、実務において生じた様々な問題を取り上げ分かりやすく解説・回答しております。また、適用が否認された場合の課税上の考え方も記載していますので、リスク対策という点で参考になるかと思います。

　次に、「共有地の解消（分割）」ですが、先代の相続の際は、相続税の負担をなるべく少なくするためにとりあえず共有にしたものの、その後数年が経過し、その相続人の子供が成人になってくると、共有状態のままでは、自由に処分したり、利用することができないため、共有関係を解消したいといった意見が出てきます。

　こうした動きは、自然な流れであり、また、こうした悩みを抱えている者も多くおられることと思いますが、本書では共有関係を解消する方法についていくつか挙げるとともに、その場合の課税関係について整理して記載しました。

　特に、土地の現物分割は、固定資産の交換と同様にその持分に応ずる現物分割があった場合、その分割による土地の譲渡はなかったものとされるため、とても重要な手段であり、詳しく記載しています。

　また、共有地の分割の場合だけでなく、土地を合筆する場合についてまでも記載し、その方法及びそれに関する課税関係を記載しています。

　最後が「立体買換え」ですが、立体買換えとは端的にいうと、土地をデベロッパーに譲渡すると同時に、その対価として、デベロッパーがその土地の上に建築する建築物の一部を取得する等価交換事業のことをいいます。実務的には、施行者である大手不動産会社等が中心となって行う駅前再開発事業などが中心と考えられますが、このような再開発事業は、個人が施行者となること稀であるため、私どものような開業税理士が直接この特例を関係者に説明するという機会は少ないと思います。しかし、立体買換えの特例（措法37の5）の申告をクライアントから任され

はしがき

ることはあるかもしれず、税理士が申告を引き受ける以上、その税制について理解しておく必要のあるのは当然のことです。

　また、現在、東京オリンピックに向けて東京都心部の高度商業地域や地方主要都市の駅前地区では再開発等が増えてきていますが、そうしたところに土地をお持ち方から土地の有効活用についての質問があった場合にも本書は十分耐えうるものと信じております。

　本書の内容は上記全種類の土地の有効活用の解説が中心ですが、いずれの項目についても読者の方が理解し易いようにQ&A方式を採用し、多くの事例を盛り込んで、微に入り細に入り記載したつもりですので、土地活用について馴染みのない方から、専門家まで読んでいただけるのではないかと思っております。

　また、職業柄、司法書士の先生方や不動産コンサルタントの方々も利用できるようなるべく課税実務に即して、その要点がわかるように著述したつもりです。

　立体買換えはともかく、固定資産の交換や共有地の分割は、土地の有効活用にあたり、欠くことはできない有効な手段ということが言えますので、先代の相続を引きずったまま、共有であるが故、自由な処分や利用ができない者や、土地の形状が悪く土地の有効利用が妨げられている者がいれば、本書を是非一読していただき、土地の有効活用に役立てていただければと思います。

　最後に本書の出版の機会をいただいた、税務研究会出版局・編集部の方々に厚く御礼申し上げると同時に特に奥田氏及び柳原氏には大変お世話になりました。心から感謝します。

　　平成28年8月

　　　　　　　　　　　　　　税理士・不動産鑑定士　　松本　好正

目 次

第1章　固定資産の交換（所得税法第58条）

概　要

1 所得税法第58条の交換の特例の概要 —————————————— 2

2 固定費の交換の特例の活用例 ————————————————— 4

 (1)　底地と借地権の交換 ……………………………………………… 4
 (2)　隣接する土地との交換① ………………………………………… 5
 (3)　隣接する土地との交換② ………………………………………… 5
 (4)　土地の持分の交換 ………………………………………………… 6
 (5)　建物の持分の交換 ………………………………………………… 6

3 特例の適用要件 ————————————————————————— 8

 (1)　交換譲渡資産及び交換取得資産のいずれもが次に掲げる種類の固定資産で、かつ相互に同種類の固定資産であること ……………… 8
 (2)　交換譲渡資産及び交換取得資産のいずれも、それぞれの所有者が1年以上所有していたものであり、かつ、交換の相手方が所有していた資産は交換の目的で取得したものではないこと ……………… 9
 (3)　交換により取得した資産を交換譲渡した資産の交換直前の用途と「同じ用途」に供すること ……………………………………… 10
 (4)　交換譲渡資産の価額（時価）と交換取得資産の価額（時価）との差額が、これらの資産の価額（時価）のいずれか高い方の価額の20％以内であること ……………………………………………… 12

4 固定資産の交換の特例を適用した場合、譲渡所得の計算 ──── 16

 (1) 交換差金等を受領しなかった場合 ──────────────── 16
 (2) 交換差金等を受領した場合 ────────────────── 16

5 申告等の手続き ─────────────────────── 18

6 交換取得資産の取得費の計算 ─────────────── 19

 (1) 取得時期 ──────────────────────── 19
 (2) 取得価額 ──────────────────────── 20

設例 ─────────────────────────── 26

Q & A

Q&A 1	不動産会社が所有する宅地（棚卸資産）との交換 …………	34
Q&A 2	UR都市機構が有する土地との交換 ………………………	36
Q&A 3	地方公共団体等が所有する土地との交換 …………………	40
Q&A 4	土地区画整理事業に係る保留地との交換 …………………	41
Q&A 5	宅地と青空駐車場用地を交換した場合 ……………………	43
Q&A 6	共有持分の交換 ……………………………………………	46
Q&A 7	耕作権と底地の交換 ………………………………………	48
Q&A 8	山林と原野を交換した場合 ………………………………	57
Q&A 9	山林（立木がある場合）の交換 …………………………	59
Q&A 10	農地を宅地に造成した後、宅地と交換した場合 …………	61
Q&A 11	借地権と底地の交換 ………………………………………	64
Q&A 12	借地権の設定の対価として土地を取得した場合(1) ………	67
Q&A 13	借地権の設定の対価として土地を取得した場合(2) ………	70
Q&A 14	借家権とマンションとの交換 ……………………………	73
Q&A 15	交換の対象となる建物附属設備 …………………………	75
Q&A 16	1年以上所有していた固定資産の意義(1) ………………	77

Q&A 17	1年以上所有していた固定資産の定義(2)	80
Q&A 18	共有地の分割と所有期間の判定	82
Q&A 19	相続により取得した土地を交換し、すぐその土地を物納した場合	85
Q&A 20	交換の相手が交換するために取得した土地と交換した場合	89
Q&A 21	交換のために取得したものではないことの要件	92
Q&A 22	取得資産を譲渡直前の用途と同一の用途に供する時期	96
Q&A 23	交換取得資産を交換譲渡資産の譲渡直前の用途と同一の用途に供したかの判定	98
Q&A 24	転売目的で交換した場合	114
Q&A 25	交換により取得した固定資産を同一年中に譲渡した場合	117
Q&A 26	交換によって取得した資産を再度交換した場合	119
Q&A 27	2つの資産を譲渡するに当たり、一方を交換とし、他方を売買とした場合	122
Q&A 28	1つの資産につき一部を交換とし、一部を売買とした場合	124
Q&A 29	共有者の一方は交換と他方は売買とした場合	127
Q&A 30	一つの効用を有する土地を2つに区分し、交換と売買をした場合	129
Q&A 31	2種類の固定資産を同時に交換した場合	131
Q&A 32	土地及び建物と土地を交換した場合の交換差金の取扱い	133
Q&A 33	客観的な時価と異なる資産との交換(1)	135
Q&A 34	客観的な時価と異なる資産との交換(2)	141
Q&A 35	3人が所有する土地を相互に交換する場合（三者交換）	144
Q&A 36	交換に当たり、譲渡及び取得に要した費用	147
Q&A 37	交換のために要した費用の負担と交換差金	149
Q&A 38	譲渡損となる交換に所得税法第58条を適用することの有無	152
Q&A 39	交換によって取得した固定資産の取得時期及び取得価額（引継価額）	155
Q&A 40	確定申告書に所得税法第58条第1項の規定を適用を受ける旨の記載がなかった場合	158
Q&A 41	法律の規定に基づかない区画形質変更に伴う土地の交換分合	160

Q&A 42　宅地造成契約に基づく土地の交換等 ……………………………… 164

第2章　共有地の解消（分割）

概　要

1 共有 ──────────────────────────────170
　(1)　共有とは …………………………………………………………… 170
　(2)　共有者の権利 ……………………………………………………… 170
　(3)　共有の長所と短所 ………………………………………………… 171

2 共有関係を解消させる方法と手続き ─────────────175
　(1)　共有関係を解消する方法 ………………………………………… 175
　(2)　共有物の分割の手続き及び請求権 ……………………………… 179

3 課税関係 ────────────────────────────183
　(1)　現物分割（共有地分割） ………………………………………… 183
　(2)　換価分割 …………………………………………………………… 184
　(3)　共有持分の処分（価格賠償） …………………………………… 185
　(4)　共有持分の放棄 …………………………………………………… 189
　(5)　共有者の死亡 ……………………………………………………… 191

Q & A

Q&A 43　共有地の分割（場所が違う場合） ………………………… 198
Q&A 44　共有地を分割した場合の課税関係 ………………………… 201

Q&A 45	共有地の分割（面積比による分割）	203
Q&A 46	共有地の分割（価額比による分割）	205
Q&A 47	複数の者が所有する共有地の分割	207
Q&A 48	共有持分に相応する分割が行われなかった場合	210
Q&A 49	交換差金がある場合の共有地分割	214
Q&A 50	土地の合筆と交換の特例	229
Q&A 51	土地を合筆するための要件	232
Q&A 52	分割協議の成立により土地が細分化された場合	235
Q&A 53	共有地分割に係わる諸経費	239
Q&A 54	共有地分割の手続き	241
Q&A 55	共有者の一人が持分を放棄した場合の課税関係	245
Q&A 56	不動産の共有持分を放棄した場合と贈与した場合	247
Q&A 57	不動産の共有持分を放棄した場合の放棄した者へのみなし贈与課税	249
Q&A 58	土地の共有者の一人が死亡した場合の相続	250
Q&A 59	共有者が他の共有者の持分を遺贈により取得したときの相続税の申告	253
Q&A 60	換価分割のための相続登記と贈与税	256
Q&A 61	未分割財産を譲渡した場合の譲渡申告とその後分割が確定したことによる更正の請求	258
Q&A 62	代償分割が行われた場合の相続税の課税価格の計算	261
Q&A 63	代償分割による資産の移転	268
Q&A 64	代償分割により取得した資産の取得費	271

第3章　立体買換え

概　要

1 はじめに ──────────────────────────── 276
　(1)　措置法第37条の5の適用要件 ───────────────── 277

2 特定民間再開発事業の施行地区内における土地等及び建物等
　　から中高層耐火建築物への買換えの特例（措法37の5①一） ───── 280
　(1)　特例の適用要件 ─────────────────────── 280
　(2)　譲渡所得の計算方法 ──────────────────── 294
　(3)　申告手続 ──────────────────────── 295
　(4)　更正の請求及び修正申告 ───────────────── 296
　(5)　買換資産の取得価額 ──────────────────── 297

3 やむを得ない事情により特定民間再開発事業の施行地区外に
　　転出する場合の居住用財産の特例 ────────────── 299
　(1)　特例の概要 ─────────────────────── 299
　(2)　譲渡資産の範囲 ──────────────────── 299
　(3)　中高層耐火建築物の取得が困難である特別な事情 ─────── 300
　(4)　本件特例の内容 ──────────────────── 301
　(5)　申告手続等 ─────────────────────── 301

4 既成市街地等内における中高層の耐火共同住宅建設のための
　　買換えの特例（措法37の5①二） ───────────────── 303
　(1)　特例の適用要件 ──────────────────── 303
　(2)　譲渡所得の計算方法 ──────────────────── 310
　(3)　申告手続等 ─────────────────────── 311

(4)　更正の請求及び修正申告 ……………………………………… 312
　　(5)　買換資産の取得価額 …………………………………………… 313
　設例　申告書の記載例（措置法第37条の5第1項一号)〕………… 315

5 既成市街地等内にある土地等の中高層耐火建築物等の建設のための交換の特例の概要 ──────────────────── 322

　　(1)　所有していた土地等及び建物等と中高層耐火建築物又は中高層の耐火共同住宅と交換した場合 ………………………………… 322
　　(2)　上記(1)以外の場合で、その交換により交換差金（金銭）を取得し、その交換差金で「買換資産」を取得した場合 ……………… 322
　　(3)　その他 …………………………………………………………… 323

Q & A

Q&A 65	2つの立体買換えの特例の比較 ………………………………… 326
Q&A 66	買換資産の取得（所有権移転リース）………………………… 329
Q&A 67	買換資産の取得期限と使用期限 ………………………………… 332
Q&A 68	中高層耐火建築物等の取得期限及び延長の理由 ……………… 335
Q&A 69	地上4階又は地上3階の判定 …………………………………… 338
Q&A 70	立体買換えの特例の対象地が2つあった場合の譲渡所得の計算 ……………………………………………………………………… 340
Q&A 71	等価交換契約書において譲渡価額及び取得価額の定めがない場合 ……………………………………………………………… 342
Q&A 72	事業の用に供していた土地等及び建物等が適用除外となる理由 ………………………………………………………………… 346
Q&A 73	譲渡した土地等の上に中高層の耐火建築物が建築されない場合 ……………………………………………………………… 348
Q&A 74	土地利用の共同化に寄与するものであるかどうかの判定……… 352
Q&A 75	立体買換えの特例を受けないで居住用財産を譲渡した場合の特例 ……………………………………………………………… 356

Q&A 76	中高層耐火建築物を取得できない特別の事情	358
Q&A 77	中高層の耐火共同住宅の意義	359
Q&A 78	中高層の耐火共同住宅を建築する者の要件	361
Q&A 79	容積率の異なる地域にまたがる一団の土地の上に2棟の中高層耐火共同住宅が建築される場合	363
Q&A 80	譲渡する土地のうち、中高層の耐火共同住宅の敷地の用に供されない部分がある場合	366
Q&A 81	譲渡した者が買換資産である中高層の耐火共同住宅を建築しているケース	368
Q&A 82	中高層の耐火共同住宅を譲渡の前に取得していた場合	370
Q&A 83	中高層の耐火共同住宅を建築した年の翌年に譲渡した場合	372
Q&A 84	中高層の耐火共同住宅の建築主の変更	374
Q&A 85	買換資産である中高層の耐火共同住宅を転得した者から取得した場合	376
Q&A 86	床面積の1/2以上が専ら居住用であるかどうかの判定(1)	378
Q&A 87	床面積の1/2以上が専ら居住用であるかどうかの判定(2)	380
Q&A 88	生計を一にする親族の事業の用に供する中高層の耐火共同住宅	382
Q&A 89	中高層の耐火共同住宅の建設のための買換えの特例と措置法第35条との併用適用（一つの譲渡）	385
Q&A 90	中高層の耐火共同住宅の建設のための買換えの特例と措置法第35条との併用適用（二つの譲渡）	386
Q&A 91	交換差金で取得する買換資産	388

資料―関係法令等 ……… 391

凡 例

主な法令等の略称は、以下の通りです。

相法……………相続税法
相基通…………相続税法基本通達
所法……………所得税法
所令……………所得税法施行令
所規……………所得税法施行規則
所基通…………所得税基本通達
措法……………租税特別措置法
措令……………租税特別措置法施行令
措規……………租税特別措置法施行規則
措通……………租税特別措置法関係通達
評価通達………財産評価基本通達
民………………民法
都計法…………都市計画法
鑑定評価基準……不動産鑑定評価基準

第1章 固定資産の交換（所得税法第58条）

概　要

第1章 固定資産の交換（所得税法第58条）

1 所得税法第58条の交換の特例の概要

　甲が所有するＡ土地（時価1億円）と乙が所有するＢ土地（時価1億円）を交換した場合、税務上の原則的な考え方からすると、甲はＡ土地を乙に1億円で譲渡し、その代金で乙が所有していたＢ土地を購入したと考え、結果的に譲渡したＡ土地に含み益がある場合には譲渡所得として課税されることになります。

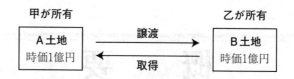

　しかしながら、上記のような場合、土地と土地の交換であって、しかも、金銭の授受もないのに課税されるのは、当事者間の意思及び税負担の観点から適当とはいえないことから、その固定資産の交換が一定の要件を満たしているとき、譲渡がなかったものとして課税を繰り延べる固定資産の交換の特例（所法58）という制度が設けられています。

　すなわち、土地（借地権及び耕作権を含みます。）、建物（これに附属する設備及び構築物を含みます。）、機械及び装置、船舶又は鉱業権（租鉱権及び採石権その他土石を採掘し又は採取する権利を含みます。）などの固定資産を、これらと同種類の固定資産と交換し、交換によって取得した資産（以下「交換取得資産」といいます。）を交換によって譲渡した資産（以下「交換譲渡資産」といいます。）の交換直前の用途と同一の用途に供した場合で、さらに、交換取得資産の価額と交換譲渡資産の価額との差額がこれらの資産の価額のうちいずれか高い方の価額の20％以内のとき

1 所得税法第58条の交換の特例の概要

は、その譲渡資産の譲渡はなかったものとみなされます。

なお、所得税法第58条で規定する要件に該当しないときには、所得税法の基本的な考え方から、交換取得資産の時価（正常価格）により譲渡があったものとして譲渡所得が課税されることになります。

第1章　固定資産の交換（所得税法第58条）

2　固定費の交換の特例の活用例

　土地の有効活用を考えている場合において「交換」という手法を用いることにより所得税の負担を要しないというのであれば、この方法を採用しない手はありません。

　では、「交換」の手法を使って土地の有効利用を図るとは、具体的にどのような場合を想定しているのでしょうか。

　例えば、①借地権と底地権を一部分を交換してどちらも所有権とする場合、②隣接する土地の一部分をお互い交換して整形地とする場合などが考えられますが、具体的には、次のようなケースが挙げられます。

(1) 底地と借地権の交換

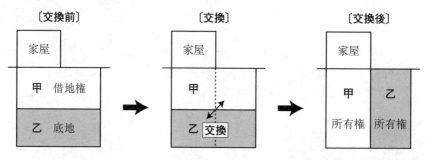

　甲は借地権を有しており、乙は底地を有していましたが、お互いにこの土地を自己の単独所有にしたいという意向を持っていました。

　そこで甲が所得する借地権の一部と乙が所有する底地の一部を交換することによりそれぞれ単独所有とすることができました。

2 固定費の交換の特例の活用例

(2) 隣接する土地との交換①

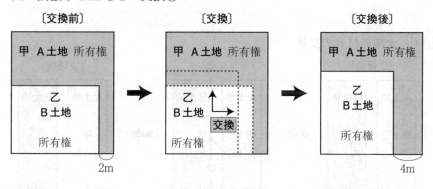

　甲はＡ土地を所有していましたが、間口が2mで建物の再建築ができませんでした。そこで隣接するＢ土地を所有する乙にＡ土地の一部とＢ土地の一部を交換することを提案し、その結果、Ａ土地の間口が拡がり有効活用を図ることができました。

(3) 隣接する土地との交換②

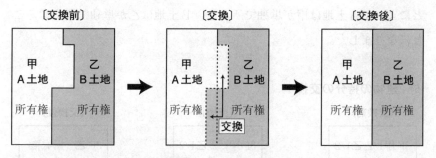

　甲はＡ土地を所有しており、乙はＢ土地を所有していましたが、境界線が入り組んでいるため、双方の土地は不整形となっていました。
　そこで甲と乙は協議し、甲が所有するＡ土地の一部と乙が所有するＢ土地の一部を交換することによって、双方の土地が整形地となり、それ

ぞれの土地の有効活用を図ることができました。

(4) 土地の持分の交換

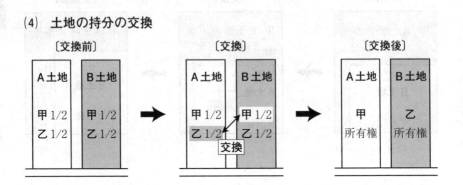

　A土地及びB土地の所有権を甲及び乙がそれぞれ1/2所有していましたが、共有状態のままでは、自由に処分・利用することができないため、それぞれの土地を単独所有にしたいという意向を持っていました。
　そこで甲と乙が協議し、それぞれ単独所有となるように乙が有するA土地に係る1/2の持分と甲が有するB土地に係る1/2の持分を交換することによってA土地は甲が単独で所有し、B土地は乙が単独で所有することになりました。

(5) 建物の持分の交換

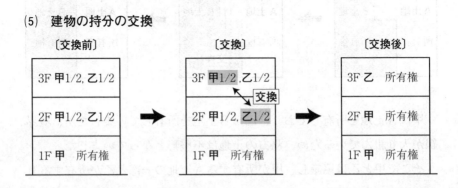

建物の2階部分及び3階部分の区分所有権を甲及び乙がそれぞれ1/2所有していました。

そこで、建物の2階部分及び3階部分が単独所有となるように甲と乙が協議し、乙が有する2階部分の持分1/2と甲が有する3階部分の持分1/2を交換することにより、2階部分については甲の単独所有、3階部分については乙の単独所有とすることができました。

上記(1)～(5)のような、交換を行った場合には原則的には、交換譲渡資産を交換取得資産の時価により譲渡したものとして譲渡所得課税が行われますが、後述❸で説明する所得税法第58条の特例要件を満たすことにより、譲渡がなかったものとして取り扱われます。

第1章　固定資産の交換（所得税法第58条）

3 特例の適用要件

　前記**2**で固定資産の交換の特例（所法58）の活用例について説明しましたが、この所得税法第58条の特例の適用を受けるためには、次の(1)〜(4)の要件の全てを満たすことが必要です。

(1) **交換譲渡資産及び交換取得資産のいずれもが次に掲げる種類の固定資産で、かつ相互に同種類の固定資産であること**

　所得税法第58条の適用対象となる固定資産は、土地等をはじめとして5つの固定資産に限られていますが、適用に当たっては、さらに同種類同士の固定資産の交換のみが適用対象となります。ここでいう「同種類の固定資産の交換」とは、例えば、土地と土地又は建物と建物というように同じ種類の資産であることをいい、土地と建物というように異なる種類の固定資産の交換は、特例の適用対象になりません。

　また、固定資産とは、販売目的でなく、継続的に長期間使用するために所有する資産のことをいうので、交換資産の中に棚卸資産及びこれに準ずる資産が含まれている場合にはそれが同種類同士の交換であっても、所得税法第58条の適用を受けることはできません。

資産の種類	留意点
土地等	土地、借地権及び賃借権（建物又は構築物の所有を目的とするものに限ります。）、耕作権（権利の移転又は解約について農地法の許可等が必要なものに限ります。）などが土地等に含まれます。
建物	建物に附属する設備や構築物を含みます。
機械及び装置	機械と装置の交換も同種類の資産に該当します。
船舶	―

| 鉱業権 | 租鉱権及び採石権その他土石を採掘し又は採取する権利を含みます。 |

(2) **交換譲渡資産及び交換取得資産のいずれも、それぞれの所有者が1年以上所有していたものであり、かつ、交換の相手方が所有していた資産は交換の目的で取得したものではないこと**

　固定資産の交換の特例は、交換譲渡資産及び交換取得資産のいずれもが、それぞれの所有者において1年以上所有していることが必要です。

　この所有期間の計算は取得してから交換（譲渡）するまでの期間をいいますが、所得税法及び租税特別措置法（以下「措置法」といいます。）では、いわゆる譲渡資産の取得時期に関する買換え等の特例が設けられており、これらの取得時期の引継ぎに関する特例の適用を受けて取得した固定資産を交換譲渡した場合、その固定資産が「1年以上有していた固定資産」に該当するかどうかの判定について判断に迷いが生じることも予想されます。

　そこで買換え等の特例の適用を受けて取得した資産の所有期間の計算については、次のように規定されています（所基通58-1の2）。

取得原因	取得の日
他から取得（建設）した資産	資産の引渡しを受けた日
贈与、相続及び遺贈により取得した資産	贈与者、被相続人及び遺贈者がその資産を取得した日
時価の1/2未満で取得した資産	時価課税が行われている場合……実際の取得日 時価課税が行われていない場合……譲渡資産の取得日
収用交換等の特例により取得した代替資産	収用交換等により譲渡した資産を取得した日
所法58条の特例の適用を受けた交換取得資産	交換により実際に取得した日

第1章　固定資産の交換（所得税法第58条）

(3) 交換により取得した資産を交換譲渡した資産の交換直前の用途と「同じ用途」に供すること

　交換取得資産を交換譲渡資産の交換直前の用途と「同じ用途」に供したかについては、「資産の種類」に応じて「用途の区分」欄に掲げる用途とおおむね同じ用途に供したかどうかによって判定します（所基通58－6）。

資産の種類	用途の区分
土地	①宅地　②田畑　③鉱泉地　④池沼　⑤山林　⑥牧場や原野　⑦その他
建物	①居住の用　②店舗や事務所の用　③工場の用　④倉庫の用　⑤その他の用
機械及び装置	平成20年財務省令第32号による改正前の「減価償却資産の耐用年数等に関する省令」別表第二の「設備の種類」ごとの用
船舶	①漁船　②運送船　③作業船　④その他

［用途の判定において注意すべき点］

　イ　交換譲渡資産の交換直前の用途

　交換譲渡資産の交換直前の用途は、例えば、農地を宅地に造成し、又は住宅を店舗に改造するなどその交換譲渡資産を他の用途に供するために造成又は改造に着手して他の用途に供することとしている場合には、その造成又は改造後の用途をいいます。

　ところで、農地を宅地に造成した後、その土地を譲渡したような場合の課税における所得区分は、原則として事業所得又は雑所得として取り扱うとされています（所基通33－4）。ただし、その土地が極めて長期間保有されていたものであるときは、その造成による利益に対応する部分は事業所得又は雑所得とされ、その他の部分は譲渡所得として取り扱っ

ても差し支えないこととされています（所基通33－5）。

　このことに関連して、造成後の土地を他人が所有する固定資産である土地と交換した場合において、所得税法第58条の交換の特例が適用されるかについては、その譲渡による所得が所得税基本通達33－5《極めて長期間保有していた土地に区画形質の変更等を加えて譲渡した場合の所得》により譲渡所得として課税される部分についてのみ該当するものとされています（所基通58－7）。

　なお、交換に供した交換譲渡土地（造成土地）の価額のうち事業所得又は雑所得に係る収入金額に相当する部分の金額は、交換差金として取り扱われることとなります。

ロ　交換取得資産を交換譲渡資産の交換直前の用途と同一の用途に供する時期

　所得税法第58条の交換の特例の適用を受けるためには、交換取得資産を交換譲渡資産の譲渡直前の用途と同じ用途に供することが要件の一つとされていますが、この交換取得資産をいつまでに交換譲渡資産の譲渡直前の用途と同じ用途に供しなければならないかについては法令上、明らかにされていません。

　しかし、実務上は、交換取得資産をその交換に係る確定申告書の提出期限までに交換譲渡資産の交換直前の用途と同じ用途に供したとき（相続人がその用途に供した場合を含みます。）は、同一用途要件を満たすものとして取り扱われているようです。

　この場合において、交換取得資産を交換譲渡資産の交換直前の用途と同じ用途に供するために改造等をする必要があり、実際にも改造等をその確定申告書の提出期限までに着手しているときで、かつ、相当期間内

第1章　固定資産の交換（所得税法第58条）

にその改造等が終了する見込みであるときに限り、その提出期限までに同一用途に供されたものとして取り扱われます（所基通58-8）。

(4) **交換譲渡資産の価額（時価）と交換取得資産の価額（時価）との差額が、これらの資産の価額（時価）のいずれか高い方の価額の20％以内であること**

　固定資産を交換した場合において、所得税法第58条の交換の特例の適用を受けるためには、交換時における交換譲渡資産の価額（時価）と交換取得資産の価額（時価）が等しいことが原則ですが、仮に開差があったとしてもその価額差がいずれか高い価額の20％相当額の範囲内であれば適用要件を満たしているものとして取り扱われます。

　この場合の交換譲渡資産又は交換取得資産の交換時の価額とは、一般的には通常成立すると認められる取引価額（鑑定評価基準でいうところの正常価格）をいうものと解することができますが、現実の取引においては、交換当事者間で合意した価額がこの正常価格とかけ離れたものとなる場合も見受けられます。

　このような場合でも、その取引が交換当事者がおかれた立場からみて、真にやむを得ないと認められ、かつ合意された価額が交換をするに至った事情等に照らし合理的に算定されていると認められる場合には、その合意された価額が通常の取引価額（正常価格）と異なる場合であっても、所得税法第58条を適用するに当たり基準とする交換時の価額は、その当事者間において合意された価額（鑑定評価基準でいうところの限定価格）を採用することができるとされています（所基通58-12）。

　なお、限定価格を採用する場合には、交換当事者で合意された価額自体が合理的に算定されたものであるかについて十分検討をする必要があ

りますが、例えば、交換当事者に取引関係等があり相手方に利益を与えようとする意思が明らかな場合や、親族間（特に親子）で著しく価額の異なる土地等や建物を交換が行われ、その理由が税金対策等であるような場合には、それは合理的に算定された価額ということはできません。

> **参考**
>
> **不動産鑑定評価基準及び不動産鑑定評価基準運営上の留意事項（一部抜粋）**
>
> １．正常価格
>
> 　正常価格とは、市場性を有する不動産について、現実の社会経済情勢の下で合理的と考えられる条件を満たす市場で形成されるであろう市場価値を表示する適正な価格をいう。この場合において、現実の社会経済情勢の下で合理的と考えられる条件を満たす市場とは、以下の条件を満たす市場をいう。
>
> (1) 市場参加者が自由意思に基づいて市場に参加し、参入、退出が自由であること。
>
> 　なお、ここでいう市場参加者は、自己の利益を最大化するため次のような要件を満たすとともに、慎重かつ賢明に予測し、行動するものとする。
>
> ① 売り急ぎ、買い進み等をもたらす特別な動機のないこと。
>
> ② 対象不動産及び対象不動産が属する市場について取引を成立させるために必要となる通常の知識や情報を得ていること。
>
> ③ 取引を成立させるために通常必要と認められる労力、費用を費やしていること。
>
> ④ 対象不動産の最有効使用を前提とした価値判断を行うこと。

⑤　買主が通常の資金調達能力を有していること。
(2)　取引形態が、市場参加者が制約されたり、売り急ぎ、買い進み等を誘引したりするような特別なものではないこと。
(3)　対象不動産が相当の期間市場に公開されていること。

　また、「現実の社会経済情勢の下で合理的と考えられる条件」とは次のような条件をいい、不合理な又は非現実的な条件は、合理的とはいえません。
イ　買主が通常の資金調達能力を有していることについて
　　通常の資金調達能力とは、買主が対象不動産の取得に当たって、市場における標準的な借入条件（借入比率、金利、借入期間等）の下での借り入れと自己資金とによって資金調達を行うことができる能力をいう。
ロ　対象不動産が相当の期間市場に公開されていることについて
　　相当の期間とは、対象不動産の取得に際し必要となる情報が公開され、需要者層に十分浸透するまでの期間をいう。なお、相当の期間とは、価格時点における不動産市場の需給動向、対象不動産の種類、性格等によって異なることに留意すべきである。
　　また、公開されていることとは、価格時点において既に市場で公開されていた状況を想定することをいう（価格時点以降売買成立時まで公開されることではないことに留意すべきである。）。

２．限定価格

　限定価格とは、市場性を有する不動産について、不動産と取得する他の不動産との併合又は不動産の一部を取得する際の分割等に基づき正常

価格と同一の市場概念の下において形成されるであろう市場価値と乖離することにより、市場が相対的に限定される場合における取得部分の当該市場限定に基づく市場価値を適正に表示する価格をいう。

限定価格を求める場合を例示すれば、次のとおりである。
(1) 借地権者が底地の併合を目的とする売買に関連する場合
(2) 隣接不動産の併合を目的とする売買に関連する場合
(3) 経済合理性に反する不動産の分割を前提とする売買に関連する場合

第1章 固定資産の交換（所得税法第58条）

4 固定資産の交換の特例を適用した場合、譲渡所得の計算

　所得税法第58条の固定資産の交換の特例の適用を受けた場合の譲渡所得の計算は次のとおりです。この場合、交換差金を受領しない場合には、当事者間で合意した交換譲渡資産の価額と交換取得資産の価額が等しいことになりますので、譲渡所得は課税されません。

　また、交換譲渡資産の価額が交換取得資産の価額より高いため、交換差金を受領する場合において、その交換差金の価額が交換譲渡資産の価額の20％を超える場合には、所得税法第58条の適用はできません。

　なお、交換差金の額が交換譲渡資産の価額の20％以内であり、固定資産の交換の特例が適用される場合でも交換差金については課税が行われます。

(1) 交換差金等を受領しなかった場合

　譲渡所得は課税されません。

(2) 交換差金等を受領した場合

　交換差金等を受領した場合の譲渡所得金額の計算は次のとおりです。

算式

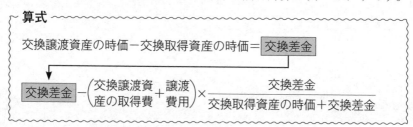

4 固定資産の交換の特例を適用した場合、譲渡所得の計算

> (注) 交換のために要した費用のうちに「交換譲渡のために要した費用の額」と「交換取得するために要した経費の額」とがある場合において、仲介手数料、周施料など「譲渡」及び「取得」の双方に関連する費用でいずれの費用に該当するか明らかでないものがあるときは、各費用の50％ずつを「譲渡」及び「取得」のための費用とします（所基通58－10）。

第1章　固定資産の交換（所得税法第58条）

5　申告等の手続き

　固定資産の交換の特例の適用を受けるためには、交換をした年分の確定申告書第三表（分離課税用）の「特例適用条文」欄に「所法58条」と記載するとともに、次の事項を記載した「譲渡所得の内訳書（確定申告書付表兼計算明細書）［土地・建物用］」（21頁参照）を添付して確定申告書の提出期限までに所轄税務署長に申告しなければなりません（所法58③、所規37）。

　①　交換譲渡資産と交換取得資産の種類、数量、用途及びその価額
　②　交換の相手方の氏名又は名称及び住所もしくは居所又は本店もしくは主たる事務所の所在地
　③　交換の年月日
　④　交換譲渡資産及び交換取得資産の取得年月日
　⑤　その他参考となるべき事項

　なお、確定申告書の提出がなかった場合、又はこの特例の適用を受ける旨の記載がない確定申告書が提出された場合において、その提出又は記載がないことについて税務署長がやむを得ない事情があると認めたときは、この特例の適用が受けられることになっています（所法58④）。

6 交換取得資産の取得費の計算

固定資産の交換の特例の適用を受けて取得した交換取得資産について、取得した日以後、当該固定資産を事業の用に供するため減価償却費の計算をする必要がある場合又は交換取得資産を譲渡等する場合における取得時期及び取得価額の取扱いは次のとおりです（所法58⑤、所令168）。

(1) 取得時期

所得税法第58条の適用を受けて取得した交換取得資産の取得時期は、交換譲渡資産の取得時期をそのまま引き継ぐこととされており、長期譲渡所得又は短期譲渡所得かの判定は、この期間に基づいて行います（所令168、措令20③一）。

ただし、所得税法第58条の固定資産の交換の特例の適用要件の一つである、「1年以上所有していた固定資産」であるかの判定については、それとは異なる取扱いをします。

すなわち、所得税法第60条《贈与等により取得した資産の取得費等》又は措置法第33条の6《収用交換等により取得した代替資産等の取得価額の計算》の規定の適用がある資産については、引き続き所有していたものとして、その所有期間を判定しますが、所得税法第58条の適用を受けて取得した交換取得資産については、実際の取得時期を基礎としてその所有期間を判定します。

したがって、所得税法第58条の固定資産の交換の特例を受けて取得した資産を、その取得後1年以内に交換に供した場合には、その資産を1年以上所有していたことにはなりませんので、2回目の交換については、

所得税法第58条の適用を受けることはできません。

(2) 取得価額

交換取得資産の取得価額は、次に掲げる交換の態様に応じて、それぞれ次に掲げる算式によって求めます（所令168）。

イ 交換に当たって交換差金等を受領している場合

算式

$$\text{交換取得資産の取得費} = \left(\text{交換譲渡資産の取得費} + \text{譲渡費用}\right) \times \frac{\text{交換取得資産の時価}}{\text{交換取得資産の時価} + \text{交換差金等の金額}} + \text{交換取得資産の取得に要した費用}$$

ロ 等価交換の場合（交換差金の授受なし）

算式

$$\text{交換取得資産の取得費} = \left(\text{交換譲渡資産の取得費} + \text{譲渡費用}\right) + \text{交換取得資産の取得に要した費用}$$

ハ 交換に当たって、交換差金等を支払っている場合

算式

$$\text{交換取得資産の取得費} = \left(\text{交換譲渡資産の取得費} + \text{譲渡費用}\right) + \text{支払った交換差金等の金額} + \text{交換取得資産の取得に要した費用}$$

6　交換取得資産の取得費の計算

第1章　交換概要

| 1 面 |

譲渡所得の内訳書
（確定申告書付表兼計算明細書）【土地・建物用】

【平成___年分】

名簿番号　_____

提出___枚のうちの___

　この「譲渡所得の内訳書」は、土地や建物の譲渡（売却）による譲渡所得金額の計算用として使用するものです。「譲渡所得の申告のしかた（記載例）」（国税庁ホームページ【www.nta.go.jp】からダウンロードできます。税務署にも用意してあります。）を参考に、契約書や領収書などに基づいて記載してください。
　なお、国税庁ホームページの「確定申告書等作成コーナー」の画面の案内に従って収入金額などの必要項目を入力することにより、この計算明細書や確定申告書などを作成することができます。

あ な た の

現住所 (前住所)	(　　　　　　　　　　　　　)	フリガナ 氏　名	
電話番号 (連絡先)		職　業	

※ 譲渡（売却）した年の1月1日以後に転居された方は、前住所も記載してください。

関 与 税 理 士 名	
（電話　　　　　　　　　　）	

─ 記 載 上 の 注 意 事 項 ─

○　この「譲渡所得の内訳書」は、一の契約ごとに1枚ずつ使用して記載し、「確定申告書」とともに提出してください。
　　また、譲渡所得の特例の適用を受けるために必要な書類などは、この内訳書に添付して提出してください。

○　長期譲渡所得又は短期譲渡所得のそれぞれごとで、二つ以上の契約がある場合には、いずれか1枚の内訳書の譲渡所得金額の計算欄（3面の「4」各欄の上段）に、その合計額を二段書きで記載してください。

○　譲渡所得の計算に当たっては、適用を受ける特例により、記載する項目が異なります。
　　● 交換・買換え（代替）の特例の適用を受けない場合
　　　　……1面・2面・3面（4面の記載は必要ありません。）
　　● 交換・買換え（代替）の特例の適用を受ける場合
　　　　……1面・2面・3面（「4」を除く）・4面

○　土地建物等の譲渡による譲渡損失の金額については、一定の居住用財産の譲渡損失の金額を除き、他の所得と損益通算することはできません。

○　非業務用建物（居住用）の償却率は次のとおりです。

区　分	木造	木骨 モルタル	（鉄骨）鉄筋 コンクリート	金属造①	金属造②
償却率	0.031	0.034	0.015	0.036	0.025

（注）「金属造①」……軽量鉄骨造のうち骨格材の肉厚が3mm以下の建物
　　　「金属造②」……軽量鉄骨造のうち骨格材の肉厚が3mm超4mm以下の建物

（平成27年分以降用）

H27.11

第1章　固定資産の交換（所得税法第58条）

2面　　　　　　　　　　　　　　　　　　　　　　　　　　　名簿番号

1 譲渡（売却）された土地・建物について記載してください。

(1) どこの土地・建物を譲渡（売却）されましたか。

所在地	所在地番
	（住居表示）

(2) どのような土地・建物をいつ譲渡（売却）されましたか。

土地
- □ 宅地　□ 田
- □ 山林　□ 畑
- □ 雑種地　□ 借地権
- □ その他（　　　）

（実測）　㎡
（公簿等）　㎡

建物
- □ 居宅　□ マンション
- □ 店舗　□ 事務所
- □ その他（　　　）

㎡

利用状況
- □ 自己の居住用
- □ 自己の事業用
- □ 貸付用
- □ 未利用
- □ その他（　　　）

売買契約日　　年　月　日
引き渡した日　　年　月　日

○ 次の欄は、譲渡（売却）された土地・建物が共有の場合に記載してください。

あなたの持分		共有者の住所・氏名	共有者の持分	
土地	建物		土地	建物
		（住所）　　　　（氏名）		
		（住所）　　　　（氏名）		

(3) どなたに譲渡（売却）されましたか。

買主	住所（所在地）		
	氏名（名称）	職業（業種）	

(4) いくらで譲渡（売却）されましたか。

① 譲渡価額　　　　円

【参考事項】

代金の受領状況

	1回目	2回目	3回目	未収金
	年　月　日	年　月　日	年　月　日	年　月　日（予定）
	円	円	円	円

お売りになった理由
- □ 買主から頼まれたため
- □ 他の資産を購入するため
- □ 事業資金を捻出するため
- □ 借入金を返済するため
- □ その他（　　　）

「相続税の取得費加算の特例」や「保証債務の特例」の適用を受ける場合の記載方法

○ 「相続税の取得費加算の特例」の適用を受けるときは、「相続財産の取得費に加算される相続税の計算明細書」（国税庁ホームページ【www.nta.go.jp】からダウンロードできます。なお、税務署にも用意してあります。）で計算した金額を3面の「2」の「②取得費」欄の上段に「(相)×××円」と二段書きで記載してください。
○ 「保証債務の特例」の適用を受けるときは、「保証債務の履行のための資産の譲渡に関する計算明細書（確定申告書付表）」（国税庁ホームページ【www.nta.go.jp】からダウンロードできます。なお、税務署にも用意してあります。）で計算した金額を3面の「4」の「B必要経費」欄の上段に「(保)×××円」と二段書きで記載してください。
○ 4面を記載される方で、「相続税の取得費加算の特例」や「保証債務の特例」の適用を受ける場合には、税務署に記載方法をご確認ください。

6 交換取得資産の取得費の計算

3 面

第1章 交換概要

2 譲渡（売却）された土地・建物の購入（建築）代金などについて記載してください。

(1) 譲渡（売却）された土地・建物は、どなたから、いつ、いくらで購入（建築）されましたか。

購入建築価額の内訳	購入（建築）先・支払先 住所（所在地）	氏名（名称）	購入建築年月日	購入・建築代金又は譲渡価額の5%
土 地			・・	円
			・・	円
			・・	円
			小　計　(イ)	円
建 物			・・	円
			・・	円
			・・	円
建物の構造	□木造 □木骨モルタル □(鉄骨)鉄筋 □金属造 □その他		小　計　(ロ)	円

※ 土地や建物の取得の際に支払った仲介手数料や非業務用資産に係る登記費用などが含まれます。

(2) 建物の償却費相当額を計算します。

建物の購入・建築価額(ロ)　　償却率　　経過年数　　償却費相当額(ハ)
□標準
　　　　円 × 0.9 × 　　　　 × 　　　　 = 　　　　円

(3) 取得費を計算します。

② 取得費　(イ)+(ロ)-(ハ)　　円

※ 「譲渡所得の申告のしかた（記載例）」を参照してください。なお、建物の標準的な建築価額による建物の取得価額の計算をしたものは、「□標準」に☑してください。
※ 非業務用建物（居住用）の(ハ)の額は、(ロ)の価額の95%を限度とします（償却率は1面をご覧ください。）。

3 譲渡（売却）するために支払った費用について記載してください。

費用の種類	支払先 住所（所在地）	氏名（名称）	支払年月日	支払金額
仲介手数料			・・	円
収入印紙代			・・	円
			・・	円
			・・	円
			③ 譲渡費用	円

※ 修繕費、固定資産税などは譲渡費用にはなりません。

4 譲渡所得金額の計算をします。

区分	特例適用条文	A 収入金額 (①)	B 必要経費 (②+③)	C 差引金額 (A-B)	D 特別控除額	E 譲渡所得金額 (C-D)
短期・長期	所・措・震 条の	円	円	円	円	円
短期・長期	所・措・震 条の	円	円	円	円	円
短期・長期	所・措・震 条の	円	円	円	円	円

※ ここで計算した内容（交換・買換え（代替）の特例の適用を受ける場合は、4面「6」で計算した内容）を「申告書第三表（分離課税用）」に転記します。
※ 租税特別措置法第37条の9の5の特例の適用を受ける場合は、「平成21年及び平成22年に土地等の先行取得をした場合の譲渡所得の課税の特例に関する計算明細書」を併せて作成する必要があります。

整理欄

第1章　固定資産の交換（所得税法第58条）

|4 面|

「交換・買換え（代替）の特例の適用を受ける場合の譲渡所得の計算」
この面（4面）は、交換・買換え（代替）の特例の適用を受ける場合にのみ記載します。

5　交換・買換（代替）資産として取得された（される）資産について記載してください。

物件の所在地	種類	面積	用途	契約(予定)年月日	取得(予定)年月日	使用開始(予定)年月日
		㎡		． ．	． ．	． ．
		㎡		． ．	． ．	． ．

※　「種類」欄は、宅地・田・畑・建物などと、「用途」欄は、貸付用・居住用・事務所などと記載してください。

取得された（される）資産の購入代金など（取得価額）について記載してください。

費用の内容	支払先住所（所在地）及び氏名（名称）	支払年月日	支払金額
土　地		． ．	円
		． ．	円
		． ．	円
建　物		． ．	円
		． ．	円
		． ．	円
④ 買換(代替)資産・交換取得資産の取得価額の合計額			円

※　買換(代替)資産の取得の際に支払った仲介手数料や非業務用資産に係る登記費用などが含まれます。
※　買換(代替)資産をこれから取得される見込みのときは、「買換(代替)資産の明細書」（国税庁ホームページ【www.nta.go.jp】からダウンロードできます。なお、税務署にも用意してあります。）を提出し、その見込額を記載してください。

6　譲渡所得金額の計算をします。

「2面」・「3面」で計算した「①譲渡価額」、「②取得費」、「③譲渡費用」と上記「5」で計算した「④買換(代替)資産・交換取得資産の取得価額の合計額」により、譲渡所得金額の計算をします。

(1) (2)以外の交換・買換え(代替)の場合[交換(所法58)・収用代替(措法33)・居住用買換え(措法36の2)・震災買換え(震法12)]など]

区　分	特例適用条文	F　収入金額	G　必要経費	H 譲渡所得金額 (F－G)
収用代替		①－③－④	$② \times \dfrac{F}{①-③}$	
上記以外		①－④	$(②+③) \times \dfrac{F}{①}$	
短期 長期	所・措・震 条の	円	円	円

(2) 特定の事業用資産の買換え・交換(措法37・37の4)などの場合

区　分	特例適用条文	J　収入金額	K　必要経費	L 譲渡所得金額 (J－K)
①≦④		$① \times 20\%$ ※	$(②+③) \times 20\%$ ※	
①＞④		$(①-④)+④ \times 20\%$ ※	$(②+③) \times \dfrac{J}{①}$	
短期 長期	措法 条の	円	円	円

※　上記算式の20%は、一定の場合は25%又は30%となります。

6 交換取得資産の取得費の計算

〔参考〕

【平成27年分用】

固定資産(土地や建物など)を交換した場合の特例チェックシート・所法58条

住 所 _____ 氏 名 _____

☆ 「はい」「いいえ」を○で囲みながら進んでください。
☆ あなたが交換により譲渡した資産を「**資産A**」、あなたが交換により取得した資産を「**資産B**」として表示しています。

1　資産Aは、土地・建物などの固定資産ですか？
　(注) 例えば、あなたが不動産業者の場合、販売目的で所有していた土地や建物などは特例の対象となりません。
　　　→ いいえ

↓ はい

2　あなたは資産Aを1年以上所有していましたか？
　(注) あなたが資産Aを相続、遺贈又は贈与により取得している場合は、被相続人・遺贈者又は贈与者が資産Aを取得した日から判定します。
　　　→ いいえ

↓ はい

3　資産Bは、土地・建物などの固定資産ですか？
　(注) 例えば、相手方が不動産業者の場合、販売目的で所有していた土地や建物などは特例の対象となりません。
　　　→ いいえ

↓ はい

4　相手方は資産Bを1年以上所有していましたか？
　(注) 交換を行うために取得したものは対象となりません。
　　　→ いいえ

↓ はい

5　〔種類の判定〕資産Aと資産Bは同じ種類の資産ですか？
　《例》　（資産A）　　　　（資産B）
　　　　　土地　　　⇔　　土地
　　　　　借地権(底地)　⇔　底地(借地権)
　　　　　建物　　　⇔　　建物
　　　→ いいえ

↓ はい

6　〔用途の判定〕交換後、あなたは資産Bを資産Aの交換直前の用途と同じ用途に供しましたか？
　《例》

区分	資産A	資産B
土地	宅地	宅地
	田・畑	田・畑
	山林	山林

区分	資産A	資産B
建物	居住の用	居住の用
	店舗兼事務所	店舗兼事務所

　(注) 店舗兼事務所は店舗用、事務所用いずれかに利用していたものとして取り扱うことが可能です。
　　　→ いいえ

↓ はい

7　資産Aの時価と資産Bの時価の差額が、これらの時価のうち高い金額の20%以下ですか？
　(注) 例えば、土地・建物と土地・建物を交換した場合、それぞれ同じ種類ごとに判定します（土地と土地、建物と建物）。
　　　→ いいえ

↓ はい

（右側枠）特例の適用を受けられません

特 例 の 適 用 を 受 け る こ と が で き ま す

☆ この「チェックシート」は、確定申告書に添付して提出してください。

第1章 固定資産の交換(所得税法第58条)

設 例

　工藤隆志氏は、所有しているA土地を牧憲郎氏が所有するB土地と交換するために土地の交換契約を平成27年6月3日に締結しましたが、その際、工藤氏が所有するA土地の価格が高かったため、牧氏から交換差金500万円受領しています。

　工藤氏は、交換譲渡したA土地の譲渡所得の申告について、所得税法第58条の固定資産の交換の特例の適用を考えていますが、この場合の譲渡所得の計算方法及び所得税の確定申告書(「譲渡所得の内訳書」を含みます。)の記載の仕方について教えてください。

　なお、A土地は、固定資産の交換の特例要件は満たしています。

(1) 譲渡資産(A土地)　　　土地450㎡
(2) 交換取得資産　　　　　土地300㎡
(3) 交換年月日　　　　　　平成27年6月3日
(4) 交換取得資産の時価　　2,700万円
(5) 譲渡資産の時価　　　　3,200万円
(6) 受領交換差金　　　　　　500万円
(7) 譲渡資産の取得時期　　昭和52年6月15日相続
(8) 譲渡資産の取得費　　　不明につき譲渡価額の5％相当額
(9) 交換譲渡に当たっての手数料等　1,000,000円

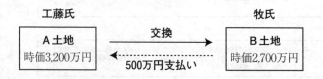

answer ご質問によると、工藤氏が交換譲渡したA土地は固定資産の交換の特例（所法58）の適用要件を満たしているということなので、これを前提に譲渡所得の計算を行います。

なお、所得税法第58条の譲渡所得の計算においては、等価交換が行われ交換差金の授受がなければ、譲渡所得は算出されませんが、ご質問の場合には、工藤氏は、牧氏から500万円の交換差金を受領しているので、この交換差金部分については、課税されることになります（他の土地譲渡に係る部分は課税されません。）。

(1) **交換差金の額**

500万円

(2) **必要経費の額**

$$（\underset{(160万円}{\text{取得費}^{(注)}} + \underset{100万円）}{\text{譲渡費用}}） \times \frac{500万円}{2,700万円 + 500万円} = 406,250円$$

> （注） 取得費は、3,200万円×5％＝160万円

(3) **長期譲渡所得の金額**

5,000,000円 − 406,250円 ＝ 4,593,750円

また、所得税の確定申告書及び譲渡所得の内訳書の記載の仕方は次のとおりです。

〔参考・取得（引継）価額〕

$$2,193,750円 ＝ （160万円＋100万円） \times \frac{2,700万円}{3,200万円}$$

○○ 税務署長
27 年 3 月 6 日　平成 27 年分の 所得税及び復興特別所得税 の確定申告書B

FA0121

住所（又は事業所 事務所 居所など）	〒141-0031 東京都品川区西五反田3－15－○
平成 年 1月1日の住所	同上
フリガナ	クドウ タカシ
氏名	工藤 隆志 （印：工藤）
性別	男
職業	自営業
屋号・雅号	
世帯主の氏名	工藤 隆志
世帯主との続柄	本人
生年月日	3 28.01.08
電話番号（自宅・勤務先・携帯）	000 － 685 － 4965
種類	青色 分離 国出 損失 修正
特農の表示	特農
番号	
翌年以降送付不要	

（単位は円）

区分	項目	記号	金額
収入金額等	事業 営業等	㋐	
	事業 農業	㋑	
	不動産	㋒	
	利子	㋓	
	配当	㋔	
	給与	㋕	
	雑 公的年金等	㋖	
	雑 その他	㋗	
	総合譲渡 短期	㋘	
	総合譲渡 長期	㋙	
	一時	㋚	
所得金額	事業 営業等	①	
	事業 農業	②	
	不動産	③	
	利子	④	
	配当	⑤	
	給与（区分）	⑥	
	雑	⑦	
	総合譲渡・一時 ㋘＋{(㋙＋㋚)×½}	⑧	
	合計	⑨	
所得から差し引かれる金額	雑損控除	⑩	
	医療費控除	⑪	
	社会保険料控除	⑫	325000
	小規模企業共済等掛金控除	⑬	
	生命保険料控除	⑭	50000
	地震保険料控除	⑮	10000
	寄附金控除	⑯	
	寡婦、寡夫控除	⑰～⑱	0000
	勤労学生、障害者控除	⑲～⑳	0000
	配偶者(特別)控除（区分）	㉑～㉒	380000
	扶養控除	㉓	760000
	基礎控除	㉔	380000
	合計	㉕	1905000

区分	項目	記号	金額
税金の計算	課税される所得金額（⑨－㉕）又は第三表	㉖	000
	上の㉖に対する税額 又は第三表の㊱	㉗	403200
	配当控除	㉘	
	（区分）	㉙	
	(特定増改築等)住宅借入金等特別控除（区分）	㉚	
	政党等寄附金等特別控除	㉛～㉝	
	住宅耐震改修特別控除 住宅特定改修・認定住宅新築等特別税額控除（区分）	㉞～㊲	
	差引所得税額（㉗－㉘－㉙－㉚－㉛－㉜－㉝－㉞－㉟－㊱－㊲）	㊳	403200
	災害減免額	㊴	
	再差引所得税額（基準所得税額）（㊳－㊴）	㊵	403200
	復興特別所得税額（㊵×2.1%）	㊶	8467
	所得税及び復興特別所得税の額（㊵＋㊶）	㊷	411667
	外国税額控除（区分）	㊸	
	所得税及び復興特別所得税の源泉徴収税額	㊹	
	所得税及び復興特別所得税の申告納税額（㊷－㊸－㊹）	㊺	411600
	所得税及び復興特別所得税の予定納税額（第1期分・第2期分）	㊻	
	所得税及び復興特別所得税の第3期分の税額（㊺－㊻） 納める税金	㊼	411600
	所得税及び復興特別所得税の第3期分の税額（㊺－㊻） 還付される税金	㊽	△
その他	配偶者の合計所得金額	㊾	
	専従者給与(控除)額の合計額	㊿	
	青色申告特別控除額	51	0
	雑所得・一時所得等の所得税及び復興特別所得税の源泉徴収税額の合計額	52	
	未納付の所得税及び復興特別所得税の源泉徴収税額	53	
	本年分で差し引く繰越損失額	54	
	平均課税対象金額	55	
	変動・臨時所得金額（区分）	56	
延納の届出	申告期限までに納付する金額	57	00
	延納届出額	58	000

※ 復興特別所得税額㊶欄の記入をお忘れなく。

還付される税金の受取場所	銀行 金庫・組合 農協・漁協　本店・支店 出張所 本所・支所
郵便局名等	
預金種類	普通 当座 納税準備 貯蓄
口座番号 記号番号	

税理士署名押印 電話番号	大平 栄司 ㊞ 03－6418－○○○○
税理士法第30条の書面提出有	○
税理士法第33条の2の書面提出有	

整理欄	
区分	A B C D E F G H I J K
異動	年 月 日 L
管理	番号

第一表（平成二十七年分以降用）

納管 / 事績 / 事業 / 住民 / 資産 / 総合 / 分離 / 検算 / 通信日付印 / 年月日 / 一連番号

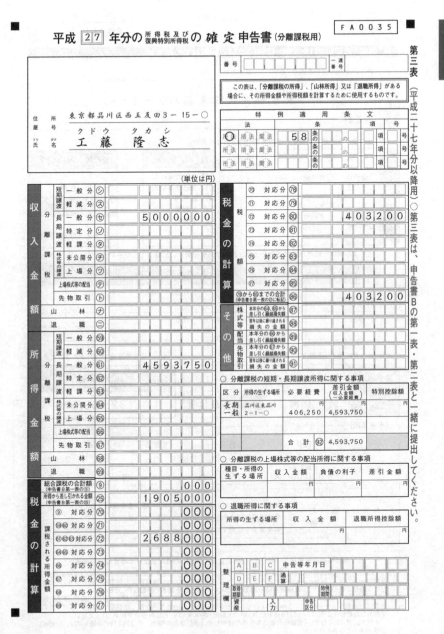

第1章　固定資産の交換（所得税法第58条）

2面　　　　　　　　　　　　　　　　　　　　　　　　　　　　　　　名簿番号

1　譲渡（売却）された土地・建物について記載してください。

(1) どこの土地・建物を譲渡（売却）されましたか。

所在地	所在地番	東京都品川区東品川2－1－〇
	（住居表示）	

(2) どのような土地・建物をいつ譲渡（売却）されましたか。

土地	☑宅地　□田 □山林　□畑 □雑種地　□借地権 □その他（　　）	（実測）㎡ 450 （公簿等）㎡ 450	利用状況	□自己の居住用 □自己の事業用 ☑貸付用 □未利用 □その他 （　　　　）	売買契約日 27年 6月 3日
建物	□居宅　□マンション □店舗　□事務所 □その他 （　　）	㎡			引き渡した日 27年10月21日

○ 次の欄は、譲渡（売却）された土地・建物が共有の場合に記載してください。

あなたの持分		共有者の住所・氏名	共有者の持分	
土地	建物		土地	建物
100	100	（住所）　　　　　　（氏名） （住所）　　　　　　（氏名）		

(3) どなたに譲渡（売却）されましたか。　　　(4) いくらで譲渡（売却）されましたか。

買主	住所（所在地）	東京都文京区湯島2－3－〇
	氏名（名称）	牧　憲郎
	職業（業種）	会社役員

① 譲渡価額　32,000,000 円

【参考事項】

代金の受領状況	1回目 27年10月21日 （交換差金） 5,000,000 円	2回目 年 月 日 円	3回目 年 月 日 円	未収金 年 月 日（予定） 円

お売りになった理由	□買主から頼まれたため □他の資産を購入するため □事業資金を捻出するため	□借入金を返済するため ☑その他 （　土地活用のため　）

「相続税の取得費加算の特例」や「保証債務の特例」の適用を受ける場合の記載方法

○ 「相続税の取得費加算の特例」の適用を受けるときは、「相続財産の取得費に加算される相続税の計算明細書」（国税庁ホームページ【www.nta.go.jp】からダウンロードできます。なお、税務署にも用意してあります。）で計算した金額を3面の「2」の「②取得費」欄の上段に「㊞×××円」と二段書きで記載してください。
○ 「保証債務の特例」の適用を受けるときは、「保証債務の履行のための資産の譲渡に関する計算明細書（確定申告書付表）」（国税庁ホームページ【www.nta.go.jp】からダウンロードできます。なお、税務署にも用意してあります。）で計算した金額を3面の「4」の「B必要経費」欄の上段に「㊞×××円」と二段書きで記載してください。
○ 4面を記載される方で、「相続税の取得費加算の特例」や「保証債務の特例」の適用を受ける場合には、税務署に記載方法をご確認ください。

設例

第1章 交換概要

3 面

2 譲渡（売却）された土地・建物の購入（建築）代金などについて記載してください。

(1) 譲渡（売却）された土地・建物は、どなたから、いつ、いくらで購入（建築）されましたか。

購入建築	価額の内訳	購入（建築）先・支払先 住所（所在地）	氏名（名称）	購入年月日 建築	購入・建築代金又は譲渡価額の5%
	土 地	平成15年相続 3,200万円×5%		昭和 52・6・15	1,600,000 円
		（取得費不明）		・ ・	円
				・ ・	円
				小 計 (イ)	1,600,000 円
	建 物			・ ・	円
				・ ・	円
				・ ・	円
建物の構造		□木造 □木骨モルタル □(鉄骨)鉄筋 □金属造 □その他		小 計 (ロ)	円

※ 土地や建物の取得の際に支払った仲介手数料や非業務用資産に係る登記費用などが含まれます。

(2) 建物の償却費相当額を計算します。

建物の購入・建築価額(ロ) □標準	償却率	経過年数	償却費相当額(ハ)
円 × 0.9 ×		=	円

(3) 取得費を計算します。

② 取得費	(イ)+(ロ)-(ハ) 1,600,000 円

※ 「譲渡所得の申告のしかた（記載例）」を参照してください。なお、建物の標準的な建築価額による建物の取得価額の計算をしたものは、「□標準」に☑してください。
※ 非業務用建物（居住用）の(ハ)の額は、(ロ)の価額の95%を限度とします（償却率は1面をご覧ください。）。

3 譲渡（売却）するために支払った費用について記載してください。

費用の種類	支払先 住所（所在地）	氏名（名称）	支払年月日	支払金額
仲介手数料			27・10・21	1,000,000 円
収入印紙代			・ ・	円
			・ ・	円
			・ ・	円

※ 修繕費、固定資産税などは譲渡費用にはなりません。

③ 譲渡費用	1,000,000 円

4 譲渡所得金額の計算をします。

区分	特例適用条文	A 収入金額 (①)	B 必要経費 (②+③)	C 差引金額 (A-B)	D 特別控除額	E 譲渡所得金額 (C-D)
短期・長期	所・措・震 条 の	円	円	円	円	円
短期・長期	所・措・震 条 の	円	円	円	円	円
短期・長期	所・措・震 条 の	円	円	円	円	円

※ ここで計算した内容（交換・買換え（代替）の特例の適用を受ける場合は、4面「6」で計算した内容）を「申告書第三表（分離課税用）」に転記します。
※ 租税特別措置法第37条の9の5の特例の適用を受ける場合は、「平成21年及び平成22年に土地等の先行取得をした場合の譲渡所得の課税の特例に関する計算明細書」を併せて作成する必要があります。

整理欄	

第1章　固定資産の交換（所得税法第58条）

4 面

> 「交換・買換え（代替）の特例の適用を受ける場合の譲渡所得の計算」
> この面（4面）は、交換・買換え（代替）の特例の適用を受ける場合にのみ記載します。

5　交換・買換（代替）資産として取得された（される）資産について記載してください。

物件の所在地	種類	面積	用途	契約(予定)年月日	取得(予定)年月日	使用開始(予定)年月日
東京都品川区西品川2-15-〇	土地	300㎡	居住用	27・6・3	27・10・21	27・10・21
		㎡		・　・	・　・	・　・

※　「種類」欄は、宅地・田・畑・建物などと、「用途」欄は、貸付用・居住用・事務所などと記載してください。

取得された（される）資産の購入代金など（取得価額）について記載してください。

費用の内容	支払先住所（所在地）及び氏名（名称）	支払年月日	支払金額
土　地	東京都文京区湯島2-3-〇	27・10・21	27,000,000 円
		・　・	円
		・　・	円
建　物		・　・	円
		・　・	円
		・　・	円
④ 買換(代替)資産・交換取得資産の取得価額の合計額			27,000,000 円

※　買換(代替)資産の取得の際に支払った仲介手数料や非業務用資産に係る登記費用などが含まれます。
※　買換(代替)資産をこれから取得される見込みのときは、「買換(代替)資産の明細書」（国税庁ホームページ【www.nta.go.jp】からダウンロードできます。なお、税務署にも用意してあります。）を提出し、その見込額を記載してください。

6　譲渡所得金額の計算をします。

「2面」・「3面」で計算した「①譲渡価額」、「②取得費」、「③譲渡費用」と上記「5」で計算した「④買換（代替）資産・交換取得資産の取得価額の合計額」により、譲渡所得金額の計算をします。

(1) (2)以外の交換・買換え（代替）の場合[交換（所法58）・収用代替（措法33）・居住用買換え（措法36の2）・震災買換え（震法12）など]

区　分	特例適用条文	F 収入金額	G 必要経費	H 譲渡所得金額（F－G）
収用代替		①－③－④	②×$\frac{F}{①－③}$	
上記以外		①－④	(②+③)×$\frac{F}{①}$	
短期・長期	所・措・震 58条の	5,000,000 円	406,250 円	4,593,750 円

(2) 特定の事業用資産の買換え・交換（措法37・37の4）などの場合

区　分	特例適用条文	J 収入金額	K 必要経費	L 譲渡所得金額（J－K）
①≦④		①×20％(※)	(②+③)×20％(※)	
①＞④		(①－④)+④×20％(※)	(②+③)×$\frac{J}{①}$	
短期・長期	措法 条の	円	円	円

※　上記算式の20％は、一定の場合は25％又は30％となります。

第1章　固定資産の交換
（所得税法第58条）

Q&A

Q&A 1　不動産会社が所有する宅地（棚卸資産）との交換

　私は、約10年前に、将来、自宅を建てる目的でＡ土地（宅地）を購入しましたが、このたび、Ａ土地周辺を一体開発している不動産会社から同社が販売目的で所有しているＢ土地（宅地）と交換して欲しい旨の話を持ちかけられました。
　私が不動産会社の要望に応じた場合、宅地と宅地の交換ですから所得税法第58条の交換の特例を適用することは可能ですか。

answer　　所得税法第58条《固定資産の交換の場合の譲渡所得の特例》の適用を受けるに当たり、対象となる資産は、交換譲渡資産及び交換取得資産がともに固定資産でなければなりません。
　ご質問の場合、あなたが交換取得する予定のＢ土地（宅地）は、不動産会社が所有している棚卸資産ですので、所得税法第58条の適用は困難です。

explanation

　所得税法第58条では、固定資産の交換の特例の要件について次のように規定しています。
「居住者が、各年において、1年以上有していた固定資産で次の各号に掲げるものをそれぞれ他の者が1年以上有していた固定資産で当該各号に掲げるもの（交換のために取得したと認められるものを除く）……」
　したがって、適用対象となる資産は、交換譲渡資産及び交換取得資産のいずれもが固定資産である必要があります。
　ご質問の場合は、あなたが交換譲渡するＡ土地（宅地）は固定資産と

Q&A1　不動産会社が所有する宅地（棚卸資産）との交換

いうことができますが、不動産会社が所有していたＢ土地（宅地）は、販売目的とする棚卸資産であり固定資産ではありませんので、所得税法第58条の固定資産の交換の特例の適用を受けることはできません。

　ちなみに、所得税法第58条の適用を受けられなかった場合のＡ土地の譲渡所得の計算は、不動産会社から提供を受けたＢ土地の時価を譲渡収入金額を基として、この金額から譲渡に係る必要経費を控除して計算します。

第1章　固定資産の交換（所得税法第58条）

Q&A 2　UR都市機構が有する土地との交換

　私が所有しているＡ土地（宅地）とUR都市機構が保有しているＢ土地（宅地）とを交換した場合、私のＡ土地に係る譲渡所得の申告において所得税法第58条の適用は可能ですか。

　なお、UR都市機構は、用地買収の際、地主から抱き合わせで事業施工区域外の土地を買い取って欲しい旨の申出があった土地も取得していますが、今回の交換は、抱き合わせで取得していたＢ土地を私の求めに応じてUR都市機構が私に提供するものです。

answer　所得税法第58条の特例は、交換当事者がそれぞれ1年以上所有していた固定資産を交換し、譲渡直前の用途と同一の用途に供した場合に適用が認められます。

　ご質問の場合、UR都市機構が提供するＢ土地（宅地）はUR都市機構が将来譲渡する目的で所有していたもの（棚卸資産）であり、UR都市機構自身が継続的に使用するために保有している土地でないことから、固定資産に該当しません。

　したがって、甲は、Ａ土地の譲渡申告に当たり所得税法第58条の適用は受けられません。

explanation

　所得税法第58条の固定資産の交換の特例が適用されるためには、次のすべての要件を満たしている必要があります（所法58）。

（1）　交換当時者がそれぞれ1年以上保有していた固定資産で、かつ、

交換の相手方が交換の目的で取得した資産でないこと
(2) 交換取得資産を交換譲渡資産の譲渡直前の用途と同一の用途に供すること
(3) 土地と土地、建物と建物のような同種の資産との交換であること
(4) 交換譲渡資産と交換取得資産の時価の開差がいずれか高い方の価額の20%を超えないこと
(5) 確定申告書に交換の特例の適用を受ける旨を記載し、譲渡所得の内訳書（確定申告書付表兼計算明細書）を添付すること

　上記のとおり、所得税法第58条の固定資産の交換の特例が適用される対象物とは、全ての資産というわけではなく、固定資産に限られています。ここでいう固定資産とは棚卸資産、有価証券及び繰延資産以外の資産、すなわち、所有者自身が利用する目的で所有する資産を意味します（所法2①十八、所令5）。

　ご質問のように、UR都市機構が将来の買収の際の代替地としてあらかじめ取得し保有している宅地は、UR都市機構がその事業を円滑に進めるために保有しているものであり、自身が利用するために取得したものとはいえないので、固定資産に該当しません。

　したがって、上記(1)の要件を満たさず所得税法上の交換の特例の適用は受けられません。

参考

所得税法第2条《定義》第1項

　　　　　　　　　　　　⋮

　　　　　　　　　　（省略）

十八　固定資産　土地（土地の上に存する権利を含む。）、減価償却資産、電話加入権その他の資産（山林を除く。）で政令で定めるものをいう。
　十九　減価償却資産　不動産所得若しくは雑所得の基因となり、又は不動産所得、事業所得、山林所得若しくは雑所得を生ずべき業務の用に供される建物、構築物、機械及び装置、船舶、車両及び運搬具、工具、器具及び備品、鉱業権その他の資産で償却をすべきものとして政令で定めるものをいう。

所得税法施行令第5条《固定資産の範囲》
　法第2条第1項十八号（固定資産の意義）に規定する政令で定める資産は、たな卸資産、有価証券及び繰延資産以外の資産のうち次に掲げるものとする。
　一　土地（土地の上に存する権利を含む。）
　二　次条各号に掲げる資産
　三　電話加入権
　四　前三号に掲げる資産に準ずるもの

所得税法施行令第6条《減価償却資産の範囲》
　法第2条第1項十九号（減価償却資産の意義）に規定する政令で定める資産は、棚卸資産、有価証券及び繰延資産以外の資産のうち次に掲げるもの（時の経過によりその価値の減少しないものを除く。）とする。
　一　建物及びその附属設備（暖冷房設備、照明設備、通風設備、昇降機その他建物に附属する設備をいう。）
　二　構築物（ドック、橋、岸壁、桟橋、軌道、貯水池、坑道、煙突その他土地に定着する土木設備又は工作物をいう。）

三　機械及び装置

四　船舶

五　航空機

六　車両及び運搬具

七　工具、器具及び備品（観賞用、興行用その他これらに準ずる用に供する生物を含む。）

八　次に掲げる無形固定資産

（省略）

Q&A 3　地方公共団体等が所有する土地との交換

私は、自己の所有するA土地（宅地）と地方公共団体が臨海工業団地造成事業（非収用事業）の用に供すべきとして買収した土地の一部（B土地）との交換を考えていますが、所得税法第58条の固定資産の交換の特例を適用することができますか。

answer

地方公共団体が所有している土地は、地方公共団体が将来、工業用地として分譲することを予定している販売用資産であり、所得税法第58条の対象となる固定資産とは異なるので、特例を適用することはできません。

explanation

所得税法第58条の固定資産の交換の特例の対象となる固定資産とは棚卸資産、有価証券及び繰延資産以外の資産、すなわち、所得者自身が利用する目的で所有する資産を意味します。（所法2①十八、所令5）。

ご質問の場合、地方公共団体が臨海工業団地造成事業の用に供するべき土地として買収した土地は、地方公共団体が工業団地として造成した後、分譲することを予定しているいわゆる販売予定資産であり、自己が利用するために取得したものとはいえないので、固定資産に該当しません。

したがって、ご質問の場合には、固定資産と固定資産の交換ではないので所得税法第58条の交換の特例の適用は受けられません。

Q&A 4　土地区画整理事業に係る保留地との交換

私は、自己の所有するA土地（宅地）と横浜市が施行している土地区画整理事業に係る保留地予定地（B土地）との交換を同市から持ちかけられています。横浜市は、その交換取得したA土地に庁舎を建設することを予定しており、私はB土地をアパートの敷地として利用することを考えていますが、A土地の譲渡申告に当たって、所得税法第58条の適用を受けることができますか。

また、保留地予定地（B土地）は、換地処分の公告の日の翌日に市が原始取得した後、交換契約により私に移転させる予定ですが、市がその保留地を1年を超えて保有していないので交換の特例要件を満たさないというのであれば、換地処分の公告後1年経過後に交換した場合には、認められるでしょうか。

answer　横浜市が施行する土地区画整理事業によって生ずる保留地は、販売予定資産と考えられ、棚卸資産に準ずるものと言うことができますので、所得税法第58条の対象となる固定資産に該当しません。

したがって、甲がA土地を横浜市に交換譲渡し、B土地を横浜市から交換取得しても所得税法第58条の適用は認められません。

explanation

ご質問によると、あなたは、自己が所有するA土地と土地区画整理事業の施行により生ずる保留地予定地（B土地）との交換を横浜市から持ちかけられているようですが、土地区画整理事業の施行により生ずる保

第1章　固定資産の交換（所得税法第58条）

留地は、これを処分し、その処分代金を事業費等に充てる目的で換地計画に定められるものです（土地区画整理法96）。

　したがって、保留地は本来処分することが予定されているいわゆる販売予定資産であると考えられ、自己（横浜市）が自ら利用することを目的とする固定資産とみることはできないため、所得税法第58条に規定する固定資産には該当しません。

　したがって、その横浜市が所有する保留地との交換については、その保有期間が1年を超えるか否かにかかわらず、所得税法第58条の特例の適用はできません。

Q&A 5 宅地と青空駐車場用地を交換した場合

私は、自己が所有しているA土地（宅地）と甲法人が所有するB土地（青空駐車場、登記簿上の地目は雑種地）とを等価交換する予定です（なお、A土地上の建物は別途契約で甲法人に譲渡します。）。

私は、交換により取得したB土地を当分の間、そのまま駐車場として使用したいと考えていますが、A土地の譲渡に当たり固定資産の交換の特例の適用を受けることができますか。

なお、A土地及びB土地は、ともに市街化区域内にあり、それぞれが1年以上所有されており、また、交換のために取得されたものではありません。

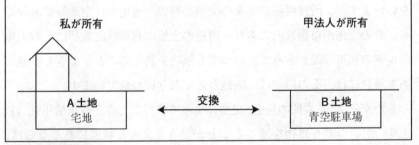

answer ご質問によると、あなたは、自己が所有するA土地（宅地）と甲法人が所有するB土地（雑種地）を交換するつもりのようですが、この交換をあなた側からみた場合、同一用途要件（交換譲渡の前は住宅用地で交換後は駐車場として使用）に抵触しないか不安に感じているのだと思われます。

しかし、あなたがA土地（宅地）との交換によって取得したB土地（青空駐車場）をいつでも建物が建てられる状況で所有しているならば、そ

の用途は依然として宅地として扱われることになると思われますので、所得税法第58条の適用は可能と考えられます。

explanation

　所得税法第58条の固定資産の交換の特例は、交換により取得した資産を交換譲渡資産の譲渡直前の用途と「同一の用途」に供することが要件の一つとされていますが（所法58①）、交換取得した土地を交換前の用途と「同一の用途」に供したかどうかは、登記簿上の地目によるのではなく、その土地の実際の利用状況により、宅地、田畑、鉱泉地、池沼、山林、牧場又は原野、その他の区分により判定することとされています（所基通58－6）。

　そして、一般に「宅地」とは、「建物の敷地及びその維持若しくは効用を果すために必要な土地」(不動産登記事務取扱手続準則第68条及び69条)をいいますが、所得税法第58条の交換の特例の適用上、空地等であっても、その土地が市街地内にあり、周辺の土地の利用状況並びにその土地の現実の利用状況からみて、いつでも建物を建てることができる状態にある場合には、その用途は、宅地として取り扱われています。

　したがって、ご質問の場合、交換によって取得した青空駐車場用地（B土地）がいつでも建物を建てることができるような状態にあるならば、「同一の用途」（宅地）に供したものとして所得税法第58条の交換の特例の適用が受けられると考えられます。

　一方で、乙法人が所有していたB土地の利用状況が、アスファルト舗装、フェンス、機械設備等を設けるなど永続性のある施設を備えた駐車場であった場合には、いつでも建物を建てることができる状態にあるとはいえないため「宅地」と同様に扱うことはできません。

　したがって、その場合には、用途はその他（雑種地）とされ、交換譲

渡資産と同一の用途に供することができないため、所得税法第58条の適用は困難と考えられます。

なお、不動産登記事務取扱手続準則第68条及び第69条によると、下記のような土地が宅地として取り扱われるとされています。

◆地目の認定◆

- 敷地内で野菜などを栽培している家庭菜園は宅地とする。
- 建物の敷地部分に比べ、庭園部分が広大であっても、建物に附随する庭園にすぎないものは、全部を宅地とする。
- 店舗や事務所の敷地で、建物の敷地以外の部分が建物の敷地に付随するものである場合（店先の駐車場など）は宅地とする。
- 遊園地、運動場、ゴルフ場又は飛行場において、一部に建物がある場合でも、建物敷地以外の土地の利用を主とし、建物はその附随的なものに過ぎないと認められるものは、その全てを雑種地とする。ただし、道路、溝、堀その他により建物敷地として明確に区分できる状況にあるものはこれを区分として宅地として差し支えない。
- 競馬場内の土地については、事務所、観覧席及びきゅう舎等永久的設備と認められる建物の敷地及びその附属する土地は宅地とし、馬場は雑種地とし、その他の土地は現状に応じてその地目を定める。
- 宅地に接続するテニスコートやプールは宅地とするが、それ以外のテニスコート、プールは雑種地とする。
- ガスタンクや石油タンクの敷地は宅地とする。
- 工場又は営業場に接続する物干場又はさらし場は宅地とする。

第1章 固定資産の交換（所得税法第58条）

Q&A 6 共有持分の交換

　甲及び乙はA土地を共有（各1/2）しており、丙及び丁はB土地を共有（各1/2）しております。

　共有持分を取得した当時は、皆が仲よかったのですが、時の経過とともに甲は丁と仲がよく、また、乙は丙と仲がよくなったため、甲と丙は、自分の所有している土地の持分（1/2）を交換しようと考えています。

　土地の共有持分を交換した場合でも所得税法第58条の固定資産の交換の特例を適用することができますか。

answer　固定資産の交換の特例は、所得税法第58条に掲げる要件を満たす固定資産同士を交換した場合に適用が可能であり、これは、交換に供する固定資産が共有の場合でも同じです。

　したがって、ご質問については、他の要件を満たしていることを前提として所得税法第58条の適用は可能と考えられます。

explanation

　所得税法第58条の固定資産の交換の特例は、次の要件の全てを満たす場合にのみ適用が可能であるとされていますので、交換譲渡する資産及

び交換取得する資産が同種の固定資産であれば、資産の所有形態が共有の場合であっても、適用要件が変わるところはありません（所法58）。

したがって、ご質問のように、共有持分同士の交換のほか、例えば、共有持分と所有権の交換、共有持分と借地権の交換なども特例の適用要件を満たせば可能と考えられます。

(1) 交換当事者がそれぞれ1年以上所有していた固定資産で、かつ、交換の相手方が交換の目的で取得した資産でないこと
(2) 交換取得資産を交換譲渡資産の譲渡直前の用途と同一の用途に供すること
(3) 土地と土地、建物と建物のように同種の資産との交換であること
(4) 交換譲渡資産と交換取得資産の時価の開差がいずれか高い方の価額の20％を超えないこと
(5) 確定申告書に交換の特例の適用を受ける旨を記載し、譲渡所得の内訳書（確定申告書付表兼計算明細書）を添付すること

第1章 固定資産の交換（所得税法第58条）

Q&A 7 耕作権と底地の交換

　甲は、農業従事者としてA農地を借りて耕作しています（耕作権）が、このA農地に係る耕作権の一部を所有者乙に返還するとともに、その代わりとして乙からA農地に係る所有権（底地）の一部を取得し、今までとおり農地として利用していきたいと考えています。

　この甲の耕作権と乙の底地（所有権）との交換について、所得税法第58条の交換の特例を適用することは可能ですか。

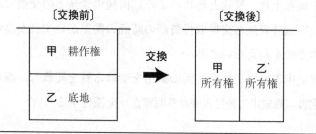

answer　所得税法第58条の要件の一つに、交換取得資産を交換譲渡した資産の譲渡直前の用途と同じ用途に供することというものがありますが、ご質問のように甲が従前と変わらず農地として使用しているのであれば、同じ土地同士（耕作権も土地の範疇に含まれます。）の交換ですので、他の要件も満たしていることを条件として固定資産の交換の特例の適用は可能と考えられます。

　なお、甲が有する耕作権がヤミ耕作権であった場合には、法律上、正式な権利として認められないので所得税法第58条の適用は困難です。

explanation

　農地に係る所有権を移転又は設定する場合には、農地法第3条《農地又は採草放牧地の権利移動の制限》又は第5条《農地又は採草放牧地の転用のための権利移動の制限》により県知事の許可が必要となりますが、同法第3条又は第5条の許可を受けた場合の所得税法第58条の交換の特例で規定する交換取得資産を交換譲渡資産の譲渡直前の用途と「同一用途」に供したかの判定は、次のように取り扱われます。

1　農地法第3条許可を受けた場合

　農地法第3条の許可は、取得者が、相当規模の農地を耕作しているものに限って受けられるものであり、この許可が受けられる限り、通常は、交換譲渡直前の用途と同一の用途に供されることになると考えられますので、固定資産の交換の特例の適用を受けることができるものと考えられます（所基通58-6）。

2　農地法第5条許可を受けた場合

　農地法第5条の許可は、農地を農地以外の用途に転換する目的で売買等を行う場合の許可ですので、取得した農地を実際、農地以外の地目としてしまえば、交換取得資産を交換譲渡資産の譲渡直前の用途に供さなかったことになり、固定資産の交換の特例の適用を受けることができません。

　ただし、例えば、甲が相当規模の農地を耕作していないために、農地法第3条の許可が受けられず、便宜的に農地法第5条の許可を受けて所有権の移転をし、現実には耕作を続けている場合には、農地以外の土地に転換することを前提とする農地法第5条の許可により取得した農地でも、

所得税法第58条の適用は可能と考えられます。

　なお、農地の上に存する耕作に関する権利（耕作権）とは、耕作を目的とする地上権、永小作権又は賃借権で、これらの権利の移転、これらの権利に係る契約の解約等をする場合には農地法第3条第1項《農地又は採草放牧地の権利移動の制限》、同法第5条第1項《農地又は採草放牧地の転用のための権利移動の制限》、同法第20条第1項《借賃等の増額又は減額の請求権》の適用があるものをいいますので、これらの規定の適用がないいわゆる事実上の権利（すなわちヤミ耕作権）は含まれません（所基通58－2の2）。

　また、農地の使用貸借に係る権利も同様に農地の上に存する耕作に関する権利に含まれません。

　したがって、甲が耕作している権利が耕作権として法律上認められるものでない場合には、所得税法第58条の適用を受けることはできません。

　ちなみに、法律上認められる耕作権であるか否かについては、その土地が存する農業委員会が作成している「小作土地調査台帳」や「農家台帳」などで確認することができます。

　また、耕作権が地上権又は永小作権のような物権である場合には、その土地の登記事項証明書の乙欄にその旨が記載されているはずなのでそれにより確認できます。

> **参　考**
>
> **農地法第3条《農地又は採草放牧地の権利移動の制限》**
> 1　農地又は採草放牧地について所有権を移転し、又は地上権、永小作権、質権、使用貸借による権利、賃借権若しくはその他の使用及び収益を目的とする権利を設定し、若しくは移転する場合には、政令で定

めるところにより、当事者が農業委員会の許可を受けなければならない。ただし、次の各号のいずれかに該当する場合及び第5条第1項本文に規定する場合は、この限りでない。
一　第46条第1項又は第47条の規定によって所有権が移転される場合
二　削除
三　第37条から第40条までの規定によって農地中間管理権（農地中間管理事業の推進に関する法律第2条第5項に規定する農地中間管理権をいう。以下同じ。）が設定される場合
四　第43条の規定によって同条第1項に規定する利用権が設定される場合
五　これらの権利を取得する者が国又は都道府県である場合
六　土地改良法（昭和24年法律百九十五号）、農業振興地域の整備に関する法律（昭和44年法律五十八号）、集落地域整備法（昭和62年法律六十三号）又は市民農園整備促進法（平成2年法律四十四号）による交換分合によってこれらの権利が設定され、又は移転される場合
七　農業経営基盤強化促進法第14条の規定による公告があった農用地利用集積計画の定めるところによって同法第4条第4項一号の権利が設定され、又は移転される場合
七の二　農地中間管理事業の推進に関する法律第18条第5項の規定による公告があった農用地利用配分計画の定めるところによって賃借権又は使用貸借による権利が設定され、又は移転される場合
八　特定農山村地域における農林業等の活性化のための基盤整備の促進に関する法律（平成5年法律七十二号）第9条第1項の規定による公告があった所有権移転等促進計画の定めるところによって同法第

2条第3項三号の権利が設定され、又は移転される場合
九　農山漁村の活性化のための定住等及び地域間交流の促進に関する法律（平成19年法律四十八号）第8条第1項の規定による公告があつた所有権移転等促進計画の定めるところによって同法第5条第8項の権利が設定され、又は移転される場合
九の二　農林漁業の健全な発展と調和のとれた再生可能エネルギー電気の発電の促進に関する法律（平成25年法律八十一号）第17条の規定による公告があった所有権移転等促進計画の定めるところによって同法第五条第四項の権利が設定され、又は移転される場合
十　民事調停法（昭和26年法律二百二十二号）による農事調停によってこれらの権利が設定され、又は移転される場合
十一　土地収用法（昭和26年法律二百十九号）その他の法律によって農地若しくは採草放牧地又はこれらに関する権利が収用され、又は使用される場合
十二　遺産の分割、民法（明治29年法律八十九号）第768条第2項（同法第749条及び第771条において準用する場合を含む。）の規定による財産の分与に関する裁判若しくは調停又は同法第958条の3の規定による相続財産の分与に関する裁判によってこれらの権利が設定され、又は移転される場合
十三　農地利用集積円滑化団体（農業経営基盤強化促進法第11条の14に規定する農地利用集積円滑化団体をいう。以下同じ。）又は農地中間管理機構が、農林水産省令で定めるところによりあらかじめ農業委員会に届け出て、農地売買等事業（同法第4条第3項一号ロに掲げる事業をいう。以下同じ。）又は同法第7条一号に掲げる事業の実施によりこれらの権利を取得する場合

十四　農業協同組合法第10条第3項の信託の引受けの事業又は農業経営基盤強化促進法第7条二号に掲げる事業（以下これらを「信託事業」という。）を行う農業協同組合又は農地中間管理機構が信託事業による信託の引受けにより所有権を取得する場合及び当該信託の終了によりその委託者又はその一般承継人が所有権を取得する場合

十四の二　農地中間管理機構が、農林水産省令で定めるところによりあらかじめ農業委員会に届け出て、農地中間管理事業（農地中間管理事業の推進に関する法律第2条第3項に規定する農地中間管理事業をいう。以下同じ。）の実施により農地中間管理権を取得する場合

十四の三　農地中間管理機構が引き受けた農地貸付信託（農地中間管理事業の推進に関する法律第2条第5項第二号に規定する農地貸付信託をいう。）の終了によりその委託者又はその一般承継人が所有権を取得する場合

十五　地方自治法（昭和22年法律六十七号）第252条の19第1項の指定都市（以下単に「指定都市」という。）が古都における歴史的風土の保有に関する特別措置法（昭和41年法律一号）第19条の規定に基づいてする同法第11条第1項の規定による買入れによって所有権を取得する場合

十六　その他農林水産省令で定める場合

　　　　　　　　　　（省略）

農地法第4条《農地の転用の制限》

1　農地を農地以外のものにする者は、政令で定めるところにより、都道府県知事の許可（その者が同一の事業の目的に供するため4ヘクタールを超える農地を農地以外のものにする場合（農村地域工業等導入促

進法(昭和46年法律百十二号)その他の地域の開発又は整備に関する法律で政令で定めるもの(以下「地域整備法」という。)の定めるところに従って農地を農地以外のものにする場合で政令で定める要件に該当するものを除く。第5項において同じ。)には、農林水産大臣の許可)を受けなければならない。ただし、次の各号のいずれかに該当する場合は、この限りでない。

一　次条第1項の許可に係る農地をその許可に係る目的に供する場合

二　国又は都道府県が、道路、農業用用排水施設その他の地域振興上又は農業振興上の必要性が高いと認められる施設であって農林水産省令で定めるものの用に供するため、農地を農地以外のものにする場合

三　農業経営基盤強化促進法第十九条の規定による公告があつた農用地利用集積計画の定めるところによって設定され、又は移転された同法第4条第4項一号の権利に係る農地を当該農用地利用集積計画に定める利用目的に供する場合

四　特定農山村地域における農林業等の活性化のための基盤整備の促進に関する法律第9条第1項の規定による公告があった所有権移転等促進計画の定めるところによって設定され、又は移転された同法第2条第3項三号の権利に係る農地を当該所有権移転等促進計画に定める利用目的に供する場合

五　農山漁村の活性化のための定住等及び地域間交流の促進に関する法律第8条第1項の規定による公告があった所有権移転等促進計画の定めるところによって設定され、又は移転された同法第5条第8項の権利に係る農地を当該所有権移転等促進計画に定める利用目的に供する場合

六　土地収用法その他の法律によって収用し、又は使用した農地をその収用又は使用に係る目的に供する場合
七　市街化区域（都市計画法（昭和43年法律百号）第7条第1項の市街化区域と定められた区域で、同法第23条第1項の規定による協議が調ったものをいう。）内にある農地を、政令で定めるところによりあらかじめ農業委員会に届け出て、農地以外のものにする場合
八　その他農林水産省令で定める場合
　　　　　　　　　　（省略）

農地法第5条《農地又は採草放牧地の転用のための権利移動の制限》

1　農地を農地以外のものにするため又は採草放牧地を採草放牧地以外のもの（農地を除く。次項及び第4項において同じ。）にするため、これらの土地について第3条第1項本文に掲げる権利を設定し、又は移転する場合には、政令で定めるところにより、当事者が都道府県知事の許可（これらの権利を取得する者が同一の事業の目的に供するため4ヘクタールを超える農地又はその農地と併せて採草放牧地について権利を取得する場合（地域整備法の定めるところに従ってこれらの権利を取得する場合で政令で定める要件に該当するものを除く。第4項において同じ。）には、農林水産大臣の許可）を受けなければならない。ただし、次の各号のいずれかに該当する場合は、この限りでない。
一　国又は都道府県が、前条第1項二号の農林水産省令で定める施設の用に供するため、これらの権利を取得する場合
二　農地又は採草放牧地を農業経営基盤強化促進法第19条の規定による公告があつた農用地利用集積計画に定める利用目的に供するため当該農用地利用集積計画の定めるところによって同法第4条第4項一

号の権利が設定され、又は移転される場合

三　農地又は採草放牧地を特定農山村地域における農林業等の活性化のための基盤整備の促進に関する法律第9条第1項の規定による公告があった所有権移転等促進計画に定める利用目的に供するため当該所有権移転等促進計画の定めるところによって同法第2条第3項三号の権利が設定され、又は移転される場合

四　農地又は採草放牧地を農山漁村の活性化のための定住等及び地域間交流の促進に関する法律第8条第1項の規定による公告があった所有権移転等促進計画に定める利用目的に供するため当該所有権移転等促進計画の定めるところによって同法第五条第八項の権利が設定され、又は移転される場合

五　土地収用法その他の法律によって農地若しくは採草放牧地又はこれらに関する権利が収用され、又は使用される場合

六　前条第1項七号に規定する市街化区域内にある農地又は採草放牧地につき、政令で定めるところによりあらかじめ農業委員会に届け出て、農地及び採草放牧地以外のものにするためこれらの権利を取得する場合

七　その他農林水産省令で定める場合

(省略)

Q&A 8　山林と原野を交換した場合

　甲は、これまで林業を営んできましたが、高齢のため林業をやめようと思っています。
　そこで所有する山林を、未だ林業経営を続けている乙が所有する原野と交換差金なしで交換しようかと思っています。
　仮に、甲が所有する山林と乙が所有している原野を交換した場合、所得税法第58条の交換の特例を適用することができますか。
　なお、甲が交換譲渡しようと考えている山林にある立木は、雑木で市場価値はありません。

answer

　ご質問のケースは、土地等の範囲に含まれる山林と原野を交換しようと考えているようですが、山林と原野は用途が異なるため、所得税法第58条で規定する交換取得資産を交換譲渡資産の譲渡直前の用途と同一の用途に供することの要件を満たさないことになります。
　したがって、固定資産の交換の特例の適用を受けることができません。
　また、山林に生育する立木は、原則として交換差金として取り扱われますが、客観的にみて価値がない場合には、交換差金に該当しないこととされますので、本件では交換差金として扱われる立木はありません。
　いずれにせよ、ご質問については、同一用途要件に抵触するため所得税法第58条の固定資産の交換の特例を受けることはできません。

explanation

　所得税法第58条の固定資産の交換の特例の適用を受けるためには、交

第1章 固定資産の交換(所得税法第58条)

換譲渡資産と交換取得資産が同種の資産であり、交換取得資産を交換譲渡資産の譲渡直前の用途と同一用途に供することが要件となっていますが、同一の用途に供したかどうかは、その資産の種類に応じて、おおむね次に掲げる区分により判定することとされています(所基通58-6)。

(1) 土地の場合
　宅地、田畑、鉱泉地、池沼、山林、牧場又は原野、その他の区分

(2) 建物の場合
　居住の用、店舗又は事務所の用、工場の用、倉庫の用、その他の区分
　なお、店舗又は事務所と住宅とに併用されている家屋は、居住専用又は店舗専用若しくは事務所専用の家屋と認めて差し支えありません。

(3) 機械及び装置の場合
　その機械及び装置の属する耐用年数省令別表第2に掲げる設備の種類の区分

(4) 船舶の場合
　漁船、運送船(貨物船、油そう船、薬品そう船、客船等をいいます。)、作業船(しゅんせつ船及び砂利採取船を含みます。)、その他の区分

　上記のとおり、交換の対象となる資産が「山林」と「原野」だった場合には同じ種類(土地)ではあるものの、それぞれ別の用途区分として扱われることになりますから、同一用途とはいえないことになります。また、その用途が同一であるかどうかは、登記簿上の地目によるのではなく、交換譲渡時点の土地の現実の利用の状況によって判断することになります。

　なお、甲が交換譲渡する山林に植生している立木については、それが価値がないため交換差金として取り扱われなかったとしても、それが現況山林であることの判定に影響を及ぼすことはありません。

Q&A 9　山林（立木がある場合）の交換

　甲と乙は、それぞれが所有している山林（A山林とB山林）を交換しようと思っています。

　甲が所有しているA山林には雑木がある程度ですが、乙が所有するB山林は、杉・ヒノキが植えられています。

　甲と乙が締結した交換契約書では、交換物件は双方とも山林（土地）のみと記載されているだけで立木については、記載がありません。

　このような山林の交換について、注意すべき点はありますか。

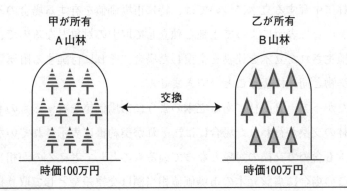

answer　　甲が所有するA山林には雑木程度のものがあるだけであり、一方で、乙が所有するB山林には、杉、ヒノキなど市場価値を有するものが植えられているようですが、山林を売買した場合にその対象は、個別に立木の登記がなされていない限り、一般的にはその従属物であるその立木にも及ぶと考えられているので、B山林のスギ、ヒノキについては、交換差金として取り扱うことが相当です。

第1章　固定資産の交換（所得税法第58条）

　ただし、これらの立木の時価が、時価の高い山林の価額（ご質問の場合は100万円）の20％の範囲内であれば、所得税法第58条の固定資産の交換の特例の適用は可能と考えられます。

explanation

　所得税法第58条の固定資産の交換の特例の適用を受けるためには、交換譲渡資産及び交換取得資産は、いずれも、土地と土地、建物と建物のように互いに同じ種類の資産であることとされています。

　ご質問の場合には、甲が所有するA山林と乙が所有するB山林は同じ種類の資産であることから特例適用要件を満たしているということはいえますが、乙が所有するB山林には、市場価値のある立木があるため、この立木の取扱いについて疑問が生じます。

　山林に生育する立木については、特に市場価値を有する場合のみ取引当事者の意思表示によって土地と独立して取引の対象となるので、B土地に植生された立木を建物を交換した場合にそれに付随する附属設備及び構築物と同一に扱うことはできません。

　したがって、B山林にある立木のように市場価値を有するものも含めて山林の交換が行われた場合には、それが契約書に表示されていなくても立木も含めて交換の対象となっているものとして考えるのが相当であり、この場合に当該立木の市場価値相当額は交換差金として取り扱うことが相当です。

　ただし、A山林に植えられている雑木のように客観的に価値がないもので独立して取引の対象とならないものは、交換の対象として認識されていないと認められることから、交換差金として取り扱われません。

Q&A 10 農地を宅地に造成した後、宅地と交換した場合

私は、自己が所有する市街化区域内の畑を造成して宅地に転換した後、乙が所有している宅地(固定資産に該当します)と交換するつもりですが、この交換について所得税法第58条の固定資産の交換の特例の適用を受けることができますか。

answer

農地を宅地に造成した後、他人の所有する固定資産である宅地と交換したような場合においては、その対価に相当する金額のうち所得税基本通達33－5により、譲渡所得として課税される部分については、固定資産の交換の特例を適用することは可能と考えますが、事業所得又は雑所得として課税される部分については、所得税法第58条の適用は困難と考えられます。

なお、所得税法第58条の適用に当たり、あなたが交換譲渡する土地の用途は、宅地に転換した後、交換していますので宅地とみなされます。

explanation

所得税法第58条《固定資産の交換の場合の譲渡所得の特例》の交換の特例は、固定資産と固定資産との交換でなければ適用を受けることができません。

ところで、販売目的以外の目的で保有していた土地等を宅地造成した場合には、所得税上は、その土地は、原則として棚卸資産又は棚卸資産に準ずる資産に転化したものとして扱われ、宅地造成後その宅地を譲渡した場合の所得は、事業所得又は雑所得として課税されることになっています。

しかし、その造成が小規模（おおむね3,000㎡以下）のものである場合には、その造成後の宅地は、その造成行為を行ったとしても棚卸資産に転化したとは考えず固定資産のままの状態にあるものとして取り扱うこととされています。(所基通33－4)。

 また、その造成規模が大きくても（3,000㎡以上）、極めて長期間（おおむね10年以上）保有していた場合には、その譲渡益の中に土地等の保有期間中に生じた資産の価値増加益と造成による利益とが含まれていると考えることができますので、このような場合には造成等による利益（収入）に対応する部分については事業所又は雑所得とされ、それ以外の資産価値の増加益部分については譲渡所得として区分して課税することとされています（所法58、所基通33－5、58－7）。

 したがって、農地を宅地造成して宅地に転換した後、他人が所有する固定資産と交換したような場合において、その交換譲渡による所得のうち所得税基本通達33－5により、譲渡所得として取り扱われる部分については、固定資産に該当するものとして所得税法第58条の交換の特例の適用が可能と考えられます。

 また、その場合には、譲渡所得以外の所得については事業所得又は雑所得として課税されますが、これら所得の収入金額に相当する金額は交換差金として取り扱われることになります。

 なお、この場合には宅地と宅地を交換したことになります。

> **参 考**
>
> **所得税基本通達33－4《固定資産である土地に区画形質の変更等を加えて譲渡した場合の所得》**
> 固定資産である林地その他の土地に区画形質の変更を加え若しくは水

道その他の施設を設け宅地等として譲渡した場合又は固定資産である土地に建物を建設して譲渡した場合には、当該譲渡による所得は棚卸資産又は雑所得の基因となる棚卸資産に準ずる資産の譲渡による所得として、その全部が事業所得又は雑所得に該当する。

(注) 固定資産である土地につき区画形質の変更又は水道その他の施設の設置を行った場合であっても、次のいずれかに該当するときは、当該土地は、なお固定資産に該当するものとして差し支えない。
　1　区画形質の変更又は水道その他の施設に係る土地の面積（当該土地の所有者が2以上いる場合には、その合計面積）が小規模（おおむね3,000㎡以下をいう。）であるとき。
　2　区画形質の変更又は水道その他の施設の設置が土地区画整理法、土地改良法等法律の規定に基づいて行われたものであるとき。

所得税基本通達33－5《極めて長期間保有していた土地に区画形質の変更等を加えて譲渡した場合の所得》

　土地、建物等の譲渡による所得が33－4による事業所得又は雑所得に該当する場合であっても、その区画形質の変更若しくは施設の設置又は建物の建築（以下この項において「区画形質の変更等」という。）に係る土地が極めて長期間引き続き所有されているものであるときは、33－4にかかわらず、当該土地の譲渡による所得のうち、区画形質の変更等により利益に対応する部分は事業所得又は雑所得とし、その他の部分は譲渡所得として差し支えない。この場合において、譲渡所得に係る収入金額は区画形質の変更等の着手直前における当該土地の価額とする。

(注) 当該土地、建物等の譲渡に要した費用の額は、すべての事業所得又は雑所得の金額の計算上必要経費に算入する。

第1章　固定資産の交換（所得税法第58条）

Q&A 11　借地権と底地の交換

　甲は、自己が所有するA土地（250㎡）に、乙のために期間20年間の借地権を設定し、乙に貸し付けてきましたがA土地の借地契約期間の終了時期が近づいてきたため、乙に対して、借地権と底地の交換を提案しました。

　具体的には、A土地（250㎡）を乙の建物敷地150㎡（B土地）とその他の部分100㎡（C土地）に分筆し、B土地の底地部分とC土地の借地権を交換しようとするものです。このような、借地権と底地の交換を行った場合、所得税法第58条の交換の特例の適用を受けることは可能ですか。

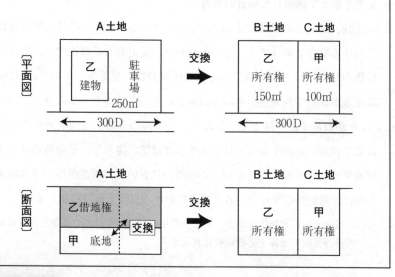

answer　ご質問の交換は、甲及び乙がそれぞれ1年以上所有していた固定資産（土地の所有権及び借地権）を交換した

ものであり、交換後それぞれ（市街地にある青空駐車場は宅地と同様に扱われます。）として使用するものです。

また、甲が所有していた底地と乙が所有していた借地権の交換は、交換差金の授受なしで行われていることから、所得税法第58条の固定資産の交換の特例を適用することが可能と考えられます。

explanation

所得税法第58条の固定資産の交換の特例は、当事者双方が1年以上所有していた同種の固定資産であって、その交換取得資産をその交換譲渡資産の譲渡直前の用途と同一の用途に供するなど、一定の要件を満たした場合に、適用が認められます。

ご質問の場合は、甲が所有していた土地は、A土地の所有権（底地＝貸地）であり、Bが所有していた資産はA土地の借地権ですが、所得税法第58条第1項によると土地の範疇には「建物又は構築物の所有を目的とする地上権及び賃借権並びに農地法第2条第1項に規定する農地の上に存する耕作に用する権利を含む。」と規定していますので、同じ種類の資産（土地）として取り扱われます。

また、所得税法第58条では、交換取得資産は交換譲渡資産の譲渡直前の用途と同一の用途に供しなければならないとされていますが、甲及び乙が交換により取得する資産はそれぞれの譲渡資産の用途であった宅地と同一の用途（宅地）に供するとのことですから、「同種資産要件」及び「同一用途要件」のいずれの要件をも満たしていることになります。

なお、甲が交換取得しようとしている借地権の一部（C土地）について強固な設備等を施して、駐車場等として利用する場合（容易に建物を建築することができないような状態）には、それは、もはや、「宅地」の用に供したものと言うことはできないので、この場合には同一用途要件

第1章　固定資産の交換（所得税法第58条）

を満たさないことになるものと思われます。

　ちなみに、A土地（250㎡）をB土地（150㎡）とC土地（100㎡）に分筆したのは、路線価で定められている借地権割合が60％であることからそうしたものであり、合理的な根拠に基づいていると認められることから、この点において、ご質問の借地権と底地の交換は、等価交換として所得税法第58条の固定資産の交換の特例の適用を受けることが可能と考えられます。

Q&A 12 借地権の設定の対価として土地を取得した場合(1)

甲が所有するA土地に乙のために借地権を設定し、その対価として乙が所有するB土地を取得する場合において、これら取引を交換とした場合に所得税法第58条で定める固定資産の交換の特例を適用することができますか。

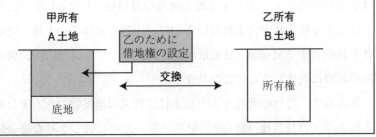

answer

甲が乙のために設定する借地権の対価として取得するB土地の価額（時価）が不明ですが、仮に当該価額がA土地の価額（時価）1/2を超えている場合には所得税法上、甲が受領する設定の対価(権利金)は、譲渡所得として取り扱われることになります。そして、このケースを甲からみるとA土地に設定した借地権の権利金を金銭等で授受する代わりにB土地を取得（交換）したとみることができます（所令79）。

したがって、地上権又は貸借権の設定の対価が譲渡所得とされる場合において、その設定の対価として土地を取得した場合には、所得税法第58条に規定する要件を満たすことを条件として土地の交換があったものとして同条を適用することができます（所基通58-11）。

第1章　固定資産の交換（所得税法第58条）

> **explanation**

　所得税法第58条に規定する固定資産の交換の特例は、同種の固定資産との交換であることなどその交換が一定の要件に該当する場合に適用されます。

　この場合の同種の固定資産とは、土地と土地、建物と建物、機械及び装置と機械及び装置、船舶と船舶とに分けることができます。

　そして、固定資産が土地の場合には、土地それ自体のほかにも建物又は構築物の所有を目的とする地上権及び賃借権（借地権）並びに農地の上に存する耕作権が含まれているので、土地と耕作権、土地と建物の所有を目的とする賃借権（借地権）の交換についても同種の固定資産の交換の範疇に含まれることになります。

　ところで、自分の所有する土地上に建物又は構築物の所有を目的とする地上権又は賃借権（借地権）を第三者のために設定させた場合において、その対価として、その土地の更地価額の1/2相当額を超える権利金等を受領したときは、その土地の上土部分が譲渡されたものと考えられるので、課税上、資産の譲渡とみなされ譲渡所得の課税が行われます（所令79）。

　このような場合、課税上、建物又は構築物の所有を目的とした賃借権又は地上権（借地権）の設定の対価が譲渡所得として課税されるにしても、賃借権又は地上権の権利の設定は、法形式の上では、土地又は賃借権の譲渡とは言えないので、交換とみることはできません。

　そこで、このような権利の設定の対価として土地を取得した場合において、所得税法第58条の適用が可能かについて疑念が生じるわけですが、所得税法第58条上、借地権（地上権又は賃借権）は土地の範疇に含まれると規定されていることから、借地権（地上権又は賃借権）が設定され

Q&A12　借地権の設定の対価として土地を取得した場合(1)

た土地の所有者は、法形式上はともかく、経済的には土地の所有権のうち借地権（地上権又は賃借権）を分離して借地権者（地上権者又は賃借人）に譲渡したとする見方もできます。

そこで、借地権（地上権又は賃借権）の設定の対価が譲渡所得とされる場合において、その設定の対価として土地を取得した場合には、所得税法第58条第1項一号に規定する土地の「交換」があったとものとして同条の規定を適用することができるとされています（所基通58-11）。

なお、当該取引が所得税法第58条の「交換」に該当するとしても、他の要件を満たさなければ当該特例の適用が受けられることは言うまでもありません。

第1章 固定資産の交換（所得税法第58条）

Q&A 13 借地権の設定の対価として土地を取得した場合(2)

　私は自己が所有しているA土地（時価5,000万円）に甲のために借地権（当該地域の標準的な借地権割合は40％）を設定しましたが、その際の権利金の対価として、甲が所有していたB宅地（時価2,000万円）の提供を受けました。

　このように、借地権の設定の対価としてB宅地を取得した場合、借地権の設定とB土地の交換があったとものとして所得税法第58条の規定を適用できるでしょうか。

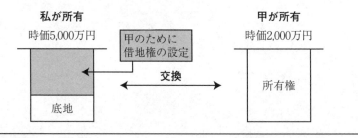

answer　ご質問のケースは、あなたが甲のために設定したA土地に係る借地権の設定の対価（2,000万円）が、その設定の目的となったA土地の価額の1/2の価額（2,500万円）を超えていないので、A土地の借地権設定に係る課税は、譲渡所得ではなく不動産所得として課税されることになります。

　したがって、A土地に係る借地権の設定を資産の譲渡として取り扱うことができない以上、所得税法第58条の特例の適用を受けることはできません。

Q&A13　借地権の設定の対価として土地を取得した場合(2)

explanation

　所得税法第58条に規定する固定資産の交換の特例は、同種の固定資産同士の交換であることなど一定の要件に該当する場合に適用されることになっています。

　この場合の同種の資産のうち、土地の中には建物又は構築物の所有を目的とする借地権（建物所有を目的とする地上権又は賃借権）も含まれていますので、土地と借地権との交換についても、他の要件を満たす限り、所得税法第58条の適用が認められますが、借地権の設定は法形式上は譲渡には該当しないことから、その対価として相手方から土地等を取得した場合において、その取引が、交換といえるかどうかが疑問です。

　ところで、自分の土地に建物又は構築物を所有する目的で借地権等を第三者のために設定した場合において、その設定の対価が、借地権等を設定した土地の更地価額の1/2相当額を超える金銭等を受領した場合には、譲渡所得として課税されることになっています（所令79）。

　このように譲渡所得として課税される場合には、借地権の設定の目的となった土地の所有者は、経済的には土地の所有権のうち借地権等を借地権者に部分的に譲渡したとみることもできますので、借地権等の設定の対価として相手方から土地等を取得した場合には、所得税法第58条第1項一号に掲げる土地の「交換」があったものとして同条の規定を適用することができるとされています（所基通58-11）。

　ご質問の場合は、あなたが権利金の対価として取得したＢ土地の価額（時価）は2,000万円であり、Ａ土地の価額（時価）の1/2分未満となります。

　したがって、当該借地権の設定の対価は、譲渡所得として課税されないこと（不動産所得として課税）となりますので、結果として所得税法第58条に規定する「交換」に該当しないことになります。

第1章　固定資産の交換（所得税法第58条）

　上記の課税関係を整理すると、あなたは、甲のために設定した借地権の対価としてＢ土地を取得しましたので、Ｂ土地の価額（2,000万円）を不動所得の収入金額に計上することになります。
　一方、甲は、権利金2,000万円の金銭の支払に換えてＢ土地をあなたに引き渡したわけですから、Ｂ土地を時価相当額の2,000万円で譲渡したこととなり譲渡所得が課税されることになります。

Q&A 14 借家権とマンションとの交換

甲は、渋谷区内で店舗を借りてスナックを経営していますが、家主から店舗を取り壊しビルに建て替えたいと話があり、立退きを迫られています。そこで甲は立退料に代えて、新築された後のビルの一室を（区分所有建物）取得できないか交渉しているところです。

新築ビルの一室を取得することになった場合、所得税法第58条の交換の特例の適用が可能ですか。

answer　所得税法第58条で規定する固定資産の交換の特例の対象となる資産は、土地、建物、機械及び装置、船舶、鉱業権と限定列挙されており、そこに借家権は含まれていないことから、同法の適用は困難です。

explanation

借家人が、借家の立退きに際し、受ける立退料については、
(1)　借家権の消滅の対価
(2)　営業収入又は営業経費の補償
(3)　移転費用の実費補償
(4)　その他の補償

の4つの性格を有していると考えられます。これらの性格のうち、譲渡所得とされるのは借家権の消滅の対価ですが（所基通33-6）、仮に甲が立退きに伴い受領する対価の全てが借家権の消滅の対価に該当し、譲渡所得（分離課税ではなく総合譲渡として課税）として課税されるとしても、そもそも借家権は、所得税法第58条に掲げる固定資産の交換の特例

の対象資産ではありませんから、同法の適用は受けられません。

　なお、立退料として受領する対価のうち、借家権の消滅の対価に相当する部分の価額の算定に当たっては、原則として、その地域における借家権の取引慣行の有無、売買実例等から適正な価額を算定する必要がありますが、その価額の算定が困難な場合には、実務上は立退料として交付を受けた金額から明らかに収益補償と認められる部分の金額及びその家屋の立退きに通常必要と認められる費用との合計額を差し引いた金額を、借家権の消滅の対価として把握することになるかと思われます。

　なお、甲は店舗を借りてスナックを経営していたことから、措置法第37条の特定の事業用資産の買換えの特例の適用も考えられ、これについて検討すると、措置法第37条は、事業の用の供している固定資産のうち土地及び土地の上に存する権利、建物（附属設備を含みます。）又は構築物及び船舶を譲渡した場合に認められるものです（措法37、37の4）。

　したがって、借家権はこれらの資産に含まれていませんので（措通31・32共－1）、措置法第37条に規定する特定の事業用資産の買換えの特例の適用も受けることはできません。

Q&A 15 交換の対象となる建物附属設備

　甲は、乙が所有しているBビルの外観が特徴的で目立つため自分が所有するAビルと交換できないかと思っています（ビルの敷地については、別途売買契約を締結する予定です。）。

　ところで、甲が所有しているAビルには、後から設置した電光掲示の広告看板が取り付けられており、それだけを対象として取引することも可能です。

　このような場合、広告看板を含めてAビルとBビルを等価交換した場合にはどうなりますか。

answer

　甲は、自分が所有するAビルと乙が所有しているBビルを交換したいと考えているようですが、仮にAビルとBビルを金銭の授受なしで交換したとしても、Aビルに設置されている電光の広告看板は、ビル建築後に設置されたもので、その部分だけを対象として取引対象とすることも可能ということですので、当該広告板の時価相当額は交換差金とみなされます。

　したがって、広告看板だけを取引の対象とした場合の価額がBビルの価額の20％を超える場合には、所得税法第58条の適用は困難です。

explanation

　所得税法第58条の固定資産の交換の特例の対象となる建物には、その建物に附属する設備及び構築物も含むとされていますが、その理由として、その建物に附属する設備及び構築物は、その建物と一体として取引されてはじめて、その建物の一部分としての効用を発揮するものであり、

第1章　固定資産の交換（所得税法第58条）

附属する設備及び構築物だけを取引するケースは極めて少ないからと考えることができます。

　一方で、建物に附属する設備及び構築物をその建物から分離して単独で取引することができる場合には、その附属設備及び構築物は、その建物の一部分としての効用を有するものとはいえず、それ自身が価値を有するものと考えることができます。

　ご質問の電光の広告看板は、Aビルの完成後に設置されたものであり、建物の一部分として効用を有しているわけではありません。また、それだけで公告収入を得ることが可能なため、公告看板だけの取引も可能ということができます。

　したがって、電光の広告看板は、所得税法第58条第1項二号に規定する建物に附属する設備及び構築物には該当しないことになり、仮に甲と乙の間でAビル（広告板を含む）とBビルを交換した場合には、広告板の価額（取引時価）が交換差金として取り扱われることになります。

　そして、広告看板の取引時価がBビルの価額の20％を超える場合には、所得税法第58条の適用は困難となります。

Q&A 16 1年以上所有していた固定資産の意義(1)

　所得税法第58条の固定資産の特例の適用に当たっては、交換当事者がそれぞれの固定資産を1年以上所有していたことが要件とされていますが、この「1年以上所有していた固定資産」の要件を判定する場合において所得税法や措置法の規定により取得時期が引き継がれている資産については、どのように判定しますか。

　例えば、甲の譲渡資産の取得原因が次のような場合、所有期間の判定について教えてください。

(1)　父から相続により取得した場合
(2)　措置法第33条の収用等に伴い代替資産を取得した場合の課税の特例の適用を受けて取得した場合
(3)　措置法第37条の特定の事業用資産の買換えの特例を適用して取得した場合
(4)　所得税法第58条の交換の特例を適用した取得資産である場合

answer　所得税法第58条の適用要件の1つである「1年以上所有していた固定資産」の判定は次のとおりです。

(1)の場合は、譲渡資産の取得原因が相続であるため、被相続人の取得時期を引き継ぐことになります。

(2)の場合は、措置法第33条《収用等に伴い代替資産を取得した場合の課税の特例》の適用を受けて取得した資産ということなので、収用交換等により譲渡した従前の資産の取得時期を引き継ぎます。

(3)の場合は、措置法第37条《特定の事業用の買換えの場合の譲渡所得の課税の特例》の適用を受けて取得した買換資産ということなので、買

換資産を実際に取得した時からその所有期間を計算します。

(4)の場合は、交換譲渡資産が所得税法第58条の適用を受けて取得した資産ということなので、交換取得資産を実際に取得した時から所有期間を計算します。

> **explanation**

固定資産の交換の特例の適用要件の一つに、交換譲渡資産及び交換取得資産のいずれも、「1年以上所有していた固定資産であること」があります。

この「1年以上の所有期間」とは、交換譲渡資産及び交換取得資産のそれぞれについて、取得日から交換日までの期間をいいます。

ところで、所得税法及び措置法では、譲渡益課税の繰延べに関して譲渡資産の取得価額及び取得時期の引継ぎを定めた規定を置いていますので、これらの特例の適用を受けた資産について所得税法第58条で規定する「1年以上の所有期間」をどのように判定するのか疑義が生じます。

そこで、所得税基本通達58-1の2では、①個人からの贈与や相続(限定承認に係るものを除きます。)・遺贈(限定承認に係る包括遺贈を除きます。)によって取得した資産、②個人から時価の1/2未満の対価の額(対価の額が取得後及び譲渡費用の額の合計額に満たないものに限ります。)により取得した資産、③措置法第33条の6第1項の適用を受けて取得した資産(措法33、33の2及び33の3)については、実際のこれらの資産を取得した時期にかかわらず従前から引き続き所有していたものとして計算することとし、④措置法第37条の特定の事業用資産の買換え及び所得税法58条の固定資産の交換の特例の適用を受けて取得した資産については、実際の取得時期を基礎として計算すると定められています。

なお、「1年以上所有していた固定資産」であることの要件は、交換当

事者双方に課せられている要件であり、いずれか一方が要件を満たさない場合には、交換当事者双方が所得税法第58条の特例の適用を受けることはできないことになります。

> **参 考**
>
> **所得税基本通達58－1の2《取得時期の引継規定の適用がある資産の所有期間》**
>
> 　交換により譲渡又は取得した固定資産が次に掲げる資産である場合にはおける法第58条第1項に規定する「1年以上有していた固定資産」であるかどうかの判定は、次に掲げるところによる。
> (1)　法第60条第1項《贈与等により取得した資産の取得費等》又は措置法第33条の6第1項《収用交換等により取得した代替資産等の取得価額の計算》の規定の適用がある資産
> 　　引き続き所有していたものとして判定する。
> (2)　令第168条《交換による取得資産の取得価額等の計算》の規定の適用がある資産
> 　　その実際の取得の日を基礎として判定する。

第1章 固定資産の交換（所得税法第58条）

Q&A 17　1年以上所有していた固定資産の定義(2)

　甲は、個人で新築戸建住宅の販売を行っていますが、販売戸数は年間30戸程度です。

　ところで、甲が所有している土地の中には、今までは棚卸資産としてきましたが、最近行われた都市計画法の改正により建物を建築することができなくなり、棚卸資産から固定資産に科目を変更した土地があります。

　この土地を第三者が所有する土地と交換した場合、所得税法第58条の適用を受けることは可能ですか。

answer

　所得税法第58条の適用要件の一つに固定資産は、交換当事者がそれぞれ1年以上所有してきたものでなければならないというものがあります。

　この場合の1年以上所有してきた固定資産の意味は、単にその交換譲渡資産を1年以上所有していればいいのか、それとも固定資産として1年以上所有してきたものでなければならないのかという明確な規定がないことから疑念が生じますが、法律の趣旨から固定資産として1年以上所有しなければならないものと解するのが相当です。

　したがって、甲がその土地を棚卸資産から固定資産に科目変更して、1年間以上経過していれば、適用は可能と考えられます。

explanation

　所得税法第58条の固定資産の交換の特例の適用を受けるためには、交換当事者双方が交換譲渡資産及び交換取得資産をそれぞれ1年以上所有

していなければなりませんが、この「1年以上所有していた固定資産」であるかどうかの判定は、

(1) 1年以上固定資産として所有していたもの

であるか又は、

(2) 1年以上有していた固定資産で、交換の時点で固定資産に該当するもの（固定資産としての保有期間は問わない。）

のいずれかによるか判断に迷います。

この点については、①所得税法第58条において「……1年以上有していた固定資産で……」と規定していること及び、②棚卸資産から固定資産に変更して1年以上経過しないものまでが含まれるとすれば、棚卸資産（1年以上所有のものに限ります。）であっても固定資産に変更すれば直ぐ固定資産の交換の特例適用が可能となり、特例の趣旨に反すること等から、1年以上固定資産として所有していたものが対象になると考えられます。

したがって、交換直前に棚卸資産から固定資産に変更した資産は、それが交換時において固定資産であっても特例の適用要件を満たさないものと考えられます。

第1章　固定資産の交換（所得税法第58条）

Q&A 18　共有地の分割と所有期間の判定

　乙と丙は、10数年前から共有（乙及び丙の持分は各2分の1）していたＢ土地を共有地分割により各々の単独所有としました。
　一方、甲は、以前よりＢ土地が欲しかったので、共有地分割により丙が単独所有としたＢ₂土地と甲が1年間以上保有しているＡ土地と交換し、所得税法第58条の適用ができないかと考えています。
　このような場合、丙が共有地の分割をしてから間もないため「1年以上有していた固定資産」の要件に抵触しませんか。
　また、丙の単独所有となったＢ₂土地と甲のＡ土地を交換した場合、兼ねてから甲がＡ土地とＢ土地とを交換したいと言っていたことに関連して、丙が共有地分割により取得したＢ₂土地は、「交換のための取得した土地」に該当しませんか。

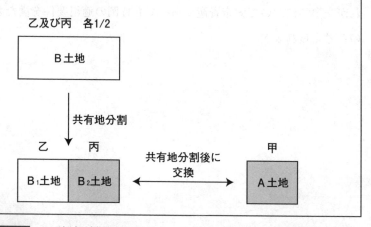

answer　譲渡所得の課税においては、共有地の分割は、土地の譲渡はなかったものと取り扱われています（所基通33-

1の6）ので、共有地の分割が行われたとしても所有期間の計算は、共有の期間を含めて計算することが相当です。そして、ご質問の場合は、乙及び丙は共有地分割前のB土地を10年間所有していたとのことですので、丙のB₁土地と甲のA土地の交換時点においての所有期間は1年以上となりますので、所得税法第58条で規定する所有期間要件は満たしていることになります。

また、丙が共有地分割により取得したB₂土地を甲が以前から欲しい（A土地と交換したい）と思っていたことについて、B₂土地は甲との「交換のために取得した土地と認められる」のではないかという点ですが、丙がB₂土地を取得したのは、共有地分割によってであり、取得したわけではありませんので、この要件にも抵触しないということができます。

explanation

所得税法第58条の固定資産の交換の特例の適用を受けるためには、交換当事者がそれぞれの固定資産を1年以上所有している必要があり、かつ交換により取得する資産は、交換相手が当該交換をするために取得したものではないことが要件とされています。

ところで、2人以上の者で共有している一つの土地をそれぞれの持分に従って現物分割した場合には、法律的に厳格に解すれば、お互いの共有持分をそれぞれ交換（譲渡）したものと考えられます。しかし、実際には所有の実態は変わっていないと考えることもできますので、譲渡所得の課税においてはその分割による土地の譲渡はなかったものとして取り扱われています（所基通33－1の6）。したがって、譲渡がなかったものとして取り扱われている以上、共有地の分割があった時点で新たにその宅地を取得したことにはならず、土地の所有期間は、共有地分割前の当初の共有持分を取得した日から計算することになります。

第1章　固定資産の交換（所得税法第58条）

　ご質問の場合、丙は10数年前からＢ土地の共有持分を所有していたということですので、Ｂ土地の共有地の分割が適正に行われているのであれば、その分割による土地の譲渡はなかったものとされ、交換時における所有期間は1年以上となり要件を満たすことになります。

　また、丙が共有地の分割により取得したB_2土地を直ぐに甲が所有するＡ土地との交換に充てたことから、この共有地分割が「交換のために取得した土地と認められるもの」に該当するのではないかという見方もできますが、そもそも、共有地の分割は、土地の譲渡はなかったものとされますので、資産を「取得」したということにもならず、従前から所有していたものとして取り扱われることになります。

　したがって、丙がＢ土地の持分に相じて適正に分割した場合には、そもそもB_2を取得したことにならず、したがって、「交換のための取得した場合」にも当たらないと言うことができます。

　なお、ご質問のケースは、共有地の分割を行った後、分割後の土地をＡ土地と交換していますが、例えば、甲が単独で所有するＡ土地と丙が共有する従前土地（Ｂ土地）の共有持分（1/2）との交換をまず先に行って、その後、甲と乙で共有地の分割を行うことにより同様な結果（ただし、他の特例要件を満たしていることが前提）を導くこともできます。

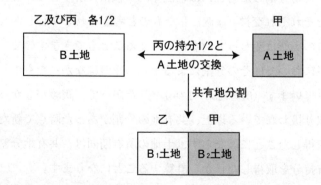

84

Q&A 19 相続により取得した土地を交換し、すぐその土地を物納した場合

甲は、平成27年4月に父を亡くし、財産を相続しましたが、亡父は地主であったため、その遺産のほとんどが土地です。

甲は父の相続に当たっては、土地の物納を考えています。

ところで、亡父は自己が所有するＡ土地（宅地）と乙が所有するＢ土地（宅地）を交換する予定でいましたが、その途中で亡くなってしまったため、Ａ土地を相続した甲は乙が所有するＢ土地との交換を行って、交換により取得したＢ土地を物納したいと考えています。

このような前提で、甲は相続により取得したＡ土地とＢ土地の交換について所得税法第58条の交換の特例を受け、かつ、交換により取得したＢ土地を物納に充てることはできますか。

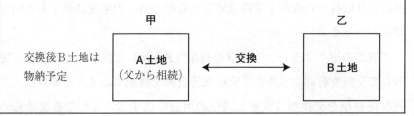

answer

甲は、相続により取得したＡ土地をＢ土地との交換に供し、その後、交換により取得したＢ土地を物納したいという意向のようですが、物納すれば、Ｂ土地を交換譲渡資産（Ａ土地）の交換譲渡直前の用途と同一の用途に供することができませんので、所得税法第58条の固定資産の交換の特例を適用することはできません。

また、交換により取得したＢ土地を物納に充てることができるか否か

については、相続税法第41条では、相続税の物納に充てることができる財産は、原則として相続税の課税対象とされた財産と規定していますが、相続財産を処分することにより取得した財産も物納することができると規定しています。

したがって、相続により取得したA土地との交換によって取得したB土地が管理、処分するのに適当であるなど、物納要件を満たしていればB土地を物納することも可能です。

explanation

(1) 譲渡関係について

所得税法第58条の固定資産の交換の特例は、個人が1年以上所有していた固定資産と他の者が1年以上有していた固定資産(交換の相手が交換のために取得したと認められるものを除きます)を交換し、一定の要件を満たした場合には、その交換による譲渡はなかったものとみなされます(所法58①②)。ところで、所得税法第58条では、その要件の一つに、交換により取得した資産を交換譲渡した資産と同一の用途に供するという要件があります。

ご質問の甲のように、交換取得資産(B土地)を物納することを前提として交換を行い、実際にも交換取得資産を物納するような場合は、交換取得資産を交換譲渡資産と同一の用途に供することができませんので、甲はA土地の譲渡申告に当たり所得税法第58条の固定資産の交換の特例の適用を受けることはできません。

一方、乙からみた場合、乙が交換により取得したA土地を交換譲渡した資産(B土地)と同一の用途に供した場合には、所得税法第58条の要件を満たすことになりますが、交換の相手である甲が同一用途要件を満たさないため、乙も所得税法第58条の固定資産の交換の特例を適用する

ことができないのではないかという疑問が生じます。

　しかし、同一用途要件は、交換当事者の双方がこの要件を満たさなければ、本件特例の適用ができないというわけではなく交換当事者ごとに判定すれば足りるので、乙が他の要件を満たしているのであれば、乙は所得税法第58条の適用を受けることができます。

　また、所得税法第58条では、1年以上所有要件と合わせて、交換の相手が交換のために取得した固定資産を買換資産とする場合には、本件特例を適用することはできないと規定しています（この要件に抵触する場合には交換当事者双方の適用ができなくなります。）。

　ご質問の場合は父の生前中から交換の話があったということなので、甲は乙との交換するためにA土地を取得したという見方もできるかもしれませんが、甲がA土地を取得したのは相続によって取得したものであり（そう解さないと甲に限らず相続した者の全てが交換のために取得したとみなされることになってしまいます。）、交換するために積極的に取得した場合とは異なるため、この要件には抵触しないと考えられます。

(2) 相続関係について

　国税は金銭によって納付するのが原則ですが、相続税については財産税の性格を持っていることや取得した財産に換価し難いものも含まれていることなどの理由により、延納及び物納の制度が設けられています。

　そして、相続税の物納に充てることができる財産は、原則として、相続税の納税義務者の課税価格の計算の基礎となった財産で日本国内にあるものに限られていますが、相続財産を処分することにより取得した財産も物納することができます（相法41②かっこ書）。

　ご質問の場合、相続により取得したA土地との交換により取得したB土地が、管理、処分するのに適当な財産である等その他の物納の要件を

満たせば、物納に充てることが可能です。

> **参 考**
>
> **相続税法第41条第2項《物納の要件》**
>
> 　前項の規定による物納に充てることができる財産は、納税義務者の課税価格計算の基礎となった財産（当該財産により取得した財産を含み、第21条の9第3項の規定の適用を受ける財産を除く。）でこの法律の施行地にあるもののうち次に掲げるもの（管理又は処分をするのに不適格なものとして政令で定めるもの（第45条第1項において「管理処分不適格財産」という。）を除く。）とする。
>
> **相続税法基本通達41-7《「当該財産により取得した財産」の意義》**
>
> 　法第41条第2項に規定する「当該財産により取得した財産」とは、当該財産を処分して取得した財産そのものをいうのであるが、次に掲げる財産は、これに該当するものとして取り扱うのであるから留意する。ただし、(3)に掲げる株式又は出資証券で収納時に旧株式（旧出資証券）がある場合においては、当該旧株式（旧出資証券）を物納税額に充ててもなお不足税額があるときに限るものとする。
> (1) 課税価格計算の基礎となった株式又は出資証券の発行法人が合併した場合において、当該合併によって取得した株式又は出資証券
> (2) 課税価格計算の基礎となった株式又は出資証券がある場合において、当該株式の消却、資本の減少又は出資の減少によって取得した株式又は出資証券
> (3) 課税価格計算の基礎となった株式又は出資証券の発行法人が増資を行った場合において、当該増資によって取得した株式又は出資証券

Q&A 20　交換の相手が交換するために取得した土地と交換した場合

甲は個人で中古車販売業を営んでいますが、事業拡張のため隣地Ａ土地（時価3,000万円）を買いたいと考えていますが、Ａ土地の所有者乙にその旨を伝えると乙は、丙が所有するＢ土地（時価3,000万円）との交換なら応ずると回答をしました。

そこで、甲は、丙から時価より高い4,000万円でＢ土地を取得した後、直ぐにこのＢ土地と乙が所有するＡ土地と等価交換しました。この場合、甲及び乙の課税関係はどうなりますか。

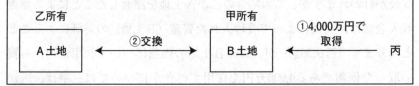

answer

甲は、丙からＢ土地を取得した後、1年以内に乙に譲渡（交換）していることから、所得税法第58条で定める特例要件を満たしていないことになります。

また、乙から見た場合、上記1年以上の所有要件のほか交換の相手である甲がＢ土地をＡ土地との交換をするために取得していますから、この点からも所得税法第58条の要件を満たしていません。

したがって、甲及び乙はＡ土地とＢ土地の交換に当たり、所得税法第58条の固定資産の交換の特例を適用することはできません。

explanation

所得税法第58条の固定資産の交換の特例は、個人が1年以上所有して

いた固定資産と他の者が1年以上所有していた固定資産（交換のために取得したと認められるものを除きます。）とを交換した場合に適用されます（所法58）。

　ご質問の場合、甲及び乙の課税関係について整理すると、まず乙は交換の相手先である甲がＢ土地をＡ土地と交換するために取得したことを認識していますので、乙のＡ土地の譲渡申告に当たっては固定資産の交換の場合の特例は適用されず、一般の譲渡所得として課税されることとなります。また、交換の相手である甲は、Ｂ土地を取得した後、すぐに交換に供しており、1年以上所有していないため、この点からも固定資産の交換の特例の適用は困難です。

　固定資産の交換の特例が適用できない場合は、一般の譲渡所得として課税が行われますが、この場合の乙がＡ土地を譲渡したことによる譲渡収入金額は、交換によって受け入れた資産（Ｂ土地）の時価によることとなります（所法36②）が、このＢ土地の価額について、甲が丙から買い取った価額である4,000万円を採用すべきかについては、甲は、丙がもともと売りたくなかったＢ土地をどうしても欲しくて買ったもので、相当の買い進みがあったと認められるため、当該価格（4,000万円）を適正な時価と認めることはできません。

　したがって、乙のＡ土地を交換譲渡したことによる収入金額は、Ｂ土地の客観的時価の3,000万円となります。

　一方で、甲の課税関係についてみると甲は、丙からＢ土地を取得した後、1年以内にＡ土地と交換していることから、1年以上所有要件を満たさないことになり、こちらも所得税法第58条の固定資産の交換の特例を適用することは困難です。

　この場合の甲がＢ土地を譲渡したことによる譲渡収入金額は、交換によって取得したＡ土地の客観的交換価値（3,000万円）によることになり

Q&A20 交換の相手が交換するために取得した土地と交換した場合

ます（この場合、甲に譲渡損が生じますがやむをえないと考えられます。）。

ちなみに、甲が丙からＢ土地を取得して、1年以上経過した後に交換譲渡した場合には、1年以上の所有要件は満たすことになりますが、Ａ土地との交換のためにＢ土地を取得したものと判定される場合には所得税法第58条の適用は困難となります。

第1章 固定資産の交換（所得税法第58条）

Q&A 21　交換のために取得したものではないことの要件

　所得税法第58条の適用要件に、交換当事者双方がそれぞれの固定資産を1年以上所有していたことのほか、交換の相手方が所有する固定資産は、交換のために取得したものではないことの要件があります。

　例えば、甲が10年前に取得したＡ土地と乙が2年前に取得したＢ土地と交換する場合に、甲からみた場合に乙がＢ土地を交換のために取得したのかどうかはわかりません。

　このような場合、乙が誰かとの交換を念頭にＢ土地を取得していたことが立証されると、甲はＡ土地の譲渡申告に当たり所得税法第58条の適用できなくなるのでしょうか。

answer　甲からみた場合、交換の相手である乙がＢ土地を1年以上所有していたとしても、交換ために取得したことが明らかであれば、甲からみた場合のＡ土地とＢ土地の交換は、所得税法第58条の要件を満たさないことになります。しかし、甲がそれを知らないような場合には、乙がＢ土地を取得した目的が、甲が所有するＡ土地との交換のためということにはならないので、「交換のために取得したと認められるもの」には該当しないと考えられます。

　したがって、ご質問のケースは、所得税法第58条の固定資産の交換の

特例を適用することは可能と考えられます。

> **explanation**

　所得税法第58条の固定資産の交換の特例の適用要件としては、①交換の対象物は、交換の当事者のいずれもが1年以上所有していた固定資産であること、②交換取得資産につき、相手方が交換のために取得したと認められるものでないこと、③交換取得資産と交換譲渡資産は同種の資産であること、④交換取得資産を交換譲渡資産の譲渡直前の用途と同一の用途に供すること、⑤交換譲渡資産と交換取得資産の差額が、いずれか高い方の価額の20％以内であることの要件が定められています。

　その理由として、上記要件を満たす固定資産同士の交換が行われた場合には、その者にとっては、譲渡資産を交換後も同じ用途のまま所有し、使用し続けているのと変わらないこと、交換によって現実に譲渡資産の譲渡益が発生したとの認識が乏しい上に、その対価が金銭でなく現に所有し使用し続ける交換取得資産であること及びその譲渡益課税に係る担税力がない点などがあげられます。

　これらの要件のうち、①の「1年以上所有の固定資産」の要件は、譲渡資産及び取得資産の両方に適用されますが、この規定は、昭和40年の税制改正により追加されたもので、それまでは交換譲渡資産についてのみこの要件が付されていたものの、交換取得資産については付されていませんでした。

　一方で、②の「取得資産について交換の相手方が交換のために取得したと認められるものを除く」の要件は昭和40年の改正前からあったので、1年以上の所有要件が加えられた昭和40年の税制改正により、交換取得資産の要件はより厳しくなったということができます。

　ところで、甲と乙がある土地の交換をしようとした場合において、甲

からみて、交換の相手である乙がその資産を1年以上所有していたなどの事実は、登記事項証明書などで確認できますが、「乙が交換のために取得したものかどうか」の内面的意思の確認は困難です。それは、交換の相手方が提供する資産をどのような目的で取得していたのかを確認するというもので、この要件の立証は容易ではありません。

また、この点は課税庁側においても同様であり、適用要件としては、具体性を欠いていると言わざるを得ません。そこで、課税庁は、昭和40年の税制改正において交換譲渡資産だけでなく交換取得資産についても「1年以上所有要件」を加え形式基準を設けましたが、改正にあたり当時の大蔵省の担当者は次のように述べています。

「今回の改正において、交換の相手方も1年以上所有していた資産でなければ、交換を行ってもこの特例が適用できないことに改められました（所法58①）。

これは、従来から相手方が交換のために取得した資産との交換については、これを認めないこととされていましたが、その判定が極めて困難なため、1年以上所有しているという外形的な基準によって、その判定を容易にする趣旨から改められたことによるものです。」（昭和40年『税制改正のすべて』大蔵財務協会刊行）

ところで、ご質問のようなケースで実際にこの要件が適用される場面について考えてみると、乙が交換を目的にB土地を取得したというのであれば、具体的にその相手方が決まっていなければならず、そういう場合の典型例としては甲からの求めに応じて乙がその資産を取得したというケースがあげられます。

したがって、乙が抽象的に誰かとの交換を目的としてB土地を取得するというケースは該当しないのであり、具体的に適用されるのは、交換の相手方（甲）からの要求に応じて資産を取得していたようなケースに

限られ、ご質問のように乙が甲の求めに応じてＢ土地を取得したというのでなければ「交換の相手方が交換のために取得したものと認められる」場合には該当しないと考えられます。

　また、仮に課税庁側で甲に調査を行って、Ａ土地とＢ土地の交換の経緯、例えば、当時、甲がＢ土地との交換であればＡ土地を乙に渡してもいいことを伝え、乙がそれにしたがってＢ土地を取得したことが立証されるのであれば、乙がＢ土地を仮に１年以上所有していたとしてもこの要件に抵触し、交換の特例は受けられないことになります。

　ただし、実際にこうしたことは、あり得ないであろうし（甲が特例の適用要件から外れるような発言を自らしない）、実務上この要件の適用については、その立法趣旨に鑑み、交換のために取得したことが客観的に明らかである場合を除き適用されないのであり、一般的には「１年以上の所有要件」を満たすことによって、「交換の相手方が交換のために取得したと認められるものを除く」の要件を満たすものと考えることが相当と思われます。

第1章 固定資産の交換(所得税法第58条)

Q&A 22 取得資産を譲渡直前の用途と同一の用途に供する時期

甲は、自己が所有するA建物を店舗として利用してきましたが、狭くなってきたため、店舗の移転を考えています。

移転先として、湾岸にある乙社が所有するB倉庫を考えていますが、仮にA建物とこのB倉庫を交換した場合、所得税法第58条の適用を受けるためには、取得するB建物はいつまでに店舗として使用しなければなりませんか。

なお、B建物の敷地は、別途売買により取得する予定です。

answer　所得税法第58条の適用要件の1つに交換取得資産は、交換譲渡資産の交換譲渡直前の用途と同一用途に供しなければならないという規定がありますが、同一用途にいつまでに供しなければならないかについては、法文上明らかではありません。

ただし、実務上は、交換に係る譲渡所得の確定申告書の提出期限までに譲渡直前の用途と同一の用途に供すれば、要件を満たしたものと取り扱われています。

ご質問によると、交換により取得するB建物(倉庫)を譲渡資産の譲渡直前の用途(店舗)と同一の用途に供するには大規模な改造等(倉庫用から店舗用への改造)が必要なようですが、このような場合には、所得税の申告書の提出期限までに改造等の工事に着手していて、かつ、その改造工事等が相当期間内に完了する見込みであるときは、当該提出期限までに同一の用途に供されたものとして取り扱われます。

Q&A22 取得資産を譲渡直前の用途と同一の用途に供する時期

> **explanation**

　所得税法第58条の固定資産の交換の特例の適用を受けるためには、交換により取得した資産を交換譲渡した資産の譲渡直前の用途と同一用途に供することが要件の一つとされています。

　ただし、この交換取得資産を交換譲渡資産の譲渡直前の用途にいつまでに供すればよいかについては、法文上明らかでないので、従来から、実務上は、その交換に係る譲渡所得の確定申告書の提出期限と取り扱われてきました。

　例えば、交換取得資産を交換譲渡資産の譲渡直前の用途と同一の用途に供するために、改造等の工事が必要な場合において、その確定申告書の提出期限までにその改造等に着手しているにもかかわらず、確定申告書の提出期限までにその改造等の工事が完了しなかった場合、交換譲渡資産の譲渡直前の用途と同一用途に供されなかったものとして、所得税法第58条の適用が否認されるのは、同一用途の要件の趣旨からすると不合理ではないかという意見がありました。

　そこで、所得税基本通達58－8では、確定申告期限までに改造等に着手した場合で、更に、相当の期間内にその改造等の工事が完了することが見込まれる場合に限り、同条に規定する同一の用途に供したものとして取り扱うと規定しています。

　なお、相当の期間内にその改造等の工事が完了しないものは、同一用途要件を満たさないものとして扱われますが、そのような大修理、大修繕を要する建物等を取得するような場合は、そもそも同一用途要件を満たすことに最初から無理があるため、通達において制限を付していると考えられます。

第1章　固定資産の交換（所得税法第58条）

Q&A 23　交換取得資産を交換譲渡資産の譲渡直前の用途と同一の用途に供したかの判定

　所得税法第58条の固定資産の交換の特例では、交換取得資産を交換譲渡資産の譲渡直前の用途と同一用途に供しなければなりませんが、機械及び装置の交換の場合、同一の用途に供したかの判定はどのように行いますか。

answer

　「固定資産の交換の場合の譲渡所得の特例」（所法58）は、交換取得資産を交換譲渡資産の譲渡直前の用途と同一の用途に供することが適用要件の一つとされています（所法58①）が、機械及び装置を交換した場合において、交換取得資産を交換譲渡資産の譲渡直前の用途と同一用途に供したがどうかは、従来から、おおむねその機械及び装置の属する耐用年数省令別表第二に掲げる設備の種類の区分により判定することとされています。

　ところで、平成20年度税制改正により、資産区分が多い機械及び装置について、日本標準産業分類の中分類を基本とした資産区分の整理が行われ、改正前の390区分が55区分に大括り化され、減価償却資産の耐用年数等に関する省令の別表第二《機械及び装置の耐用年数表》の見直しも行われましたが、この「機械及び装置」の交換の場合の同一用途要件の判定においては、従来どおり、減価償却資産の耐用年数等に関する省令の一部を改正する省令（平成20年財務省令三十二号）の改正前の耐用年数省令別表第二に掲げる設備の種類の区分により判定するとされています（所基通58-6）。

Q&A23　交換取得資産を交換譲渡資産の譲渡直前の用途と同一の用途に供したかの判定

> **参　考**
>
> 減価償却資産の耐用年数等に関する省令の一部を改正する省令（平成20年財務省令三十二号）による改正前の減価償却資産の耐用年数等に関する省令

別表第二　機械及び装置の耐用年数表

番号	設備の種類	細目	耐用年数
1	食肉又は食鳥処理加工設備		9年
2	鶏卵処理加工又はマヨネーズ製造設備		8
3	市乳処理設備及び発酵乳、乳酸菌飲料その他の乳製品製造設備（集乳設備を含む。）		9
4	水産練製品、つくだ煮、寒天その他の水産食料品製造設備		8
5	つけ物製造設備		7
6	トマト加工品製造設備		8
7	その他の果実又はそ菜処理加工設備	むろ内用バナナ熟成装置	6
		その他の設備	9
8	かん詰又はびん詰製造設備		8
9	化学調味料製造設備		7
10	味そ又はしょう油（だしの素類を含む）製造設備	コンクリート製仕込そう	25
		その他の設備	9
10の2	食酢又はソース製造設備		8
11	その他の調味料製造設備		9
12	精殻設備		10
13	小麦粉製造設備		13
14	豆腐類、こんにゃく又は食ふ製造設備		8
15	その他の豆類処理加工設備		9
16	コーンスターチ製造設備		10
17	その他の農産物加工設備	粗製でん粉貯そう	25
		その他の設備	12
18	マカロニ類又は即席めん類製造設備		9
19	その他の乾めん、生めん又は強化米製造設備		10
20	砂糖製造設備		10

第1章 固定資産の交換(所得税法第58条)

21	砂糖精製設備			13
22	水あめ、ぶどう糖又はカラメル製造設備			10
23	パン又は菓子類製造設備			9
24	荒茶製造設備			8
25	再製茶製造設備			10
26	清涼飲料製造設備			10
27	ビール又は発酵法による発ぽう酒製造設備			14
28	清酒、みりん又は果実酒製造設備			12
29	その他の酒類製造設備			10
30	その他の飲料製造設備			12
31	酵母、酵素、種菌、麦芽又はこうじ製造設備(医薬用のものを除く。)			9
32	動植物油脂製造又は精製設備(マーガリン又はリンター製造設備を含む。)			12
33	冷凍、製氷又は冷蔵業用設備		結氷かん及び凍結さら	3
			その他の設備	13
34	発酵飼料又は酵母飼料製造設備			9
35	その他の飼料製造設備			10
36	その他の食料品製造設備			16
36の2	たばこ製造設備			8
37	生糸製造設備		自動繰糸機	7
			その他の設備	10
38	繭乾燥業用設備			13
39	紡績設備			10
40	削除			
41	削除			
42	合成繊維かさ高加工糸製造設備			8
43	ねん糸業用又は糸(前号に掲げるものを除く。)製造業用設備			11
45	メリヤス生地、編手袋又はくつ下製造設備			10
46	染色整理又は仕上設備		圧縮用電極板	3
			その他の設備	7
47	削除			
48	洗毛、化炭、羊毛トップ、ラップペニー、反毛、製綿又は再生綿業用設備			10
49	整経又はサイジング業用設備			10
50	不織布製造設備			9
51	フェルト又はフェルト製品製造設備			10

Q&A23　交換取得資産を交換譲渡資産の譲渡直前の用途と同一の用途に供したかの判定

52	綱、網又はひも製造設備		10
53	レース製造設備	ラッセルレース機	12
		その他の設備	14
54	塗装布製造設備		14
55	繊維製又は紙製衛生材料製造設備		9
56	縫製品製造業用設備		7
57	その他の繊維製品製造設備		15
58	可搬式造林、伐木又は搬出設備	動力伐採機	3
		その他の設備	6
59	製材業用設備	製材用自動送材置	8
		その他の設備	12
60	チップ製造業用設備		8
61	単板又は合板製造設備		9
62	その他の木製品製造設備		10
63	木材防腐処理設備		13
64	パルプ製造設備		12
65	手すき和紙製造設備		7
66	丸網式又は短網式製紙設備		12
67	長網式製紙設備		14
68	ヴァルカナイズドファイバー又は加工紙製造設備		12
69	段ボール、段ボール箱又は板紙製容器製造設備		12
70	その他の紙製品製造設備		10
71	枚葉紙樹脂加工設備		9
72	セロファン製造設備		9
73	繊維板製造設備		13
74	日刊新聞紙印刷設備	モノタイプ、写真又は通信設備	5
		その他の設備	11
75	印刷設備		10
76	活字鋳造業用設備		11
77	金属板その他の特殊物印刷設備		11
78	製本設備		10
79	写真製版業用設備		7
80	複写業用設備		6
81	アンモニア製造設備		9
82	硫酸又は硝酸製造設備		8
83	溶成りん肥製造設備		8

第1章 交換 Q&A

第1章 固定資産の交換（所得税法第58条）

84	その他の化学肥料製造設備		10
85	配合肥料その他の肥料製造設備		13
86	ソーダ灰、塩化アンモニウム、か性ソーダ又はか性カリ製造設備（塩素処理設備を含む。）		7
87	硫化ソーダ、水硫化ソーダ、無水ぼう硝、青化ソーダ又は過酸化ソーダ製造設備		7
88	その他のソーダ塩又はカリ塩（第97号（塩素塩酸を除く。）、第98号及び第106号に掲げるものを除く。）製造設備		9
89	金属ソーダ製造設備		10
90	アンモニウム塩（硫酸アンモニウム及び塩化アンモニウムを除く。）製造設備		9
91	炭酸マグネシウム製造設備		7
92	苦汁製品又はその誘導体製造設備		8
93	軽質炭酸カルシウム製造設備		8
94	カーバイド製造設備（電極製造設備を除く。）		9
95	硫酸鉄製造設備		7
96	その他の硫酸塩又は亜硫酸塩製造設備（他の号に掲げるものを除く。）		9
97	臭素、よう素又は塩素、臭素若しくはよう素化合物製造設備	よう素用坑井設備	3
		その他の設備	7
98	ふつ酸その他のふつ素化合物製造設備		6
99	塩化りん製造設備		5
100	りん酸又は硫化りん製造設備		7
101	りん又はりん化合物製造設備（他の号に掲げるものを除く。）		10
102	べんがら製造設備		6
103	鉛丹、リサージ又は亜鉛華製造設備		11
104	酸化チタン、リトポン又はバリウム塩製造設備		9
105	無水クロム酸製造設備		7
106	その他のクロム化合物製造設備		9
107	二酸化マンガン製造設備		8
108	ほう酸その他のほう素化合物製造設備＃（他の号に掲げるものを除く。）		10
109	青酸製造設備		8
110	硝酸銀製造設備		7
111	二硫化炭素製造設備		8
112	過酸化水素製造設備		10
113	ヒドラジン製造設備		7

Q&A23　交換取得資産を交換譲渡資産の譲渡直前の用途と同一の用途に供したかの判定

114	酸素、水素、二酸化炭素又は溶解アセチレン製造設備		10
115	加圧式又は真空式製塩設備		10
116	その他のかん水若しくは塩製造又は食塩加工設備	合成樹脂製濃縮盤及びイオン交換膜	3
		その他の設備	7
117	活性炭製造設備		6
118	その他の無機化学薬品製造設備		12
119	石炭ガス、オイルガス又は石油を原料とする芳香族その他の化合物分離精製設備		8
120	染料中間体製造設備		7
121	アルキルベンゾール又はアルキルフェノール製造設備		8
122	カプロラクタム、シクロヘキサノン又はテレフタル酸（テレフタル酸ジメチルを含む。）製造設備		7
123	イソシアネート類製造設備		7
124	炭化水素の塩化物、臭化物又はふっ化物製造設備		7
125	メタノール、エタノール又はその誘導体製造設備（他の号に掲げるものを除く。）		9
126	その他のアルコール又はケトン製造設備		8
127	アセトアルデヒド又は酢酸製造設備		7
128	シクロヘキシルアミン製造設備		7
129	アミン又はメラミン製造設備		8
130	ぎ酸、しゅう酸、乳酸、酒石酸（酒石酸塩類を含む。）、こはく酸、くえん酸、タンニン酸又は没食子酸製造設備		8
131	石油又は天然ガスを原料とするエチレン、プロピレン、ブチレン、ブタジエン又はアセチレン製造設備		9
132	ビニールエーテル製造設備		8
133	アクリルニトリル又はアクリル酸エステル製造設備		7
134	エチレンオキサイド、エチレングリコール、プロピレンオキサイド、プロピレングリコール、ポリエチレングリコール又はポリプロピレングリコール製造設備		8
135	スチレンモノマー製造設備		9
136	その他のオレフィン系又はアセチレン系誘導体製造設備（他の号に掲げるものを除く。）		8
137	アルギン酸塩製造設備		10
138	フルフラル製造設備		11
139	セルロイド又は硝化綿製造設備		10
140	酢酸繊維素製造設備		8

第1章 交換 Q&A

第1章　固定資産の交換（所得税法第58条）

141	繊維素グリコール酸ソーダ製造設備	10
142	その他の有機薬品製造設備	12
143	塩化ビニリデン系樹脂、酢酸ビニール系樹脂、ナイロン樹脂、ポリエチレンテレフタレート系樹脂、ふっ素樹脂又はけい素樹脂製造設備	7
144	ポリエチレン、ポリプロピレン又はポリブテン製造設備	8
145	尿素系、メラミン系又は石炭酸系合成樹脂製造設備	9
146	その他の合成樹脂又は合成ゴム製造設備	8
147	レーヨン糸又はレーヨンステープル製造設備	9
148	酢酸繊維製造設備	8
149	合成繊維製造設備	7
150	石けん製造設備	9
151	硬化油、脂肪酸又はグリセリン製造設備	9
152	合成洗剤又は界面活性剤製造設備	7
153	ビタミン剤製造設備	6
154	その他の医薬品製造設備（製剤又は小分包装設備を含む。）	7
155	殺菌剤、殺虫剤、殺そ剤、除草剤、その他の動植物用製剤製造設備	8
156	産業用火薬類（花火を含む。）製造設備	7
157	その他の火薬類製造設備（弾薬装てん又は組立設備を含む。）	6
158	塗料又は印刷インキ製造設備	9
159	その他のインキ製造設備	13
160	染料又は顔料製造設備（他の号に掲げるものを除く。）	7
161	抜染剤又は漂白剤製造設備（他の号に掲げるものを除く。）	7
162	試薬製造設備	7
163	合成樹脂用可塑剤製造設備	8
164	合成樹脂用安定剤製造設備	7
165	有機ゴム薬品、写真薬品又は人造香料製造設備	8
166	つや出し剤、研磨油剤又は乳化油剤製造設備	11
167	接着剤製造設備	9
168	トール油精製設備	7
169	りゆう脳又はしよう脳製造設備	9
170	化粧品製造設備	9
171	ゼラチン又はにかわ製造設備	6

Q&A23　交換取得資産を交換譲渡資産の譲渡直前の用途と同一の用途に供したかの判定

172	写真フィルムその他の写真観光材料（銀塩を使用するものに限る。）製造設備			8
173	半導体用フォトレジスト製造設備			5
174	磁気テープ製造設備			6
175	化工でん粉製造設備			10
176	活性白土又はシリカゲル製造設備			10
177	選鉱剤製造設備			9
178	電機絶縁材料（マイカ系を含む。）製造設備			12
179	カーボンブラック製造設備			8
180	その他の化学工業製品製造設備			13
181	石油精製設備（廃油再生又はグリース類製造設備を含む。）			8
182	アスファルト乳剤その他のアスファルト製品製造設備			14
183	ピッチコークス製造設備			7
184	練炭、豆炭類、オガライト（オガタンを含む。）又は炭素粉末製造設備			8
185	その他の石油又は石炭製品製造設備			14
186	タイヤ又はチューブ製造設備			10
187	再生ゴム製造設備			10
188	フォームラバー製造設備			10
189	糸ゴム製造設備			9
190	その他のゴム製品製造設備			10
191	製革設備			9
192	機械ぐつ製造設備			8
193	その他の革製品製造設備			11
194	板ガラス製造設備（みがき設備を含む。）	溶解炉		14
		その他の設備		14
195	その他のガラス製品製造設備（光学ガラス製造設備を含む。）	るつぼ炉及びデータンク		3
		溶解炉		13
		その他の設備		9
196	陶磁器、粘土製品、耐火物、けいそう土製品、はい土又はうわ薬製造設備	倒炎がま	塩融式のもの	3
			その他のもの	5
		トンネルがま		7
		その他の炉		8
		その他の設備		12

第1章　固定資産の交換（所得税法第58条）

197	炭素繊維製造設備	黒鉛化炉	4
		その他の設備	10
197の2	その他の炭素製品製造設備	黒鉛化炉	4
		その他の設備	12
198	人造研削材製造設備	溶融炉	5
		その他の設備	9
199	研削と石又は研磨布紙製造設備	加硫炉	8
		トンネルがま	7
		その他の焼成炉	5
		その他の設備	10
200	セメント製造設備		13
201	生コンクリート製造設備		9
202	セメント製品（気ほうコンクリート製品を含む。）製造設備	移動式製造又は架設設備及び振動加圧式成形設備	7
		その他の設備	12
203	削除		
204	石灰又は苦石灰製造設備		8
205	石こうボード製造設備	焼成炉	5
		その他の設備	12
206	ほうろう鉄器製造設備	るつぼ炉	3
		その他の炉	7
		その他の設備	12
207	石綿又は石綿セメント製品製造設備		12
208	岩綿（鉱さい繊維を含む。）又は岩綿製品製造設備		12
209	石工品、又は擬石製品製造設備		12
210	その他の窯業製品又は土石製品製造設備	トンネルがま	12
		その他の炉	10
		その他の設備	15
211	製銑設備		14
212	純鉄又は合金鉄製造設備		10
213	製鋼設備		14
214	連続式鋳造鋼片製造設備		12
215	鉄鋼熱間圧延設備		14
216	鉄鋼冷間圧延又は鉄鋼冷間成形設備		14
217	鋼管製造設備		14

Q&A23 交換取得資産を交換譲渡資産の譲渡直前の用途と同一の用途に供したかの判定

218	鉄鋼伸線（引き抜きを含む。）設備及び鉄鋼卸売業用シャーリング設備並びに伸鉄又はシャーリング業用設備		11
218の2	鉄くず処理業用設備		7
219	鉄鋼鍛造業用設備		12
220	鋼鋳物又は銑鉄鋳物製造業用設備		10
221	金属熱処理業用設備		10
222	その他の鉄鋼業用設備		15
223	銅、鉛又は亜鉛製錬設備		9
224	アルミニウム製錬設備		12
225	ベリリウム銅母合金、マグネシウム、チタニウム、ジルコニウム、タンタル、クロム、マンガン、シリコン、ゲルマニウム又は希土類金属製錬設備		7
226	ニッケル、タングステン又はモリブデン製錬設備		10
227	その他の非鉄金属製錬設備		12
228	チタニウム造塊設備		10
229	非鉄金属圧延、押出又は伸線設備		12
230	非鉄金属鋳物製造業用設備	ダイカスト設備	8
		その他の設備	10
231	電線又はケーブル製造設備		10
231の2	光ファイバー製造設備		8
232	金属粉末又ははく（圧延によるものを除く。）製造設備		8
233	粉末冶金製品製造設備		10
234	鋼索製造設備		13
235	鎖製造設備		12
236	溶接棒製造設備		11
237	くぎ、リベット又はスプリング製造業用設備		12
237の2	ねじ製造業用設備		10
238	溶接金網製造設備		11
239	その他の金網他は針金製品製造設備		14
240	縫針又はミシン針製造設備		13
241	押出しチューブ又は自動組立方式による金属かん製造設備		11
242	その他の金属製容器製造設備		14
243	電気錫すずめつき鉄板製造設備		12
244	その他のめっき又はアルマイト加工設備		7

第1章 固定資産の交換（所得税法第58条）

245	金属塗装設備	脱脂又は洗浄設備及び水洗塗装装置	7
		その他の設備	9
245の2	合成樹脂被覆、彫刻又はアルミニウムはくの加工設備	脱脂又は洗浄設備及び水洗塗装装置	7
		その他の設備	11
246	手工具又はのこぎり刃その他の刃物類（他の号に掲げるものを除く。）製造設備		12
247	農業用機具製造設備		12
248	金属製洋食器又はかみそり刃製造設備		11
249	金属製家具若しくは建具又は建築金物製造設備	めっき又はアルマイト加工設備	7
		溶接設備	10
		その他の設備	13
250	鋼製構造物製造設備		13
251	プレス、打抜き、しぼり出しその他の金属加工品製造業用設備	めっき又はアルマイト加工設備	7
		その他の設備	12
251の2	核燃料物質加工設備		11
252	その他の金属製品製造設備		15
253	ボイラー製造設備		12
254	エンジン、タービン又は水車製造設備		11
255	農業用機械製造設備		12
256	建設機械、鉱山機械又は原動機付車両（他の号に掲げるものを除く。）製造設備		11
257	金属加工機械製造設備		10
258	鋳造用機械、合成樹脂加工機械又は木材加工用機械製造設備		12
259	機械工具、金型又は治具製造業用設備		10
260	繊維機械（ミシンを含む。）又は同部分品若しくは附属品製造設備		12
261	風水力機器、金属製弁又は遠心分離機製造設備		12
261の2	冷凍機製造設備		11
262	玉又はコロ軸受若しくは同部分品製造設備		10
263	歯車、油圧機器その他の動力伝達装置製造業用設備		10
263の2	産業用ロボット製造設備		11
264	その他の産業用機器又は部分品若しくは附属品製造設備		13
265	事務用機器製造設備		11

Q&A23 交換取得資産を交換譲渡資産の譲渡直前の用途と同一の用途に供したかの判定

266	食品用、暖ちゅう房用、家庭用又はサービス用機器（電気機器を除く。）製造設備		13
267	産業用又は民生用電気機器製造設備		11
268	電気計測器、電気通信用機器、電子応用機器又は同部分品（他の号に掲げるものを除く。）製造設備		10
268の2	フラットパネルディスプレイ又はフラットパネル用フィルム材料製造設備		5
268の3	光ディスク（追記型又は書換え型のものに限る。）製造設備		6
269	交通信号保安機器製造設備		12
270	電球、電子管又は放電燈製造設備		8
271	半導体集積回路（素子数が500以上のものに限る。）製造設備		5
271の2	その他の半導体素子製造設備		7
272	抵抗器又は蓄電器製造設備		9
272の2	プリント配線基板製造設備		6
272の3	フェライト製品製造設備		9
273	電気機器部分品製造設備		12
274	乾電池製造設備		9
274の2	その他の電池製造設備		12
275	自動車製造設備		10
276	自動車車体製造又は架装設備		11
277	鉄道車両又は同部分品製造設備		12
278	車両用エンジン、同部分品又は車両用電装品製造設備（ミッション又はクラッチ製造設備を含む。）		10
279	車両用ブレーキ製造設備		11
280	その他の車両部分品又は附属品製造設備		12
281	自転車又は同部分品若しくは附属品製造設備	めっき設備	7
		その他の設備	12
282	鋼船製造又は修理設備		12
283	木船製造又は修理設備		13
284	舶用推進器、甲板機械又はハッチカバー製造設備	鋳造設備	10
		その他の設備	12
285	航空機若しくは同部分品（エンジン、機内空気加圧装置、回転機器、プロペラ、計器、降着装置又は油圧部品に限る。）製造又は修理設備		10
286	その他の輸送用機器製造設備		13
287	試験機、測定器又は計量機製造設備		11
288	医療用機器製造設備		12

第1章　固定資産の交換（所得税法第58条）

288の2	理化学用機器製造設備		11
289	レンズ又は光学機器若しくは同部分品製造設備		10
290	ウオッチ若しくは同部分品又は写真機用シャッター製造設備		10
291	クロック若しくは同部分品、オルゴールムーブメント又は写真フィルム用スプール製造設備		12
292	銃弾製造設備		10
293	銃砲、爆発物又は信管、薬きようその他の銃砲用品製造設備		12
294	自動車分解整備業用設備		13
295	前掲以外の機械器具、部分品又は附属品製造設備		14
296	機械産業以外の設備に属する修理工場用又は工作工場用機械設備		14
297	楽器製造設備		11
298	レコード製造設備	吹込設備	8
		その他の設備	12
299	がん具製造設備	合成樹脂成形設備	9
		その他の設備	11
300	万年筆、シャープペンシル又はペン先製造設備		11
301	ボールペン製造設備		10
302	鉛筆製造設備		13
303	絵の具その他の絵画用製造設備		11
304	身辺用細貨類、ブラシ又はシガレットライター製造設備	製鎖加工設備	8
		前掲の区分によらないもの	11
305	ボタン製造設備		9
306	スライドファスナー製造設備	自動務歯成形又はスライダー製造機	7
		自動務歯植付機	5
		その他の設備	11
307	合成樹脂成形加工又は合成樹脂製品加工業用設備		8
308	発ぼうポリウレタン製造設備		8
309	繊維壁材製造設備		9
310	歯科材料製造設備		12
311	真空蒸着処理業用設備		8
312	マッチ製造設備		13
313	コルク又はコルク製品製造設備		14
314	つりざお又は附属品製造設備		13

Q&A23 交換取得資産を交換譲渡資産の譲渡直前の用途と同一の用途に供したかの判定

315	墨汁製造設備		8
316	ろうそく製造設備		7
317	リノリウム、リノタイル又はアスファルトタイル製造設備		12
318	畳表製造設備	織機、い草選別機及びい割機	5
		その他の設備	14
319	畳製造設備		5
319の2	その他のわら工品製造設備		8
320	木ろう製造又は精製設備		12
321	松脂その他樹脂の製造又は精製設備		11
322	蚕種製造設備	人口ふ化設備	8
		その他の設備	10
323	真珠、貴石又は半貴石加工設備		7
324	水産物養殖設備	竹製のもの	2
		その他のもの	4
324の2	漁ろう用設備		7
325	前掲以外の製造設備		15
326	砂利採取又は岩石の採取若しくは砕石設備		8
327	砂鉄鉱業設備		8
328	金属鉱業設備（架空索道設備を含む。）		9
329	石炭鉱業設備（架空索道設備を含む。）	採掘機械及びコンベヤ	5
		前掲の区分によらないもの	8
330	石油又は天然ガス鉱業設備	坑井設備	3
		掘さく設備	5
		その他の設備	12
331	天然ガス圧縮処理設備		10
332	硫黄鉱業設備（製錬又は架空索道を含む。）		6
333	その他の非金属鉱業設備（架空索道設備を含む。）		9
334	ブルドーザー、パワーショベルその他の自走式作業用機械設備		5
335	その他の建設工業設備	排砂管及び可搬式コンベヤ	3
		ジーゼルパイルハンマー	4
		アスファルトプラント及びバッチャープラント	6
		その他の設備	7

第1章 交換 Q&A

第1章　固定資産の交換（所得税法第58条）

336	測量業用設備	カメラ	5
		その他の設備	7
337	鋼索鉄道又は架空索道設備	鋼索	3
		その他の設備	12
338	石油又は液化石油ガス卸売用設備（貯そうを除く。）		13
338の2	洗車業用設備		10
339	ガソリンスタンド設備		8
339の2	液化石油ガススタンド設備		8
339の3	機械式駐車設備		15
340	荷役又は倉庫業用設備業の荷役又は倉庫用設備	移動式荷役設備	7
		くん蒸設備	10
		その他の設備	12
341	計量証明業用設備		9
342	船舶救難又はサルベージ設備		8
343	国内電気通信事業用設備	デジタル交換設備及び電気通信処理設備	6
		アナログ交換設備	16
		その他の設備	9
343の2	国際電気通信事業用設備	デジタル交換設備及び電気通信処理設備	6
		アナログ交換設備	16
		その他の設備	7
344	ラジオ又はテレビジョン放送設備		6
345	その他の通信設備（給電用指令設備を含む。）		9
346	電機事業用水力発電設備		22
347	その他の水力発電設備		20
348	汽力発電設備		15
349	内燃力又はガスタービン発電設備		15
350	送電又は電気事業用変電若しくは配電設備	需要者用計器	15
		柱上変圧器	18
		その他の設備	22
351	鉄道又は軌道事業用変電設備		20
351の2	列車遠隔又は列車集中制御装置		12
352	蓄電池電源設備		6
353	フライアッシュ採取設備		13
354	石炭ガス、石油ガス又はコーク製造設備（ガス精製又はガス事業用特定ガス発生設備を含む。）		10

Q&A23　交換取得資産を交換譲渡資産の譲渡直前の用途と同一の用途に供したかの判定

355	削除			
356	ガス事業供給設備	ガス導管	鋳鉄製のもの	22
			その他のもの	13
		需要者用計量器		13
		その他の設備		15
357	上水道又は下水道業用設備			12
358	ホテル、旅館又は料理店業用設備及び給食用設備	引湯管		5
		その他の設備		9
359	クリーニング設備			7
360	公衆浴場設備	かま、温水器及び温かん		3
		その他の設備		8
360の2	故紙梱包設備			7
361	火葬設備			16
362	電光文字設備			10
363	映画製作設備（現像設備を除く。）	照明設備		3
		撮影又は録音設備		6
		その他の設備		8
364	天然色写真現像焼付設備			6
365	その他の写真現像焼付設備			8
366	映画又は演劇興行設備	照明設備		5
		その他の設備		7
367	遊園地用遊戯設備（原動機付のものに限る。）			9
367の2	ボーリング場用設備	レーン		5
		その他の設備		10
368	種苗花き園芸設備			10
369	前掲の機械及び装置以外のもの並びに前掲の区分によらないもの	主として金属製のもの		17
		その他のもの		8

第1章 交換 Q&A

第1章 固定資産の交換（所得税法第58条）

Q&A 24 転売目的で交換した場合

甲は、神奈川県が行っている一団の宅地造成事業の施行区域にA土地（現状：畑）を所有していますが、県からの土地買収については拒否しているものの、他の土地との交換なら応じるようです。そこで、県では事業施行区域外のB土地（現状：畑、所有者乙）とA土地の交換を斡旋し、その交換により新たに事業施行区域内の土地の所有者となった乙からA土地を買収することを考えています。

なお、この交換に先立ち、乙は将来A土地を神奈川県に譲渡する仮契約を締結する予定であり、乙はA土地を神奈川県に譲渡する前提のもと、甲との交換を行うことは明らかです。

また、A土地及びB土地はいずれも畑ですが、交換後もそれは変わりません（乙は、交換取得したA土地を県に譲渡するまで、畑として利用するつもりです。）。

このような前提で、甲と乙が行う予定のA土地とB土地の交換について、所得税法第58条の規定を適用することができますか。

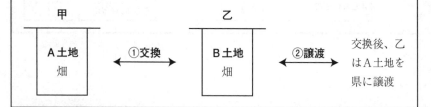

answer 甲は、交換により取得したB土地（農地）を畑として利用するということなので、交換直前の用途と同一の用途に供したことになりますので、他の特例要件を満たすことを条件とし

て、所得税法第58条の適用を受けることができます。

一方で乙は、交換により取得したＡ土地（農地）を交換直前の用途と同一の用途に供するものの、交換により取得したＡ土地が他に譲渡されるまでの間の一時的なものであり、交換直前の用途と同一の用途に供するものということはできません。

したがって、乙のＢ土地の交換譲渡については、所得税法第58条の適用は困難です。

explanation

所得税法第58条の要件の1つである同一用途要件は、交換当事者双方がこの要件を満たさないと所得税法第58条の適用ができなくなるのではなく、交換当事者一方がこの要件を満たさない場合、その者のみが同法の適用を受けられなくなるので、甲及び乙のそれぞれについて同一用途要件を判定する必要があります。

まず、甲は、交換により取得したＢ土地を交換直前の用途（農地）と同一の用途に供するということなので、他の特例適用要件を満たす限り、所得税法第58条の固定資産の交換の特例が適用されます。

一方、乙は、交換により取得したＡ土地をそのまま農地として利用するようですが、交換時点において取得後直ぐに神奈川県に譲渡することが決まっていることから、果たして交換直前の用途と同一の用途に供したといえるか疑念が生じます。

そもそも、所得税法第58条の固定資産の交換の特例の要件の1つに、同一用途要件が設けられたのは、交換取得資産を交換譲渡資産の譲渡直前の用途と同一の用途に供した場合には、同じ資産をそのまま保有しているのと同様に考えることができるため、税務上譲渡がなかったものとみなして譲渡益の課税を繰り延べることとしたと考えられます。

第1章　固定資産の交換（所得税法第58条）

　したがって、交換取得資産を他へ譲渡するまでの一時的な期間、譲渡資産の交換直前の用途と同一の用途に供したような場合には、形式的に要件を満たしただけであり、実質的に同一の用途に供したことにはならず、所得税法第58条の固定資産の交換の特例の適用を受けることはできません。

　しかし、交換時点において継続的に保有する意思をもって、いったんは、同一の用途に供したものの、後発的な事由等によってやむを得ず他へ譲渡したような場合には、他へ譲渡したことをもって、直ちにこの特例の適用が認められなくなるということはありません。

　ご質問の場合、乙は甲とＢ土地とＡ土地の交換を行うより前に交換取得する予定のＡ土地を神奈川県に譲渡する仮契約を締結するということですので、いったんは、Ａ土地を畑として利用するものの、それは県に譲渡するまでの一時的な利用にすぎないことが明らかであることから、乙は、Ｂ土地の交換譲渡に当たって所得税法第58条の適用を受けることはできません。

Q&A 25 交換により取得した固定資産を同一年中に譲渡した場合

> 甲は、青空駐車場として使用してきたA宅地（600㎡）と乙が所有する駅前のB宅地（200㎡）を交換しましたが、この時点（平成27年6月20日）では、取得したB宅地を駐車場として使用していくつもりでいました。
>
> ところが、駐車場として使用してまもなく、駅前開発を手がけるデベロッパーからB土地を売って欲しいという依頼があり、買取価格も高かったので年末までに売買契約を締結するつもりです。
>
> このような場合、甲はA宅地とB宅地の交換について、所得税法第58条の交換の特例を適用することができますか。

answer

甲は、交換によって取得したB土地を交換譲渡資産（A土地）の譲渡直前の用途と同じ用途に相当の期間（約6か月）供していますので、B土地の譲渡申告に当たって所得税法第58条の固定資産の交換の特例の適用を受けることができます。

なお、甲は交換によって取得したB土地を年末に譲渡していますが、交換時点にそれが決まっていたわけではないので、駐車場としての使用を一時的なものとみることはできないものと考えられます。

explanation

所得税法第58用の交換の特例の適用を受けるためには、交換により取得した資産を（交換）譲渡した資産の譲渡直前の用途と同一の用途に供することが要件の一つになっていますが、この要件を満たしているかの判定に当たって、交換取得資産を交換の日の属する年中に、他に譲渡し

第1章　固定資産の交換（所得税法第58条）

たということだけの理由で、交換譲渡資産の譲渡直前の用途と同一の用途に供さなかったと断定することはできないと考えられます。

　重要な点は、交換が行われた時、交換により取得した資産を永続的に交換譲渡資産の交換直前の用途と同一の用途に供するための意志があったのか、それとも交換目的は、他に転売することや他の用途に供することなどで、同一の用途に供するのは一時的なものにすぎないのかという点です。

　したがって、いったん同一の用途に供した後、後発的な事由等によってやむを得ず他へ譲渡するような場合は、他へ譲渡したことをもって、直ちに同一用途要件が否認されるということではありません。

　ご質問の場合は、A宅地とB宅地の交換した日（平成27年6月20日）から約6ヶ月後（12月末）、甲はデベロッパーとB土地の譲渡契約を締結するつもりのようですが、交換時において、既に交換取得資産（B土地）を第三者（デベロッパー）に譲渡することが決まっていたわけではなく、その時点においては、駐車場として使用していくつもりであったようですので、年末にデベロッパーにB土地を譲渡したからといって、直ちに本件特例の適用が認められなくなるわけでなく、固定資産の交換の特例の適用に関する他の要件のすべてを満たしていれば、A宅地とB宅地の交換については、所得税法第58条の適用は可能と考えられます。

　なお、甲は結果として交換により取得したB宅地を年末に譲渡していることから、これについては、通常の譲渡所得の申告をする必要がありますが、この場合のB宅地の取得費は、原則として交換譲渡したA土地の取得費を引き継ぐことになります。

Q&A 26　交換によって取得した資産を再度交換した場合

　甲は、平成27年5月、自己が所有していたA宅地を乙が所有していたB宅地と等価交換し、当該譲渡所得の申告において所得税法第58条の固定資産の交換の特例を受けました。

　この後、平成28年に入り、甲は交換によって取得したB宅地を丙の所有するC宅地と再度交換することを考えています（この交換は当初から予定されていたものではありません。）。

　このような場合、甲はB宅地とC宅地との交換についても、固定資産の交換の特例の適用はできるでしょうか。

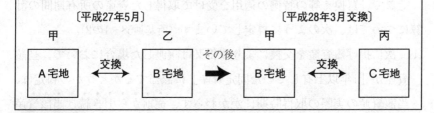

answer　所得税法第58条の固定資産の交換の特例は、交換当事者がお互いに1年以上所有している固定資産であることが一つの要件となっていますが、固定資産の交換の特例の適用を受けて取得した交換取得資産の場合に1年以上所有している固定資産であるかどうかの判定は、実際に交換によって取得した日を基礎として判定することとされています。

　ご質問の場合、甲はB宅地を取得した後1年以上所有していませんので、平成28年3月の交換については所得税法第58条の交換の特例を適用することはできません。

第1章　固定資産の交換（所得税法第58条）

> **explanation**

　所得税法第58条で規定する固定資産の交換の特例は、交換当事者がお互いに1年以上所有している固定資産であることが要件の一つとされていますので、交換当事者にとって交換に供する固定資産の所有期間の判定は重要な点です。

　ところで、所得税法及び措置法は、いわゆる譲渡資産の取得時期の引継ぎに係る買換え等の特例制度を設けていますが、これらの取得時期の引継ぎに係る特例の適用を受けて取得した固定資産を交換譲渡した場合、その固定資産が「1年以上有していた固定資産」に該当するかどうかの判定についても、その固定資産の取得時期の引継ぎに係る特例が適用されるかどうかと疑念が生じます。

　そこで、買換え等の特例の適用を受けて取得した資産の所有期間の計算については、次のように規定しています（所基通58-1の2）。

(1)　次に掲げる資産を交換により取得又は譲渡した場合において、当該資産が「1年以上有していた固定資産」に該当するかどうかの判定は、当該資産の実際の取得時期にかかわらず、従前から引き続き当該資産を所有していたものとして行うこと

　イ　所得税法第60条《贈与等により取得した資産の取得費等》第1項の規定の適用がある次の資産

　　①　個人からの贈与、相続（限定承認に係るものを除く。）又は遺贈（限定承認に係る包括遺贈を除く。）により取得した資産

　　②　個人から時価の1/2未満の対価の額（対価の額が取得費及び譲渡費用の額の合計額に満たないものに限る。）により取得した資産

　ロ　措置法第33条の6《収用交換等により取得した代替資産等の取得価額の計算》第1項の規定の適用がある次の資産

Q&A26　交換によって取得した資産を再度交換した場合

① 収用等に伴い代替資産を取得した場合の課税の特例（措法33、33の2②）の適用を受けて取得した代替資産
② 交換処分等に伴い資産を取得した場合の課税の特例（措法33の2①）の適用を受けて取得した資産
③ 換地処分等に伴い資産を取得した場合の課税の特例（措法33の3）の適用を受けて取得した資産

(2) 所得税法第58条に規定する固定資産の交換の場合の課税の特例の適用を受けて取得した交換取得資産を交換譲渡した場合において当該資産が「1年以上有していた固定資産」に該当するかどうかの判定は、当該資産の実際の取得の時期を基礎として行うこと

　ご質問の場合、甲は平成27年5月にＡ宅地とＢ宅地を等価交換し、その後、平成28年3月に交換により取得したＢ宅地を、丙が所有するＣ土地と等価交換するつもりのようですが、甲がＢ土地を所有していた期間は、約10か月間（平成27.5～28.3）で1年以上所有していないことから、丙との交換については固定資産の交換の特例は適用できません。

　また、所得税法第58条の適用を受けて既に申告した平成27年5月の甲と乙との交換については、その後に予定されている甲と丙との交換が平成27年5月の時点で既に決まっていたのであれば、交換取得資産であるＢ宅地は、交換譲渡資産（Ａ宅地）の交換直前の同一直前の用途に供しなかったことになり、既に提出した平成27年分の固定資産の交換の特例の適用について否認されることになります。

　一方、丙はＣ宅地を1年以上所有していたものの、交換相手である甲がＢ宅地を1年以上所有していないので、所得税法第58条の適用はできません。

第1章 固定資産の交換（所得税法第58条）

Q&A 27 2つの資産を譲渡するに当たり、一方を交換とし、他方を売買とした場合

　甲は、所有する下記の2つの土地（A宅地及びB宅地）について、乙から譲渡してほしい旨の話があったので、A宅地は乙が所有するC宅地と交換し、B宅地は売買するつもりでいます。

　このA宅地及びB宅地の交換譲渡は一つの契約書で行い、当該契約書にはA宅地とB宅地は等価交換すること及びB宅地の代金として2,000万円支払う旨が記載されています。

　この場合、A宅地とC宅地の交換について所得税法第58条の固定資産の交換の特例を適用することはできますか。

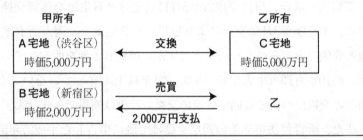

answer　甲所有のA宅地と乙所有のC宅地の交換については、所得税法第58条で定める適用要件を満たしていれば、特例の適用を受けることができます。

　ご質問では、同じ契約書にB宅地を譲渡する旨の記載があることから、この代金が交換差金に該当しないかという疑念を持たれているかも知れませんが、同じ契約書であったとしても交換の対象が特定されていて、かつ、B宅地を2,000万円で売買する旨の記載があれば、それを交換差金と見る余地はないと思われます。

Q&A27 2つの資産を譲渡するに当たり、一方を交換とし、他方を売買とした場合

explanation

　所得税基本通達58-9では、「一つの資産につき、その一部分については交換とし、他の部分については売買としているときは、所得税法第58条の規定の適用については、当該他の部分を含めて交換があったものとし、売買代金は交換差金等とする。」と規定していますが、この取扱いは、一体となって一つの効用を有する土地を譲渡するに当たり一部を交換とし、一部を売買とした場合に適用されるものであって、ご質問のＡ宅地とＣ宅地のように、異なる場所に所在するような資産については、この取扱いの適用がないのは明らかです。

　したがって、Ａ宅地とＣ宅地の交換については、所得税法第58条の交換の特例の要件を満している限り、適用は可能と考えます。

　なお、Ｂ宅地の譲渡については、譲渡対価として2,000万円を受領していますので、一般の譲渡所得の課税が行われます。

　なお、本通達は、昭和56年の所得税基本通達改正の際に、従前の「同種の資産」という表現を「一の資産」という表現に改め、適用する場合を明確にしたわけですが、ご質問のような場合には、Ｂ宅地を売買としたとしても「Ａ宅地」と「Ｃ宅地」の交換については、関連を持たせず、所得税法第58条の交換の特例の適用が受けられる旨を明らかにしたものということができます。

　ちなみに、この「一つの資産」とは、土地については一体として利用されている一団の土地をいうものと解されます。

第1章 固定資産の交換（所得税法第58条）

Q&A 28　1つの資産につき一部を交換とし、一部を売買とした場合

甲は、自己が所有するA宅地（400㎡）を乙が所有するB宅地（250㎡）と交換したいと考えています。ところが、A宅地の時価が4,000万円であるのに対して、B宅地の時価は3,000万円であることから、甲はA宅地を分筆して、1筆（300㎡）ついてはB宅地と交換し、他の1筆（100㎡）は譲渡代金1,000万円として譲渡契約を締結するつもりですが、1,000万円については交換差金とみなされますか。

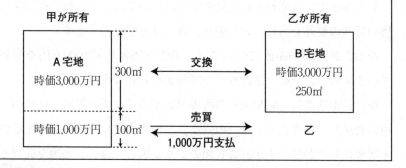

answer　甲は一体利用しているA宅地について、一部分は交換とし、他の一部分は譲渡としていることから、所得税法第58条の適用に当たっては、譲渡代金部分を含めて交換が行われたと解することが相当です。

したがって、譲渡代金1,000万円部分は、交換差金として扱われることになりますが、当該差金額は、交換譲渡資産の価額と交換取得資産の価額のうちの高い価額（4,000万円）の20％を超えていますので所得税法第58条の適用はできません。

したがって、A宅地の譲渡申告に当たっては、譲渡収入金額を4,000

Q&A28　1つの資産につき一部を交換とし、一部を売買とした場合

万円として、一般の譲渡所得として申告する必要があります。

> **explanation**

　固定資産の交換の特例の適用を受けるためには、交換時における交換取得資産の時価と交換譲渡資産の時価との差額がこれらの価額のうちいずれか高い価額の20％に相当する金額以内であることが要件の一つとされています。

　この場合の交換差金の考え方について、「一つの資産（一体と利用されている一団の土地をいいます。）につき、その一部分については交換とし、他の部分については売買としているときは、法第58条の規定の適用については、当該他の部分を含めて交換があったものとし、売買代金は交換差金等とする。」（所基通58-9）と規定されています。

　ご質問のケースは、甲が所有するA宅地（400㎡）と乙が所有するB宅地（250㎡）とを交換する場合、A宅地の時価が4,000万円、B宅地の時価は3,000万円であることから、1,000万円の開きがあり、高い金額の20％を超えていることから所得税法第58条で定める要件に抵触することになります。そこでA宅地（400㎡）を300㎡の宅地と100㎡の宅地に分筆し、300㎡については乙の土地と交換し、他の100㎡の土地については売買代金を1,000万円として譲渡することを思いついたと考えられますが、このように一体として利用している資産を区分して、一つを交換とし、他の部分を譲渡しているときは、当該他の部分を含めて交換があったものとされ、当該譲渡代金は交換差金として取り扱われます（所基通58-9）。

　すなわち、甲と乙との間における土地の交換及び売買は一つの行為と考えるべきであり、売買とした部分は実質的には交換差金に相当するものと認められ、仮にこの譲渡代金が、高い方の資産の価額の20％を超え

第1章　固定資産の交換（所得税法第58条）

ていれば、所得税法第58条の固定資産の交換の特例を適用することはできないこととなります。

したがって、ご質問のケースは、譲渡代金1,000万円が高い資産（4,000万円）の20％を超えていますので、所得税法第58条の適用を受けることはできません。

なお、この場合のＡ宅地の譲渡所得の申告に当たっては、一般譲渡として申告する必要がありますが、譲渡収入金額は交換取得したＢ宅地の時価（3,000万円）と譲渡代金（1,000万円）の合計額の4,000万円となります。

Q&A 29 共有者の一方は交換と他方は売買とした場合

甲及び乙は、A宅地をそれぞれ1/2ずつ共有していますが、甲の持分は、丙が所有するB宅地と等価交換、乙はの持分は丙に譲渡することを考えています。

このような前提で、甲が所有するA宅地の持分1/2と丙が所有するB宅地の交換について、固定資産の交換の特例を受けることはできますか。

なお、A宅地及びB宅地は、いずれも所得税法第58条の特例要件は満たしております。

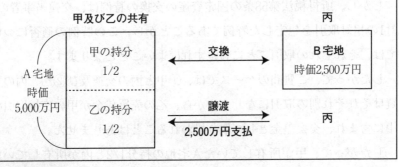

answer　ご質問の場合は、甲と丙との間で締結する交換契約と乙と丙間で締結する譲渡契約は、それぞれ当事者が異なり、別のものと考えるのが相当ですので、乙が丙から受領する売買代金（2,500万円）が甲と丙との交換の際の交換差金として取り扱われることはありません。

したがって、甲が所有するA土地の持ち分1/2と丙が所有するB土地の交換については、所得税法第58条の交換の特例を適用することは可能

と考えられます。

> **explanation**

　所得税法第58条の適用に当たり、一つの資産につき、その一部分については交換とし、他の部分については売買とした場合には、他の部分を含めて交換があったものとし、売買代金は交換差金として取り扱われることとされています（所基通58-9）。

　このような取扱いに関連して、ご質問のように共有で所有している土地について一方の共有者がその土地の持分をある土地と交換し、もう一方の共有者がその土地の持分を売買した場合、その売買代金は一方の交換の交換差金として取り扱われるのではないかと疑念を持つ方もいるかも知れません。

　しかし、所得税法第58条の固定資産の交換の特例は、交換当事者の1対1の相対取引を想定した特例であることから、この特例の適否については、それぞれの取引ごとに判定すればよいこととなります。

　したがって、ご質問のケースでは、①甲と丙の交換及び②乙と丙の売買はそれぞれ別の取引になりますから、乙の売買代金が甲の交換取引の中に含まれ、交換差金として取り扱われることはありません。

　したがって、甲が所有していたA宅地の持分1/2と丙が所有していたB宅地の交換については、所得税法第58条で定める要件を満たしているということですから、固定資産の交換の特例の適用を受けることができます。

Q&A30 一つの効用を有する土地を2つに区分し、交換と売買をした場合

Q&A 30 一つの効用を有する土地を2つに区分し、交換と売買をした場合

甲は、自己が所有するA宅地300㎡の一部（200㎡）が市の道路拡張事業に該当し買収されることになりましたが、その残地（100㎡）についても、隣地所有者乙から自身が他に所有しているB宅地と交換して欲しいと話がありました。

A宅地（貸家建付地）はアパートとして利用されているものですが、市に買収される土地（200㎡）については収用等の場合の5,000万円の特別控除（措法33の4）を適用し、乙と交換する残地（100㎡）については所得税法第58条の適用はできますか。

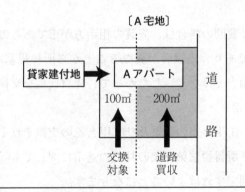

answer 　市に買収される土地部分（200㎡）については、土地等が収用された場合の課税の特例の1つである、5,000万円の特別控除（措法33の4）を適用することは可能と考えられます。

一方、A宅地の残地100㎡と乙が他に所有するB宅地の交換については、取引当事者（収用する市と交換相手の乙）が異なることから、収用等の代金を交換差金と見る余地はなく、所得税法第58条で規定する要件を

第1章　固定資産の交換（所得税法第58条）

満たしているのであれば、固定資産の交換の特例を適用することは可能と考えられます。

> **explanation**

　所得税法第58条の適用に関連して、一つの資産につき、その一部分については交換とし、他の部分は売買としている場合には、当該他の部分を含めて交換があったものとし、当該売買代金は交換差金とする旨の取扱いがあります（所基通58－9）。

　これは、交換と売買が同じ交換当事者間で同時に行われた場合、所得税法第58条の適用に関して交換と売買は税法上は一つの行為と考えるべきであり、そして、そのような場合には、売買とした部分は実質的には交換差金とみることが相当であるから、このように取り扱うこととされたものです。

　ところで、ご質問の場合は、売買の相手方が市であるのに対し、交換の相手方は乙であり、当事者が異なることから所得税基本通達58－9を適用するのは相当ではなく、したがって、売買代金を交換差金とみる余地はありません。

　したがって、①甲と市の売買及び②甲と乙の交換それぞれ別の取引となりますから、所得税法第58条の特例の適用に関しても②の交換取引について適否を判定すればよいことになります。

Q&A 31　2種類の固定資産を同時に交換した場合

　甲と乙は、お互いに所有している土地と建物を交換しようと考えています。

　これら土地及び建物は、双方の居住用として使用されていますが、土地と土地の時価及び建物と建物の時価は下記のとおり開差がありますが、一体として見れば等価です。

　このような、土地と建物の交換について、所得税法第58条の固定資産の交換の特例を受けることができますか。

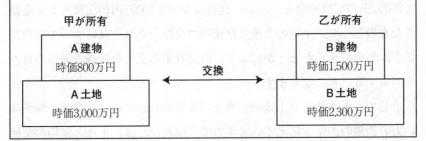

answer　所得税法第58条の固定資産の交換の特例は、同じ種類の固定資産同士を交換した場合に適用が認められます。ご質問の場合は、土地及び建物の一体としての価額が等価であっても個々の土地の価額及び建物の価額を比較した場合、それぞれの時価の差額がいずれか高い方の価額の20％相当額を超えていますので、固定資産の交換の特例は適用できません。

explanation

　所得税法第58条の固定資産の交換の特例は、等価で資産を交換した場

第1章　固定資産の交換（所得税法第58条）

合に全て適用が認められるというものではなく、対象となる資産は固定資産であり、かつ、その固定資産と同じ種類の固定資産（土地、建物、機械及び装置、船舶等に区分された資産ごとに区分するとしています）との交換が行われた場合に適用があるものとされています。

　したがって、ご質問のように交換を行う資産の全体の価額が等価であっても、土地と土地、建物と建物などの価額がそれぞれ異なっているときは、それぞれの価額の差額は、交換差金として取り扱うとされています。

　すなわち、ご質問のケースでは、甲は土地について700万円（3,000万円−2,300万円）の交換差金を受領し、建物について700万円（1,500万円−800万円）の交換差金を支払ったものとして、一方で乙は、土地について700万円の交換差金を支払い、建物について700万円の交換差金を受領したものとして、土地の交換及び建物の交換のそれぞれについて交換差額が20％を超えるかどうかにより、固定資産の交換の特例の適用の可否を判定することになります。

　そして、A土地とB土地の交換及びA建物とB建物は、交換差額が高い方の価額の20％を超えていますので、甲及び乙は、土地と建物の交換に当たり所得税法第58条の適用を受けることはできません。

Q&A 32 土地及び建物と土地を交換した場合の交換差金の取扱い

　甲はA宅地（時価2,500万円）と建築後20年経過した貸家（時価500万円）を所有していますが、乙が所有するB宅地（時価3,000万円）と交換したいと考えています。

　A宅地とB宅地の交換では、時価の開差があるので、甲は、貸家も引き渡すつもりでいますが、貸家の価額は、高い方の資産の価額の20％の範囲内であることから、固定資産の交換の特例の適用は可能と考えます。

　例えば、乙が交換後、交換取得した貸家を価値なしとして取り壊すような場合でも同じですか。

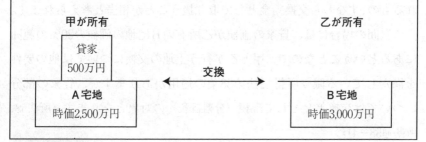

answer　甲と乙が行うA土地とB土地の交換は、価額差が高い方の土地の価額の20％の範囲内ですので、所得税法第58条で定める他の要件を満たすことを条件として、固定資産の交換の特例を適用することは可能です。この場合、価額差を埋めるために甲から乙に引き渡された貸家を交換差金とみるかですが、乙が貸家を交換取得後すぐ取り壊してたとしても、当該貸家に客観的価値があったために、甲及び乙がその価値を認めて貸家を含めたところで交換が成立したのであ

り、その貸家の価額は交換差金として課税の対象となります。

> **explanation**

　甲が所有していた貸家は、築後20年を経過した古い建物といっても未だ賃貸収益をあげていることから、客観的な価値（交換価値）はあると認められますが、乙が交換取得後、その貸家を取り壊していることからすると、乙からみた場合には交換は甲が所有する土地の取得のみを目的としたものであったということができます。

　したがって、所得税法第58条の適用上、貸家の価値を0円としてみることはできないかとのご質問ですが、乙が交換によって甲から取得した貸家をその後、直ちに取り壊したとしても、貸家に客観的な価値があり当事者がこれを認めて交換契約を締結している以上、その貸家は、交換譲渡資産の価額と交換取得資産の価額との差額を補うものとして交付されるもの、すなわち交換差金として取り扱うことが相当と考えられます。

　ご質問の場合には、貸家の価額が乙所有のB宅地の価額の20％の範囲にあるということなので、甲と乙が行う土地の交換については他の要件を満たしている限り所得税法第58条の適用がありますが、貸家の部分については交換差金として課税（分離課税）の対象となります（所法58、所基通58－4）。

Q&A 33 客観的な時価と異なる資産との交換(1)

甲は、所有するA宅地（100㎡、時価2,000万円）について、隣人乙から乙が他に所有するB宅地（300㎡、時価3,000万円）と交換して欲しいと言われています。

甲が所有するA宅地は、乙にとって事業経営上、不可欠な土地であることから、このような好条件の提示を受けたものですが、A宅地とB宅地の時価（正常価格）に1,000万円の開差が認められますが、甲及び乙が行う交換は、所得税法第58条の適用が受けられるでしょうか。

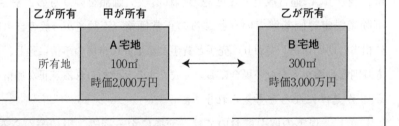

answer 　ご質問のケースは、正常価格ベースでA土地とB土地の時価の比較を行った場合には、価格差が高い方の価額の20％を超えているので、所得税法第58条の固定資産の交換の特例の適用ができないのではないかと疑念されているのではないかと思います。

しかし、たとえ、交換を行う資産の価額（正常価額）に開差がある場合でも交換当事者に特別な関係があるなど、交換対象資産の時価差額について贈与があったと認められるような特別の事情がある場合を除き、交換当事者の主観的価値が同額の場合は、等価による交換が行われたと

第1章 固定資産の交換（所得税法第58条）

みなされます。

　ご質問の場合についてみると、交換当事者に特別の関係はなく、また当該当事者が合意した価額（時価）についても合理的な理由があると認められますので、所得税法第58条の適用上は、等価交換が行われたものと取り扱われます。

explanation

　固定資産を交換した場合において、所得税法第58条の適用を受けるためには、交換譲渡資産の交換時の価額（時価）と交換取得資産の交換時の価額（時価）との差額がこれらの価額のうちいずれか高い価額の20％相当額以内であることが要件の一つとされています。

　この場合の交換譲渡資産又は交換取得資産の交換時の価額（時価）とは、一般的には通常成立すると認められる取引価額をいうものと解され、不動産鑑定評価基準でいうところの正常価格（不動産が一般の自由市場に相当の期間存在しており、売手と買手とが十分に市場の事情に通じ、しかも特別な動機をもたない場合において成立すると認められる適正な価格をいう。）が基準になると考えられます。

　しかし、現実の取引においては、交換に至る経緯、事情等からみて、交換当事者の合意した価額がこの正常価格と異なる場合もあります。このような場合において、交換当事者がおかれた立場からみて、その合意された価額が真にやむを得ないものと認められ、かつ、その交換をするに至った事情等からみて価格が合理的に算定されているものと認められる限りは、その合意された価額が通常の正常価格と異なるときでも、所得税法第58条の適用上、その資産の価額は、その合意された価額が基準となります（所基通58－12）。

　したがって、交換当事者間で合意された価額が合理的に算定されたも

のであるかどうかが重要となってきますが、交換当事者に取引関係等があり相手方に利益を与えようとすることが明らかな場合や明らかに贈与の意思をもって著しく価額の異なる土地等や建物を交換したような場合には、合理的に算定された価額ということはできません。

具体的には、親族間（特に親子間）又は同族会社との交換で時価の開差が著しいものは、通常、贈与の意思があるものと推定されますので、所得税法第58条の適用上、その時価差額を交換差金として取り扱うとされています。

なお、通常の正常価格と異なっている場合でも買主からみて合理的と考えられる価格とは、不動産鑑定評価基準でいうところの限定価格（不動産と取得する他の不動産との併合又は不動産の一部を取得するための分割に基づき、不動産の価値が市場価格を乖離することにより、市場が相対的に限定されるが、この場合における取得部分の当該市場限定に基づく市場価値を適正に表示する価格をいう。）に近いものということができます。

参 考

不動産鑑定評価基準総論・第5章第3節

鑑定評価によって求める価格又は賃料の種類の確定

不動産鑑定士による不動産の鑑定評価は、不動産の適正な価格を求め、その適正な価格の形成に資するものでなければならない。

1　価格

不動産の鑑定評価によって求める価格は、基本的には正常価格であるが、鑑定評価の依頼目的に対応した条件により限定価格、特定価格又は特殊価格を求める場合があるので、依頼目的に対応した条件を踏まえて価格の種類を適切に判断し、明確にすべきである。なお、評価目的に応じ、特

定価格として求めなければならない場合があることに留意しなければならない。

1．正常価格

正常価格とは、市場性を有する不動産について、現実の社会経済情勢の下で合理的と考えられる条件を満たす市場で形成されるであろう市場価値を表示する適正な価格をいう。この場合において、現実の社会経済情勢の下で合理的と考えられる条件を満たす市場とは、以下の条件を満たす市場をいう。

(1) 市場参加者が自由意志に基づいて市場に参加し、参入、退出が自由であること。

なお、ここでいう市場参加者は、自己の利益を最大化するために次のような要件を満たすとともに、慎重かつ賢明に予測し、行動するものとする。

① 売り急ぎ、買い進み等をもたらす特別な動機のないこと。
② 対象不動産及び対象不動産が属する市場について取引を成立させるために必要となる通常の知識や情報を得ていること。
③ 取引を成立させるために通常必要と認められる労力、費用を費やしていること。
④ 対象不動産の最有効使用を前提とした価値判断を行うこと。
⑤ 買主が通常の資金調達能力を有していること。

(2) 取引形態が、市場参加者が制約されたり、売り急ぎ、買い進み等を誘引したりするような特別なものではないこと。

(3) 対象不動産が相当の期間市場に公開されていること。

2．限定価格

限定価格とは、市場性を有する不動産について、不動産と取得する他

の不動産との併合又は不動産の一部を取得する際の分割等に基づき正常価格と同一の市場概念の下において形成されるであろう市場価値と乖離することにより、市場が相対的に限定される場合における取得部分の当該市場限定に基づく市場価値を適正に表示する価格をいう。

(1) 借地権者が底地の併合を目的とする売買に関連する場合
(2) 隣接不動産の併合を目的とする売買に関連する場合
(3) 経済合理性に反する不動産の分割を前提とする売買に関連する場合

3．特定価格

特定価格とは、市場性を有する不動産について、法令等による社会的要請を背景とする鑑定評価目的の下で、正常価格の前提となる諸条件を満たさないことにより正常価格と同一の市場概念の下において形成されるであろう市場価値と乖離することとなる場合における不動産の経済価値を適正に表示する価格をいう。

(1) 各論第3章第1節に規定する証券化対象不動産に係る鑑定評価目的の下で投資家に示すための投資採算価値を表す価格を求める場合
(2) 民事再生法に基づく鑑定評価目的の下で、早期売却を前提とした価格を求める場合
(3) 会社更生法又は民事再生法に基づく鑑定評価目的の下で、事業の継続を前提とした価格を求める場合

4．特殊価格

特殊価格とは、文化財等の一般的に市場性を有しない不動産について、その利用状況等を前提とした不動産の経済価値を適正に表示する価格をいう。

特殊価格を求める場合を例示すれば、文化財の指定を受けた建築物、

第1章　固定資産の交換（所得税法第58条）

宗教建築物又は現況による管理を継続する公共公益施設の用に供されている不動産について、その保存等に主眼をおいた鑑定評価を行う場合である。

不動産鑑定評価基準運営上の留意事項　Ⅲ「総論第5章　鑑定評価の基本的事項」について
3．鑑定評価によって求める価格の確定について
 (1)　正常価格について
　　　現実の社会経済情勢の下で合理的と考えられる条件について
　① 　買主が通常の資金調達能力を有していることについて
　　　通常の資金調達能力とは、買主が対象不動産の取得に当たって、市場における標準的な借入条件（借入比率、金利、借入期間等）の下での借り入れと自己資金とによって資金調達を行うことができる能力をいう。
　② 　対象不動産が相当の期間市場に公開されていることについて
　　　相当の期間とは、対象不動産の取得に際し必要となる情報が公開され、需要者層に十分浸透するまでの期間をいう。なお、相当の期間とは、価格時点における不動産市場の需給動向、対象不動産の種類、性格等によって異なることに留意すべきである。
　　　また、公開されていることとは、価格時点において既に市場で公開されていた状況を想定することをいう（価格時点以降売買成立時まで公開されることではないことに留意すべきである。）。

Q&A 34 客観的な時価と異なる資産との交換(2)

甲は、自己が所有するA宅地（200㎡）と同じ道路に接する、甲の母（乙）が所有するB宅地（300㎡）と交換したいと考えています。これらの宅地の時価は、A宅地は6,000万円、B宅地は8,500万円で開差が2,500万円ありますが、乙（母）は甲（息子）から交換差金を受け取るつもりはありません。このような前提でA宅地とB宅地を交換した場合、所得税法第58条の交換の特例の適用は可能ですか。

```
                                    乙（甲の母）が所有
                                        B宅地
                                        270㎡
                                       8,500万円
    ←――――――――― 240D ―――――――――→
      A宅地
      200㎡
     6,000万円
    甲が所有
```

answer 所得税法第58条の固定資産の交換の特例の要件の一つに、「交換時における交換譲渡資産の価額と交換取得資産の価額との差額がこれらの価額のうちいずれか高い価額の20％以内であること」という要件があります（所法58②）。

ご質問の場合、この要件を欠くことになりますので（8,500万円−6,000万円＞8,500万円×20％）、甲及び乙はA宅地とB宅地の交換に当たって、固定資産の交換の特例の適用は受けることはできません。

第1章 固定資産の交換（所得税法第58条）

> **explanation**

　同じ種類の固定資産同士で交換を行った場合において、所得税法第58条で規定する交換の特例の適用を受けるためには、交換時における交換譲渡資産の価額と交換取得資産の価額との差額がこれらの資産のいずれか高い価額の20％相当額以内であることが要件の一つとされています（所法58①）。

　この場合の価額とは、当事者間で合意した価額（限定価額）をいい、常に客観的時価（正常価格）を採用しなければならないわけではありません。

　ただし、当事者間で合意した価額を採用するにしても特別の関係にある相互間の交換で、時価の差額について著しく開差のあるものは、通常、贈与の意思が推定されますので、原則として、所得税法第58条の適用上は、時価の差額を交換差金として取り扱うこととされています。

　ご質問の交換については、A宅地とB宅地を等価で交換する合理的理由は見いだせず、乙（母）から甲に時価の開差相当額（2,500万円）を贈与したものとして扱うことが相当です。

　その結果、A宅地とB宅地の価額の交換については、固定資産の交換の特例を適用することはできず、甲及び丙はそれぞれA宅地及びB宅地を譲渡（一般譲渡）したものとして課税されます。

　この場合の譲渡収入金額は、交換により取得する資産の時価相当額（正常価格）によることになりますが（所法36①②）、甲については、時価差額の2,500万円分については贈与として課税されますので、それを控除した6,000万円を譲渡収入として申告することになると思われます。

　すなわち、甲及び乙はそれぞれA宅地とB宅地をそれぞれ6,000万円で譲渡したものとして申告することになり、さらに、甲は前述したとお

り、A宅地とB宅地との差額（2,500万円）を乙から贈与を受けたものとして贈与税の申告が必要となると考えます。

なお、この場合の贈与税の課税標準額は、あくまで通常の取引価額（時価）をベースとしたB宅地とA宅地の時価の差額であり、路線価や固定資産税評価額を用いて計算するのではありません。

第1章 固定資産の交換（所得税法第58条）

Q&A 35　3人が所有する土地を相互に交換する場合（三者交換）

甲、乙及び丙の3人は、それぞれの所有する土地（宅地）を次のように交換しようと考えています。この交換を同時に行った場合に3人（甲、乙及び丙）は、所得税法第58条の固定資産の交換の特例の適用を受けることができますか。

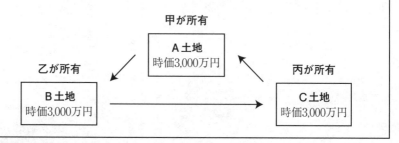

answer

所得税法第58条で規定する固定資産の交換の特例は、「交換」が行われた場合に適用されるものでありますが、「交換」とは、二者交換を前提としていますので、ご質問のように3人の間で行う資産の移転は「交換」とはいえません。

したがって、ご質問のケースでは、甲、乙及び丙の各自が譲渡しようと考えているA土地、B土地及びC土地の申告に当たり所得税法第58条を適用することは困難であり、一般譲渡として申告することになります。

explanation

所得税法第58条1項に規定する固定資産の交換の場合の特例は、個人が所有する一定の固定資産を、他の者が所有する一定の固定資産と交換した場合において適用が認められるものですが、この場合の「交換」の

Q&A35 3人が所有する土地を相互に交換する場合（三者交換）

意義については、特に所得税法に規定がないことから、民法（第3編「債権」）に定める「交換」の規定に従って解釈するのが相当と考えられます。

民法第586条第1項《交換》では、「交換は当事者が互いに金銭の所有権以外の財産権を移転することを約することによってその効力を生ずる」と規定していますので、その意義は、自己の財産権（金銭を除きます。）を相手方に移転するとともに、その相手方から相手方の財産権（金銭を除きます。）の移転を受けることをいうものと解されます。

したがって、交換の相手方は1人（相手方の共有物を対象とする交換では、複数人の場合があり得ます。）であるといえます。

ご質問の場合の土地の移転は、甲、乙及び丙のいずれもが、土地を移転する者と移転を受ける者が異なっていますので、「交換」と解釈することはできず、所得税法第58条の1項の規定を適用することはできません。

なお、三者交換が所得税法上認められないような場合でも、一定の手続を駆使することにより、これと同様な結果を得ることができます。

すなわち、まず、甲と乙がＡ土地とＢ土地の交換を行い、その1年後に甲と丙がＢ土地とＣ土地を交換すれば、結果的に三者交換をしたのと同様な結果になります。

このような場合、最初の甲と乙の交換については、いったん、甲がＢ宅地を宅地として利用すれば、交換直前の同一用途に供したことの要件を満たすことになりますが、甲は丙との交換を前提にＡ土地を取得しており、永続的に使用する意思はないことから、同一用途要件に抵触する可能性があります。ただし、想定するケースは甲がＢ土地を1年以上所有した上で丙が所有するＣ土地と交換するということであり、1年後に必ず丙と交換するという確約がなければ、絶対的なものではないので一般的には同一用途要件は満たされているものとして取り扱うのが相当と考えます（なお、乙については、甲から取得したＡ土地を宅地として利用す

第1章　固定資産の交換（所得税法第58条）

れば所得税法第58条の適用は可能です。）。

さらに、2回目の甲と丙の交換については、丙からみた場合、交換相手方の甲は、丙との交換を念頭に乙からB土地を取得しているため、「交換のために取得した資産でないこと」の要件に抵触することになります。

ただし、甲は乙からB土地を取得した後1年以上経過した後に甲と丙の交換を行えば、甲が丙との交換のためにB土地を取得したといえる客観的事実としての証拠がない限り、課税庁側で所得税法第58条の適用を否認するのは非常に難しいともいえます。

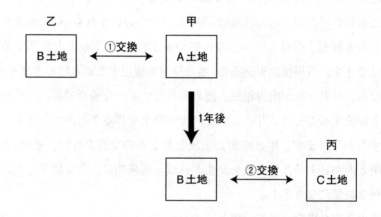

参　考

民法586条《交換》

1　交換は、当事者が互いに金銭の所有権以外の財産権を移転することを約することによって、その効力を生ずる。
2　当事者の一方が他の権利とともに金銭の所有権を移転することを約した場合におけるその金銭については、売買の代金の関する規定を準用する。

Q&A 36 交換に当たり、譲渡及び取得に要した費用

甲は、事業拡張のためＡ土地を欲しいと思っており、不動産業者Ｓ社に仲介を依頼したところ、Ａ土地の所有者（乙）は、甲が他に所有するＢ土地との交換ならば応ずると言ってきました。

そこで、甲は乙からの要求に応じＡ土地とＢ土地との交換契約を締結しましたが、Ｓ社からは、譲渡（Ａ土地）及び取得（Ｂ土地）に係る仲介手数料、周旋料、その他費用の請求されています。

この場合、「譲渡に要した費用」と「取得に要した費用」の区別はどのようにしたらよいですか。

answer

所得税法第58条の適用をして譲渡所得の申告をする場合において、交換差金を受領している譲渡所得の計算や交換取得資産の取得価額（引継価額）の計算は、譲渡費用を含めて計算することになっていますので譲渡費用の金額は重要な点です。

ご質問の場合、Ｓ社から請求された費用について、譲渡に関するものと取得に関するものが明確に区別されているのか定かではありませんが、仮に明確に区別されていれば、それにしたがって、譲渡費用及び取得費用に区分します。

また、Ｓ社からの請求書にいずれかの費用であるかの記載がなく、かつ、明確に区別することが難しい場合には、当該費用の50％ずつを譲渡費用及び取得費用に配分します（所基通58－10）。

explanation

固定資産の交換の特例を適用した場合において、交換差金を受領した

場合の譲渡所得の計算や交換により取得した固定資産の取得価額(引継価額)の計算は、交換に要した費用が譲渡資産に係るものか又は取得資産に係るかにより異なっています。

ご質問のケースで、S社から送られてきた請求書に譲渡に関するもの及び取得に関するものが明確に記載されていれば、原則的にはそれに従うことになると考えますが、例えば、S社から鑑定評価費用40万円、仲介料50万円、その他の費用10万円などがあり、譲渡に関するものと取得に関するものを区別できない場合には、当該費用の50%ずつをそれぞれの費用とするとされています(所基通58-10)。

なお、受益者等課税信託の信託財産に属する資産(信託財産に属する資産が譲渡所特の基因となる資産である場合における当該資産をいいます。)の交換に際し、当該交換に係る信託報酬として当該受益者等課税信託の受益者等が当該受益者等課税信託の受託者に支払った金額についても、同様に取り扱うとされています。

Q&A 37 交換のために要した費用の負担と交換差金

　甲は、自己が所有するＡ土地と乙が所有するＢ土地と交換しましたが、これは乙からの強い希望（店舗の駐車場とするため）があって、それに応じたもので、もともとは、手放したくない土地でした。

　交換に当たっては、双方の土地の測量費、鑑定評価費用などが生じましたが、これら費用は相手の乙が全て負担しています。

　甲は、自己の土地（Ａ土地）に係る費用まで乙に負担させたことになりますが、所得税法第58条の適用に関連して交換差金として取り扱われる可能性はありますか。

answer　本来、甲が負担すべき費用を乙が支払ったような場合において、乙がどうしても欲しい土地だったため、その費用を負担したというなら取引上の問題であり、甲の費用を乙が負担したということにはなりませんが、もともとＡ土地及びＢ土地の価額に開差があり、乙が甲に支払う交換差金の支払いの代わりとして乙が甲の費用を負担したというのであれば、当該負担した費用の額は、交換差金として取り扱われます。

　このような場合、交換差金の支払に代えて交換の相手方（乙）が当該譲渡者（甲）の分まで負担したか否かは、双方の土地の時価等を基に判定すべきと考えられます。

　ご質問のケースで、Ａ土地とＢ土地の時価がほぼ同じ（当事者間で合意した価額）であるというならば甲が負担した費用は、交換差金として取り扱われることはありません。

　一方で、Ａ土地の時価がＢ土地の時価に比べて高いということであれ

第1章　固定資産の交換（所得税法第58条）

ば、乙が負担した費用相当額は、交換差金の一部として負担したとみなされる可能性もあると考えられます。

なお、たとえ当該費用相当額が交換差金として取り扱われるにしても当該金額がA土地の価額の20％以内の金額であればA土地とB土地の交換について所得税法第58条の適用は可能です。

explanation

ご質問の場合、乙が負担したA土地に係る費用（測量費、鑑定評価費用など）について、交換差金の支払に代えて乙が支払ったのか明確ではありませんが、仮にA土地とB土地の時価が同じであったならば、交換差金に代えて支払われたということにはならないので、交換差金として取り扱われることはないと考えられます。

そのような場合は、むしろ、乙は、自己の事業の遂行上A土地をどうしても必要だったから、甲の土地に係る測量費、鑑定評価費などの全てを負担することとして、交換を申し込んだのであり、それ相応の合理性はあるので、これら費用は、通常、乙の経費として扱われるべきものと考えられます。

一方で、A土地とB土地の時価を検討した結果、甲が所有するA土地の時価が高く、乙が甲にいくらかの交換差金を支払わなければ交換が成立しないような場合には、乙が交換差金を支払うのは当然ですが、通常A土地に係る費用は所有者である甲が負担すべきと考えられることからすれば、乙がこれら費用を負担した場合には交換差金として取り扱われる可能性があると考えられます（ただし、このような場合には当事者間で何らかの取り決めが行われているはずです。）。

なお、たとえ、A土地に係る費用相当額が交換差金として扱われるにしても、当該費用相当額がA土地の価額の20％以内であればA土地とB

Q&A37 交換のために要した費用の負担と交換差金

土地の交換について所得税法第58条の適用は可能であり、実際に、課税されるのは交換差金として取り扱われた金額の部分だけになります。

151

第1章 固定資産の交換（所得税法第58条）

Q&A 38　譲渡損となる交換に所得税法第58条を適用することの有無

　甲は、5年前に1億円で取得したA土地を乙社が所有するB土地と等価で交換することを考えています。

　この交換によって、甲に譲渡損が生じますが、所得税法第58条の固定資産の交換の特例を適用することはできますか。

　なお、所得税法第58条で規定する特例要件は満たしています。

answer　所得税法第58条は、固定資産の交換を行った場合に一定の要件を満たせば、その交換による譲渡はなかったものとみなされる特例ですが、この特例の趣旨は、譲渡所得に係る課税を将来に繰り延べることにあり、譲渡損失を繰り延べるためではありません。

　したがって、甲がA土地を譲渡し、その対価としてB土地を取得しても、所得税法第58条の適用を受けることはできません。

explanation

　居住者が1年以上所有していた固定資産を、他の者が1年以上所有していた交換のために取得したものでない同種の固定資産と交換し、その交換取得資産を交換譲渡資産の譲渡直前の用途と同一の用途に供した場合

において、交換に係る資産の時価の差額がいずれか高い方の価額の20％を超えていないことなど一定の要件を満たしている場合には、固定資産の交換の特例の適用が受けられ、その交換による譲渡はなかったものとみなされます（所法58）。

所得税法第58条の特例の趣旨は、本来譲渡所特課税をすべきところ、一定の要件を具備する固定資産の交換についてその譲渡所得の課税を将来に繰り延べるものであり、譲渡損失を繰り延べるものではないと考えられています。

また、所得税法第58条においては、「……第33条（譲渡所得）の規定の適用については、当該譲渡資産（取得資産とともに金銭その他の資産を取得した場合には、当該金銭の額及び金銭以外の資産の価額に相当する部分を除く）の譲渡がなかったものとみなす。」と規定されているところ、所得税法第33条第3項では、「譲渡所得の金額は、次の各号に掲げる所得につき、それぞれその年中の当該所得に係る総収入金額から当該所得の基因となった資産の取得費及びその資産の譲渡に要した費用の額の合計額を控除し、その残額の合計額（当該各号のうちいずれかの号に掲げる所得に係る総収入金額が当該所得の基因となった資産の譲渡に要した費用の額の合計額に満たない場合には、その不足額に相当する金額を他の号に掲げる所得に係る残額から控除した金額。以下この条において「譲渡益」という。）から譲渡所特の特別控除額を控除した金額とする。」と規定していることから、固定資産の交換の特例は譲渡利益（キャピタルゲイン）のある資産の交換による譲渡を前提としていると考えられます。

したがって、ご質問の場合、甲のA土地の交換について固定資産の交換の特例を適用することはできません。

その結果、甲は、A土地を交換譲渡したことにより生じた譲渡損失4,000万円（A土地の取得費1億円－B土地の時価6,000万円）の申告をする

第1章　固定資産の交換（所得税法第58条）

必要がありますが、当該損失額は、他の不動産の譲渡所得の金額と損益通算することはできますが、事業所得、不動産所得及び給与所得など他の所得と損益通算することはできません。

　一方、法人税法第50条においても、所得税法第58条と同旨の特例（交換により取得した資産の圧縮記帳）が規定されていますが、この規定は、交換取得資産の取得価額（帳簿価額）を譲渡益（差益金）の範囲内で損金経理により圧縮することを認めるという制度です。

　この場合の「差益金の額」とは、交換取得資産の取得の時における時価が、交換譲渡資産の譲渡直前の帳簿価額（交換譲渡資産の譲渡に要した経費がある場合には、その額を加算した金額となります。）を超える場合のその超過額をいいます。（法令92①）。

　ご質問の場合、乙社から見た場合、交換取得資産であるA土地の時価（6,000万円）が交換譲渡資産（B土地）の譲渡直前の帳簿価額（7,000万円）を下回るため、交換によっても差益金の額は発生せず、したがって、乙社は圧縮記帳の特例は受けられないことになります。

　その結果、乙社は、B土地を交換譲渡したことにより生じた損失1,000万円（B土地の取得価額7,000万円－A土地の時価6,000万円）を損金の額に計上することになります。

Q&A 39 交換によって取得した固定資産の取得時期及び取得価額（引継価額）

甲は、自己が所有するA宅地（平成2年7月に1,000万円で取得、時価3,000万円）と乙が所有するB宅地を平成28年2月に交換しましたが、A宅地の譲渡申告に当たっては固定資産の交換の特例を適用する予定です。

所得税法第58条の適用を受けて取得した固定資産の取得価額は、交換差金の金額により計算方法が変わると聞いていますが、次のようなケースについて取得時期及び取得価額（引継価額）の計算を教えてください。

なお、甲は交換に当たり譲渡費用として60万円を負担しています。

(1) 等価交換を行った場合
(2) 交換差金300万円を支払った場合
(3) 交換差金300万円を受領した場合

answer 所得税法第58条を適用して交換により取得した固定資産の取得時期は、交換に供した譲渡資産の取得時期を引き継ぐことになります。

ただし、所得税法第58条の固定資産の交換の特例の適用を受けて取得した交換取得資産をその後、同法の適用を受けて更に交換譲渡する場合の「1年以上の間の所有期間」の計算は、実際の取得時期を基に計算します。

また、交換取得した固定資産の取得価額についても、原則的には、交換譲渡した資産の取得価額を引き継ぐことになりますが、交換差金の受

領の有無により取得価額（引継価額）が変わります（所令168）。

具体的には次のとおりです。

1　取得時期について

乙から取得するＢ宅地の取得時期については、交換により取得した平成28年2月ではなく、甲が乙に交換譲渡したＡ宅地を実際に取得した平成2年7月となります。

ただし、交換取得したＢ宅地を今後、交換譲渡する場合で、その際、所得税法第58条の適用を受ける場合の所有期間の計算は、Ｂ宅地を実際に取得した平成28年2月から計算します。

2　取得価額について

(1)　等価交換の場合

交換譲渡資産の取得価額（1,000万円）と交換取得のために要した費用（30万円）の額の合計額が交換取得資産の取得価額となります。

（譲渡資産の取得価額）　（譲渡費用）(注)　（交換取得に要した金額）
　　1,000万円　　　＋　　30万円　　＋　　　30万円　　　＝1,000万円

> （注）　交換に要した費用（60万円）には、譲渡に要した費用及び取得に要した費用が含まれていますので、それぞれ区分して計算する必要がありますが、ご質問の場合はいずれかの費用であるか明らかでありません。
> 　このように、譲渡に要した費用と取得に要した費用との区分が明らかでない場合には、その費用の2分の1をそれぞれの費用として扱います（所基通58－10）。

(2)　交換差金（300万円）を支払った場合（交換譲渡資産＜交換取得資産）

交換譲渡資産の取得価額（1,000万円）、交換取得に要した費用（30万円）

Q&A39 交換によって取得した固定資産の取得時期及び取得価額（引継価額）

及び支払った交換差金の額（300万円）の合計額が交換取得資産の取得価額となります。

$$
\underset{\substack{(譲渡資産の\\取得価額)}}{1,000万円} + \underset{(譲渡費用)}{30万円} + \underset{(交換差金)}{300万円} + \underset{\substack{(交換取得に\\要した金額)}}{30万円} = 1,360万円
$$

(3) **交換差金（300万円）を受領した場合（交換譲渡資産＞交換取得資産）**

交換譲渡資産の取得価額（1,000万円）と交換のために要した譲渡費用との合計額に交換譲渡した土地の価額に占める交換取得した土地の価額の割合を乗じた金額が交換取得資産の取得価額となります。

算式

$$
\left(\begin{array}{c} 交換譲渡資産 \\ に係る取得費 \end{array} + \begin{array}{c} 譲渡 \\ 費用 \end{array} \right) \times \frac{交換取得資産の時価}{(交換取得資産の時価＋交換差金の額)}
$$

$$
\underset{(交換譲渡資産の取得費)}{1,000万円} + \underset{(譲渡費用)}{30万円}
$$

$$
\times \frac{\underset{(交換取得資産の時価)}{2,700万円}}{\left(\underset{(交換取得資産の時価)}{2,700万円} + \underset{(交換差金の額)}{300万円} \right)} + \underset{\substack{(交換取得に\\要した金額)}}{30万円} = 957万円
$$

第1章 固定資産の交換（所得税法第58条）

Q&A 40 確定申告書に所得税法第58条第1項の規定を適用を受ける旨の記載がなかった場合

甲は、自己が所有するA宅地と乙が所有するB宅地と交換しましたが、この交換は、所得税法第58条で定める要件を満たしています。

ところで、この交換の特例の確定申告書を作成するに当たり、特例適用条文を「所法58条」と記載するところ、「措法33条の2」と誤って記載し、所管税務署に提出してしまいました。

このような場合、固定資産の交換の特例の適用は可能ですか。

answer 所得税法第58条の適用に当たっては、同条3項に「第1項の規定は、確定申告書に同項の規定の適用を受ける旨、取得資産及び譲渡資産の価額その他財務省令で定める事項の記載がある場合に限り、適用する。」と規定し、さらに、同条4項で「税務署長は、確定申告書の提出がなかった場合又は前項の記載がない確定申告書の提出があった場合においても、その提出がなかったこと又はその記載がなかったことについてやむを得ない事情があると認めるときは、第1項の規定を適用することができる。」と規定しています。

したがって、ご質問の場合、誤って条文を記載したことがやむを得ない事情があったと認められるかが問題となりますが、国税不服審判所の裁決では次のとおり、甲の主張を認めています。

「甲は確定申告書を作成するに当たり、所得税法第58条の固定資産を交換した場合の課税の特例の適用を受けるべく、甲の関係する団体事務員と相談の上、特例適用条文を所得税法第58条第1項と記載すべきところ、誤って租税特別措置法第33の2と記載し、この誤りに気付かずに所轄税務署長に申告書を提出したとのことであるが、①確定申告書に特例の適

Q&A40 確定申告書に所得税法第58条第1項の規定を適用を受ける旨の記載がなかった場合

用を受ける旨の何らかの記載さえあれば、まさか固定資産の交換の特例の適用が否認されることはないと信じていたこと、また、②確定申告書には譲渡所得の計算明細等同条の適用を受けるための必要な書類のすべてが添付されていること、③請求人が①のように誤信したことについては、原処分庁の納税相談の機会を利用しなかった事など甲としても反省すべき点はあるが、税法の知識に乏しい甲としては無理からぬことでもあり、さらに、④確定申告書の作成について相談した団体事務員の税法に関する知識を過信した甲のみの責任を負わせるのもいささか酷であると考えられることから、本件においては、所得税法第58条第1項と記載しなかったことについて、やむを得ない事情があったと認めるのが相当である。」(国税不服審判所裁決、昭和54年11月7日)。

第1章 固定資産の交換（所得税法第58条）

Q&A 41 法律の規定に基づかない区画形質変更に伴う土地の交換分合

　甲、乙及び丙の3人は、郊外にA～Cの農地を所有していますが、それら一団の土地を有効に利用（宅地として）するため、一緒に宅地造成を行うこととしました。

　この際、将来を見据えて、土地の交換分合（分散したり入り組んでいる土地を、交換、合併又は併合して各所有者が使いやすくすること）を行うこととしましたが、このような場合、甲～丙は土地の譲渡があったものとみなされますか。

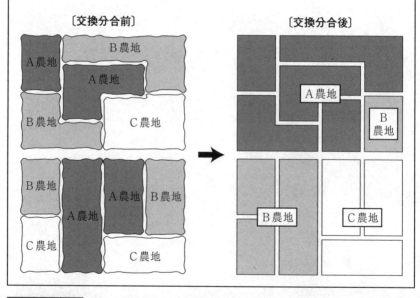

answer　一団の土地の区域内に土地を有する2人以上の者が、その一団の土地の利用の増進を図るために行う土地の区画形質の変更に際し、相互にその区域内に有する土地の交換分合（土

160

Q&A41　法律の規定に基づかない区画形質変更に伴う土地の交換分合

地区画整理法、土地改良法等の法律の規定に基づいて行うものを除きます。）を行った場合には、その交換分合が当該区画形質の変更に必要最小限の範囲内で行われるものである限り、その交換分合による土地の譲渡はなかったものとされます（所基通33－6の6）。

explanation

　一団の区域内に土地を所有している2人以上の者が、土地区画整理法、土地改良法等の法律の規定に基づかないで、その一団の土地の利用増進を図るために土地の区画形質の変更を行う場合には、それらの者の間において、交換分合（登記手続上は、合筆した後に分合する場合もあります。）を行い、宅地造成を行っている例がしばしば見受けられます。

　宅地造成のために行われる交換分合のうち、土地区画整理法等の法律の規定に基づく交換分合は、一定の要件を満たせば措置法第33条の2及び措置法33条の3の規定により、譲渡がなかったものと扱われ課税されませんが、土地区画整理法等の法律の規定に基づかない交換分合は、措置法等の定めがなく、原則として、専ら民法に規定する所有権の移転があったとして、課税対象になるのではと疑念が生じます。もちろん、その交換分合が、所得税法第58条の要件に該当するときは、課税されないことになりますが、宅地の造成に伴う交換分合は、三者間、四者間など複数の者の間で行われる交換であるため、相対交換を予定している所得税法第58条の規定が適用される余地は殆どない場合が多いです。

　そこで、土地区画整理法等の法律の規定に基づかない区画形質の変更に伴う土地の交換分合については、次の理由から、その交換分合が一団の土地の利用増進を図るために行う土地の区画形質の変更に必要な最小限の範囲内で行われるものである限り、その交換分合による土地の譲渡はなかったものとして取り扱うことと規定されています（所基通36－6の6）。

第1章　固定資産の交換（所得税法第58条）

① 法律の規定に基づかないで土地の区画整理を行った場合には、譲渡所得課税が避けられないと思い込みがちですが、実際問題として土地所有者間では、その交換分合に伴い土地を譲渡したという認識はなく、むしろ道路用地のための減歩によって損をしたという程度の意識しかないことから、これによりキャピタル・ゲインが実現したとして課税するには納税者の理解が得られないこと。

② 経済実態としては、土地所有者相互間における相隣関係の問題として単に土地の境界線を整理しただけのことであって、交換分合により土地の所有権の実体には変化があったと考えるのは妥当ではないと考えられること。

③ 土地区画整理法等に基づくものについては、法律上も権利の変動があったことが明確にされている（土地区画整理法第104条）から、譲渡があったこと自体を否定することはできないが、法律の規定に基づかない土地区画整理にあっては、もともと実態論として権利の変動そのものがなかったと解する余地も十分にあり、その実態に即して、譲渡がなかったものとして取り扱うことも可能と思われること。

一方で、一団の区域内にある土地の一部をその区画形質変更に要する造成費その他の費用に充てる目的で譲渡した場合には、その区域内の土地所有者全員が共同でその土地を譲渡したとして取り扱う方が実態に即しているといえるので、2人以上の者がその区域内に所有していた土地の面積の比その他合理的な基準によりそれぞれ所有していた土地の一部を譲渡したものとして取り扱われます。

なお、その交換分合により取得した土地の取得日及び取得価額は、譲渡がなかったものとされる以上、従前の土地の取得日及び取得価額を引

Q&A41 法律の規定に基づかない区画形質変更に伴う土地の交換分合

き継ぐことになりますが、その土地の区画形質の変更に要した費用の額は、その土地の取得費に加算することになります。

第1章 固定資産の交換（所得税法第58条）

Q&A 42　宅地造成契約に基づく土地の交換等

　甲、乙、丙及び丁は、郊外に農地を所有していますが、一団の土地の利用促進を図るために、宅地造成を業者に依頼することを考えています。この場合、宅地造成業者と各土地の所有者との間において締結した契約に基づき、従前土地の一部を宅地造成業者に移転させ、事業完了後に造成された宅地を従前の土地所有者が取得するとした場合、課税関係発生しますか。

　なお、金銭の授受はありません。

answer

　一団の土地の区域内で土地を所有する者（以下「従前の土地所有者」といいます。）が当該土地を宅地造成業者にいったん移転し、その事業完了後に区画形質の変更が行われたその区域内の土地の一部を従前の土地の所有者が再取得するときは、その従前の土地の所有者が有していた土地とその取得する土地の位置が異なるときであっても、その土地の異動が当該事業の施行上、必要最小限の範囲と認められる場合には、その従前の土地の所有者の有する土地のうち、その取得する土地の面積に相当する部分は譲渡がなかったものとして取り扱われます。

explanation

　宅地造成業者（開発業者）が、土地区画整理法等の法律の規定に基づかない一団の土地の区画形質の変更に関する事業を行う場合において、この区域内に土地を所有する者（従前の土地所有者）と宅地造成業者との間において締結された宅地造成契約に基づき、従前の土地所有者の有

Q&A42 宅地造成契約に基づく土地の交換等

する土地を宅地造成業者にいったん移転し、その事業完了後に区画形質の変更が行われたその区域内の宅地の一部を従前の土地所有者が取得するときにも、所得税基本通達33-6の6が適用され土地の譲渡がなかったものとして取り扱われるのか疑問が生じます。

　宅地造成契約は、その区域内に土地を所有している者が土地を売りたくないという場合に宅地造成業者との間で締結されるものであり、その契約書の表題は、売買契約、交換契約又は宅地造成契約など色々ありますが、要点は、その区画形質の変更に関する事業が行われる区域内に土地を所有している者が、その所有地について宅地造成工事を行ってもらい、その代償としてその区域内の土地の一部をその宅地造成業者に譲渡することを約するところにあります。

　この場合の課税上の取扱いとしては、その契約に基づきその区画形質の変更を了した土地のうち、取得した土地の位置と区画形質の変更前の土地の位置とが異なれば、資産の譲渡があったとみるという考え方もできますが、宅地造成業者に移転する土地の位置と区画形質の変更が行われた後に取得する土地の位置が異なるかどうかをその事業施行区域内で確認することは、事実上困難な場合が多く、また、その土地の位置が異なるといっても、その土地の異動について譲渡があったとして課税することは、所得税基本通達33-6の6の趣旨に反することになります。

　そこで、従前の土地所有者が、一団の土地の区画形質の変更に関する事業の施行のために、その所有する土地をいったん宅地造成業者に移転し、その事業完了後に区画形質の変更が行われたその区域内の土地の一部を取得する場合には、その従前の土地所有者が所有していた土地とその取得する土地との位置が異なるときであっても、その土地の異動がその事業の施行上必要最小限の範囲内のものであると認められるときは、その従前の土地所有者の所有する土地（金銭等とともに土地を取得する

165

第1章　固定資産の交換（所得税法第58条）

ときは、従前の土地の所有者の有する土地のうちその交付を受ける金銭等に対応する部分を除きます。以下この項において「従前の土地」といいます。）のうちその取得する土地（その取得する土地につき、金銭等の支払いがあるときは、その取得する土地のうちその金銭等で取得したと認められる部分を除きます。以下この項において「換地」といいます。）の面積に相当する部分の譲渡がなかった、すなわち還元を受けた土地の面積に相当する部分については譲渡がなかったものとして取り扱うこととされています。

また、換地の面積が従前の土地の面積に満たない場合には、その満たない面積に相当する従前の土地（譲渡する土地）は、その宅地造成業者に対し、換地となった土地の区画形質の変更に要する費用の代償として譲渡したものと認められることから、その場合の譲渡した土地の譲渡収入金額は、取得した換地に係る区画形質の変更に要する費用相当額(注)によるとされています。

> （注）「区画形質の変更に要する費用」は、当該契約において定められた金額がある場合には、その金額によりますが、その定めがないときは、当該事業施行者が支出する当該区画形質の変更に要する工事原価の額とその工事に係る通常の利益の額の合計額によります。

ただし、当該事業の施行に関する契約において譲渡する土地の面積及び金額が定められている場合には、課税上特に弊害がないと認められる限り、当該譲渡する土地の契約時における価額によることができるとされています。

なお、この譲渡する土地の課税時期は、その契約の実態が換地の取得と譲渡する土地との交換と認めらられること、又は換地となった土地の区画形質の変更に要した費用の代償に充てるために譲渡する土地を宅地造成業者に引き渡したともみられることから、原則として、換地を実際

に取得した日とされています。

　また、換地の取得日及びその取得価額は、原則として従前の土地（譲渡がなかったものとされる部分に限ります。）の取得日及び取得価額を引き継ぎますが、従前の土地に譲渡があったものとされる部分があるときは、その取得価額にその譲渡があったものとされる部分の譲渡収入金額を加算した金額がその換地の取得価額となります。

第2章 共有地の解消（分割）

概　要

第2章 共有地の解消（分割）

1 共有

(1) 共有とは

共有とは、所有権などの一定の権利を複数の者によって支配・利用している状態のことをいいます。例えば、兄弟で共同で不動産を購入した場合や亡父の不動産を法定相続の割合で相続した場合などが考えられます。

なお、共有に類似したものに「準共有」というものがありますが、準共有とは、所有権以外の権利（例えば、借地権など）を複数の者によって支配・利用している状態のことをいいます。

(2) 共有者の権利

共有者の権利とは、各共有者が所有する所有権の割合のことをいいますが、各共有者は持分に応じて共有物の全部を使用することができます。

したがって、ある土地について1/4の共有持分を有する共有者は、その土地の面積の1/4ではなく、全体を使用することができます。

したがって、共有持分の1/2超を所有している者がいたとしてもその権利により、少数共有持分権者が単独で占有している共有物の明け渡しを求めることはできないとされています。

また、共有の特性として、共有者の保存行為（例えば、共有物の修繕など）は単独で行うことができ、また、管理行為（例えば、賃貸借契約の解除など）は共有者の持分価額の過半数で決めることができますが、共有物の変更行為（共有物の売買及びその解除）は共有者全員の同意を得なければならないとされています。

なお、共有は一般に法律関係を複雑にすると考えられているため民法

では比較的に容易に共有関係を解消するための規定をいくつか設けています。

〔共有者の権利〕

各共有者が単独で行うことができる	保存行為	保存行為とは、共有物の現状維持を目的として、全ての共有者の共同利益のための行為をいいます。 保存行為の具体例としては、①共有物の修繕、②腐敗し易い物の売却、③共有物の不法占有者に対する明渡請求の行使などがあげられますが、他の共有者に不利益を与えない行為は保存行為として広く捉えられる傾向が強いです。
共有者の持分価額の過半数で決定	管理行為	管理行為とは、共有物の使用、利用、改良を行う行為をいいます。 管理行為の具体例としては、①共有者の一人に使用させる事、②一定の条件を満たす共有物の賃貸借契約の締結、③賃貸借契約の解除、④共有物の管理者を定めその者に使用収益させる事などがあります。
共有者の全員の同意が必要	変更行為	変更行為とは、保存行為と管理行為を除く、共有物の性質や形状などを変えてしまう行為をいいます。 変更行為の具体例としては、①農地を宅地に造成する行為、②売買及びその解除、③共有地上に用益物権（地上権・法定地上権等）を設定、④担保権の設定などがあげられます。

(3) 共有の長所と短所

　共有とは、一つの物を複数人で共同所有している形態をいいますが、前記(2)共有者の権利で述べたとおり、共有物に対する各人の行為については、共有者が単独でできる保存行為から全員の同意が必要な変更行為まで様々です。こうした点を踏まえ、不動産を共有している場合の長所及び短所を挙げると次のとおりです。

イ　短所

　不動産を共有している場合において、その不動産を譲渡するなどの変

更行為を行おうとする場合には、共有者全員の同意が必要なので、共有者の中に一人でも譲渡に反対する者がいれば譲渡することができず、単独所有の場合と比べて非常に制約されたものとなっています。

また、自己の所有権（持分権）については、単独で自由に譲渡することができますが、買主は、その持分を取得したとしても、その不動産全体を自由に処分できないので価格的には安くなります。

さらに、相続により取得した土地を相続税の納税のために物納する場合も当該土地が共有状態にあれば、物納不適格財産として物納が許可されません。

このようにある物を共有している場合の短所（デメリット）は、全員の同意が必要な変更行為に顕著に現れますが、不動産の場合は次のとおりです。

〔不動産に関し全員の同意が必要な変更行為〕
土地が共有の場合……農地を宅地に造成、借地権の設定、山林の伐採、
　　　　　　　　　　売買契約の締結及び解除及び担保権の設定
建物が共有の場合……建物の取壊し、大規模改造、建築及び譲渡

上記のとおり、共有物（不動産）を譲渡するには全員の同意が必要であり、同意なくして行われた行為は「無効」とされます。したがって、他の共有者は登記なくしてその無効を買主に主張できるので、この共有物（不動産）を取り戻すことができます。

なお、相続人の一人が他の相続人に無断で共有状態にある相続財産（土地）に宅地造成工事を行い、非農地化したということに対して「共有者の一部が他の共有者の同意を得ることなく共有物を物理的に損壊あるいはこれを改変するなど共有物に変更を加える行為をしている場合には、

他の共有者は、各自の共有持分権に基づいて、右行為の全部の禁止を求めることができるだけでなく、共有物を原状に復することが不能であるなどの特段の事情がある場合を除き、右行為により生じた結果を除去して共有物を原状に復させることを求めることもできると解するのが相当である。」（平成10.3.24・最高裁判決）と判示されており、他の共有者は各自の共有持分権に基づいて、共有物に変更を加える行為の禁止を求めることができるだけでなく、現状回復請求権を有することになります。

ロ　長所

　不動産を共有することの短所は前記イで述べたとおりですが、巷間では、マイナス要因ばかりが強調されており、なるべく共有とならないように手立てが講じられていますが、有利な点もあります。

　例えば、夫婦で居住用不動産を共有している場合、それを売却して譲渡利益が発生したとき、その利益に対して夫及び妻がそれぞれが措置法第35条《居住用財産の譲渡所得の特別控除》で定める3,000万円控除を適用することができます。

　また、相続財産の中に著しく規模の大きな土地が含まれていた場合、その土地を数筆に分筆して標準的な区画にして各相続人がそれぞれが単独取得するとした場合には、面積が小さくなるため広大地（評価通達24－2、以下同じです。）として評価することはできませんが、現状のまま（区画規模の大きな土地）各相続人がその土地の持分を相続によりいったん取得し（相続税の申告では広大地として評価）、その後、その共有地を分割すれば相続税の負担が軽減されます。

　さらに相続財産の遺産分割協議がなかなかまとまらなかったような場合、とりあえず民法で定める相続分（共有持分）により分割協議を成立させ、その後、共有地の分割請求を行って具体的に各相続人が取得する

第2章　共有地の解消（分割）

部分を決めるという方法もありえます。

　すなわち、相続税の申告においては、配偶者の税額軽減（相法19の2）や、小規模宅地等の特例などは、分割協議が成立していない限り適用することはできませんが、こうすることにより相続人間で均等に特例を適用することができます。

　その他、土地を共有で所有しておけば、共有者の一人が単独でその土地を処分しようにもすることができなくなるため、先祖代々引き継がれている土地でどうしても末裔に残さなければならない土地は、共有とすることによって単独で処分できないことがメリットになります。

　上記のとおり、不動産を共有で所有している場合の長所及び短所について説明しましたが、実際にはデメリット部分の方が大きいと考えられます。

　そこで、この章で共有関係にある不動産を単独所有に変更する方法について述べていきたいと思います。

　なお、共有とは、広い意味での共同所有の一形態のことをいいますが、その形態には「（狭義の）共有」、「合有」及び「総有」の3種があります。このうち民法上の共有「（狭義の）共有」と区別されるべき、「合有」及び「総有」の特性について述べると次のとおりです。

　「合有」とは共有者が目的のために一つの団体を作り目的物を所有する形態をいいます。合有では、各人間には団体的な結合があり、各人の持分権の処分や分割請求が制限・禁止されています。具体例としては、ジョイント・ベンチャー（建設企業協同体）が挙げられます。

　一方、「総有」は、共有者間に地縁や血縁等の人的つながりがあり、団体的性格が強く、個々の共有者には使用・収益権のみが与えられ、各人の持分という概念がありません。具体例としては、入会権や権利能力なき社団の権利義務が「総有」に当たると考えられています。

2 共有関係を解消させる方法と手続き

(1) 共有関係を解消する方法

　共有状態にある不動産とは、一つの土地又は建物の所有権を複数人で割合に持ち合っている状態のことをいいますが、この各共有者の権利（持分）は流動性、換金性に乏しく、資産価値としては、非常に低いと言わざるを得ません。

　前述したとおり、共有状態の不動産の用途変更（例えば、農地から宅地へなど）や売却などの共有物の変更行為は、共有者全員の合意を得る必要がありますが、実際のところ、複数の人が同じ計画に向かって行動するというのはなかなか難しく、共有者のうち一人でも反対する者がいれば、それらの計画は断念せざるをえません。

　また、相続によって共有持分を取得したような場合には、相続を重ねていくうちに、持分権はさらに細分化、複雑化し、持分者全員の合意を行うことが益々困難になります。

　このように共有状態であること自体をその共有者がマイナスと感じるのであれば、それを解消するための方法を知っておく必要があります。

　そして、共有関係を解消する方法としては、次のイ～ホの方法がありますが、これらの方法のいずれかを採用するかについて、当事者間の話合いで決めることになり、話し合いでも解消できない場合には、裁判所による解決の道も開かれています。

イ　現物分割（共有地分割）

　現物分割（共有地分割）とは、共有物を共有持分の割合に応じて分割する方法をいいます。

例えば、600㎡の土地を3名で1/3ずつ所有していた場合、持分に応じて200㎡の区画に3分割し、最終的に各共有者は1区画の土地を所有する方法をいいます。

現物分割は、土地のように物理的に分割できるものは良いですが、建物などのように区分することができないものは、事実上不可能となります。

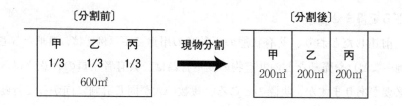

ロ　換価分割

換価分割とは、共有持分の目的となっている資産を他に譲渡して、その譲渡代金を共有持分にしたがって配分する方法をいいます。

現物分割が困難な場合（事業用不動産など分割が困難な場合や分割することにより価値が著しく下落する場合など）に換価分割が採用されるケースが多いです。

なお、裁判所の審判などでは、現物分割や価格賠償が不可能と認める場合には、最終的に競売によって共有不動産を換価（譲渡）し、その換価代金を各共有者の持分に応じて配分せよという判決を出すことができます。

ただし、一般的には競売による換価は、通常の取引価格に比べ1～2割程度低くなる傾向があります。

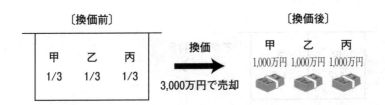

ハ 共有持分の処分（価格賠償）

共有持分の処分とは、ある共有者が自己の共有持分を他の共有者や第三者に譲渡することによって、それまでの共有関係から離脱する方法をいいます。不動産であれば、こうした持分を買い取る業者も存在しますが、取引価格は安くなります。

このように共有持分を単独で処分すれば持分を譲渡した者は、必ず共有関係から離脱することができますが、第三者に持分が譲渡された場合、他の共有者については従前と同様の共有状態が続くことになります。

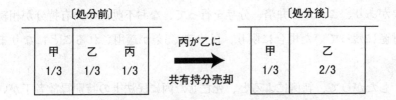

ニ 共有持分の放棄

共有者は自己の共有持分を放棄すれば、確実に共有関係から離脱することができます。この場合、放棄された共有持分は、民法上、他の共有者に帰属することになります。具体的には、「共有持分を放棄する」という通知を他の共有者にすれば、その共有持分は消滅し、他の共有者に移転することになります。

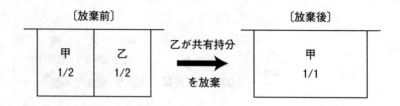

ホ　共有者の死亡

　共有者の一人が死亡した場合、その共有持分は原則として相続人が取得することになりますが、相続人がいないときには、その共有持分は他の共有者に帰属するとされています（民255）。このため、ある不動産を甲、乙及び丙で共有していた場合、丙が死亡し、かつ、相続人がいないときは、他の共有者である甲及び乙に亡丙の持分が移転することになります。

　ただし、共有者の一方が死亡し、かつ、戸籍上の相続人がいなかったとしても、直ちに民法第255条が適用されるわけではなく、相続債権者や受遺者に対する弁済及び特別縁故者に対する財産分与を初めに行う必要があり、これらの弁済、分与を行って、なお不動産の共有持分が相続財産に残っていた場合に限り、民法第255条が適用されることになります。

　したがって、判例によると、死亡した丙に民法上の特別縁故者丁がいた場合には、丁は、甲及び乙に優先して相続財産としての持分を取得することができるとされています。

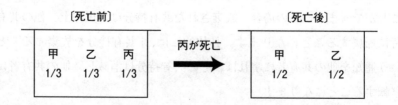

> **参 考**
>
> 民法第255条《持分の放棄及び共有者の死亡》
>   共有者の一人が、その持分を放棄したとき、又は死亡して相続人がないときは、その持分は、他の共有者に帰属する。

(2) 共有物の分割の手続き及び請求権

 前記(1)で説明した共有関係を解消させる方法のうち、イ　現物分割（共有地分割）を実行するに当たっては、各共有者はそれぞれ共有物を分割するための請求権を有しています。

 そもそも、共有状態にあるということは、各共有者からすれば、共有持分を互いに制約し合っていることになるので、共有者一人の反対により不動産が有効活用されないといったことも考えられ、これは社会経済にとって好ましいものではありません。

 そこで、民法では国民経済社会における土地の有効利用を目的として共有者が共有関係を解消させる方法（現物分割）について規定しています。

イ　共有物分割請求権

 民法第256条第1項では、共有物の各共有者はいつでも共有物の分割を請求することができると定めており、この権利を共有物分割請求権といいます。

 したがって、共有者の一人が共有物分割請求の意思表示をしたときは、他の共有者は、その共有物の分割についての協議に参加し、分割が決まれば、それを履行する義務を負うことになります。

 しかしながら、共有者の一人の共有物分割請求により共有物の分割が

実際に行われると困る者もいるので、同法ただし書きにおいて、5年を超えない期間内は分割をしない旨の特約を付すことができるとされています。そして、この分割しない旨の特約は、更新することもできますが、その期間は常に5年を超えることはできません。

なお、不動産の場合の分割禁止の特約は、登記が必要となります。

> **参考**
>
> **民法第256条《共有物の分割請求》**
> 1 各共有者は、いつでも共有物の分割を請求することができる。ただし、5年を超えない期間内は分割をしない旨の契約をすることを妨げない。
> 2 前項ただし書の契約は、更新することができる。ただし、その期間は、更新の時から5年を超えることができない。

ロ 共有物の分割

共有物を分割するためには、まず当事者の協議による分割を試みる必要がありますが、それが不調に終わった場合や協議分割が困難な場合には、裁判等の方法によってその解決を図ることができます。

(イ) 協議による共有物分割

共有物を分割するためには、まず、当事者間での協議による分割を試みる必要があります。協議による分割は、各共有者の意思に基づいて行われる分割ですので、方法についての制約はなく、現物分割・換価分割・価格賠償など自由に決めることができます。

そして、最終的に合意した具体的な分割方法を共有物分割協議書という書面にまとめ各共有者が署名押印することにより効力が生じ

2 共有関係を解消させる方法と手続き

ます。

㈹ 裁判所による共有物分割

 i 調停による共有物分割

　共有物の分割に関する協議は、裁判所の調停手続きを利用して行うことも可能です。共有物分割調停は、裁判所の調停委員が共有者の間に入って当事者の要望を調整しながら進めます。調停委員による話し合いが調った場合には、共有物分割協議書の代わりに調停調書を作成して解決となります。

 ii 裁判による共有物分割

　共有物の分割について共有者間での協議が調わない場合には、その分割を裁判所に請求することができますが（民258①）、この裁判を共有物分割訴訟といいます。協議が調わない場合とは、協議をしたが不調に終わった場合のみならず、共有者が応ずる意思がないため全員で協議することができない場合を含みます。

　なお、裁判による分割は、共有者間の公平が求められるため、現物分割の方法が原則として採用されますが（民258②）、この現物分割が不可能又は分割によってその価値が著しく低下するおそれがあるときは、裁判所は競売を命じることができるとされています。

> **参　考**
>
> **民法第258条　《裁判による共有物の分割》**
>
> 1　共有物の分割について共有者間に協議が調わないときは、その分割を裁判所に請求することができる。
>
> 2　前項の場合において、共有物の現物を分割することができないとき、又は分割によってその価格を著しく減少させるおそれがあるときは、裁判所は、その競売を命ずることができる。

3 課税関係

前記**2**では、共有関係を解消する方法及びその手続きについて述べましたが、本節では共有関係がこれらの方法により解消される場合の課税関係について確認していきます。

(1) 現物分割（共有地分割）

個人が他の者と土地を共有している場合において、その共有に係る一の土地についてその持分に応ずる現物分割があったときには、その分割による土地の譲渡は、なかったものとされます（所基通33-1の6）。

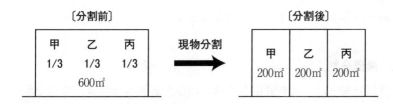

この通達でいう、「その持分に応ずる現物分割」の考え方について、分割されたそれぞれの土地の面積の比と共有持分の割合とが異なる場合であっても、その分割後のそれぞれの土地の価額の比が共有持分の割合におおむね等しいときは、その分割はその共有持分に応ずる現物分割に該当するものとして取り扱われます。

なお、課税上、共有地の分割が行われた場合において、譲渡がなかったこととして取り扱う理由は、次のように言われています。

すなわち、共有関係にある一つの資産を現物で分割するということは、その資産全体に及んでいた共有持分権から、その資産の一部に集約され

た所有権に代わったにすぎず、資産の譲渡による収入の実現があったといえるだけの経済的実態は備わっていないということができます。

　そこで、個人が他の者と共有している土地についてその持分に応ずる現物分割があったときには、その分割による土地の譲渡はなかったものとして、すなわち、持分の譲渡（交換）がなかったものとして譲渡所得の課税関係を生じさせないこととされています。

　また、不動産を取得した場合に発生する不動産所得税も、現物分割によって分割前の持分を上回る不動産の取得がない限り、課税されないこととされています。ただし、登録免許税については課税されます。

　なお、その分割に要した費用の額は、その土地が業務の用に供されるものであれば、当該業務に係る各種所得の金額の計算上必要経費に算入することができますが、それ以外の用途（居住用その他）だった場合には、土地の取得費に算入することになります。

(2)　換価分割

　換価分割とは、共有財産をすべて換金し各共有持分者に金銭で配分する方法をいいます。よくみられるケースとして、被相続人の不動産を相続人が共有で取得した後、この共有不動産を譲渡して（換価）、その譲渡代金を相続人間で分配するケースです。

　このような場合には、相続により取得した不動産を相続人が、譲渡したことになりますので各相続人に譲渡所得が課税されることになります。

　なお、相続人による換価分割が被相続人の相続税の申告期限後3年以内に行われていれば、譲渡所得の計算上、措置法第39条の規定により、取得費として、支払った相続税額の一部を必要経費に計上することができます。さらに、譲渡した不動産が戸建住宅であり、相続により共有持

分を取得した相続人のいずれかが、この戸建住宅に住居していれば、その者は譲渡益から措置法第35条の3,000万円の特別控除が受けられます。

一方で、換価分割は遺産分割の方法として利用される場合があります。換価分割とは、前述したとおり金銭以外の相続財産を換金化し、相続人に金銭で分配する方法をいい、現物分割及び代償分割が困難な場合や維持コストが高い相続財産を分割する方法として用いられていますが、譲渡したことに対しては当然、譲渡所得税が課されます。この場合の換価代金の配分は、遺産分割協議で相続人の全員が合意するならば、必ずしも法定相続分に捉われる必要はありません。

なお、遺産分割の方法としての換価分割を採用するに当たっては、被相続人名義のままでは売却できないので、いったん相続登記する必要がありますが、亡父の相続財産（土地）を長男と次男で半分ずつ取得し、その土地を売却するようなケースにおいて、売却手続などの都合上、長男だけの名義で相続登記をした上で、その売却代金を長男と次男に分配することがあります。こうした場合において、次男は相続した土地の登記名義人になっていないことから、贈与税の問題が浮上しますが、この点について、国税庁HPの質疑応答事例では、「共同相続人のうちの1人の名義で相続登記をしたことが、単に換価のための便宜のものであり、その代金が、分割協議（又は調停）の内容等に従って実際に分配される場合には、贈与税が課されることはありません。」と記載しています。

なお、この場合には、遺産分割協議書等に必ず各相続人が相続により取得する土地の持分の割合とその土地を換価分割する旨を記載する必要があります。

(3) 共有持分の処分（価格賠償）

共有持分の処分とは、共有者の一人が他の共有者や第三者に持分権を

譲渡し、その対価として金銭や財産を受領する方法をいいますが、共有持分を譲渡した場合には、一般の譲渡所得として課税されます。

　また、譲渡する共有持分が相続により取得したもので、その共有持分の譲渡が当該相続に係る相続税の申告期限後3年以内に行われていれば、譲渡所得の計算上、相続税の一部を取得費として必要経費に算入することができます。

　さらに、不動産の共有持分を他の共有者や第三者に譲渡した場合で、譲渡した共有持分の目的物が戸建住宅であり、相続により共有持分を取得した相続人がこの戸建住宅に居住していれば、その者は譲渡益から、措置法第35条の3,000万円控除の適用が可能です。

　なお、措置法第35条の適用要件に譲渡先は、特定の親族等以外が要件とされているため、特定の親族等に譲渡した場合には適用はありません。

〔特定の親族等とは〕
① 　譲渡人の配偶者及び直系血族
② 　譲渡人の親族で譲渡人と生計を一にしている者及び家屋の譲渡がされた後、譲渡家屋に譲渡人と同居する者
③ 　譲渡人と婚姻の届出をしていないが事実上婚姻関係と同様の事情にある者及び事実上婚姻関係と同様の事情にある者の親族でその者と生計を一にしている者
④ 　①ないし③に掲げる者や譲渡人の使用人以外の者で譲渡人から受ける金銭などにより生計を維持している者及び譲渡人から受ける金銭などにより生計を維持している者の親族でその者と生計を一にしている者
⑤ 　譲渡人、①〜④に掲げる者、譲渡人の使用人及び譲渡人の使用人の親族で使用人と生計を一にしている者を判定の基礎とする株主とした

場合、法人税法施行令第4条第2項に規定する特殊関係のある会社その他法人

> **参 考**
>
> **法人税法施行令第4条 《同族関係者の範囲》**
> 1 法第2条第10号（同族会社の意義）に規定する政令で定める特殊の関係のある個人は、次に掲げる者とする。
>   一 株主等の親族
>   二 株主等と婚姻の届出をしていないが事実上婚姻関係と同様の事情にある者
>   三 株主等（個人である株主等に限る。次号において同じ。）の使用人
>   四 前3号に掲げる者以外の者で株主等から受ける金銭その他の資産によって生計を維持しているもの
>   五 前3号に掲げる者と生計を一にするこれらの者の親族
> 2 法第2条第10号に規定する政令で定める特殊の関係のある法人は、次に掲げる会社とする。
>   一 同族会社であるかどうかを判定しようとする会社（投資法人を含む。以下この条において同じ。）の株主等（当該会社が自己の株式（投資信託及び投資法人に関する法律（昭和26年法律第198号）第2条第14項（定義）に規定する投資口を含む。以下同じ。）又は出資を有する場合の当該会社を除く。以下この項及び第4項において「判定会社株主等」という。）の1人（個人である判定会社株主等については、その1人及びこれと前項に規定する特殊の関係のある個人。以下この項において同じ。）が他の会社を支配している場合における当該

> 他の会社
> 二　判定会社株主等の1人及びこれと前号に規定する特殊の関係のある会社が他の会社を支配している場合における当該他の会社
> 三　判定会社株主等の1人及びこれと前2号に規定する特殊の関係のある会社が他の会社を支配している場合における当該他の会社
> 　　　　　　　　　（省略）

　また、価格賠償は、遺産分割の方法（代償分割）として利用される場合があります。例えば、被相続人が土地等の不動産を多く所有していた場合、相続人らがそれら土地を共有により相続した場合には、既に述べたとおり共有のデメリットが生じてしまいます。そこで、ある相続人がその不動産を単独相続する代わりとして、他の相続人に対して代償金（金銭その他の財産）を支払うという手法が取られる場合がありますが、このように代償分割は、特定の相続人に不動産を取得させる場合の手段として用いられます。

　なお、遺産分割の方法として代償分割が行われた場合には、次のとおり、不動産を取得した相続人が支払った代償金は、当然、その相続人の相続税の課税価格の計算上、控除の対象となり、一方で、代償金を受領した他の相続人は当該受領金に対して相続税が課されます。

イ　代償分割が行われた場合の相続税の課税価格の計算
　(イ)　代償財産を交付した人の相続税の課税価格は、相続又は遺贈により取得した現物の財産の価額から交付した代償財産の価額を控除した金額
　(ロ)　代償財産の交付を受けた人の課税価格は、相続又は遺贈により取

得した現物の財産の価額と交付を受けた代償財産の価額の合計額

ロ　代償債務の価額

　代償債務の価額は、代償分割の対象となった財産を現物で取得した相続人が他の共同相続人などに対して負担した債務の額の相続開始の時における金額になります。

　ただし、次の場合には、代償債務の価額は、それぞれ次のとおりとなります。

(イ)　代償分割の対象となった財産が特定され、かつ、代償債務の額がその財産の代償分割の時における通常の取引価額を基として決定されている場合には、その代償債務の額に、代償分割の対象となった財産の相続開始の時における相続税評価額が代償分割の対象となった財産の代償分割の時において通常の取引価額に占める割合を乗じて求めた価額

┌算式──────────────────────────

$$代償債務の額 \times \frac{代償分割の対象となった財産の相続開始時における相続税評価額}{代償分割の対象となった財産の代償分割時の時価}$$

──────────────────────────────

(ロ)　共同相続人及び包括受遺者の全員の協議に基づいて、(イ)で説明した方法に準じた方法又は他の合理的と認められる方法により代償債務の額を計算して申告する場合には、その申告した価額

(4)　**共有持分の放棄**

　共有持分の放棄が起こりうる場合とは、例えば、ある土地を甲（兄）と乙（弟）が共有で所有していながらも、その土地を一方（例えば、乙・

弟）が単独で使用（例えば、居住用）しているようなケースです。

　そのような場合、甲（兄）からすれば共有で土地を所有していても、固定資産税が課されるのみでメリットはなく、売却することもできないため、共有持分を放棄して共有関係から離脱したいと考えます。

　そして、実際に甲（兄）が共有持分を放棄したときは、その持分は他の共有者（乙・弟）に帰属することになります（民255）が、この行為は単独行為であるので、意思の合致があって初めて成立する贈与契約とは異なります。

　このように民法第255条では、意思の合致は問われず、一方の共有者が共有持分を放棄する意思表示をすれば他の共有者は放棄した人の共有持分を自動的に取得することになりますので、何ら対価を支払うことなく、その持分を自己の財産とすることになります。

　そこで、相続税法上は、その持分を放棄した者から、その持分を取得することとなった者へ贈与が行われたものとして課税（みなし贈与）が行われます。

　なお、共有持分を放棄した人に対する課税は、持分を取得する者が個人であった場合には、特に課税が行われませんが、持分を取得する者が法人であった場合（みなし贈与課税が行われる場合）には、持分を無償で譲渡したとして、みなし譲渡課税が行われます。

参　考

民法第255条《持分の放棄及び共有者の死亡》
　共有者の一人が、その持分を放棄したとき又は死亡して相続人がないときは、その持分は他の共有者に帰属する

3 課税関係

> **相続税法基本通達9−12《共有持分の放棄》**
> 共有に属する財産の共有者1人が、その持分を放棄（相続の放棄を除く。）したとき、又は死亡した場合においてその者の相続人がないときは、その者に係る持分は、他の共有者がその持分に応じ贈与又は遺贈により取得したものとして取り扱うものとする。

(5) 共有者の死亡

民法第255条によると、不動産の共有者が死亡した場合において、その死亡した共有者に相続人がいなかったときは、その持分は他の共有者に帰属するとされています。

例えば、ある不動産の持分を甲と乙が1/2ずつ所有していた場合において、共有者の一人である甲が死亡し、その甲に相続人がいなければ、乙に共有持分が移転することになります。

また、共有者の一人が死亡し、その死亡者の相続人全員が相続の放棄をした場合も、初めから相続人がいなかったとみなされるため（民939）、その持分は他の共有者に帰属することになります。

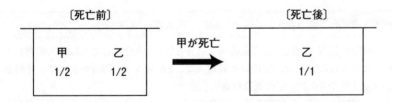

ただし、共有者の一人が死亡し、かつその者に戸籍上の法定相続人が存在しなかったとしても、ただちに民法第255条の規定が適用されるわけではありません。すなわち、戸籍上の法定相続人がいないときでも、

まずは、相続債権者や受遺者に対する弁済、特別縁故者に対する財産分与（民958の3）をまず行う必要があり、それらの財産分与を行った後、なおも不動産の共有持分が相続財産の中に残っている場合にはじめて民法第255条の規定が適用されます。

したがって、死亡した共有者に戸籍上の法定相続人が存在しない場合で、その不動産の持分を他の共有者に帰属させようとするときには、利害関係者等が家庭裁判所へ相続財産管理人の選任申立を行って、次のような手続を行う必要があります。

〔共有者に持分が移転されるまでの手続き〕

```
相続財産管理人選任の申立（民法第952条第1項）
```
　利害関係人又は検察官が、被相続人の相続開始地の家庭裁判所に相続財産管理人選任審判の申立を行います。

⇩

```
相続財産管理人選任の公告（民法第952条第2項）
```
　家庭裁判所は、相続財産管理人を選任した場合には、その旨を2か月間公告します。これは、第1回目の相続人の捜索の意味を持ちます。

⇩

```
相続債権者及び受遺者への公告及び勧告（民法第957条第1項）
```
　相続財産管理人選任公告の官報掲載日から2か月を経過しても相続人の存在が明らかにならない時は、相続財産管理人は、2か月以上の期間を定めて、相続債権者及び受遺者に対して公告及び催告します。

　また、判明している債権者及び受遺者にはその申出の催告をしますが、これら手続きは、第2回目の相続人の捜索の意味もあります。

相続人捜索の公告（民法第958条）

　相続財産管理人が相続債権者及び受遺者に対する公告及び催告を行って、その申出期間をすぎても相続人の存在が不明な場合、家庭裁判所は、6か月以上の期間を定めて相続人の捜索の公告（相続人であるならば一定の期間内にその権利を主張すべき旨）を行います。これは、3回目の相続人の捜索の公告であり、相続人の不存在を確定させる公告です。

⇩

特別縁故者への財産分与の申立

　財産分与を求める者（特別縁故者）から家庭裁判所に財産分与の申立をします。この申立は、上記相続人捜索の公告（民958）の期間満了の翌日から3か月以内にする必要があります。

⇩

分与の審判もしくは申立却下の審判

　家庭裁判所は、特別縁故者から請求があった場合、その内容や程度などの一切の事情を総合的に調査し、相続財産の分与若しくは申立却下の審判をします。

⇩

特別縁故者に対する分与財産の引渡し又は特別縁故者不存在の確定

　分与の審判が確定すると、相続財産管理人は特別縁故者に対して財産を遅滞なく引き渡します。

⇩

共有者へ移転財産の国庫への引継ぎ

　特別縁故者から財産分与の申立がないまま、相続人捜索の公告期間満了時から3か月が経過したとき又は特別縁故者からの分与の申立が却下されたときには、共有財産は共有者に移転します。

　そして、最終的に民法第255条の適用により、死亡した共有者の持分を他の共有者が取得したときには、遺贈により他の共有者が当該共有持

分を取得したものとして相続税の申告が必要となります。

この場合の他の共有者の当該共有持分の評価時点及び相続税の申告期限は次のとおりとされています。

イ　相続財産の評価時点

相続税法上、他の共有者は、死亡した者の共有持分を遺贈により取得したものとして取り扱われますが、国税庁HPで公表されている質疑応答事例によると、遺贈の場合と同様、相続財産の評価時点は、相続開始の時とされています。

ただし、この取扱いに対して、私見ですが次のように考えます。

すなわち、特別縁故者が、相続人のいない被相続人から財産の分与を受けた時は、相続税の申告が必要となりますが（相法4）、その際の課税財産の評価時点は、財産分与を受けた時における価額とされています。そして、この理由として、特別縁故者に対する財産の分与が決まるまでは、一連の手続（最低でも13か月の期間を要する。）を要することになりますが、それが決まらない限り相続税の申告が必要かどうか判明しないため、それらの一定期間を要することを考慮してのことと考えられています。

そうであれば、共有者の一人が死亡したことによる、共有持分の他の共有者へ移転も特別縁故者がいないときに初めて認められるのであり、その他共有者への持分移転が実際に確定するまで、それ相応の期間を要することは同様であるので、評価時点は、他の共有者が共有持分を取得することが決まった時点としてもいいのではないかと考えます。

ロ　相続税の申告期限

他の共有者の相続税の申告期限は、原則として次のとおりとなります。

(イ)　特別縁故者が不存在であることが確定した場合

　　特別縁故者の財産分与の請求期限の満了の日の翌日から10か月以内となります。

(ロ)　特別縁故者の財産分与の請求がある場合

　　分与額又は分与しないことの決定が確定したことを知った日の翌日から10か月以内となります。

なお、他の共有者は、通常、亡くなった共有者の一親等の親族（当該被相続人の直系卑属が相続開始以前に死亡し、又は相続権を失ったため、代襲して相続人となった当該被相続人の直系卑属を含みます。）及び配偶者以外であることから、相続税額は算出された金額に20％に相当する金額を加算した金額となります。

> **参　考**
>
> **民法第958条の3《特別縁故者に対する相続財産の分与》**
> 1　前条（相続人不存在の確定）の場合において、相当と認めるときは、家庭裁判所は、被相続人と生計を同じくしていた者、被相続人の療養看護に努めた者その他被相続人と特別の縁故があった者の請求によって、これらの者に、清算後残存すべき相続財産の全部又は一部を与えることができる。
> 2　前項の請求は、第958条の期間の満了後3か月以内にしなければならない。

第2章　共有地の解消（分割）

> **判例**
>
> 　共有者の一人が死亡し、相続人の不存在が確定し、相続債権者や受遺者に対する清算手続が終了したときは、その共有持分は、他の相続財産とともに、民法958条の3の規定に基づく特別縁故者に対する財産分与の対象となり、右財産分与がされず、当該共有持分が承継すべき者のないまま相続財産として残存することが確定したときはじめて、民法255条により他の共有者に帰属することになると解すべきである。
>
> 　　　　　　　　　最高裁・平成元年11月24日・昭和63年（行ツ）第40号

第2章　共有地の解消（分割）

Q & A

第2章　共有地の解消（分割）

Q&A 43　共有地の分割（場所が違う場合）

　甲が平成20年5月に死亡し、その相続人である乙と丙は、下記Ａ土地（300㎡）及びＢ土地（400㎡）の持分を各1/2ずつ相続により取得しました。

　平成27年に入り、このＡ土地及びＢ土地を乙と丙のそれぞれ単独所有にすることを目的として共有持分をそれぞれ交換しようと考えています。

　このような場合、共有地を分割したものと同様に取り扱われ、譲渡はなかったものとすることはできますか。

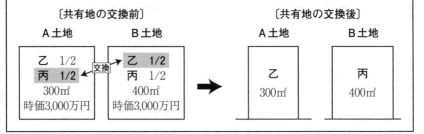

answer　ご質問の場合は、共有関係にある一つの資産を現物で分割しているわけではなく、乙及び丙がそれぞれ所有していたＡ土地とＢ土地の共有持分（1/2）を交換（譲渡）したものと認められるので、その事実に即して課税が行われます。

　そして、この共有持分の交換が所得税法第58条で規定する固定資産の交換の特例の要件を満たしているのであれば、譲渡はなかったものとみなされます。

　したがって、ご質問のケースについて共有地の分割があったとして所

得税基本通達33－1の6を適用して、譲渡がなかったものとすることはできません。

> **explanation**

　共有地を分割した場合において、その土地の持分に応ずる現物分割があった場合には、その分割による譲渡はなかったものとして取り扱う（所基通33－1の6）とされていますが、ここでいう共有地の分割とは、共有関係にある一つの資産を現物で分割する場合をいい、ご質問の場合でうならば、A土地をそれぞれ2つに分割し、B土地をそれぞれ2つに分割することをいいます。そして、このような分割を行った場合の課税関係については、法律的にみれば、それは、土地の共有持分の交換（譲渡）があったということになるので、原則として、譲渡所得として課税されることになります。

　しかし、共有関係にある一つの資産を現物で分割するということは、その資産の全体に及んでいた共有持分権がその資産の一部に集約されたにすぎず、実態としては利用範囲も従前の利用範囲の範疇にあり、資産の譲渡による収入の実現があったとされるだけの経済的実態が備わっていないといえるから、課税上、譲渡はなかったものとされています。

　ご質問の場合は、一つの資産を現物で分割しているわけではなく、A土地の持分とB土地の持分を交換しているので人それぞれの共有持分の譲渡があったものとして取り扱われます。

　ただし、この共有持分の譲渡（交換）が、所得税法第58条の固定資産の交換の特例の要件（次頁参照）を満たせば、譲渡はなかったものとして取り扱われます。

◆**所得税法第58条の要件**◆

(1) 交換当事者がそれぞれ1年以上所有していた固定資産で、かつ、交換の相手方が交換の目的で取得した資産でないこと
(2) 交換取得資産を交換譲渡資産の譲渡直前の用途と同一の用途に供すること
(3) 土地と土地、建物と建物のような同種の資産との交換であること
(4) 交換資産の時価の差額がいずれか高い方の価額20％を超えないこと

Q&A 44 共有地を分割した場合の課税関係

下記のように共有地（A土地）を現物分割したときは、課税上譲渡がなかったものと取り扱われるようですが、その理由を教えてください。

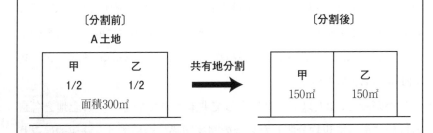

answer　「共有」の法律的性質について、共有とは、①2人以上の者が一つの物に対して各々所有権を持ちつつも、その所有権が一定の割合において相互に抑制し合い、その内容の総和が1つの所有権と等しい状態にあるもの、又は、②所有権などの一定の権利が複数の主体により支配利用されている状態（所有権以外の財産権の共有については準共有といいます）をいうと考えられています。

こうした考えについて、判例では、「共有は数人が共同して一つの所有権を有する状態にして、共有者は物を分割してその一部を所有するにあらず、各所有者は物の全部につき所有権を有し、他の共有者の同一の権利により減縮せらるるに過ぎず。従って、共有者の有する権利は、単独所有の権利と性質内容を同じくし、ただその分量及び範囲に広狭の差異あるのみ」といい、更に「各共有者の持分は、一の所有権の1分子として存在を有するに止まり、別個独立の存在を有するものにあらず」と

述べています（大判・大正8.11.3・民録1944）。

　このことから、共有における各共有者の権利（持分）の性質については、①持分は、同一物の上に成立する他の所有権に制限された所有権である又は②1個の所有権の分量的一部分であると考えられています。

　そして、2人以上の者が一つの土地を共有している場合において、その土地をそれぞれの共有持分に応じて現物分割し、それぞれ単独所有の土地としたときは、「法律上は共有者相互間において、共有物の持分につき、その有する持分の交換又は売買が行われたと解するべきであり、各共有者がその取得部分について単独所有権を原始的に取得するものではない。」といわれています（最高裁・昭42.8.25・昭和40（行ツ）53・民集21巻7号1729頁参照）。

　したがって、2人以上の者によって共有されている一つの土地を各自の持分に従って現物分割した場合の課税関係については、法律的にみれば土地の共有持分の交換（譲渡）があったということになりますので、原則的には、その譲渡による利益について課税されることになります。

　しかし、共有関係にある一つの資産を現物で分割するということは、その資産全体に及んでいた共有持分がその資産の一部に集約されたにすぎず、資産の譲渡による収入の実現があったといえるだけの経済的実態（例えば、代金の受領が無いなど）が備わっていないということもできます。

　そこで、個人が他の者と共有している土地について、その持分に応ずる現物分割があったときは、その持分による土地の譲渡はなかったものとして、すなわち持分の譲渡（交換）はなかったものとして譲渡所得の課税関係を生じさせないこととされています。

Q&A 45 共有地の分割（面積比による分割）

　甲（兄）と乙（弟）は、下記Ａ土地（宅地300㎡）の持分を1/2ずつ所有していました。
　平成28年に入り、Ａ土地を下記のように面積比によりＡ₁土地及びＡ₂土地に現物分割して、各自の単独所有にしようと考えていますが、課税上の取扱いはどうなりますか。

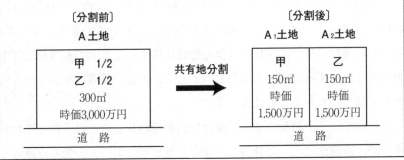

answer　ご質問の場合は、甲及び乙が1/2ずつの共有により所有していたＡ土地を面積の観点から共有持分に応じて現物分割して、それぞれの単独所有としようと考えているのだと思います。
　実務的には、現物分割は、面積比により行われることが多いため、分割された土地の面積比と共有持分の割合が等しければ、その土地の持分に応ずる現物分割があったとして取り扱われることになるので、ご質問のように分割した場合には、土地の譲渡はなかったものとして取り扱われます。

第2章 共有地の解消（分割）

> **explanation**

　共有状態にある不動産の分割（現物分割）を行う場合には、通常、分割された土地の面積比が共有持分の割合と等しくなるよう分割されることが多いと思われますが、分割前の共有持分を所有する当事者間で分割したそれぞれの土地の面積比と共有持分の割合がおおむね等しい場合には、等価交換が行われたとみるのが相当と考えられるので、譲渡がなかったものとして取り扱われます。

　また、面積比によって現物分割すると、分割された後の土地の価額比が、分割前の共有持分の割合と異なる場合があり、このような時には、面積比ではなく、価額比によることが実務上行われています。そして、こうした場合には、面積比ではなく価額比によったとしても課税上は土地の持分に応ずる分割があったものとして、土地の譲渡はなかったものとして取り扱われることになります。

　一般的には、面積比によって現物分割が行われることが多いと思われますが、面積比によって分割した場合と価額比によって分割した場合とに著しい開差がある場合には、価額比によって現物分割を行う必要があると考えられます。

Q&A 46 共有地の分割（価額比による分割）

甲が平成23年8月に死亡し、その相続人である乙と丙は、下記A土地（宅地400㎡）の持分を1/2ずつ相続により取得しました。

平成28年に入り、このA土地を下記のように分割して、各自の単独所有にしようと考えていますが、課税上の取扱いはどうなりますか。

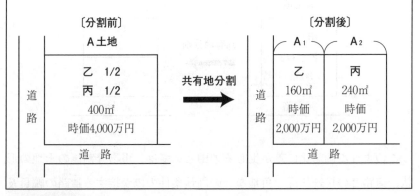

answer

ご質問の場合は、乙及び丙が1/2ずつの共有により所有していたA土地を時価の観点から共有持分に応じて現物分割して、それぞれの単独所有としたいと考えているのだと思います。

ご質問のとおり乙及び丙がA土地をA_1土地及びA_2土地に分割した場合には分割前の土地の持分比と分割後の土地の価額比が等しいことから、その持分に応ずる分割があったとして土地の譲渡はなかったものとして取り扱われます。

explanation

共有状態にある不動産の分割（現物分割）を行う場合において、単に

第2章　共有地の解消（分割）

面積比によって分割してしまうと、それぞれの土地の価額比が共有持分の割合と等しくならないような場合があり、その場合には、持分に応じた分割にならないことになります。

　極端な場合ですが、次のように現物分割した場合には分割後の面積比と共有持分の割合が同じでも、価額比で考えた場合には同じとならないため譲渡がなかったことにはなりません。

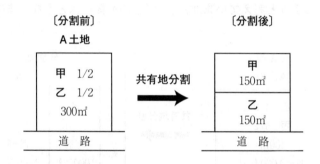

　このような価額比に差が生じる理由としては、現物分割後の土地の形状、道路との接続状況、角地などの画地条件のほか接する道路の幅員及び隣地の状況などがあげられますが、一般的には分割当事者にとって、面積比よりも価額比を重視する傾向が強いと考えられ、上記のような価額比を度外視した分割はみなし贈与の問題が生じる可能性があります。

　なお、所得税基本通達33－1の6（注）2では、分割されたそれぞれの土地の面積の比と共有持分の割合とが異なる場合であっても、その分割後のそれぞれ土地の価額比が共有持分の割合の価額比におおむね等しいときは、その分割はその共有持分に応ずる現物分割に該当すると規定しています。

Q&A 47 複数の者が所有する共有地の分割

　甲、乙、丙、丁、及び戊の兄弟で各1/5を所有しているA土地（宅地500㎡）がありますが、この兄弟のうち甲だけがA土地の譲渡に反対しているため、甲の部分（A_1土地）とその他部分（A_2土地）に分割してその後、A_2土地部分を譲渡するつもりです。

　次のような分割を行った場合、課税上の問題がありますか。

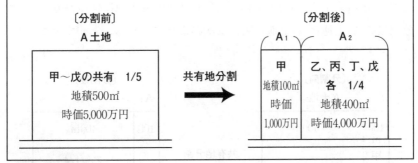

answer

　甲は、現物分割によりA土地全体の1/5部分（A_1土地部分）を取得したことになりますが、理論的には分割前から所有していたA土地の1/5の面積（100㎡）のうちの4/5の面積（すなわち、A_2の土地部分の80㎡）と甲が所有することになるA_1土地の面積（100㎡）のうち、乙～戊の持分4/5（80㎡）と交換したことになります。

　そして、甲が所有している土地の持分は、分割前及び分割後において面積的にも価額的にも変わらない（等しい）ので、譲渡はなかったものとして取り扱われると考えられます。

第2章　共有地の解消（分割）

> **explanation**

　複数の人が所有する共有不動産を民法第258条により現物分割する場合には、これらを一括して分割の対象とすることも許されており、また、共有者が複数である場合には分割請求者の持分の限度で現物を分割し、分割しなかった部分は他の共有者の共有持分として残す方法も許されると考えられています。

　したがって、ご質問のような分割も可能と考えられますが、甲だけのためのA土地に係る共有地の分割が課税上、譲渡がなかったとされる共有地分割に該当するかが問題ですが、分割前のA土地に係る持分(1/5)と分割後のA_1土地とA_2土地の関係は次のように考えることができます。

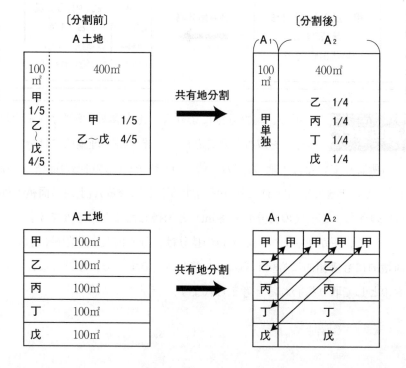

Q&A47　複数の者が所有する共有地の分割

　甲のためのＡ土地の共有地分割についてみてみると、甲はＡ土地の共有持分1/5のうちの4/5に当たるＡ$_2$土地の部分（80㎡）を譲渡し、その代わりＡ$_1$土地の4/5部分（80㎡）を取得したことになりますが、具体的には、甲はＡ$_2$土地のうち、自己が所有していた持分1/5を乙～戊にそれぞれ譲渡し（各人20㎡で合計80㎡）、一方で乙～戊からはＡ$_1$土地の4/5（各人20㎡で合計80㎡）をそれぞれ取得したことになり、結果として分割前と分割後で甲の土地の面積は同じことになるので、面積的に持分に応じた交換が甲と乙～戊の間でそれぞれ行われたことになります。

　また、ご質問の場合は、甲が単独所有することになったＡ$_1$土地部分と他の共有者が所有するＡ$_2$土地部分の価額比が共有地分割前のＡ土地の持分の割合と等しいことから価額的にも持分に応じた交換が行われたということができます。

　上記のとおり、ご質問の場合は、甲の持分に応じた共有地の分割が行われたということができるので甲の譲渡はなかったものとして取り扱われると思われます。

第2章 共有地の解消（分割）

Q&A 48　共有持分に相応する分割が行われなかった場合

　甲（母）と乙（長男）は、次のＡ土地（宅地400㎡）の持分を1/2ずつ所有していました。

　平成27年に入り、このＡ土地を下記のように分割して、それぞれ単独所有にしようと考えていますが、甲は自分の相続のことも考えて、できるだけ乙に多く所有させたいと思っています。

　このような共有地分割は課税上問題がありますか。

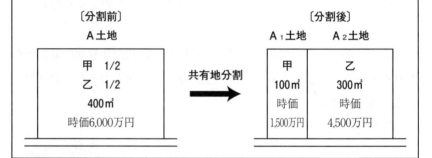

answer　甲（母）及び乙（長男）が共有しているＡ土地を、ご質問のように現物分割した場合には、面積的にみても、また、価額的にみても分割前の土地の持分に応ずる分割があったとはいえませんので、土地の譲渡はなかったものとして取り扱うことはできません。

　したがって、原則的には、甲及び乙はＡの土地の1/2を譲渡したものとして課税が行われますが、ご質問の場合、甲と乙が親子関係であることからすると甲から乙に地積100㎡相当の贈与があったとみるのが相当であることから、乙に贈与税が課される可能性が大きいです。

Q&A48 共有持分に相応する分割が行われなかった場合

explanation

　2人以上の者で共有している土地をそれぞれの持分に応じて現物分割した場合において、「分割前の土地の持分に応ずる現物分割があった」ときには、その分割による土地の譲渡はなかったものとして取り扱われることとされています（所基通33-1の6）。その理由として、共有関係にある一つの資産を現物で分割するということは、その資産全体に及んでいた共有持分権が資産の一部に集約されただけにすぎず、資産の譲渡による収入の実現があったといえるだけの経済的実態が備わっていないからとされています。

　ご質問の場合には、面積的にも価額的にみても、分割前の土地の持分の割合と分割後のそれらの割合が明らかに異なるため、「分割前の持分に応ずる現物分割が行われた。」ということはできず、譲渡がなかったものとみなされる共有地の分割と同様に取り扱うことはできません。

　このような分割を行った場合の課税関係を考えてみますと、甲及び乙は、それぞれA土地の1/2の持分を所有しており、共有地の分割とはこの持分の交換という見方もできます。

　ご質問の場合でいえば、甲（母）は自己が所有するA$_2$の土地の持分（150㎡）を乙（長男）に譲渡して乙からA$_1$土地の持分（50㎡）取得したと考えることができ、一方、乙（長男）からみた場合は、乙が所有するA$_1$土地の持分（50㎡）を甲（母）に譲渡して甲からA$_2$土地の持分（150㎡）を取得したと考えることができます。

第2章 共有地の解消（分割）

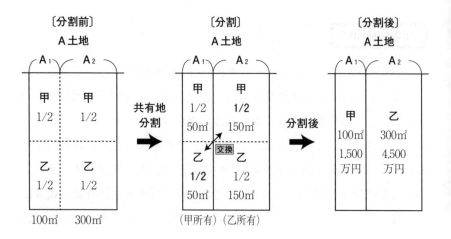

　そうすると甲が所有していたA_2土地の1/2（150㎡）と乙が所有していたA_1土地の1/2（50㎡）との共有持分を交換したとみることができるので、仮に甲が所有していたA_2土地の1/2と乙が所有していたA_1土地の1/2の価格差が高い方の価額の20％以内であれば、所得税法第58条の適用も可能と考えられます。

　ただし、この質問の場合は、価格差が1,500万円（2,250万円－750万円）もあり、この要件を満たさないと考えられるので、所得税法第58条の適用の余地はなく、それぞれの持分を譲渡したとして譲渡所得の課税が行われることになります。

　そして、この場合の譲渡所得の計算については、甲はA_2土地の1/2（150㎡）の譲渡対価としてA_1土地の1/2の持分（50㎡）を取得していますので、原則的にはA_1土地の時価750万円を譲渡収入として申告することになると考えます。

　一方で乙は、A_1土地の1/2（50㎡）の譲渡対価としてA_2土地の1/2の持分（150㎡）を取得していますので、原則的にはA_2土地の時価2,250万円を譲渡収入として申告する必要があると考えられます。

Q&A48 共有持分に相応する分割が行われなかった場合

なお、ご質問の場合には、甲と乙の関係が親子関係であり、甲（母）から乙（長男）へ贈与する意思があったと認められることから、持分の交換が等価（A_1土地の価額相当の750万円部分について交換が行われたとします。ただし、この場合でも所得税法第58条の適用は困難です。）で行われ、その後、甲から乙に1,500万円相当額の土地の贈与が行われたとして乙に贈与税が課されることになると考えられます。

第2章 共有地の解消（分割）

Q&A 49　交換差金がある場合の共有地分割

甲、乙及び丙は、A土地の持分を1/3ずつ所有していますが、甲がA土地について共有地分割請求の意を表明したことから、共有者3人で共有地分割について協議し、結局、甲、乙及び丙はA₁、A₂、A₃の土地を取得することに決まりました。この際、乙が取得することとなるA₂土地の価値が低くなるため、甲及び丙は、乙に対して調整金として、それぞれ各100万円を支払うことにしました。

この場合の課税関係について教えてください。

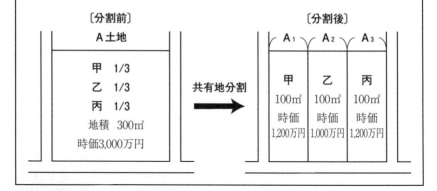

answer　ご質問の場合のA土地に係る共有地の分割については、持分に応ずる分割を補うために授受される調整金があるため、譲渡がなかったとする所得税基本通達33－1の6の適用を受けることはできません。

しかし、ご質問の内容から甲、乙及び丙の間で、A土地の共有持分の交換が行われたと解することはできることから、甲及び丙から乙に支払われた各100万円は、共有持分の交換のために支払われた交換差金と考

えるのが相当です。そして、この交換差金は交換譲渡資産及び交換取得資産のいずれか高い方の金額の20％の範囲内にあると考えられるので、所得税法第58条の適用が可能と考えられます。

なお、乙が授受する調整金200万円については所得税法第58条の適用外にあるため、一般の譲渡所得金額として課税の対象になります。

> explanation

共有地の分割とは、共有者相互間において共有物の各部分について、その有する部分の交換又は売買が行われたことにほかなりません（民249、261）。

そして、共有地の分割を行うことによって、共有地に係る従前の共有状態が解消され又は変更され、各共有者が単独所有権若しくは共有持分、補足金請求権、又は価格賠償請求権のいずれかを取得することになります。

このような共有物の分割の法的性質を踏まえ、ご質問の内容について考えると、本件共有物分割は、分割したA土地のうち、A_1土地につき甲が単独で取得し、A_2土地につき乙が単独で取得し、A_3土地につき丙が単独で取得する代わりに一方で、A_1土地、A_2土地、A_3土地の各持分を譲渡するとしたとみることができますので、共有者相互間において共有持分の交換が行われたものと解するのが相当です。

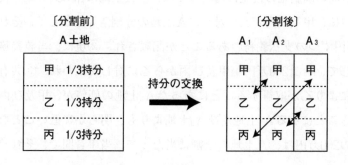

ところで、所得税法第33条第1項の譲渡所得に対する課税は、資産の値上りによりその資産の所有者に帰属する増加益を所得として、その資産が所有者の支配を離れて他に移転するのを機会に、これを清算して課税する趣旨のものですので、同項にいう「譲渡」とは、売買、交換、贈与、その他の有償無償を問わず資産を移転させる一切の行為をいうものと解されます（最高裁・昭50.5.27・昭和47（行ツ）4・民集29巻5号641頁参照）。

　そして、本件A土地の分割は、上記のとおり、これにより本件各土地に係る共有持分の交換が行われたものと解される以上、原則的には同項の「資産の譲渡」に当たると解するのが相当です。

　したがって、所得税法第58条の固定資産の交換の特例要件を満たしていれば譲渡がなかったものとして取り扱われることになります。

　ただし、ご質問の場合は、調整金の授受があるので、これをどう解するのかという問題になりますが、「民法上の交換に係わる補足金は、交換の対象となる財産権の等価関係の調整のために支払を約される金員であるところ（民586②）、交換としての法的性質を有する共有物の現物分割においても、持分の価格以上の現物を取得する共有者に当該超過分の対価を支払わせ、過不足の調整をすることも現物分割の一態様であると解される（最高裁・昭和62年4月22日大法廷判決・民集41巻3号408頁参照）。」とされています。

　ご質問の調整金の授受に当たっては、①A土地に係る共有地分割協議書の中に、甲及び丙が乙に対し、A土地の分割清算金として、それぞれ100万円ずつの支払義務のあることが記載され、②現に、当該義務の履行として、合計200万円が甲及び丙から乙に対し支払われ、③共有地の分割により乙が取得することになったA$_2$土地の価値が、甲及び丙が取得することになるA$_1$土地及びA$_3$土地よりも、明らかに低いことなどからこの200万円は、A土地の分割に当たって、当事者間で、それぞれの

共有持分を交換するに当たっての等価関係を調整するための補足金であると解するのが相当です。

したがって、A土地に係わる現物分割は、共有持分の交換として把握されることになり、所得税法第58条の固定資産の交換の特例の適用が問題となりますが、交換当事者間（甲と乙及び丙と乙）で取り決めた交換差金100万円は交換資産のいずれか高い方の金額の20％以内にあると認められることから他の要件を満たすことを条件に所得税法第58条の適用は可能と考えられます。

なお、甲が受領した交換差金200万円（100万円×2）は、所得税法第58条において譲渡がなかったとされる対象から除外されているので、一般譲渡として課税されることになります。

最後に、共有地の分割に際し、分割清算金を受領したことに関して、この分割清算金は、譲渡所得の収入金額に含めるべきかについて争われた判例があるので紹介します（必要な箇所のみ抜粋）。

> **判 例**
>
> **第1　事案の概要等**
>
> **1　概要**
>
> 本件は、A土地の共有者であった原告が、原告及び他の共有者を当事者とする共有物分割調停申立事件において平成17年2月4日に成立した調停（以下「本件調停」という。）で合意された共有物分割（以下「本件共有物分割」という。）に際し、本件調停の条項に基づき他の共有者から分割清算金として受領した合計400万円の金員（以下「本件400万円」という。）について、杉並税務署長に対し、当初、譲渡所得として確定申告をし、その後、譲渡所得に当たらないとして更正の請求をしたとこ

ろ、同署長から、更正をすべき理由がない旨の通知処分（以下「本件処分」という。）を受けたため、その取消しを求めた事案である。

2 前提となる事実
(1) 本件共有物分割に関する経緯

① 原告、乙及び丙（以下「丙」という。）は、昭和48年7月3日、A土地（以下「本件旧土地」という。）及び同土地上に存したB建物（以下「本件建物」という。）を持分1/3ずつで共有していた。

② 乙は、平成7年11月6日に死亡し、丁、戊及びA（以下、併せて「丁ら」という。）が、乙の上記共有持分を平等の割合で相続し、その結果、本件旧土地及び本件建物の共有割合は、原告が1/3、丁らが各1/9、丙が1/3となった。

③ 本件旧土地は、平成16年9月13日、B_1、B_2、B_3及びB_4土地（順次「本件B_1土地」、「本件B_2土地」等といい、その全部を「本件各土地」という。）として分筆登記され、その結果、本件建物は、B_2土地の上に存することとなった。

④ 平成17年2月4日、原告、丁ら及び丙を当事者とする共有物分割調停申立事件において本件調停が成立し、その調停調書（以下「本件調停調書」という。）には、次のアないしエの内容の調停条項等が記載されている。

ア 本件B_1土地を丙の「単独所有」とし、本件B_2土地を丁らの「共有」とし、本件B_3及びB_4土地を原告の「単独所有」とする。

イ 丁らは、原告に対し、本件各土地の「分割清算金」として、連帯して200万円の支払義務があることを認める。

ウ 丙は、原告に対し、本件各土地の「分割清算金」として、200万円の支払義務があることを認める。

エ　原告及び丙は、本件建物の共有持分権を「全部放棄」する。
⑤　原告は、同日、本件調停の期日の席上において、丁ら及び丙から、上記④イ及びウの調停条項に基づき、本件400万円を受領した。
⑥　原告、丙及び丁らは、それぞれ、同月17日、同年3月2日及び同年4月7日の各日、上記④アの調停条項に基づき、本件各土地につき、同年2月4日共有物分割を原因とする持分全部移転登記手続をした。
⑦　なお、本件調停の成立当時、上記④アにより原告が取得した本件B_3土地及びB_4土地は、丁ら及び丙が取得した本件B_1土地及びB_2土地よりも、資産価値が低かった。

(2) **本件処分に係る経緯**

①　原告は、本件申告書に添付した譲渡所得の内訳書において、本件B_1及びB_2土地の共有持分を他の共有者に譲渡し、その譲渡価額は交換取得資産の価額4,400万円及び本件400万円の合計4,800万円、その必要経費は合計397万6,948円であったが、当該譲渡には所得税法58条1項の適用があるため、本件譲渡所得金額は、上記譲渡価額から交換取得資産の価額を控除した本件400万円とこれに対応する必要経費33万1,412円との差額366万8,588円になると記載した。
②　原告は、平成18年6月7日に杉並税務署長に提出した更正の請求書において、本件400万円は譲渡所得の収入金額に算入されず、本件譲渡所得金額は0円とすべきであったと主張した。
③　これに対し、杉並税務署長は、同年9月27日、譲渡所得の取扱いは本件申告書の記載が相当であるとして、更正をすべき理由がない旨の通知処分をした。原告は、同年11月20日、これに対し異議申立てをしたが、平成19年1月26日、棄却され、同年2月26日、さらに審査請求をしたが、同年6月21日、棄却の裁決を受けた。原告は、同

年11月15日、本件訴訟を提起した。

3 争点

(1) 本件共有物分割が、所得税法33条1項の「資産の譲渡」（措置法31条1項の適用がある場合）に当たるか。

(2) 本件400万円が、長期譲渡所得の金額（措置法31条1項）の算定の基礎となる譲渡所得の収入金額（所得税法33条3項）に含まれるか。

4 当事者の主張の要旨

(1) 争点(1)について

（被告の主張の要旨）

　共有物の分割とは、共有者相互間において、共有物の各部分につき、その有する持分の交換又は売買が行われることにほかならず、共有土地について現物分割が行われる場合には、共有者が相互に持分の交換を行うものと解される。そして、譲渡所得課税は、資産の値上がりにより資産の所有者に帰属する増加益を所得として、その資産が所有者の支配を離れて移転する機会にこれを清算して課税する趣旨のものであり、所得税法33条1項の「資産の譲渡」とは、有償無償を問わず資産を移転させる一切の行為をいうことからすれば、本件共有物分割は、譲渡所得課税の対象となる同項の「資産の譲渡」に当たると解すべきである。

　原告は、本件共有物分割は、共有持分の放棄によって行われたと主張するが、原告の主張によっても、原告ら共有者は、一定の部分の持分を失う代わりに、他の部分の単独所有権を得ることの合意をしているのであるから、このような合意は、交換又は売買にほかならない。

（原告の主張の要旨）

　本件共有物分割は、各共有者が相互に共有持分を放棄することに

よって行われたものであり、共有持分の売買又は交換によって行われたものではないから、所得税法33条1項の「資産の譲渡」に該当しない。

本件調停調書には、各人が本件各土地を「単独所有」とする旨が記載されているのみであり、当該文言を共有持分の譲渡まで意味するものとして拡張解釈することは、本件調停の既判力に反し許されない。

(2) 争点(2)について

（被告の主張の要旨）

本件400万円は、本件共有物分割に当たり、丙及び丁らが取得することとなる本件B_1及びB_2土地に比して、原告が取得することとなる本件B_3及びB_4土地の資産価値が低いことから、その過不足を調整するために交付された清算金であって、共有持分の譲渡の対価として、譲渡所得の収入金額に含まれるというべきである。

原告は、本件400万円は、本件建物の共有持分の喪失及び法的に瑕疵のある土地の取得に対する損害賠償金として交付されたものである旨主張するが、本件400万円につき、本件調停調書には、損害賠償金である旨の記載は一切なく、逆に本件各土地の「分割清算金」であると明記されており、本件共有物分割による土地の資産価値の過不足を調整するためにその授受が決定されている以上、本件共有物分割に伴う補足金にほかならない。なお、資産に関する損害賠償金のうち所得税が非課税とされるものは限られており（所得税法9条1項16号、同法施行令30条）、仮に「損害賠償金」という名目であったとしても、直ちに非課税となるわけでもない。

原告は、本件400万円に課税することは、本件調停の既判力に反するとも主張する。その主張の趣旨は判然としないが、本件調停は、租税の負担等について取り決めたものではなく、土地の共有物分割の結

果に伴い課税関係が生ずることによって本件調停の内容が変更されるわけでもないのであるから、失当である。

(原告の主張の要旨)

本件400万円は、本件共有物分割において、原告が、①本件建物の共有持分を喪失したこと、②資産価値の低い本件B_3及びB_4土地を取得することになったことに対する損害賠償金(調整金)である。

すなわち、本件共有物分割は、本件建物の取壊しを前提としたものであったため、結果的に、すべての共有者が、本件建物の共有持分を失うという損害を被った。しかし、丙及び丁らは、本件建物を取壊しとすることにより、本件B_2土地を更地とし、本件建物の共有持分を失う以上の利益を得ることができた。これに対し、原告は、本件建物の共有持分を失うという損害を被るのみであった上、割り当てられた本件B_3及びB_4土地は法的に瑕疵(使用借権の付着)のある資産価値の低い土地であったため、本件共有物分割によって損害を被るのみであった。本件400万円は、以上の原告の損害に対し、公平な共有物分割を実現するために交付された損害賠償金であって、共有持分の譲渡の対価ではないから、譲渡所得の収入金額には含まれない。

また、本件調停において、本件400万円の金額が決定されるに際し、これに課税されることは前提とされていなかったので、本件400万円に課税することは、共有物分割の公平性に反し、本件調停の既判力にも反するものであって、許されないというべきである。

第2 当裁判所の判断

1 争点(1)について

(1) 共有物の分割は、共有者相互間において、共有物の各部分につき、

その有する持分の交換又は売買を行うことであって(民法249条、261条参照)、これにより、共有物に係る従前の共有状態が解消され又は変更され、各共有者が単独所有権若しくは共有持分、補足金請求権、代金請求権又は価格賠償請求権のいずれかを取得するものということができる(最高裁昭和42年8月25日第二小法廷判決・民集21巻7号1729頁参照)。

このような共有物の分割の法的性質を踏まえ、本件調停の内容(前提事実(1)④)に徴すると、本件共有物分割は、原告、丙及び丁らの間で、本件共有土地のうち、本件B_1土地につき丙が単独所有権を取得し、本件B_2土地につき丁らが他の共有者の持分を取得して丁らのみの共有とし、本件B_3及びB_4土地につき原告が単独所有権を取得するとしたものと認められるので、本件各土地につき、共有者相互間において共有持分の交換が行われたものと解するのが相当である。

ところで、所得税法33条1項の譲渡所得に対する課税は、資産の値上りによりその資産の所有者に帰属する増加益を所得として、その資産が所有者の支配を離れて他に移転するのを機会に、これを清算して課税する趣旨のものであるから、同項にいう「譲渡」とは、売買、交換、贈与その他の有償無償を問わず資産を移転させる一切の行為をいうものと解される(最高裁昭和50年5月27日第三小法廷判決・民集29巻5号641頁参照)。

そして、本件共有物分割は、上記のとおり、これにより本件各土地に係る共有持分の交換が行われたものと解される以上、同項の「資産の譲渡」に当たると解するのが相当である。

(2) 原告は、本件共有物分割は、共有持分の交換ではなく、共有持分の放棄によって行われた旨主張するところ、その主張は、本件調停は、

第2章　共有地の解消（分割）

共有者全員の合意により共有物分割をしたものではなく、各共有者が個別に共有持分の放棄をして共有物分割と実質的に同じ結果を作出したものにすぎないという趣旨に解される。

　しかし、(i)本件調停調書には、①本件建物については、共有者の一部による持分の全部の「放棄」と記載されているのに対し、本件各土地については、「放棄」との記載はなく、共有者全員の合意事項（「申立人ら及び相手方らは、（中略）とする。」）として、一部の土地を「単独所有」とし、残余の土地を「共有」とするとの記載があるのみであり、②本件各土地の持分移転登記の登記原因についても、「持分放棄」ではなく、「共有物分割」と明記されていることが認められ、(ii)現に、前提事実(1)⑥のとおり、「共有物分割」を原因とする持分移転登記手続がされていること等の諸事情にかんがみると、本件調停は、各共有者が個別に共有持分を放棄して共有物分割と実質的に同じ結果を作出したのではなく、現に共有者全員の合意により共有物分割をしたものと認めるのが相当であり、原告の上記主張を採用することはできない。

　また、原告は、本件調停調書の「単独所有」等の文言を持分の放棄ではなく持分の譲渡として拡張解釈することは本件調停の既判力に反する旨主張するが、私人間の調停に基づく資産の移転に関し課税庁が課税を行うことが、調停の既判力に抵触する余地はない上、上記のとおり、本件各土地に係る本件調停の内容が現に共有物分割の合意と認められ、その法的性質が共有持分の交換と解される以上、上記主張は理由がない。

(3)　以上のとおり、原告は、本件共有物分割において、本件B_1及びB_2土地の共有持分につき、本件B_3及びB_4土地の共有持分との交換により、所得税法33条1項の「資産の譲渡」をしたものと認められるので、

当該譲渡の対価に係る所得は、同項の譲渡所得に当たるというべきである。

そして、前提事実及び弁論の全趣旨によれば、上記交換による譲渡は、措置法31条1項（長期譲渡所得の課税の特例）に規定する所有期間が5年を超える土地の譲渡に該当することは明らかであるから、同項の適用のある「資産の譲渡」に当たるというべきである。

2 争点(2)について

(1) 民法上の交換に係る補足金は、交換の対象となる財産権の等価関係の調整のために支払を約される金員であるところ（民法586条2項）、交換としての法的性質を有する共有物の現物分割においても、持分の価格以上の現物を取得する共有者に当該超過分の対価を支払わせ、過不足の調整をすることも現物分割の一態様であると解される（最高裁昭和62年4月22日大法廷判決・民集41巻3号408頁参照）。

そして、前提事実(1)④、⑤及び⑦のとおり、(i)本件調停調書には、上記1(2)のとおり本件各土地に係る共有持分の交換としての本件共有物分割を内容とする調停条項の記載に続き、丙及び丁らが、原告に対し、本件各土地の「分割清算金」として、それぞれ200万円ずつの支払義務のあることが記載され、(ii)現に、当該義務の履行として、本件400万円が、丙及び丁らから原告に対し支払われたこと、(iii)本件調停における共有持分の交換により原告が取得した本件B_3及びB_4土地は、丙及び丁らが取得した本件B_1及びB_2土地よりも、資産価値が低かったこと等の諸事情にかんがみると、本件400万円は、本件共有物分割において、原告と丙及び丁らとの間で、本件B_1及びB_2土地の共有持分と本件B_3及びB_4土地の共有持分とを交換するに当たって等価関係の調整のために支払を約された補足金であると認めるのが相当であ

る。

　したがって、本件400万円は、原告が、本件B₁及びB₂土地の共有持分の本件B₃及びB₄土地の共有持分との交換に係る補足金として、すなわち、本件B₁及びB₂土地の共有持分の譲渡の対価として取得したものと認められ、かつ、所得税法58条1項において、交換に係る補足金は、同項により譲渡がなかったものとみなされる対象から除外されているので、譲渡所得の収入金額（同法33条3項）に含まれるというべきである。

(2)　これに対し、原告は、①本件400万円は、原告が、本件建物の共有持分を喪失したこと、②資産価値の低い本件B₃及びB₄土地を取得することになったことに対する損害賠償金（調整金）であって、その金額は、譲渡所得の収入金額（所得税法33条3項）に含まれない旨主張する。

　しかし、まず、上記②については、共有物の分割により資産価値の低い部分を取得することとなる共有者に対し、その差額分を填補するために支払を約される金員は、まさに共有物の分割における交換に係る補足金としての性質を有し、その金額は譲渡所得の収入金額に含まれるというべきであるから、当該主張を採用することはできない。そして、上記①についても、本件調停調書には、本件400万円について、本件建物に関する損害賠償金（調整金）の趣旨を含むことをうかがわせる内容の記載はなく、かえって、専ら「本件土地」(本件各土地)の「分割清算金」であると明記されていることが認められるので、原告の当該主張を採用することはできない。なお、甲第9号証（丙の陳述書）及び第10号証（原告の陳述書）中には、上記①の主張に沿う供述があり、本件400万円の算定に当たり、本件建物の取壊しによる本件B₁及びB₂

土地の資産価値の増加が考慮されたことは認められるものの、上記のとおり、結局、本件調停調書には本件400万円が「本件土地」(本件各土地)の「分割清算金」と記載されていることにかんがみると、上記の考慮は、要するに、本件B_1及びB_2土地の資産価値の評価に当たって将来の本件建物の取壊しという事情を斟酌したにとどまり、これをもって、本件建物自体の資産価値が本件400万円による填補の対象とされたものと認めるには足りないというべきである。

　また、原告は、本件400万円に対し譲渡所得課税をすることは、①共有物分割の公平性に反し、②本件調停の既判力にも反する旨主張する。しかし、上記①については、固定資産の交換に係る譲渡所得課税の特例における補足金の取扱いは、専ら租税法規によって規律されるべき事柄であり、共有物分割における持分の交換による譲渡に伴う補足金の性質を有する本件400万円が、所得税法58条1項の定めにより譲渡がなかったものとみなされる対象から除外されるという税法上の帰結が、当該譲渡の原因である共有物分割における分割の結果の公平性に関する当事者の主観的な認識・評価によって左右される余地はなく、当該主張は理由がない。また、上記②についても、私人間の調停に基づく資産の移転に関し課税庁が課税を行うことが、調停の既判力に抵触する余地はない上、本件の譲渡所得課税が本件調停の文言・内容に沿ったものであることは前示のとおりであり、当該主張は理由がない。

(3)　以上のとおりであって、本件400万円は、譲渡所得の収入金額に含まれるというべきである。

　そして、本件400万円が譲渡所得の収入金額に含まれる以上、本件譲渡所得金額及びその計算は、当初申告どおりであると認められるので、原告の更正の請求は理由がなく、本件処分は適法である。

第2章 共有地の解消（分割）

> **第3 結論**
>
> よって、原告の請求は理由がないから、これを棄却することとし、訴訟費用の負担について、行政事件訴訟法7条、民事訴訟法61条を適用して、主文のとおり判決する。
>
> 東京地方裁判所・平成20年6月27日確定

Q&A 50 土地の合筆と交換の特例

甲は下記のとおりA土地を所有していますが、隣地（B土地）の所有者乙と一緒に中高層ビルを建設する計画が持ち上がり、まずは、A土地とB土地を合筆して、共有土地にした上で中高層のビルを建築しようということになりました。

ところで、このようにA土地とB土地を合筆して一筆の土地（C土地）とすることは、法的に認められますか。また、認められない場合のそれに代わる手続とその課税関係について教えてください。

甲が所有	乙が所有		
A土地 100㎡ 時価3,000万円	B土地 150㎡ 時価4,500万円	合筆 →	C土地 甲 2/5、乙 3/5 250㎡

answer

ご質問では、甲が所有するA土地と乙が所有するB土地を合筆したいようですが、合筆するには要件があり、合筆する土地の所有者は同一人でなければなりません。

したがって、A土地とB土地とを合筆することはできませんが、A土地とB土地の共有持分を交換した後に合筆すれば、所得税法第58条の適用要件を満たしていることを条件として、課税関係を生じさせずに合筆することができます。

explanation

2筆以上の土地を1筆の土地にまとめる事を合筆登記といいますが（分

第2章　共有地の解消（分割）

筆登記と逆の登記になります）、例えば、登記上バラバラになっている土地をいったん合筆して売却する場合や立体買換えなどにより中高層ビルを建築するため、まずはその土地を一筆にしたいという場合などに行われます。

ところで、合筆登記をするには要件が定められており、それぞれの土地の所有者が異なっていれば、それらの土地の合筆は認められないとされています。また、それぞれの土地を共有している場合には、それぞれの共有持分が同じでなければなりません。

したがって、ご質問の場合、直接的に合筆することはできませんが、Ａ土地の持分3/5とＢ土地の持分2/5を甲と乙の間で交換し、それぞれの土地の共有持分割合を同じにすれば合筆することができます。

すなわち、甲が所有するＡ土地の3/5の持分（1,800万円相当）と乙が所有するＢ土地の2/5の持分（1,800万円相当）を交換し、それぞれの持分割合（Ａ土地及びＢ土地ともに甲が2/5、乙が3/5となります）を同じにした後であれば、合筆は可能です。

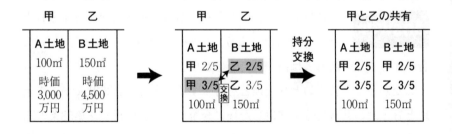

この場合において、甲が所有するＡ土地の持分の3/5と乙が所有するＢ土地の持分2/5の交換が等価（等価でなくても高い方の価額の20％以内の範囲内にある場合も同様です。）であれば、所得税法第58条の適用は可能と考えます。

したがって、ご質問のような場合は、いったんそれぞれの土地の共有持分を交換し、Ａ土地とＢ土地の共有持分を同じ割合にした後、合筆登記することにより所得税の負担なく、目的を達成することができます。

Q&A 51 土地を合筆するための要件

複数の筆の土地を一つの筆にする（合筆）ためには、一定の要件があると聞きましたが、その要件を教えてください。

answer 隣接する複数の土地を1筆の土地にすることを合筆といいますが、合筆登記が正式に認められると合筆後の「土地の権利部（甲区）（所有権に関する事項）登記の目的」欄には、「合併による所有権登記」が記録され、新たな権利証（登記識別情報通知書）が交付されます。

なお、合筆は、分筆する場合より法的規制が多く、不動産登記法第41条によれば、次のような場合には合筆することができないとされています。

〔合筆のための要件〕

(1) それぞれの土地の登記事項証明書の表題部に記載されている所有者が相互に異なる土地及び表題部に記載されている共有者の名前が同一であっても、その持ち分が異なる土地の場合

A土地	B土地
国税太郎	法　律子

(2) それぞれの土地が隣接しておらず、物理的に離れている場合。また、相互に隣接していても管轄登記所を異にしている場合

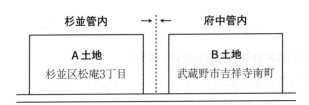

(3) それぞれの土地の地番区域が異なっている場合

隣接する土地であっても丁名が違う土地は合筆できません。

(4) 抵当権、用益権等の所有権以外の権利の登記がある土地の場合

異なる抵当権や賃借権が付着している土地同士の合筆は、原則として、できません。

(5) 所有権の登記がない土地と所有権の登記がある土地の場合

所有権の登記がある土地とは、権利部の甲区に所有者の名前が登記されている土地をいいます。

したがって、表題部しかない土地と甲区の権利部まで登記されている土地の合筆はできません。

(6) 地目が異なる土地の場合

地目が宅地と雑種地とでは合筆できません。

ただし、現況地目が一致していれば、先に登記地目の変更を行うことにより、合筆登記することが可能となります。

第2章 共有地の解消（分割）

> **参　考**
>
> **不動産登記法第41条《合筆の登記の制限》**
>
> 　次に掲げる合筆の登記は、することができない。
>
> 一　相互に接続していない土地の合筆の登記
>
> 二　地目又は地番区域が相互に異なる土地の合筆の登記
>
> 三　表題部所有者又は所有権の登記名義人が相互に異なる土地の合筆の登記
>
> 四　表題部所有者又は所有権の登記名義人が相互に持分を異にする土地の合筆の登記
>
> 五　所有権の登記がない土地と所有権の登記がある土地との合筆の登記
>
> 六　所有権の登記以外の権利に関する登記がある土地（権利に関する登記であって、合筆後の土地の登記記録に登記することができるものとして法務省令で定めるものがある土地を除く。）の合筆の登記
>
> **不動産登記規則第105条《合筆の登記の制限の特例》**
>
> 　法第41条六号の合筆後の土地の登記記録に登記することができる権利に関する登記は、次に掲げる登記とする。
>
> 一　承役地についてする地役権の登記
>
> 二　担保権の登記であって、登記の目的、申請の受付の年月日及び受付番号並びに登記原因及びその日付が同一のもの
>
> 三　信託の登記であって、法第97条第1項各号に掲げる登記事項が同一のもの
>
> 四　鉱害賠償登録令（昭和30年政令第27号）第26条に規定する鉱害賠償登録に関する登記であって、鉱害賠償登録規則（昭和30年法務省令第47号）第2条に規定する登録番号が同一のもの

Q&A 52 分割協議の成立により土地が細分化された場合

　甲は、平成25年8月亡くなりましたが、甲の遺産の中には下記のような雑種地（駐車場）（以下「本件土地」といいます。）が含まれていました。この本件土地の相続について共同相続人長男（乙）、次男（丙）、長女（丁）及び次女（戊）間で、分割協議がまとまらなかったため、本件土地を各相続人が法定相続分（各1/4）により取得したものとして申告しました。その際、本件土地は、評価通達24－4で定める広大地として申告しています。

　平成28年に入り、本件土地について分割協議がまとまり、各相続人が以下のようにイ～ニに分筆して取得することが決まりましたが、イ～ニの土地の評価額は次のとおりになります。

　このように現物分割を行った場合、課税上問題が生じますか。

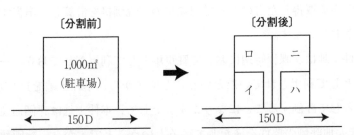

土　地	地　積	評価額	取得者
イ	225㎡	33,000,000円	乙
ロ	275㎡	33,000,000円	丙
ハ	225㎡	34,500,000円	丁
ニ	275㎡	34,500,000円	戊
合計	1,000㎡	135,000,000円	－

第2章 共有地の解消(分割)

answer 　相続税の申告期限までに被相続人の相続財産について、遺産分割協議がまとまらなかった場合には、その未分割財産は、相続税法第55条の規定により、共同相続人が法定相続分により取得したものとして相続税の申告をすることとされています。

　そして、相続税の申告後、分割協議が成立して、当初申告に係わる相続税の課税価格及び相続税額が過大となった場合には相続税法第32条一号の規定による更正の請求をすることができます。

　しかし、ご質問の場合は、本件土地を分筆して各相続人が取得することにより広大地評価が否認され、その結果、相続税額が増えることになるので更正の請求ではなくて、修正申告が必要となります。

explanation

　相続税の申告期限までに被相続人の財産について、遺産分割協議がまとまらなかった場合には、その分割されていない財産は、共同相続人又は包括受遺者が民法の規定による相続分又は包括遺贈の割合に従って、その財産を取得したものとして相続税の課税価格を計算して申告することとされています。

　本件土地は、課税時期において駐車場として利用されており、一団の土地として利用されていたということですから、本件土地を1つの評価単位として評価することになります。そして、本件土地は評価通達24-4の広大地評価の要件を満たしているということですから、評価額は下記のとおりになります。

$$150{,}000円/\text{m}^2 \times \underbrace{\left(0.6 - 0.05 \times \frac{1{,}000\text{m}^2}{1{,}000\text{m}^2}\right)}_{(広大地補正率)} \times 1{,}000\text{m}^2 = 82{,}500{,}000円$$

　なお、相続税の申告に当たっては、各相続人は、本件土地を法定相続

分により取得したものとして申告するので本件土地に係る各相続人の相続税評価額は20,625千円（82,500千円×1/4）となります。

　ところで、土地の評価は、相続開始時の利用状況に基づいて評価することを原則としていますが、相続税法では、遺産取得課税方式を採用しており、各相続人が取得した財産の価額に基づいて相続税の計算を行うこととされています。このような相続税法の考え方からすると、土地の評価は、まずは取得者ごとに行うというのが大原則となりますので、相続開始時の利用状況に基づいて評価するという考え方は、この範囲においては制限を受けることになります。

　このため、相続する土地は同一であっても、分割協議の仕方いかんにより土地の評価単位が変わり、土地の評価額に影響を及ぼす可能性があります。

　ご質問の場合、広大地として評価した場合の本件土地の評価額と各相続人が現物分割により取得した場合の本件土地の評価額を比較すると52,500千円（135,000,000円－82,500,000円）増加することになります。

　したがって、遺産分割協議が成立した結果、課税評価額が増えることになりますので、相続税法第32条で定める要件（課税評価額及び相続税額が減少すること）を満たさないことになり、更正の請求は認められません。

　ちなみに、相続人（乙）～（戊）が分割図面のとおりに相続したいということであれば、遺産分割時においては、本件土地をいったん共有で取得することとし（そうすることにより、広大地評価を適用して相続税の申告を完了させることができます。）、その後、共有地の分割手続きを行って分割図のように分筆（各地の価額がほぼ均等になるように分筆します。）することで、税負担なしで同様な効果を得ることができます。

　なお、不動産の登録免許税や登記費用などは相続時と共有地分割の時

第2章　共有地の解消（分割）

で2回負担することになりますが、分割前の持分比と分筆後の面積比若しくは時価の比が同じ場合、所得税、贈与税及び不動産取得税の負担を発生させることなく各土地を分割相続人が取得することができますので、有効な手法ということができます。

Q&A 53 共有地分割に係わる諸経費

　甲及び乙はA土地（400㎡）を1/2ずつ所有していますが、この土地は、現在、有料駐車場として使用されています。

　このたび、この土地を持分に応じて、下記のように現物分割するつもりでいます。

　共有地を分割した場合は、譲渡所得が課税されないと聞いていますが、測量費、登記費用などの費用の取扱いはどうなりますか。

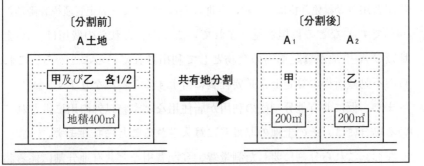

answer

　A土地の現物分割の際に必要な支出としては、測量費、登記費用、鑑定評価費用などが考えられますが、分割後においてもA₁土地及びA₂土地は有料駐車場として利用するようなので、原則として、その業務に係わる各種所得（不動産所得）の計算上、必要経費として計上することになります。

explanation

　A土地を現物分割した場合において、共有地に係る持分に応ずる現物分割があった場合には、課税上、分割による譲渡はなかったものとして

取り扱われています。したがって、本件については譲渡所得は課税されません。

また、不動産取得税も原則として非課税とされており、分割前の持分を超える不動産の取得があった場合にのみ課税されます（不動産取得税の税率は固定資産税評価額の3％（H30.3.31まで）ですが、いくつかの軽減措置があります。）。

ちなみに、この場合の「分割前の持分を超える持分の取得」とは原則として、分割前後の取得者の不動産の評価額の増加額であり、この額を基礎として税額を計算します。

ご質問のケースでは、A土地の現物分割に必要な支出として、測量費、登記費用（登録免許税は、相続、合併の場合と同じく、固定資産税評価額の0.4％です。）などの負担が見込まれていますが、これらの費用は、A_1土地及びA_2土地が貸駐車場の業務として利用されていることから、これらの不動産所得の算定上、必要経費に計上することになります。

また、仮に共有地分割後の利用が居住用など業務以外の用に供されている場合には、その土地の取得費に算入されることになります。

なお、これら分割に要した測量費、登記費用など共有地分割に係る諸費用の負担は、分割当事者の持分に応じて、支払われることが多いことから通常は持分に応じて負担割合が決まると考えられます。

ご質問のケースは、甲及び乙ともに1/2ずつの同じ割合であることから、分割に伴い生ずる諸費用も均等に配分することが相当であり、それらの費用は、各自の不動産所得の計算上、必要経費に含めます。

Q&A 54　共有地分割の手続き

　亡父が所有していたＡ土地（500㎡）を相続人である甲、乙、丙及び丁は、分割協議により各自共有持分（1/4）を相続により取得するとして、登記も済ませました。
　ところが、相続後、兄弟仲が悪化し、次男（乙）は、Ａ土地を売却したいと考えていますが、他の共有者は、それに反対しており、話が前に進みません。このような場合、乙は、共有地の解消に向けてどのような法律上の手続きをすべきでしょうか。

answer

　民法第256条では、共有者はいつでも共有物の分割請求をすることができると規定していますので、乙は共有状態の解消に向けて他の共有者に対して、共有地を分割したい旨の意思表示を行って話し合いによる分割を試みる必要があります。
　そして、協議（話し合い）によって分割がまとまらない場合には、裁判所に共有地分割請求の訴訟を提起します。これによって、最終的に共有地の分割が認められることになりますが、分割により、Ａ土地の価値が著しく減少する場合には競売を命ぜられることもあります。

explanation

　共有状態の短所として、共有物を売却するためには、共有者全員の同意が必要ですし、また、一定の条件を満たす共有物の賃貸借契約の締結や解除をするためには、共有者の持分価格の過半数の同意が必要です。
　さらに、相続税の納付のために、相続した土地を物納しようとしても、その土地が共有であると物納不適格財産として収納が認められません。

第2章　共有地の解消（分割）

このように、共有は、自由な売却や利用に制約を受けているということがいえます。

こうした制約から逃れるには、共有関係を解消することが必要ですが、民法第256条《共有物の分割請求》では、共有物の各共有者はいつでも共有物の分割を請求することができると定めており、この権利を共有物分割請求権といいます。

したがって、共有者各自は共有分割請求権を有しており、仮に、共有者の一人が共有物分割請求の意思表示をしたときは、他の共有者は、その共有物の分割について協議に応じなければならず、その後、分割が決まれば、それを履行する義務を負っています。

> **参　考**
>
> **民法第256条《共有物の分割請求》**
> 1　各共有者はいつでも共有者の分割を請求することができる。ただし、5年を超えない期間は分割しない旨の契約をすることも妨げない。
> 2　前項のただし書きの契約は、更新することができる。ただし、その期間は更新の時から5年を超えることができない。

なお、共有物を分割する方法としては、協議による分割と裁判による分割がありますが（民258）、共有物の分割を実際に行おうとするためにはまずは協議による分割を行う必要があります。

協議による分割は、各共有者の意思に基づいて行われるものであるため、形式及び方法について特に制約はなく、共有者は、共有物を実際に区分したものを共有者各自が取得する方法（現物分割）、共有物を第三者に売却したうえで代金を持分に応じて分ける方法（代金分割）、共有

者の1人が共有物を取得し、その共有者が他の共有者に対し金銭を支払う方法（価格賠償）などがあります。

これらの協議による分割が調わない場合には、共有者は共有物の分割を裁判所に請求することができます。

> **参考**
>
> **民法第258条《裁判による共有物の分割》**
> 1 共有者の分割について共有者間に協議が調わないときは、その分割を裁判所に請求することができる。
> 2 前項の場合において、共有物の現物を分割をすることができないとき、又は分割によってその価格を著しく減少させるおそれがあるときは、裁判所はその競売を命ずることができる。

裁判による分割は、共有者の意思に基づかず裁判所で分割方法を決めることになるので、共有者間の公平が求められ、現物分割の方法によることが原則とされています（民258②）。そして、現物分割が不可能である場合又は分割によってその価格を著しく減少させるおそれがあるときは、裁判所は競売を命じることができるとされています。

なお、分割によってその価格を著しく減少させるおそれがあるときとは、共有不動産の全部を単一の事業のために供していて、形式的には現物分割が可能でも、分割によって利用価値が大幅に減じてしまうような場合や分割することにより土地の形状が不整形になり、価値が下がるケースなどが含まれます。

また、競売による分割とは、代金分割（共有物を譲渡し、その譲渡代金を分割する方法）の一種で、共有物を競売にかけその譲渡代金を分割す

第2章　共有地の解消（分割）

る方法をいいますが、競売による売却価格は、一般の市場価格に比べて低くなる可能性があります。

　なお、民法第258条では、裁判による分割について「現物分割」又は「競売」による方法しか規定していませんが、裁判所は「現物分割」について柔軟な方法を認めており、共有物を共有者のうちの一人の単独又は数人の所有として、これらの者から他の共有者に持ち分の価格を賠償させる方法（全面的価格賠償）や持分価格以上の現物を取得する共有者に当該超過分の対価を支払わせ、過不足の調整をする方法（一部価格賠償）も認めています。

Q&A 55　共有者の一人が持分を放棄した場合の課税関係

　甲（兄）と乙（弟）は、亡父が所有していたＡ土地の所有権の1/2ずつを相続により取得しました。現在、Ａ土地は乙（弟）が所有する居住用建物の敷地となっており、また、兄弟間の仲もよくないので、甲（兄）はこの持分を放棄するつもりでいます。

　甲（兄）がＡ土地の持分（1/2）を放棄した場合の課税関係について教えてください。

answer　民法第255条では、共有者がその持分を放棄した場合には、その持分は他の共有者に帰属すると規定していますので、甲（兄）は共有持分を放棄する旨の意思表示をすれば確実に共有関係から離脱できます。一方で、他の共有者乙（弟）は、甲の共有持分の放棄によって、その持分を取得することになりますので、相続税法上は、贈与を受けたとみなされて乙に対して、贈与税が課せられます。

explanation

　共有とは、ある物を複数人で共同所有している形態をいいますが、共有物が不動産である場合、複数人で所有権を持ち合っている状態にありますので、不動産の売却、家屋の取壊し、土地利用形態の変更、形質の変更などは、共有者全員の同意が必要となり、自由な売却や利用に制約を受けているということができます。

　その一方で、共有持分は自己の持分であれば自由に売却できるし、共有土地の分割請求することもできます。このように共有持分は、所有権と異なった性質を有していますが、例えば、ある土地の共有持分を放棄

した場合について考えてみると、民法第239条第2項では、「所有者のない不動産は、国庫に帰属する。」と規定しているので、原則的には国の所有になることになります。にもかかわらず、共有持分の放棄について、民法第255条《持分の放棄及び共有者の死亡》で、他の共有者に帰属すると規定しているのは、共有物は、単独所有に比べ、処分、変更などについて、共有者全員の合意が必要になることなどの制約があることから、国がいったん共有者として所有するよりも完全所有権として他の共有者に帰属させた方が、その後の土地の有効利用を考えた場合、社会的な利益が大きいと考えたからと思います。

　この民法第255条の規定を受けて、相続税法第9条《その他の利益の享受》で規定する贈与又は遺贈により取得したものとみなされて課税される一つとして、共有者が持分を放棄したときが含まれており（相基通9-12）、共有持分を取得することになる他の共有者に対して贈与税が課されることになっています。

参 考

民法第239条《無主物の帰属》

1　所有者のない動産は、所有の意思をもって占有することによって、その所有権を取得する。

2　所有者のない不動産は、国庫に帰属する。

民法第255条《持分の放棄及び共有者の死亡》

　共有者の一人が、その持分を放棄したとき、又は死亡して相続人がないときは、その持分は、他の共有者に帰属する。

Q&A 56 不動産の共有持分を放棄した場合と贈与した場合

土地の共有持分を放棄した場合、その共有持分は、その他の共有者に帰属することになり、結果として、贈与税が課されますが、契約により共有持分を贈与した場合との違いについて教えてください。

answer 共有者が、その共有持分を放棄した場合、その持分は他の共有者に帰属することになりますが（民255）、これは単独行為なので、共有持分を放棄する旨の意思表示だけでその共有持分が移転することになります。

そして、相続税法上は、何ら対価を支払うことなく、その持分相当額の財産の増加をもたらすので相続税法第9条の規定により意思の合致の有無にかかわらず、みなし贈与として、他の共有者に贈与税の課税が行われます。

また、ある共有者が自分の共有持分を他の共有者に贈与（あげる方ともらう方に意見の合致がある場合）する場合にも、同様に受贈者に贈与税が課されます。

このように、共有持分の放棄と贈与はともに共有持分を取得した者に贈与税が課される点は同じですが、次の点に違いがあります。

	持分放棄	持分贈与
民法	第255条	第549条
形式	単独行為	諾成・無償契約
移転する相手	他の共有者	だれでも可
課税内容	相基通9－12	相法第2条の2
その後、譲渡した場合	贈与課税の時に時価により取得したものとされます（注）	贈与者の取得日及び取得費を引き継ぎます

第2章　共有地の解消（分割）

（注）　所得税法第60条では、居住者が個人から贈与により取得した資産を譲渡した場合には、その資産の取得日及び取得費については「その者が引き続きその資産を所有していたものとみなす。」と規定しています。すなわち贈与者の取得日及び取得費を引継ぐことになっています。

　一方で所得税法第9条十六号の非課税規定には、「贈与」には「みなし贈与」も含むと規定されていますが、前記所得税法第60条の引継規定の「贈与」には、特段の定めがありませんので、一般法である民法の規定にしたがって「贈与」を解釈することが相当です。

　民法上の贈与は契約であり、その契約は諾成・片務・不要式の契約であるため、所得税法第60条の贈与には、このような契約と異なる行為、例えば、持分放棄といった単独行動などの、いわゆる「みなし贈与」に該当するものは含まれないと解釈されます。

　この「みなし贈与」課税が行われた場合の取得費については、明確な規定がないので実務上、みなし贈与時の価額で取得費を計算しているケースが多いようです。

Q&A 57 不動産の共有持分を放棄した場合の放棄した者へのみなし贈与課税

土地の共有持分を放棄した場合、その共有持分は、その他の共有者に帰属することになり、その他の共有者にみなし贈与税課税が行われますが、共有持分を放棄した者にも課税が行われますか。

answer

共有者の一人が共有持分の放棄をした場合には、他の共有者は、費用負担なしで共有持分を取得したことになりますので、他の共有者がその共有持分を取得する意思があったか否かにかかわらず贈与税が課されます。

一方、共有持分の放棄が行われた場合における共有持分を放棄した者の課税について、その者が個人であれば原則として、所得税の問題は生じませんが、共有持分を取得する他の共有者が法人であるとみなし譲渡所得の問題が生じます。

また、共有持分を放棄した者が法人であった場合には、他の共有者が個人であろうと法人であろうと何らかの課税が生じます。

このように、共有持分の放棄した者の課税関係は、当事者に法人が関係すると変わってきますが、整理すると次のようになります。

〔共有持分を放棄した人からみた課税関係〕

共有持分を放棄した者	他の共有者	課税関係
個人	個人	課税なし
	法人	時価課税
法人	個人	時価課税
	法人	時価課税

Q&A 58　土地の共有者の一人が死亡した場合の相続

> 甲は、平成27年10月に死亡しましたが、相続人はいません。甲の遺産には、古い友人乙と共同購入したＡ土地があり、各自が1/2の共有持分を所有していました。
> 甲の相続後、相続債権者や受遺者に対する弁済も済ませましたが、今後、特別縁故者も現れなかった場合は、甲の持分は乙に帰属することになりますか。

answer　民法第255条《持分の放棄及び共有者の死亡》では、共有者の一人が死亡した場合で、相続人がいなかったときは、その持分は、他の共有者に帰属すると規定しています。

ご質問の場合では、亡甲に相続人がおらず、なお、債権者等に対する弁済も済ませているということなので、その持分は他の共有者である乙に帰属することになります。したがって、乙は、Ａ土地に係る共有持分を甲から遺贈により取得したものとみなされて、相続税が課されます。

explanation

共有とは、ある物を複数人で共同所有している形態をいいますが、共有者が目的物に対して持っている持分の割合は、平等と推定されており、自分の持分の応じた使用収益をすることができるほか、共有土地の分割請求することもできます。

ところで、民法第255条《持分の放棄及び共有者の死亡》は、共有持分の承継に関して特殊な規定を置いていて、「共有者の一人が、その持分を放棄したとき、又は死亡して相続人がいないときは、その持分は、

他の共有者に帰属する。」と規定しています。

　通常、亡くなった者に相続人がいない場合には、相続財産管理人が選任され、一定の手続（相続債権者受遺者の請求申出の催告・相続人捜索の公告・特別縁故者への分与）を経て、最終的に残余財産は国庫に帰属することになりますが、共有持分は、単独所有に比べ処分、変更などについて制約されている点が多いことから、国が共有者として所有するより完全所有権として他の共有者に帰属させるた方が国益に適うという考え方（共有の弾力性）のもと、民法第255条の規定が創設されていると考えられています。

　そして、この条文だけを見ると共有者の一人が死亡して相続人がいなければ、当然のごとく他の共有者に権利が移転すると読むことができます。

　一方で、民法第958条の3《特別縁故者に対する相続財産の分与》では、相続人としての権利を主張する者がない場合において、「前条の場合において、相当と認めるときは、家庭裁判所は、被相続人と生計を同じくしていた者、被相続人の療養看護に努めた者その他被相続人と特別の縁故があった者の請求によって、これらの者に、清算後残存すべき相続財産の全部又は一部を与えることができる。」と規定しています。

　そこで、民法第255条の規定と民法第958条の3の規定のどちらが優先されるのかという問題が生じますが、最高裁判例では、共有者の一人が死亡し、相続人の不存在が確定し、相続債権者や受遺者に対する清算手続が終了した場合でも、まず、民法第958条の3に基づく特別縁故者に対する財産分与がなされ、それでもなお、共有持分が相続財産として残ることが確定した場合に民法第255条により他の共有者に帰属することになるとされています。

　したがって、一定の手続きを経て最終的に特別縁故者に対する財産分

与がなされ、その後なおも、被相続人の財産に共有持分があり、結果としてその共有持分が他の共有者に帰属することになった場合には、他の共有者は、何ら対価を支払わないでその持分相当額の財産を取得することになるので、相続税法第9条により、死亡した共有者の持分を他の共有者が遺贈により取得したものとみなされて相続税が課されることになります。

　この場合、他の共有者に課税される相続税額は、他の共有者が被相続人の一親等の血族（代襲相続人となった孫（直系卑属）を含みます。）及び配偶者に該当しないので、算出された相続税額に2割に相当する金額が加算されます（相法18）。

Q&A 59 共有者が他の共有者の持分を遺贈により取得したときの相続税の申告

A土地の共有者の一人、甲が平成25年に死亡しましたが、亡甲には相続人がいなかったことから、最終的に他の共有者である乙がその共有持分（1/2）を取得することが、平成27年10月に決まりました。

このような場合、課税上は、乙はA土地の共有持分1/2を甲からの遺贈により取得したとみなされるようですが、相続税の申告はどのようにしたらよいでしょうか。また、乙が甲の葬式費用等の一部を負担していた場合はどうなりますか。

answer　乙は、亡甲の共有者として、A土地の1/2の共有持分を何ら対価を支払わないで取得したことになるので、相続税法第9条により、亡甲の共有持分（1/2）を遺贈により取得したものとみなされて、相続税が課されることになります。

この場合の相続税額の計算に当たり適用される規定、すなわち基礎控除額や税率等は、甲の死亡した平成25年の相続税法の規定が適用されるとされており（相法27）、相続財産の評価時点についても、国税庁HPの質疑応答事例では相続開始の時とされています。

なお、共有持分の価額を評価する時点については、私見ですが、共有持分の取得することが決まった時点としてもよいのではないかと考えます。すなわち、相続財産法人から財産分与を受けた特別縁故者に対しては、相続税の課税が行われることになっていますが、その際の課税財産の価額は、相続開始時ではなく財産分与を受けた時の価額とされています（相法4）。そして、その理由として、相続税基本通達4-1では次のように述べています。

「ところで、相続税の課税においては、相続税の課税時期（相続開始日）と課税財産の価額の評価時点は一致するのが原則ですが、このみなし相続の規定では、課税時期は、被相続人からの遺贈とみなしているので一般のとおり相続開始日でありますが、課税財産の価額は、財産分与を受けた時の価額と規定しています。

　これは、被相続人の特別縁故者に対する財産分与が正式に決まるまでは、一連の手続きのために、最低でも13か月要することになりますが、相続税の申告は、それが決まった後に作成・提出することになるため、相続開始時から財産分与まで長期間要することを考慮してのことと考えられます。」

　そうであれば、共有者の一方が死亡したことによる他の共有者への共有持分の移転についても、特別縁故者に対する財産分与がなされ、それでもなお、共有持分が相続財産として残っている場合に初めて認められるのであり、それ相応の期間が必要となるため、評価時点は、特別縁故者の場合と同様に、共有持分を取得することが決まった時としてもよいのではないかと考えられます。

　なお、乙の相続税の申告書は、甲の共有持分（1/2）を取得することが決まった日の翌日から10か月以内に、甲の死亡時における住所地を所轄する税務署長に提出することになります（相法29、付則3）。

　ちなみに、乙が甲の葬式費用又は甲の療養看護のための入院費用を負担していた場合に、債務控除の対象となるかという問題がありますが、相続税法で定める債務控除は、相続人又は包括受遺者に限り認められることとされており、その他の共有者は相続人でも包括受遺者でもないので債務控除制度は適用できませんが実務上は、取得した共有持分の価額からこれらの費用の金額を控除した価額を、取得した共有持分の課税評

Q&A59 共有者が他の共有者の持分を遺贈により取得したときの相続税の申告

価額として申告することになります（相基通4-3）。

　また、亡甲の相続税の計算を行って相続税額が算出される場合には、乙に係る相続税額は、相続税法第18条の規定により相続税額の2割に相当する金額が加算され、さらに甲の死亡前3年以内に甲から贈与された財産があれば、相続税法第19条の規定により当該財産も受贈時の価額により相続税の課税価格に加算されることになります（相基通4-4）。

Q&A 60　換価分割のための相続登記と贈与税

　亡父の相続財産について、共同相続人である甲、乙及び丙の3人で分割協議を行ってきましたが調わず、結局、家庭裁判所の調停により、A土地については売却した上で売却代金を1/3ずつで分けることが決まりました。

　ところで、実際の換価手続きにおいては、長男である甲の名義で相続登記して、譲渡することにします。

　このような場合、調停の内容と相続登記の内容が異なりますが、贈与税の問題が生じますか。

answer　共同相続人のうちの1人（長男・甲）の名義で相続登記をしたことが、単に売却（換価）のための便宜的なものであり、その代金が、調停の内容に従って実際に各人に分配されている場合には、贈与税の問題は生じません。

explanation

　不動産、株式等の名義変更があった場合において、対価の授受が行われていないときは、原則として贈与が行われたとして取り扱うとされています（相基通9-9）。

　しかし、相続財産の名義を甲にしたことが、単に換価の便宜のためのものであり、その売却代金が調停の内容どおり、実際に各人に分配されている場合には、贈与税の問題は生じません。

　また、甲の名義にしたA土地を売却したことにより、譲渡所得税が課されますが、あらかじめ換価代金の配分割合が既に決まっていますので、

譲渡所得の申告は、換価代金の割合に応じてすることになります。

　ご質問の場合は、調停調書により、換価分割の割合が定められており、それが明確な証拠となりますが、換価分割を分割協議で決めている場合には遺産分割協議書に「換価分割であること」及び「譲渡代金の配分割合」について明記することが重要となります。

　仮に、これらの証拠書類がないと甲（長男）に対して贈与税が課される可能性があります。

第2章 共有地の解消（分割）

> **Q&A 61** 未分割財産を譲渡した場合の譲渡申告とその後分割が確定したことによる更正の請求
>
> 　亡父の相続財産について、共同相続人である甲、乙及び丙の3人で協議しましたが調わず、結局、A土地については、売却することを考えています。
> 　このように分割が確定していない土地を換価（売却）した場合の譲渡所得の申告はどのように行えばよいですか。
> 　また、仮に、民法で定める法定相続分に応じて申告した後、遺産分割協議で決まった換価遺産（又は代金）の取得割合が法定相続分と異なっていた場合には、そのことを理由として更正の請求をすることができますか。

answer　換価分割の場合、法律的には、被相続人から相続により取得した財産を相続人が相続開始後に売却することになるので、相続人に譲渡所得課税が課されます。

　この場合、相続人の誰に譲渡所得税が課されるかについては、換価時に換価代金の取得割合が既に確定している場合と、確定しておらず後日分割される場合があり、それによって申告の仕方が異なりますが、具体的には、次のとおりです。

⑴　**換価時に既に換価代金の取得割合が確定している場合**

イ　換価代金を相続人が各法定相続分に応じて取得する場合（後日、換価代金を遺産分割の対象に含めるなどの合意がない場合）

　この場合は、各相続人が法定相続分に基づいて、共同相続した後、譲渡したことになりますから、その譲渡所得は、取得割合（＝法定相続分）

Q&A61 未分割財産を譲渡した場合の譲渡申告とその後分割が確定したことによる更正の請求

に応じて申告することとなります。

　なお、各相続人が相続した土地について、法定相続分により登記して譲渡してしまうと、原則として、各相続人はその不動産を法定相続分で、それぞれ相続することを同意したと判断されますので、その後は、もはやその不動産については、分割協議の対象とはならないとされています。

ロ　換価時までに換価代金の配分割合が決まっている（分割済）場合

　この場合は、換価代金の取得割合を定めることは、換価遺産の相続により取得する割合を決めたことにほかならず、実際にも各相続人は換価遺産の所有割合と同じ割合で譲渡代金を配分するわけですから、その譲渡所得は、換価遺産の所有割合（＝換価代金の取得割合）に応じて申告することになります。

　なお、この場合には、便宜的に相続人の一人の名義で相続登記をしたとしても、贈与税の問題は生じません。

(2)　換価時に換価代金の取得割合が確定しておらず、後日分割される場合

　換価後の遺産分割審判において換価分割の割合が確定した場合や換価代金を遺産分割の対象に含める合意をするなど特別の事情がある場合に、換価後に換価代金を分割したとしても、①譲渡所得に対する課税はその資産が所有者の手を離れて他に移転するのを機会にこれを清算して課税するものであり、その収入すべき時期は、資産の引渡しがあった日によるものとされていること、②相続人が数人あるときは、相続財産はその共有に属し、その共有状態にある遺産を共同相続人が換価した事実が変わるものではないこと、③遺産分割の対象は換価した遺産ではなく、換価により配分された代金であることから、譲渡所得は換価時における

換価遺産の所有割合（＝法定相続分）により申告することになります。

　ただし、所得税の確定申告期限までに換価代金が分割され、共同相続人の全員が換価代金の配分割合に基づき譲渡所得の申告をした場合には、その申告は認められます。

　なお、申告期限までに換価代金の分割が行われていない場合には、法定相続分により申告することとなりますが、法定相続分により申告した後にその換価代金が分割された場合、更正の請求によりその申告のやり直しができると思われる方も多くいるかも知れません。

　しかし、国税庁のHPの質疑応答事例では、確定申告期限後に換価代金が分割されても、法定相続分による譲渡に異動が生じるものではありませんから、更正の請求をすることはできないとされています。

Q&A 62　代償分割が行われた場合の相続税の課税価格の計算

亡父（国税太郎）の相続財産（A土地のみ）について、相続人である甲（長男）、乙（次男）及び丙（長女）の3人で分割協議を行い、甲は、A土地（相続税評価額8,000万円、時価1億円）を取得する代わりに、乙及び丙に各現金2,000万円ずつ支払うと決まりました。

このような場合、相続税の課税価格の計算はどのように行いますか。

なお、甲が乙及び丙に支払う現金2,000万円は、甲が取得する土地の時価が1億円であることを前提として決めた金額ですが、このような場合、各人の相続税額の計算に影響がでますか。

answer　遺産分割の方法には、現物分割、代償分割及び換価分割の方法がありますが、このうち代償分割とは、共同相続人などのうちの1人又は数人に相続財産を現物で取得させ、その代わりに、その相続財産を取得した人が他の共同相続人などに対して債務（代償財産を交付する。）を負担する方法のことをいい、現物分割が困難な場合に行われる手法をいいます。

(1)　代償分割により遺産の分割が行われた場合の相続税の課税価格の計算は、次のとおりになります。

イ　代償財産の交付をした者

相続財産を取得する代わりとして、代償債務を負担する人の相続税の課税価格は、相続又は遺贈により取得した現物の財産の価額から交付した代償債務の価額を控除した金額

ロ　代償財産の交付を受けた者

　代償財産の交付を受けた人の相続税の課税価格は、相続又は遺贈により取得した現物の財産の価額と交付を受けた代償財産の価額の合計額

(2)　代償財産の債務の算出方法

　代償債務の価額（相続税評価額）は、代償分割の対象となった財産を現物で取得した人が他の共同相続人などに対して負担した債務の額の相続開始時における価額となります。

　ただし、代償債務の価額（相続税評価額）については、次の場合には、それぞれ次のとおりとなります。

イ　時価を基準として代償債務の額が決まった場合

　代償分割の対象となった財産が特定され、かつ、代償債務の額がその財産の代償分割の時における通常の取引価額（時価）を基として決定されている場合には、その代償債務の額に、代償分割の対象となった財産の相続開始時における相続税評価額が代償分割の対象となった財産の代償分割時において通常取引されると認められる価額（時価）に占める割合を乗じて求めた価額（次の算式により求めた価額）となります（相基通11の2-10）。

> **算式**
>
> 代償債務の額 × $\dfrac{\text{代償分割の対象となった財産の相続開始時における相続税評価額}}{\text{代償分割の対象となった財産の代償分割時において通常取引されると認められる価額}}$

ロ 前記イ以外の方法により代償債務の価額が決まった場合

　共同相続人及び包括受遺者の全員の協議に基づいて、イで説明した方法に準じた方法又は他の合理的と認められる方法により代償債務の額を計算して申告する場合には、その申告した額によることが認められます。

(3) **代償債務の価額の具体例**

　甲が取得したＡ土地の相続税評価額から控除する代償債務の価額の計算及び相続税の申告書の記載の仕方は、次のとおりです。

イ 時価を基準として代償債務の額が決まった場合

　代償債務の（現金2,000万円×2＝4,000万円）の額が、甲が相続により取得するＡ土地の代償分割時の時価1億円を基に決定された場合には、乙及び丙の代償財産の相続税評価額はそれぞれ以下のように計算します。

① 甲の課税価格（相続税評価額）
　8,000万円－｛4,000万円×（8,000万円÷1億円）｝＝4,800万円

② 乙及び丙の各人の課税価格（相続税評価額）
　2,000万円×（8,000万円÷1億円）＝1,600万円

ロ 前記イ以外の方法により代償債務の額が決まった場合

　代償債務の価額が、甲が相続により取得するＡ土地の相続税評価額等（8,000万円）を基に決定されていた場合には、乙及び丙の代償財産の相続税評価額は次のとおりになります。

① 甲の課税価格（相続税評価額）
　8,000万円－4,000万円＝4,000万円

② 乙及び丙の各人の課税価格（相続税評価額）
　2,000万円

第2章　共有地の解消（分割）

　ご質問の場合は、代償財産の債務が代償財産の時価（1億円）を基準として算定しているため、前記イの方法により、代償財産の価額（相続税評価額）を計算することになります。

　なお、この場合の相続税の申告書への記載の仕方は次頁のとおりです。

Q&A62　代償分割が行われた場合の相続税の課税価格の計算

〔記載例〕

相続税がかかる財産の明細書
（相続時精算課税適用財産を除きます。）

被相続人　国税　太郎

第11表（平成21年4月分以降用）

○相続時精算課税適用財産の明細については、この表によらず第11の2表に記載します。

この表は、相続や遺贈によって取得した財産及び相続や遺贈によって取得したものとみなされる財産のうち、相続税のかかるものについての明細を記入します。

遺産の分割状況	区　分	1 全部分割	2 一部分割	3 全部未分割
	分割の日	・・	・・	

財産の明細							分割が確定した財産	
種類	細目	利用区分、銘柄等	所在場所等	数量 固定資産税評価額	単価 倍数	価額	取得した人の氏名	取得財産の価額
土地	宅地	自用地	東京都渋谷区東3－x－x	400㎡	200,000円	80,000,000円	甲　一郎	80,000,000円
代償金	現金	現金				△32,000,000	甲　一郎	△32,000,000
							乙　二郎	16,000,000
							丙　花子	16,000,000

合計表

財産を取得した人の氏名	（各人の合計）	甲　一郎	乙　二郎	丙　花子		
分割財産の価額 ①	80,000,000円	△32,000,000 80,000,000円	16,000,000円	16,000,000円	円	円
未分割財産の価額 ②						
各人の取得財産の価額（①+②）③	80,000,000	48,000,000	16,000,000	16,000,000		

(注) 1　「合計表」の各人の③欄の金額を第1表のその人の「取得財産の価額①」欄に転記します。
　　 2　「財産の明細」の「価額」欄は、財産の細目、種類ごとに小計及び計を付し、最後に合計を付して、それらの金額を第15表の①から㉘までの該当欄に転記します。

第2章 共有地の解消（分割）

〔記載例〕

相続財産の種類別価額表 (この表は、第11表から第14表までの記載に基づいて記入します。) FD3535

被相続人　国税　太郎
（氏名）　甲　一郎

第15表（平成26年分以降用）

○この申告書は機械で読み取りますので、黒ボールペンで記入してください。

種類	細目	番号	各人の合計 被相続人	甲 一郎
土地（土地の上に存する権利を含みます。）	田	①		
	畑	②		
	宅地	③	80,000,000	80,000,000
	山林	④		
	その他の土地	⑤		
	計	⑥		80,000,000
	⑥のうち特例農地等 通常価額	⑦		
	農業投資価格による価額	⑧		
家屋、構築物		⑨		
事業（農業）用財産	機械、器具、農耕具、その他の減価償却資産	⑩		
	商品、製品、半製品、原材料、農産物等	⑪		
	売掛金	⑫		
	その他の財産	⑬		
	計	⑭		
有価証券	特定同族会社の株式及び出資 配当還元方式によったもの	⑮		
	その他の方式によったもの	⑯		
	⑮及び⑯以外の株式及び出資	⑰		
	公債及び社債	⑱		
	証券投資信託、貸付信託の受益証券	⑲		
	計	⑳		
現金、預貯金等		㉑		
家庭用財産		㉒		
その他の財産	生命保険金等	㉓		
	退職手当金等	㉔		
	立木	㉕		
	その他	㉖		△32,000,000
	計	㉗		△32,000,000
合計（⑥+⑨+⑭+⑳+㉑+㉒+㉗）		㉘		48,000,000
相続時精算課税適用財産の価額		㉙		
不動産等の価額（⑥+⑨+⑩+⑮+⑯+㉕）		㉚		
⑯のうち株式等納税猶予対象の株式等の価額の80％の額		㉛		
⑰のうち株式等納税猶予対象の株式等の価額の80％の額		㉜		
債務等	債務	㉝		
	葬式費用	㉞		
	合計（㉝+㉞）	㉟		
差引純資産価額（㉘+㉙-㉟）（赤字のときは0）		㊱		
純資産価額に加算される暦年課税分の贈与財産価額		㊲		
課税価格（㊱+㊲）（1,000円未満切捨て）		㊳	000	48,000,000

※の項目は記入する必要がありません。

※税務署整理欄　申告区分　年分　名簿番号　申告年月日　グループ番号

第15表（平26.7）　　　　　　　　　　　　　　　（資4-20-16-1-A4統一）

Q&A62　代償分割が行われた場合の相続税の課税価格の計算

〔記載例〕

相続財産の種類別価額表（続）（この表は、第11表から第14表までの記載に基づいて記入します。）　FD3536

第15表（続）（平成26年分以降用）

第2章　共有地の解消 Q&A

（単位は円）

被相続人　国税　太郎

種類	細目	番号	氏名　乙　二郎	氏名　丙　花子
土地（土地の上に存する権利を含みます）	田	①		
	畑	②		
	宅地	③		
	山林	④		
	その他の土地	⑤		
	計	⑥		
	⑥のうち特例農地等	通常価額	⑦		
		農業投資価格による価額	⑧		
家屋、構築物		⑨		
事業（農業）用財産	機械、器具、農耕具、その他の減価償却資産	⑩		
	商品、製品、半製品、原材料、農産物等	⑪		
	売掛金	⑫		
	その他の財産	⑬		
	計	⑭		
有価証券	特定同族会社の株式及び出資	配当還元方式によったもの	⑮		
		その他の方式によったもの	⑯		
	⑮及び⑯以外の株式及び出資	⑰		
	公債及び社債	⑱		
	証券投資信託、貸付信託の受益証券	⑲		
	計	⑳		
現金、預貯金等		㉑		
家庭用財産		㉒		
その他の財産	生命保険金等	㉓		
	退職手当金等	㉔		
	立木	㉕		
	その他	㉖	16,000,000	16,000,000
	計	㉗	16,000,000	16,000,000
合計（⑥+⑨+⑭+⑳+㉑+㉒+㉗）		㉘	16,000,000	16,000,000
相続時精算課税適用財産の価額		㉙		
不動産等の価額（⑥+⑨+⑭+⑮+⑯+㉙）		㉚		
⑩のうち株式等納税猶予対象の株式等の価額の80％の額		㉛		
⑰のうち株式等納税猶予対象の株式等の価額の80％の額		㉜		
債務等	債務	㉝		
	葬式費用	㉞		
	合計（㉝+㉞）	㉟		
差引純資産価額（㉘+㉙-㉟）（赤字のときは0）		㊱		
純資産価額に加算される暦年課税分の贈与財産価額		㊲		
課税価格（㊱+㊲）（1,000円未満切捨て）		㊳	16,000,000	16,000,000

○この申告書は機械で読み取りますので、黒ボールペンで記入してください。

※の項目は記入する必要がありません。

※税務署整理欄　申告区分　年分　名簿番号　申告年月日　グループ番号

第15表（続）（平26.7）　（資4-20-16-2-A4続5）

第2章　共有地の解消（分割）

Q&A 63　代償分割による資産の移転

　亡父の相続財産について、相続人である甲（長男）、乙（次男）及び丙（長女）の3人で分割協議したところ、A土地及びB土地は、甲（長男）が取得することが決まりました。

　ただし、この分割協議の中で、甲（長男）はA土地及びB土地を取得する代わりとして、甲（長男）が所有するリゾートマンションを乙（次男）に、また、都内に所有する賃貸マンションは丙（長女）に引き渡すことも決まりました。

　甲が乙及び丙に引き渡すとした2つのマンションの課税関係はどうなりますか。

answer

　ご質問の場合は、相続財産を分割する方法として、代償分割が選択され、甲は代償財産として甲が所有していた2つのマンションを乙及び丙に引き渡すこととしたわけですが、代償分割により負担することとなった債務を履行するために資産を移転したときは、その履行した者は、履行した時における時価によりその資産を譲渡したこととされ、譲渡所得の課税が行われます（所基通33-1の5）。

explanation

　共同相続人が相続財産を分割する方法としては、①不動産は○○に、現金は○○にというように、個々の相続財産を誰が相続するか現物によって決める方法（現物分割）、②相続財産を売却して金銭に換価し、その換価代金を分割するいわゆる換価分割の方法又は③相続財産のうち、現物は共同相続人中の1人又は数人に与え、その現物を取得した者

に他の相続人に対する債務を負担させて遺産の分割を行ういわゆる代償分割の方法があります。

家事事件手続法第195条《債務を負担させる方法による遺産の分割》では、「家庭裁判所は、遺産の分割の審判をする場合において特別の事情があると認めるときは、遺産の分割の方法として、共同相続人の一人又は数人に他の共同相続人に対する債務を負担させて、現物の分割に代えることができる。」旨を規定しており、家庭裁判所に申し立てられた場合の遺産分割の審判において、代償分割による方法を採用することができる旨を定めています。

ただし、代償分割の方法は、家庭裁判所の審判でのみ認められているのではなく、相続人間の分割協議や調停分割の場合においても、遺産を数人の共同相続人に現物で分配することが困難である場合とか、農地の細分化を防止するため農地の全部を共同相続人中の1人に与えたいというような場合に用いられています。

そこで、代償分割により現物を取得した相続人の負担する債務が、その者が他に所有している資産を他の相続人に引き渡すこととされていた場合、その債務の履行として資産を実際に移転した場合の課税はどうなるのかという問題が生じます。

このように、代償分割の内容として決まった債務の履行として資産の移転が行われた場合には、その資産の移転時に代償分割により現物を取得した者に対して、その資産の時価相当額の収入の実現があったとみなされ、譲渡所得の課税が行われることになります。

これは、代償分割により負担をすることになった債務の履行としての資産の譲渡は、その履行によって消滅する債務の額に相当する経済的利益を享受することになるので、資産の移転時に有償譲渡があったのと同様に取り扱うとしたものです。

第2章　共有地の解消（分割）

　ご質問の場合では、甲は乙にリゾートマンションを引き渡すと同時に丙にも賃貸マンションを引き渡すこととしたようですが、甲は、それぞれの不動産（マンション）を時価で譲渡したものとして譲渡所得の申告をする必要があります。

　なお、この場合、甲は、相続により取得した財産を譲渡したわけではありませんので、措置法第39条《相続財産にかかる譲渡所得の課税の特例》の適用はなく、したがって、相続税額の一部を譲渡所得の計算上、取得費として、必要経費に計上することはできません。

　また、これらの債務は、代償債務の履行として行われるわけですから、亡父の相続税の申告においては、甲はこれらの額を代償債務の額として相続財産の価額から控除することができます。

　一方、乙及び丙は、これら代償財産の価額を相続により取得（乙はリゾートマンション、丙は賃貸マンション）したものとして相続税の申告を行う必要があります。

Q&A 64 代償分割により取得した資産の取得費

甲（長男）は、亡父が所有していたＡ土地及びＢ土地を相続により取得する代わりに、乙（弟）及び丙（妹）に、乙が所有していたマンションを1戸ずつ引き渡すことにしましたが、このように、代償債務の履行として乙及び丙にマンションを引き渡した場合には、時価相当額の収入の実現があったとして、甲に譲渡所得の課税が行われると聞いています。

今後、甲（長男）が相続したＡ土地及びＢ土地を譲渡する場合において、乙及び丙に引き渡したマンションの時価相当額を取得費に含めることができますか。

answer

甲、乙及び丙は、甲が相続によりＡ土地及びＢ土地を取得する代わりとして、甲が所有しているマンションを乙及び丙に引き渡すという内容を分割協議の中で合意したようですが、これに係る甲の債務は遺産分割に関連して生じたものであり、Ａ土地及びＢ土地の取得の対価としてマンションを引き渡したのではないので、相続により取得したＡ土地及びＢ土地の取得費に、当該債務の額を算入することはできません。

explanation

共同相続人が代償分割により取得した資産を譲渡した場合、その譲渡所得の金額の計算上必要経費として計上できる取得費の範囲は、どこまでかという問題があります。

例えば、亡父の相続人が甲及び乙の二人だけであり、亡父の遺産がＡ

土地（時価9,000万円）だけであったため、甲はＡ土地の全部を取得する代わりとして甲が他にが所有するＢ土地（時価4,000万円）を乙に移転する約束をし（代償債務の負担）、そのとおり履行したとします。そして、その後、甲が相続により取得したＡ土地及び乙が代償財産として取得したＢ土地を譲渡した場合において、甲が負担した債務額（4,000万円）は、甲が相続により取得したＡ土地の取得費を構成するかどうか、また、乙が代償分割により甲から取得したＢ土地の取得費はどのように計算するかという問題が生じます。

これらの点について、次のように取り扱うこととされています（所基通38-7）。

(1) 代償分割の対象となったＡ土地の取得費

遺産分割協議によって決まった代償債務の額は、その債務を負担する者（甲）がその代償分割に係る相続により取得した財産の取得に伴い負担することとなった債務ですが、その債務に相当する金額は、土地を取得する者の相続税の課税価格の計算上控除されるべきものであって、財産の取得費を構成するものではありません。

したがって、代償分割に伴い負担した債務に相当する金額は、相続により取得した遺産の取得費には算入することはできません。

この考え方は、遺産を現物分割した場合において、ある相続人が被相続人の債務を負担した場合においても、その債務に相当する金額は、その相続人の相続税の課税価格の計算上控除されるだけであり、その相続人が取得した遺産の取得費を構成しないのと同様です。

(2) 代償債務の履行として交付されたＢ土地の取得費

代償分割により他の共同相続人に対して債務を負担することになった

Q&A64 代償分割により取得した資産の取得費

者（甲）がその債務の履行として譲渡した資産（B土地）は、その資産を取得した者からみれば、代償分割により取得した債権の弁済として取得した資産であり、遺産そのものではありません。

したがって、当該資産については、所得税法第60条第1項《贈与により取得した資産の取得費等》の規定の適用はなく、その資産の取得費は、その資産を取得した時の価額（B土地の時価4,000万円）に相当する金額となります。

> （注） 代償分割によって負担することとなった債務の履行として、譲渡所得の基因となる資産の移転があった場合には、その移転時の時価を譲渡収入金額として譲渡所得課税が行われます（所基通33-1の5）。

なお、乙がB土地を相続税の申告期限後3年以内に譲渡したとしても、B土地は相続財産そのものではないので、相続財産を譲渡した場合の相続税の取得費加算の特例（措法39）の適用はありません。

第3章　立体買換え

概　　要

第 3 章　立体買換え

1　はじめに

　個人が、三大都市圏の既成市街地等（これに準ずる一定の地域を含みます。）内に所有する土地等、建物又は構築物をデベロッパーに譲渡し、その後、一定期間内にその土地等又は建物等の敷地の上にそのデベロッパーが建築した中高層耐火建火建築物の一部を取得し、かつ、その取得後1年以内に自己の居住用又は事業（賃貸業を含みます。）用に供した場合、譲渡所得の収入金額のうち、買換資産の取得金額に対応する部分については、譲渡がなかったものとして取り扱うことができる特例があります。

　この特例を立体買換え（等価交換）の特例といいますが、この特例のメリットとして、土地所有者は建物建築費の負担なしで自分の土地上に建築される建物（マンション）の一部を取得することができること及び建設会社は、建物建築のために必要な新たな土地等の取得をすることなく、建物及び敷地（マンション）を取得することができることが挙げられます。

　なお、税法上、このような土地の立体活用を行った場合に認められる特例は、具体的には次の ⅰ 及び ⅱ の買換え（以下、2つの特例を合わせて「立体買換えの特例」といいます。）の場合です。

　ⅰ　特定民間再開発事業の施行地区内における土地及び建物等から中高層耐火建築物への買換えの特例（措法37の5①一）
　ⅱ　既成市街地等内における中高層の耐火共同住宅建設のための買換えの特例（措法37の5①二）

　なお、ⅰ については、譲渡した資産が居住用建物等（土地等を含みます。）

である場合において、特定民間再開発事業により建築された中高層耐火建築物を取得できない特別な事情があるため、その中高層耐火建築物を取得しないで地区外に転出するといったときには一定の要件により「居住用財産を譲渡した場合の長期譲渡所得の税率の特例」を適用することができます（措法37の5⑤）。

また、ⅰ及びⅱに該当する資産の譲渡及び取得が交換の形式で行われた場合には、その資産の交換した日の時価により譲渡又は取得したものとして同様の特例（措法37の5④。以下、2つの交換特例を合わせて「立体交換の特例」といいます。）を適用することができます。

ちなみに、これらの特例の適用を受ける場合には、「優良住宅地の造成等のために土地等を譲渡した場合の長期譲渡所得の課税の特例（措法31の2）」の適用を受けることができません。

(1) 措置法第37条の5の適用要件

次のイ及びロに掲げる全ての要件を満たす場合には、措置法第37条の5で規定する2つの特例、すなわち、中高層耐火建築物等の建設のための買換え及び交換の特例の適用（以下、「立体買換え及び交換の特例」といいます。）を受けることができます。

イ　所有期間

立体買換え及び交換の特例は、譲渡資産が既成市街地等の一定の地域内にあれば、所有期間については制限がなく短期所有の土地等、建物又は構築物を譲渡した場合でも適用が受けられます。

したがって、第1章で述べた所得税法第58条《固定資産の交換の場合の譲渡所得の特例》の固定資産の交換の特例ように、所有期間が1年を超えていなければならないというような要件もありません。

第3章 立体買換え

ロ 立体買換え及び交換の特例の適用が可能な譲渡資産及び買換資産
(イ) 特定民間再開発事業のための買換えの特例（措法37の5①一）

譲渡資産	買換資産
譲渡資産は、次に掲げる区域又は地区内にある土地若しくは土地の上に存する権利（以下、「土地等」といいます。）、建物（その附属設備を含みます。）又は構築物で、その土地等又はその建物若しくは構築物の敷地の用に供されている土地等の上に地上4階以上の中高層耐火建築物を建築をする特定民間再開発事業の用に供するために譲渡されるものに限ります（措法37の5①一、措令25の4③）。 ① 措置法第37条第1項一号に規定する既成市街地等 ② 都市計画法第4条第1項に規定する都市計画に都市再開発法第2条の3第1項二号に掲げる地区として定められた地区 ③ 都市計画法第8条第1項三号に掲げる高度利用地区 ④ 都市計画法第12条の4第1項二号に掲げる防災街区整備地区計画及び同項四号に掲げる沿道地区計画の区域のうち、次の要件に該当する区域 　(i) 建築物等の高さの最低限度又は建築物の容積率の最低限度が定められていること 　(ii) 前記ⅰの制限を条例として定めていること ⑤ 中心市街地の活性化に関する法律第16条第1項に規定する認定中心市街地の区域 ⑥ 都市再生特別措置法第2条第3項に規定する都市再生緊急整備地域及び同法第99条に規定する認定誘導事業計画の区域 ⑦ 都市の低炭素化の促進に関する法律第12条に規定する認定集約都市開発事業計画の区域のうち次の要件に該当する区域 　ⅰ 土地の区域の面積が2,000㎡以上であること 　ⅱ 特定公共施設の整備がされること	買換資産は、次の①又は②とされています。 ① 特定民間再開発事業の施行により、譲渡した土地等の上に建築された中高層耐火建築物（その敷地を含みます。）又はそれに係る構築物 ② 特定民間再開発事業の施行される地区内（左記の②〜⑦地区内に限ります。）で行われる他の特定民間再開発事業等（地上4階以上の中高層の耐火建築物の建築を行う事業、第一種市街地再開発事業又は第二種市街地再開発事業を含みます。）の施行によりその地区内に建築された中高層の耐火建築物で建築後使用されたことのないもの（その敷地を含みます。）又はそれに係る構築物

㈹ 中高層の耐火共同住宅建設のための買換えの特例(措法37の5①二)

譲渡資産	買換資産
譲渡資産は、次に掲げる区域内にある土地等、建物又は構築物で、その土地等又は建物若しくは構築物の敷地の用に供されている土地等の上に地上3階以上の中高層の耐火共同住宅(主として住宅の用に供されるもの)の建築をする事業の用に供するために譲渡されるもの(措法37の5①二) ① 措置法第37条第1項一号に規定する既成市街地等 ② 首都圏整備法第2条第4項に規定する近郊整備地帯、近畿圏整備法第2条第4項に規定する近郊整備区域又は中部圏開発整備法第2条第3項に規定する都市整備区域のうち、①の既成市街地等に準ずる区域 ③ 中心市街地の活性化に関する法律第12条第1項に規定する認定基本計画に基づいて行われる中心市街地共同住宅供給事業の区域	左記の事業の施行によりその土地等の上に建築された耐火共同住宅(その敷地を含みます。)又はそれに係る構築物

2　特定民間再開発事業の施行地区内における土地等及び建物等から中高層耐火建築物への買換えの特例（措法37の5①一）

　措置法第37条の5で規定する既成市街地等内にある土地等の中高層耐火建築物等の建設のための買換えの譲渡所得の特例（立体買換えの特例）については、特定民間再開発事業のためのものと、中高層の耐火共同住宅建設のためのものとがあることは前記**1**で述べたとおりですが、まずは特定民間再開発事業の施行地区内における土地等及び建物等から中高層耐火建築物の買換えの特例（措法37の5①一）の要件について詳しくみていきます。

(1)　特例の適用要件

　特定民間再開発事業の施行地区内における土地等及び建物等から中高層耐火建築物への買換の特例は、次のイからへの要件の全てを満たす場合に限り、適用を受けることができます（措法37の5①一）。

イ　譲渡資産の要件

　譲渡資産は、次の1から8までに掲げる区域又は地区内のいずれかにおいて施行される特定民間再開発事業の用に供するための土地等、建物又は構築物の譲渡が該当し、棚卸資産又は棚卸資産に準ずる資産（雑所得の基因となる土地及び土地の上に存する権利）は、特例の対象から除かれています（ただし、譲渡所得に含められる不動産等の貸付は含まれます）。

　なお、譲渡した土地等、建物又は構築物の所有期間は問われませんが、事業の用に供されているものは対象から除かれています（平成23年6月30日以後の譲渡より除外）（措法37の5①、37①、措令20の2⑭、25①、25の4③）。

2 特定民間再開発事業の施行地区内における土地等及び建物等から中高層耐火建築物への買換えの特例（措法37の5①一）

	特例の対象となる区域 （区域又は地区）	具体的な範囲
1	既成市街地等の区域(注) （措置法第37条第1項一号で規定する既成市街地等と同じ）（措法37の5①イ） (注)譲渡のあった年の10年前の年の翌年1月1日以後に公有水面埋立法第22条の竣功認可のあった区域は既成市街地等の区域から除かれます（措令25⑥）。	① 首都圏の既成市街地（東京23区及び武蔵野市の全域、三鷹市、横浜市、川崎市及び川口市の区域の一部の区域）（首都圏整備法2③） ② 近畿圏の既成都市区域（大阪市の全域、京都市、守口市、東大阪市、堺市、神戸市、尼崎市、西宮市及び芦屋市の区域の一部の区域）（近畿圏整備法2③） ③ 中部圏の名古屋市の区域（旧名古屋市区域）（首都圏、近畿圏及び中部圏の近郊整備地帯等の整備のための国の財政上の特別措置に関する法律施行令別表）
2	①の区域外の区域で、都市計画に都市再開発法第2条の3第1項二号に掲げる地区として定められた地区（以下、「二号地区」といいます。）（措法37の5①ロ）	「二号地区」とは、人口の集中の特に著しい一定の大都市(注)を含む都市計画区域内の市街化区域で、特に一体的かつ総合的に市街地の再開発を促進すべき相当規模の地区として定められた地区をいいます。 (注)「人口の集中の特に著しい一定の大都市」とは、東京23区、大阪市、名古屋市、京都市、横浜市、神戸市、北九州市、札幌市、川崎市、福岡市、広島市、仙台市、川口市、さいたま市、千葉市、船橋市、立川市、堺市、東大阪市、尼崎市及び西宮市の21都市（都市再開発法施行令1の2）をいいますがこれらの都市のうち、12都市（アンダーライン）については、その区域の全部又は一部が上記1の既成市地等に該当しています。したがって、「二号地区」として該当とするのは、北九州市、札幌市、福岡市、広島市及び仙台市、さいたま市、千葉市、船橋市、立川市となります。
3	都市計画法第8条第1項に掲げる高度利用地区として定められた地区（前記1の区域を除きます。）（措令20の2⑭二イ）	「高度利用地区」とは、用途地域内の市街地における土地の合理的かつ健全な高度利用と都市機能の更新とを図るため、容積率の最高限度と最低限度、建ぺい率の最高限度、建築物の建築面積の最低限度及び壁面の位置の制限が定められる地区いいます（都計法9⑱）。

4	都市計画法第12条の4二号項に規定する防災街区整備地区計画及び同項四号に掲げる沿道地区計画の区域として定められた地区（前記1の地区を除きます。）のうち一定の要件に該当するもの	左記に掲げる計画の区域において建築基準法第68条の2第1項の規定により、条例によって、これらの計画の内容として各々の制限が定められている地区をいいます。 ① 防災街区整備地区計画が定められた地区とは、密集市街地における防災街区の整備の促進に関する法律（以下、「密集市街地法」といいます。）第32条第2項一号の「特定建築物地区整備計画」又は同項二号の「防災街区整備計画」において、建築物の高さの最低限度又は建築物の容積率の最低限度が定められている地区をいいます。 ② 沿道地区計画が定められた地区とは、幹線道路の沿道の整備に関する法律（以下、「幹線道路整備法」といいます。）第9条第2項一号の「沿道地区整備計画」において、建築物の高さの最低限度又は建築物の容積率の最低限度が定められている地区をいいます。
5	認定中心市街地の区域として定められた一定の地区（前記1の地区を除きます。）	「認定中心市街地の区域」とは、中心市街地の活性化に関する法律（以下「中心市街地活性化法」といいます。）第16条第1項に規定する地区をいいます。
6	都市計画で定められた都市再生特別措置法第2条第3項に規定する都市再生緊急整備地域（前記1の地区を除きます。）	「都市再生緊急整備地域」とは、都市の再生の拠点として、都市開発事業等を通じて緊急、かつ重点的に市街地の整備を推進すべき地域として定める地域をいいます。
7	都市計画で定められた都市再生特別措置法第99条に規定する認定誘導事業計画の区域（前記1の地区を除きます。）	「認定誘導事業計画の区域」とは、立地適正化計画に記載された都市機能誘導区域内における都市開発事業で、当該都市開発事業を施行する土地（水面を含みます。）の面積が一定規模以上（事業により500㎡又は0.1ha以上）のもののうち（誘導施設等整備事業）国土交通大臣の認定を受けた民間誘導施設等整備事業計画が定められた区域をいいます。

2 特定民間再開発事業の施行地区内における土地等及び建物等から中高層耐火建築物への買換えの特例（措法37の5①一）

8	都市計画で定められた都市の低炭素化の促進に関する法律（以下「都市低炭素化促進法」といいます。）第12条に規定する認定集約都市開発事業計画が定められた区域のうちの一定の区域（前記1の地区を除きます。）	「認定集約都市開発事業計画の区域」とは、低炭素まちづくり計画に係る計画区域内における病院、共同住宅などの整備に関する事業等のうち、都市機能の集約を図るための拠点に資するもので市町村長の認定を受けた集約都市開発事業計画が定められた区域をいいます。 また、認定集約都市開発事業計画が定められた区域のうちの一定の区域とは、次に掲げる事項が当該計画に定められている区域をいいます。 (1) 当該計画に係る同法第9条第1項に規定する集約都市開発事業の施行される土地の区域の面積が2,000㎡以上であること (2) 当該計画に係る集約都市開発事業により同法第9条第1項に規定する特定公共施設の整備がされること

ロ　買換資産の要件

買換資産は、次の要件に該当する資産のいずれかになります。

① 特定民間再開発事業の施行により、譲渡した土地等の上に建築された地上4階以上の中高層耐火建築物又はその建築物に係る構築物の全部又は一部（その敷地の用に供されている土地等を含みます。）で、かつ、その取得の日から1年以内に譲渡した者の居住の用（親族の居住の用を含みます。）に供する又は供する見込みのもの（措法37の5①）

② 特定民間再開発事業の施行される次に掲げる地区内で行われる他の特定再開発事業のほか、措置法第31条の2第2項十一号に規定する事業又は第一種及び第二種市街地再開発事業によりその地区内に建築された地上4階以上の中高層の耐火建築物でその建築後使用されたことのないもの又はその建築物に係る構築物の全部又は一部（その敷地の用に供されている土地等を含みます。）で、かつ、その取得の日から1年以内に譲渡した者の居住の用（親族の居住の用を含みま

す。)に供する又は供する見込みのもの(措法37の5①、措令25の4③④)

	事業が施行される地区	中高層の耐火建築物を建築する事業
買換資産	都市計画に都市再開発法第2条の3第1項二号に掲げる地区として定められた地区(二号地区)	・他の特定民間再開発事業 ・措置法第31条の2第2項十一号に規定する事業(既成市街地等で行われる地上4階以上の中高層耐火建築物の建築をする政令で定める事業) ・都市再開発法による第一種市街地再開発事業又は第二種市街地再開発事業
	都市計画に高度利用地区として定められた地区	
	都市計画に防災街区整備地区計画及び沿道地区計画の区域として定められた地区	
	認定中心市街地の区域として定められた一定の地区	
	都市計画に都市再生緊急整備地域として定められた地域	
	都市計画に認定誘導事業計画の区域として定められた一定の区域	
	都市計画に認定集約都市開発事業計画の区域として定められた一定の区域	

ハ 特定民間再開発事業の範囲

　本件の特例の対象となる特定民間再開発事業は、地上4階以上の中高層の耐火建築物の建築をすることを目的とする事業で、次の①から④までに掲げる要件の全てを満たし、その満たすことについて、その事業に係る中高層耐火建築物の建築主の申請に基づき、都道府県知事(当該事業が都市再生特別措置法第25条に規定する認定計画に係る都市再生事業又は同法第99条に規定する認定誘導事業計画に係る誘導施設等整備事業に該当する場合は、国土交通大臣)の認定を受けたものをいいます(措令25の4②③、措規18の6①)。

2 特定民間再開発事業の施行地区内における土地等及び建物等から中高層耐火建築物への買換えの特例（措法37の5①一）

① 前記イの1から8の地区内で施行される事業であること

> （注） 都市の低炭素化の促進に関する法律第12条に規定する認定集約都市開発事業計画が定められた区域において施行される事業については、認定集約都市開発事業計画に係る集約都市開発事業（社会資本整備総合交付金の交付を受けて行われるものに限ります。）で施行される土地の区域が2,000㎡以上であることとされています。

② その事業の施行される土地の区域（施行地区）の面積が1,000㎡以上であること

> （注） この施行地区の面積には、施行地区に接する現況道路の面積は含まれませんが、施行地区内の土地につき既に都市計画決定された道路等の公共施設の用に供される土地については、その事業の施行地区の面積は含まれます。

③ その事業の施行地区内において、都市計画法に定める都市計画施設又は地区施設(注1)の用に供される土地又は建築基準法施行令第136条第1項で規定する空地(注2)が確保されていること

　なお、その事業の施行される地区が次に掲げる区域の場合、都市計画施設又は当該区域の区分に応じて次に定める施設の用に供される土地の確保が必要となります。

地　区	施　設
再開発等促進地区又は開発整備促進地区 （都計法12の5③④）	地区施設又は道路、公園等の施設 （都計法12の5②一、⑤一）
防災街区整備地区計画の区域 （都計法12の4①二）	地区防災施設又は地区施設 （密集市街地法32②一、二）
沿道地区計画の区域 （都計法12の4①四）	沿道地区施設 （幹線道路整備法9②一）

第3章　立体買換え

> （注１）「都市計画施設」とは、都市計画において定められた都市計画道路、公の都市施設（都計法11）のことをいい（都計法4⑥）、また、「地区施設」とは、比較的狭い地区において良好な街区の整備保全を図るための地区計画（都市計画の一種）において定められた細街路や小公園で都市計画施設以外のものをいいます（都計法12の5②一）。
> （注２）建築基準法においては、敷地内に一定の空地があり、かつ、敷地面積が一定面積以上の建築物で特定行政庁の許可を受けたものは、いわゆる容積率の制限の限度を超えてもよいこととされていますが、「この一定の空地」は、いわゆる建ぺい率の最高限度に応じて、空地面積の敷地面積に対する割合が一定の割増加算された数値以上であるものとされています（建築基準法59の2①、建築基準法施行令136①）。
> 　　ここでいう「建築基準法で規定する空地」とは、この容積率の制限の緩和措置の適用を受けたとした場合に必要とされる規模の空地をいいます。

④　その事業の施行地区内の土地利用の共同化に寄与するものとして、次のいずれの要件を満たしていること（措令25の4②三、措規18の6①）

　　i　その事業の施行地区内の土地につき所有権を有する者又はその施行地区内の土地につき借地権を有する者の数が2人以上であること

　　ii　その中高層耐火建築物の建築後におけるその施行地区内の土地に係る所有権又は借地権が、前記iの所有権者及び借地権者又はこれらの者及びその中高層耐火建築物を所有することとなる者の2人以上の者により共有されるものであること

　本件特例は、細分化された土地等を集約し中高層の建物に建て替えることを推進させることにより防災上安全な街づくりに寄与することを目的としており事業施行前の土地の所有者又は借地権者は2人以上いるこ

2 特定民間再開発事業の施行地区内における土地等及び建物等から中高層耐火建築物への買換えの特例（措法37の5①一）

とが要件とされています。したがって、借地権が設定されている土地の所有権（いわゆる底地権者）は共同化に係る人員のカウントから除外されます。

　また、所有権又は借地権が2人以上の者に共有されている場合でも、そのカウントは「1人」とします。

　次に、事業施行後の中高層耐火建築物の敷地は、その施行地区の従前の土地の所有権者又は借地権者のみにより共有される場合又はこれらの者と中高層耐火建築物を所有することとなる者とにより共有される場合が該当します。

　なお、この場合の共有関係（分有と共有とは異なります。）は、敷地の所有権に限らず、借地権（準共有）でもよいとされています。

　なお、①及び②の要件について図示すると次頁のようになります。

第3章　立体買換え

（従前の土地の利用状況） 　　　**（事業施行後の土地の利用状況）**

【従前の土地の利用状況】

- 所有者が2人いるケース
  - A、Bがそれぞれ土地と建物を所有

又は

- 所有権者と借地権者合わせて2人いるケース
  - A所有の土地に、Aの建物とBの借地権・建物

↓ ○

- 借地権が設定されている土地の所有権者（いわゆる底地権者）は、共同化に係る人員のカウントから除外されます。
  - A所有の底地、Bの借地権・建物

又は

- 所有権又は借地権の共有関係にある者についても、そのカウントにあたっては、「1人」とみなされます（措規18の6①）。
  - A所有の土地、BとCの共有建物

【事業施行後の土地の利用状況】

- X／B／A・B・X （土地共有）

又は

- X／B／A・B・X／A・B （借地権共有）（底地共有）

又は

- X／B／A／A・B・X／A｜B （借地権共有）（底地分有）

又は

- X／B／A／A・B・X／A｜B｜X （借地権共有）（底地分有）

- X／A／A・X／A （借地権共有）（底地単有）

- X／B／A／A｜B｜X （土地分有）
  - 所有権又は借地権の共有関係にならなければならないので分有する場合は適用になりません（措規18の6①）

- X／A／X／A｜B （借地権単有）（底地分有）
  - 借地権が設定されている土地の所有権者（いわゆる底地権者）は、共同化に係る人員のカウントから除外されます。

○……共同化に寄与するものと認められるもの
×……共同化に寄与するものとは認められないもの

288

2　特定民間再開発事業の施行地区内における土地等及び建物等から中高層耐火建築物への買換えの特例（措法37の5①一）

二　譲渡の形態等

　土地等、建物又は構築物等の譲渡が次に掲げる法形式により行われた場合又は次の特例の適用を受ける場合には、本件特例の適用を受けることはできません（措法37の5①）。

　なお、交換による譲渡の場合には、措置法第37条の5第4項により別途立体交換の特例の適用ができます。

〔本件特例の適用ができない譲渡〕

法形式	①	贈与による譲渡
	②	交換による譲渡
	③	出資による譲渡
右の特例の適用を受ける場合	④	収用等に伴い代替資産を取得した場合の課税の特例（措法33）
	⑤	交換処分等に伴い資産を取得した場合の課税の特例（措法33の2）
	⑥	換地処分等に伴い資産を取得した場合の課税の特例（措法33の3）
	⑦	収用交換等の場合の譲渡所得等の特別控除（措法33の4）
	⑧	特定土地区画整理事業等のために土地等を譲渡した場合の譲渡所得の特別控除（措法34）
	⑨	特定住宅地造成事業等のために土地等を譲渡した場合の譲渡所得の特別控除（措法34の2）
	⑩	農地保有の合理化等のために農地等を譲渡した場合の譲渡所得の特別控除（措法34の3）
	⑪	居住用財産の譲渡所得の特別控除（措法35）
	⑫	特定の土地等の長期譲渡所得の特別控除（措法35の2）
	⑬	特定の居住用財産の買換えの場合の長期譲渡所得の課税の特例（措法36の2）
	⑭	特定の事業用資産の買換えの特例（措法37）

　譲渡資産の譲渡につき、上記④～⑭までに掲げる特例の適用を受ける場合には、本件特例は受けられません。
　したがって、これらの特例と本件立体買換えの特例のいずれか一方を選択して適用することになります（措法37の5①）。

ホ　買換（取得）の形態

　本件特例の対象となる買換資産の取得には、売買の方法により資産を取得する場合のほか、資産を建設した場合が含まれますが、次の①から③により資産を取得した場合には、本件特例を適用することはできません。

① 　贈与による取得
② 　交換による取得
③ 　所有権移転外リース

　なお、立体買換えの方法が「交換」により行われた場合には、措置法第37条の5第4項において別途、立体交換の特例が設けられています。

ヘ　買換資産の取得期限

　買換資産は、資産を譲渡した年中又は譲渡した年の翌年中に取得しなければならないとされています（なお、翌年中に買換資産を取得する場合には、「買換（代替）資産の明細書」（337頁参照）を確定申告書に添付して取得価額の見積額により本件特例の適用を受けることになります。）。

　ただし、買換資産である中高層耐火建築物若しくは中高層の耐火建築物（以下「中高層耐火建築物等」といいます。）の建築に要する期間が通常1年を超えると認められる事情、その他これに準ずるやむを得ない事情があり、翌年中に買換資産を取得することが困難であると認められる場合には、譲渡した年の翌年の12月31日後2年以内において税務署長が認定した日まで、買換資産の取得期限が延長されます。

　このやむを得ない事情による取得期限の延長を希望する者は、次に掲げる事項を記載した「やむを得ない事情がある場合の買換資産の取得期限承認申請書」（292頁参照）をあらかじめ納税地の所轄税務署長に提出し、承認を得なければなりません。

2 特定民間再開発事業の施行地区内における土地等及び建物等から中高層耐火建築物への買換えの特例（措法37の5①一）

① 申請者の氏名及び住所
② やむを得ない事情の詳細
③ 中高層耐火建築物の全部又は一部を取得することができると見込まれる年月日及び税務署長から認定を受けようとする年月日
④ その他参考となるべき事項

なお、この場合の「やむを得ない事情」とは、中高層耐火建築物等の建築に要する期間が通常1年を超えると認められる事情、その他次に掲げるようなこれに準ずる事情をいいます（措令25の4⑦、措通37－27の2、37の5－10）。

① 法令の規制等によりその取得に関する計画の変更を余儀なくされたこと
② 売主その他の関係者との交渉が長引き容易にその取得ができないこと
③ ①又は②に準ずる特別な事情があること

上記の措置法第37条の5第1項一号の立体買換えの特例の買換資産の取得期限について整理すると、次のようになります（措法37の5②）。

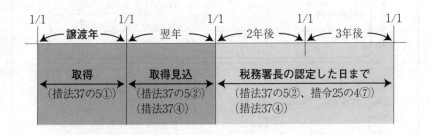

第3章 立体買換え

やむを得ない事情がある場合の買換資産の取得期限承認申請書

（注）※印の欄については、該当する部分を○で囲むか又は該当する号数を記載してください。

_____税務署長
_____年___月___日提出

申請者	住所 〒
	フリガナ
	氏　名　　　　　　　㊞　電話（　）
	個人番号

租税特別措置法／震災特例法　第_____条_____第_____項に規定する譲渡所得の課税の特例の適用における買換資産の取得期限について、下記の内容のとおり承認申請をします。

記

1　譲渡した資産の明細

所　在　地			
資産の種類		数　　量	㎡
譲渡価額	円	譲渡年月日	年　月　日

2　代わりに買い換える（取得する）予定の資産の明細

資産の種類		数　　量	㎡
取得資産の該当条項（※）	1　租税特別措置法　(1) 第37条第1項の表の	第___号　第_9_号（23区・23区以外の集中地域・集中地域以外の地域）	
	(2) 第37条の5第1項の表の	第_1_号（中高層耐火建築物・中高層の耐火建築物）　第_2_号（中高層の耐火共同住宅）	
	2　震災特例法　・第12条第1項の表の	第_1_号（国内の土地等・減価償却資産）　第_2_号（被災区域内の土地等・減価償却資産）	
取得価額の見積額	円	取得予定年月日	年　月　日
		認定を受けようとする年月日	年　月　日
やむを得ない事情の詳細			

関与税理士	㊞	電話番号	

税務署欄	名簿番号	番号確認	身元確認	確認書類	
			□済　□未済	個人番号カード／通知カード・運転免許証　その他（　　）	この欄には書かないでください

292

2 特定民間再開発事業の施行地区内における土地等及び建物等から中高層耐火建築物への買換えの特例(措法37の5①一)

やむを得ない事情がある場合の買換資産の取得期限承認申請書

1 使用目的

この申請書は、租税特別措置法第37条第4項、同法第37条の5第2項又は震災特例法第12条第4項の規定により、譲渡をした日の属する年の翌年中に買換資産の取得をすることが困難であることについてやむを得ない事情があり、その取得期限の延長の承認を受けようとするために使用するものです。

2 記載要領等

(1) 「2 代わりに買い換える(取得する)予定の資産の明細」欄の「やむを得ない事情の詳細」欄には、買換資産の取得期限の延長を受けることとなるやむを得ない事情その他参考となるべき事項を詳細に記載してください。

(2) この申請により、取得期限の延長の承認を受けた後に、再度の取得期限の延長の承認申請をすることはできませんのでご注意ください。

ト　買換資産の使用すべき期限

　本件特例は、買換資産をその取得の日から1年以内に譲渡した個人の居住の用（譲渡した個人の親族の居住の用を含みます。）に供した場合に限り適用されます。

　なお、いったん居住に供したものの、1年以内に居住の用に供しなくなった場合には、特例の適用対象とはなりません。

(2) 譲渡所得の計算方法

　本件特例の適用を受けた場合の譲渡所得金額の計算方法は、措置法第37条の「特定の事業用資産の買換えの特例」と異なり、買換資産の取得価額を圧縮（70％～80％）する必要はありません。

　したがって、譲渡価額と取得価額が同額か又は買換資産の取得価額の方が譲渡資産の譲渡価額より大きい場合には、譲渡所得は算出されません。

　また、譲渡資産の譲渡価額が買換資産の取得価額より大きい場合には、次の算式によって計算した金額が譲渡所得金額となります。

イ　譲渡資産の譲渡価額≦買換資産の取得価額

　譲渡所得は生じません。

ロ　譲渡資産の譲渡価額＞買換資産の取得価額

①	譲渡収入金額	譲渡資産の譲渡価額－買換資産の取得価額
②	必要経費の額	$\left(\dfrac{譲渡資産}{の取得費}＋譲渡費用\right)\times\dfrac{①の金額}{譲渡資産の譲渡価額}$
③	譲渡所得の金額	①譲渡収入金額－②必要経費の額

2 特定民間再開発事業の施行地区内における土地等及び建物等から中高層耐火建築物への買換えの特例（措法37の5①一）

(3) 申告手続

本件特例の適用を受ける場合には、対象となる資産を譲渡した年の年分の所得税の確定申告書第三表（分離課税用）の「特例適用条文」欄に「措法37条の5」と記載するとともに、次の書類を確定申告書に添付して申告しなければなりません（措法37の5②、措規18の6②）。

申告手続	所得税の確定申告書第三表の「特例適用条文」欄に「措法37条の5」と記載する		
	添付する書類	①	譲渡所得の内訳書（確定申告書付表兼計算明細書）
		②	買換資産の取得価額又はその見積額に関する明細書
		③	譲渡資産の所在地において行われる事業が、特定民間再開発事業として認定されたものである旨の都道府県知事（中高層耐火建築物を建築する事業が「都市再生事業」又は「誘導施設等整備事業」に該当する場合には国土交通大臣）の証明書
		④	買換資産として取得した土地、建物等に関する登記事項証明書その他これらの資産を取得した旨を証する書類

（注） 買換資産が特定民間再開発事業以外（他の特定民間再開発事業、措置法第31条の2第2項十一号に規定する事業又は第一種及び第二種市街地再開発事業）の施行により建築された中高層の耐火建築物である場合には、上記②の書類に代えて都道府県知事の次に掲げる事項を証明する書類を提出する必要があります。
　都道府県知事の、①特定民間再開発事業として認定した旨、②取得する中高層の耐火建築物が特定民間再開発事業の施行される地区内にある旨、及び③中高層の耐火建築物を建築する事業の区分に応じてそれぞれ次の旨を証する書類
　i 特定民間再開発事業
　　特定民間再開発事業として認定をした旨
　ii 措置法第31条の2第2項十一号に規定する事業
　　措置法施行令第20条の2第13項に規定する認定をした旨
　iii 第一種市街地再開発事業又は第二種市街地再開発事業
　　中高層の耐火建築物がこれらの事業の施行により建築されたものである旨

なお、確定申告書の提出がなかった場合又は本件特例の適用を受ける旨の記載若しくは書類等の添付がない確定申告書の提出があった場合でも、その提出又は記載若しくは書類の添付がなかったことについて税務署長がやむを得ない事情があると認めるときは、後から本件特例の適用を受ける旨を記載した書類並びに必要な添付書類を提出した場合に限り本件特例を適用することができます（措法37⑦、37の5②）。
　また、本件特例の適用にあたっては、次の点に留意してください。
① 　本件特例の適用を受けた場合には、買換資産の取得時期は、譲渡資産の取得時期を引き継がず、取得価額だけ引き継ぐことになります（措通31・32共－5）。
② 　本件特例の適用を受けた場合には、買換資産について新築住宅等の割増償却などの特例は適用できません（措置法第13条及び第13条の2の規定は除きます。）（措法37の5②、37の3③）。

(4) 更正の請求及び修正申告

　本件特例の適用を受けた後、本件特例の適用要件に該当しなくなった場合、又は取得すると予定していた買換資産の実際の取得価額が見積額と異なることとなった場合には、本件特例の適用を受けて申告した所得税の確定申告について、更正の請求又は修正申告をすることになります。

イ　更正の請求

　買換資産を資産を譲渡した翌年以降に取得する見込みであるとして、本件特例の適用を受けていた場合において、買換資産の「実際の取得価額」が「取得価額の見積額」を上回った場合には、買換資産を取得した日から4か月以内に「更正の請求書」を提出して所得税の還付を受けることができます（措法37の5②、37の2②）。

2　特定民間再開発事業の施行地区内における土地等及び建物等から中高層耐火建築物への買換えの特例（措法37の5①一）

ロ　修正申告

　買換資産を譲渡年分の翌年以降に取得する見込みであるとして、本件特例の適用を受けていた場合において、①確定申告の際には特例適用要件に該当していたものがその後、この要件に該当しなくなった場合、②買換資産の「実際の取得価額」が「取得価額の見積額」を下回った場合、又は③買換資産の取得日から1年以内に居住の用に供しない場合（供しなくなった場合も含みます。）には、買換資産の取得期限又は居住の用に供しなくなった日から4か月以内に「修正申告書」を提出しなければなりません（措法37の5②、37の2①②）。

（注）　買換資産について、その取得の日から1年以内に居住の用に供しない場合又は供しなくなった場合においても、それが収用、災害、その他その者の責に帰せられないやむを得ない事情に基づき生じたものであるときは、「買換資産を居住の用に供しない（供しなくなった場合を含みます。）」場合に該当しないものとして取り扱われます（措通37の2－1）。
　　　なお、この取扱いは、所定の期間に現実に取得した場合に限って適用されるものですので、所定の期間内に買換資産を取得していない場合、又はその買換資産が不適格なものである場合には、この取扱いは適用されません。

(5)　買換資産の取得価額（引継価額）

　措置法第37条の5第1項一号の特例の適用を受けて、買換資産を取得した場合の税法上の取得価額（買換資産を事業等の用に供した場合の減価償却費の計算や買換資産をその後譲渡した場合の取得費の計算）は、実際の取得価額によるのではなく、譲渡資産の取得価額を引き継ぐことになります。

　なお、上記特例の適用を受けた場合の買換資産の取得価額の計算方法は、措置法第37条の「特定の事業用資産の買換えの特例」と異なり、買換資産の取得価額を圧縮（70％～80％）する必要はありません。

具体的には、次のとおりです。

イ 譲渡資産の譲渡価額＜買換資産の取得価額

（譲渡資産の取得費 ＋ 譲渡費用）＋ 買換資産の取得価額 － 譲渡資産の譲渡価額

ロ 譲渡資産の譲渡価額＝買換資産の取得価額

譲渡資産の取得費 ＋ 譲渡費用

ハ 譲渡資産の譲渡価額＞買換資産の取得価額

$$（譲渡資産の取得費 ＋ 譲渡費用）\times \frac{買換資産の取得価額}{譲渡資産の譲渡価額}$$

3　やむを得ない事情により特定民間再開発事業の施行地区外に転出する場合の居住用財産の特例

　特定民間再開発事業の用に供するため資産（土地等及び建物等）をデベロッパーに譲渡し、デベロッパーが行う特定民間再開発事業の施行により当該土地等の上に建築された地上4階以上の中高層耐火建築物を買換取得した場合の課税の特例は前記**2**のとおりですが、中高層耐火建築物等を取得することが困難な特別の事情があって、そのために施行地区外に転出したときは、一定の条件のもと、居住用財産の譲渡所得の軽減税率の特例（措法31の3）の適用を受けることができます。

(1)　特例の概要

　既成市街地等内又はこれに類する一定の地域内において、地上4階以上の中高層耐火建築物の建設をする特定民間再開発事業の用に供するために、個人がその譲渡の年の1月1日現在において所有期間が10年以下の居住用家屋及びその敷地（居住用不動産）を譲渡した場合において、その特定民間再開発事業の施行により建築された中高層耐火建築物又は中高層耐火建築物に係る構築物を取得することが困難である特別な事情があるため、その事業の施行地区外に転出する場合には、その譲渡した居住用不動産の所有期間が10年以下であっても居住用財産の軽減税率の特例（措法31の3）の適用を受けることができます（措法37の5⑤）。

(2)　譲渡資産の範囲

　本件特例の適用を受けるためには、譲渡資産について次のイからハのの要件を満たす必要があります。
　　イ　譲渡資産は、特定民間再開発事業の施行地区内にあって、その事

第3章　立体買換え

　　　業の用に供するために譲渡されたものであること（措法37の5①）
　ロ　譲渡資産は、次に掲げる居住用財産のうち、譲渡した年の1月1日において所有期間が10年以下であること
　　①　譲渡した者の居住の用に供している家屋
　　②　譲渡した者が居住の用に供していた家屋で、その者が居住の用に供されなくなった日から同日以後3年を経過する日の属する年の12月31日までの間に譲渡されるもの
　　③　上記①又は②の家屋の敷地の用に供されている土地等
　ハ　資産の譲渡が特定民間再開発事業により建築される中高層耐火建築物に係る建築基準法第6条第4項又は第6条の2第1項の規定による確認済証の交付のあった日の翌日から6か月を経過する日までの間に行われたものであり、かつ、その譲渡の一部について措置法第37条の5第1項（同条第2項を含みます。）の規定の適用を受けないこと（措令25の4⑲）

(3)　中高層耐火建築物の取得が困難である特別な事情

　「中高層耐火建築物の取得が困難である特別な事情」とは、前記(2)に該当する資産を譲渡した者及びそれと同居する者の老齢、身体上の障害等の状況により中高層耐火建築物の建築主の申請に基づき、都道府県知事が認定した場合をいいます（措法37の5、措令25の4⑯、措規18の6③）。
　具体的には、資産を譲渡をした者に次のイからハのいずれかに該当する事情があるため、特定民間再開発事業により建築される中高層耐火建築物を取得して、これに引き続いて居住の用に供することが困難である場合をいいます。
　イ　資産の譲渡者又は譲渡者と同居を常況とする者が老齢又は身体上の障害があること

3 やむを得ない事情により特定民間再開発事業の施行地区外に転出する場合の居住用財産の特例

　ロ　特定民間再開発事業により建築される中高層耐火建築物の用途が専ら業務の用に供する目的で設計されたものであること
　ハ　中高層耐火建築物が住宅の用に供するのに不適当な構造、配置及び利用状況にあると認められるものであること

(4) 本件特例の内容

　本件特例の適用がある場合の措置法第31条の3《居住用財産を譲渡した場合の長期譲渡所得の課税の特例》譲渡所得の金額の税額等の計算方法は、次のとおりです。

　イ　課税長期譲渡所得金額が6,000万円以下の部分　　10%（住民税4%）
　ロ　課税長期譲渡所得金額が6,000万円超の部分　　　15%（住民税5%）

　なお、措置法第31条の3《居住用財産を譲渡した場合の長期譲渡所得の軽減税率の特例》は、一般的には居住用財産の3,000万円控除の特例（措法35）の適用後の課税長期譲渡所得に対して適用されますが、措置法第37条の5第5項一号の規定により第31条の3の特例の適用を受ける場合には、措置法第37条の5と同法第35条《居住用財産の譲渡所得の特別控除》（いわゆる3,000万円控除）と重複適用はできないこととされています。

(5) 申告手続等

　本件特例の適用を受ける場合には、対象となる資産を譲渡した年の年分の所得税の確定申告書第三表（分離課税用）の「特例適用条文」欄に「措法37条の5第5項」と記載するとともに、次の書類を確定申告書に添付しなければなりません（措令25の4⑰、措規13の4、18の6④）。

申告手続	所得税の確定申告書第三表の「特例適用条文」欄に「措法37条の5⑤」と記載する		
	添付する書類	①	譲渡所得の内訳書（確定申告書付表兼計算明細書）
		②	譲渡資産に関する登記事項証明書（この登記事項証明書に記された事項で措置法第31条の3第2項に規定する譲渡資産に該当するかどうかが明らかでないときは、閉鎖登記簿謄本などの書類で譲渡資産に該当することを明らかにするもの）
		③	譲渡資産の所在地を管轄する市区町村長から交付を受けた住民票の写し（譲渡をした日から2か月経過後に交付を受けたものに限ります。）
		④	譲渡資産の所在地において行われる事業が、特定民間再開発事業として認定されたものである旨の都道府県知事の証明書（その事業の施行により建築される中高層耐火建築物に係る建築確認済証の交付のあった年月日が記載されたものに限ります。）
		⑤	その譲渡者について(3)の特別の事情があるとして認定したものである旨の都道府県知事の証明書

4 既成市街地等内における中高層の耐火共同住宅建設のための買換えの特例（措法37の5①二）

4 既成市街地等内における中高層の耐火共同住宅建設のための買換えの特例（措法37の5①二）

　措置法第37条の5で規定する既成市街地等内にある土地等の中高層耐火建築物等の建設のための買換えの譲渡所得の特例（立体買換えの特例）については、前記2で述べた特定民間再開発事業のための立体買換えの特例のほか、中高層の耐火共同住宅建設のための特例があります。

　本章では、既成市街地等内における中高層の耐火共同住宅建設のための立体買換えの特例要件等について詳しく確認していきます。

(1)　特例の適用要件

　既成市街地等内における中高層の耐火共同住宅建設のための立体買換えの特例は、次のイからハの要件の全てを満たす場合に限り適用が受けられます（措法37の5①二）。

イ　譲渡資産の要件

　譲渡資産は、次の(イ)、(ロ)又は(ハ)に掲げる区域内にある土地等、建物又は構築物（棚卸資産又は棚卸資産に準ずる資産は除きます。）であることが必要です。

　なお、中高層の耐火共同住宅建設のための買換えは、特定民間再開発事業のための買換えと異なり譲渡資産の用途についての制限がないので、個人が譲渡資産を事業の用又は居住の用に供していた場合のほか、個人がその適用対象地域内に有していた「空閑地」を譲渡し、一定の買換資産（地上3階以上の耐火共同住宅）を取得して居住の用又は事業の用に供したような場合も特例の適用が認められます（措通37の5-1）。

　また、所有期間が5年以下の短期譲渡に該当する土地等も適用の対象

第3章 立体買換え

となります(措法37の5①二)。

(イ) 既成市街地等の区域

既成市街地等とは、前記❷の特定民間開発事業のための買換えで述べた既成市街地等の区域と同じです。

なお、譲渡のあった年の10年前の年の翌年1月1日以後に公有水面埋立法第22条の竣功認可のあった区域は、既成市街地等の区域から除かれます(措令25⑥)。

①	首都圏の既成市街地(東京都の特別区及び武蔵野市の全域、三鷹市、横浜市、川崎市及び川口市の区域の一部の区域)(首都圏整備法2③)
②	近畿圏の既成都市区域(大阪市の全域、京都市、守口市、東大阪市、堺市、神戸市、尼崎市、西宮市及び芦屋市の区域の一部の区域)(近畿圏整備法2③)
③	中部圏の名古屋市の区域の一部の区域(旧名古屋市区域)(首都圏、近畿圏及び中部圏の近郊整備地帯等の整備のための国の財政上の特別措置に関する法律施行令別表)

(ロ) 既成市街地等に準ずる区域として指定された区域

首都圏整備法第2条4項に規定する「近郊整備地帯」、近畿圏整備法第2条第4項に規定する「近郊整備区域」又は中部圏開発整備法第2条第3項に規定する「都市整備区域」のうち既成市街地等に準ずる区域として指定された地域は次のとおりです。

都道府県	市　名
埼玉県	川口市、さいたま市(旧浦和、大宮市及び与野市)所沢市、岩槻市、春日部市、上尾市、草加市、越谷市、蕨市、戸田市、鳩ヶ谷市、朝霞市、志木市、和光市、新座市、八潮市、富士見市、三郷市
千葉県	千葉市、市川市、船橋市、松戸市、野田市、佐倉市、習志野市、柏市、流山市、八千代市、我孫子市、鎌ヶ谷市、浦安市、四街道市

4 既成市街地等内における中高層の耐火共同住宅建設のための買換えの特例（措法37の5①二）

東京都	八王子市、立川市、三鷹市、青梅市、府中市、昭島市、調布市、町田市、小金井市、小平市、日野市、東村山市、国分寺市、国立市、西東京市（旧田無市及び旧保谷市）、福生市、狛江市、東大和市、清瀬市、東久留米市、武蔵村山市、多摩市、稲城市、羽村市
神奈川県	横浜市、川崎市、横須賀市、平塚市、鎌倉市、藤沢市、茅ヶ崎市、逗子市、相模原市、厚木市、大和市、海老名市、座間市、綾瀬市
愛知県	名古屋市、春日井市、小牧市、尾張旭市、豊明市
京都府	京都市、宇治市、向日市、長岡京市、八幡市
大阪府	堺市、岸和田市、豊中市、池田市、吹田市、泉大津市、高槻市、貝塚市、守口市、枚方市、茨木市、八尾市、泉佐野市、富田林市、寝屋川市、河内長野市、松原市、大東市、和泉市、箕面市、柏原市、羽曳野市、門真市、摂津市、高石市、藤井寺市、東大阪市、四条畷市、交野市、大阪狭山市
兵庫県	神戸市、尼崎市、西宮市、芦屋市、伊丹市、宝塚市、川西市

（注） 既成市街地等に準ずる地域とは、「近郊整備地帯」、「近郊整備区域」又は「都市整備区域」にあって、既成市街地等と連接して市街地を形成している市の区域（市街化区域として定められている区域に限ります。）で、最近の国勢調査の結果による人口集中地区に該当し、中高層住宅の建設が必要であるとして国土交通大臣が財務大臣として協議した区域をいいます（措令25の4⑥）。

(ハ) 中心市街地共同住宅供給事業の区域

中心市街地の活性化に関する法律第12条第1項に規定する認定基本計画に基づいて行われる同法第7条第6項に規定する中心市街地共同住宅供給事業の区域。

ただし、同法に規定する都市福利施設の整備を行う事業と一体的に行われるものに限られます。

第3章　立体買換え

ロ　買換資産の要件

買換資産は、その譲渡した土地等又は建物若しくは構築物の敷地の用に供されていた土地等の上に建築された地上3階以上の中高層の耐火共同住宅及びそれに係る構築物の全部又は一部（その敷地の用に供されている土地等を含みます。）で、次に掲げる全ての要件を満たす必要があります。

〔買換資産の要件〕

①	その中高層の耐火共同住宅は、譲渡資産を取得した者(注)、又は譲渡資産を譲渡した者が建築したものであること
②	その中高層の耐火共同住宅は、耐火建築物又は準耐火構築物であること
③	その中高層の耐火共同住宅の床面積の1/2に相当する部分が、専ら居住の用（居住の用に供される部分に係る廊下、階段その他その共用に供されるべき部分を含みます。）に供されるものであること

> （注）　譲渡資産を取得した者が個人である場合には、その個人の死亡によりその建築物の建築に関する事業を承継したその個人の相続人又は包括受遺者が含まれます。
> 　また、その取得をした者が法人である場合には、その法人の合併によりその建築物の建築に関する事業を引き継いだ合併法人及びその法人の分割によりその建築物の建築に関する事業を引き継いだその分割に係る分割承継法人が含まれます。

また、譲渡資産を譲渡した者は、買換資産を取得した日から1年以内にその者の事業の用（生計を一にする親族の事業の用を含みます。）、若しくは居住の用（その者の親族の居住の用を含みます。）に供しなければ、この買換えの特例の適用を受けることができません（措法37の5①、措令25の4⑤、措通37の5－2、5）。

4 既成市街地等内における中高層の耐火共同住宅建設のための買換えの特例（措法37の5①二）

ハ　譲渡の形態等

　土地等、建物又は構築物等の譲渡が次に掲げる法形式により行われた場合又は次の特例の適用を受ける場合には、本件特例を適用することはできません（措法37の5①）。

　なお、交換による譲渡の場合には、措置法第37条の5第4項により、別途立体交換の特例の適用ができます。

〔本件特例の適用ができない譲渡〕

法形式	①	贈与による譲渡
	②	交換による譲渡
	③	出資による譲渡
右の特例の適用を受ける場合	④	収用等に伴い代替資産を取得した場合の課税の特例（措法33）
	⑤	交換処分等に伴い資産を取得した場合の課税の特例（措法33の2）
	⑥	換地処分等に伴い資産を取得した場合の課税の特例（措法33の3）
	⑦	収用交換等の場合の譲渡所得の特別控除（措法33の4）
	⑧	特定土地区画整理事業等のために土地等を譲渡した場合の譲渡所得の特別控除（措法34）
	⑨	特定住宅地造成事業等のために土地等を譲渡した場合の譲渡所得の特別控除（措法34の2）
	⑩	農地保有の合理化等のために農地等を譲渡した場合の譲渡所得の特別控除（措法34の3）
	⑪	居住用財産の譲渡所得の特別控除（措法35）
	⑫	特定の土地等の長期譲渡所得の特別控除（措法35の2）
	⑬	特定の居住用財産の買換えの場合の長期譲渡所得の課税の特例（措法36の2）
	⑭	特定の事業用資産の買換えの場合の譲渡所得の課税の特例（措法37）

　譲渡資産の譲渡につき、上記④～⑭までに掲げる特例の適用を受ける場合には、本件特例は受けられません。
　したがって、これらの特例と本件立体買換えの特例のいずれか一方を選択して適用することとなります（措法37の5①）。

ニ　買換（取得）の形態

　本件特例の対象となる買換資産の取得には、売買の方法により資産を取得する場合のほか、資産を建設した場合が含まれますが、次の①～③により資産を取得した場合には、本件特例を適用することはできません。

①　贈与による取得
②　交換による取得
③　所有権移転リース

　なお、立体買換えの方法が「交換」により行われた場合には、措置法第37条の5第4項において別途、交換の規定が設けられています。

ホ　買換資産の取得期限

　買換資産は、資産を譲渡をした年中又は譲渡した年の翌年中に取得しなければならないとされています（なお、翌年中に買換資産を取得する場合には、「買換（代替）資産の明細書」（337頁参照）を確定申告書に添付して取得価額の見積額により本件特例の適用を受けることになります。）。

　ただし、買換資産である中高層の耐火共同住宅の建築に要する期間が通常1年を超えると認められる事情、その他これに準ずるやむを得ない事情があり、翌年中に買換資産を取得することが困難であると認められる場合には、譲渡した年の翌年の12月31日後2年以内において税務署長が認定した日まで、買換資産の取得期間が延長されます。

　このやむを得ない事情による取得期間の延長を希望する者は、次に掲げる事項を記載した「やむ得ない事情がある場合の買換資産の取得期限承認申請書」（292頁参照）をあらかじめ納税地の所轄税務署長に提出し、承認を得なければなりません。

①　申請者の氏名及び住所
②　やむを得ない事情の詳細

4 既成市街地等内における中高層の耐火共同住宅建設のための買換えの特例(措法37の5①二)

③ 中高層の耐火共同住宅の全部又は一部の取得をすることができると見込まれる年月日及び税務署長から認定を受けようとする年月日
④ その他参考となるべき事項

なお、この場合の「やむを得ない事情」とは、中高層の耐火共同住宅の建築に要する期間が通常1年を超えると認められる事情、その他次に掲げるようなこれに準ずる事情をいいます(措令25の4⑦、措通37-27の2、37の5-10)。

① 法令の規制等によりその取得に関する計画の変更を余儀なくされたこと
② 売主その他の関係者との交渉が長引き容易にその取得ができないこと
③ ①又は②に準ずる特別な事情があること

上記の措置法第37条の5第1項二号の立体買換えの特例の買換資産の取得期間について整理すると、次のようになります。

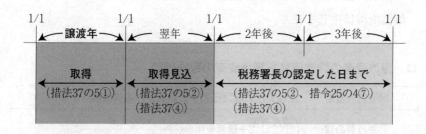

ヘ 買換資産の使用すべき期限

本件特例は、買換資産をその取得の日から1年以内に譲渡した個人の事業の用(生計を一にする親族の事業の用を含みます。)若しくは居住の用

(譲渡した個人の親族の居住の用を含みます。）に供した場合に限り適用されます（措通37の5－5）。

なお、いったん「事業の用」又は「居住の用」に供したものの、1年以内に「事業の用」又は「居住の用」に供しなくなった場合には、特例の対象とはなりません。

(2) 譲渡所得の計算方法

本件特例の適用を受けた場合の譲渡所得の計算方法は、措置法第37条の「特定の事業用資産の買換えの特例」とは異なり、買換資産の取得価額を圧縮（70％～80％）する必要はありません。

したがって、譲渡価額と取得価額が同額か又は買換資産の取得価額の方が譲渡資産の譲渡価額より大きい場合には、譲渡所得は算出されません。

また、譲渡資産の譲渡価額が買換資産の取得価額より大きい場合には、次の算式によって計算した金額が譲渡所得金額となります。

イ　譲渡資産の譲渡価額≦買換資産の取得価額

譲渡所得は生じません。

ロ　譲渡資産の譲渡価額＞買換資産の取得価額

①	譲渡収入金額	譲渡資産の譲渡価額－買換資産の取得価額
②	必要経費の額	$\left(\dfrac{譲渡資産}{の取得費}+譲渡費用\right) \times \dfrac{①の金額}{譲渡資金の譲渡価額}$
③	譲渡所得の金額	①譲渡収入金額－②必要経費の額

4 既成市街地等内における中高層の耐火共同住宅建設のための買換えの特例(措法37の5①二)

(3) 申告手続等

本件特例の適用を受ける場合には、対象となる資産を譲渡した年分の所得税の確定申告書第三表(分離課税用)の「特例適用条文」欄に「措法37条の5」と記載するとともに、次の書類を確定申告書に添付しなければなりません(措法37の5②、措規18の6②二)。

申告手続			所得税の確定申告書第三表「特例適用条文」欄に「措法37条の5」と記載する
	添付する書類	①	譲渡所得の内訳書(確定申告書付表兼計算明細書)
		②	買換資産の取得価額又はその見積額に関する明細書
		③	譲渡資産の所在地を管轄する市町村長のその譲渡資産の所在地が既成市街地等内である旨を証する書類(東京都の特別区の存する区域、武蔵野市の区域又は大阪市の区域内にあるものを除きます。)又は、中心市街地共同住宅供給事業の区域内である旨、中心市街地共同住宅供給事業の実施に関する計画を認定した旨及び同事業が都市福利施設の整備を行う事業を一体として行うものである旨を証する書類
		④	買換資産に該当する中高層の耐火共同住宅に係る建築基準法第7条第5項に規定する検査済証の写し
		⑤	中高層の耐火共同住宅に係る事業概要書又は各階平面図その他の書類でその中高層の耐火共同住宅が耐火建築物等であること及び床面積の1/2以上が専ら居住用とされることを明らかにする書類
		⑥	登記事項証明書その他の買換資産の取得を証する書類

なお、確定申告書の提出がなかった場合又は本件特例の適用を受ける旨の記載若しくは書類等の添付がない確定申告書の提出があった場合でも、その提出又は記載若しくは書類の添付がなかったことについて税務署長がやむを得ない事情があると認めるときは、後から本件特例の適用を受ける旨を記載した書類並びに必要な添付書類を提出した場合に限り、本件特例を適用することができます(措法37⑦、37の5②)。

また、本件特例の適用に当たっては、次の点に留意してください。
① 本件特例の適用を受けた場合は、買換資産の取得時期は、譲渡資産の取得時期を引き継がず、取得価額だけ引き継ぐことになります（措通31・32共－5）。
② 本件特例の適用を受けた場合には、買換資産について新築住宅等の割増償却などの特例は適用できません（措置法第13条及び第13条の2の規定は除きます。）（措法37の5②、37の3③）。

(4) 更正の請求及び修正申告

本件特例の適用を受けた後、本件特例の適用要件に該当しなくなった場合、又は取得すると予定していた買換資産の実際の取得価額が見積額と異なることとなった場合には、本件特例の適用を受けて申告した所得税の確定申告について、更正の請求又は修正申告をすることになります。

イ 更正の請求

買換資産を資産を譲渡した翌年以降に取得する見込みであるとして、本件特例の適用を受けていた場合において、買換資産の「実際の取得価額」が「取得価額の見積額」を上回った場合には、買換資産を取得した日から4か月以内に「更正の請求書」を提出して所得税の還付を受けることができます（措法37の5②、37の2②）。

ロ 修正申告

買換資産を譲渡年分の翌年以降に取得する見込みであるとして、本件特例の適用を受けていた場合、①確定申告の際には特例の適用要件に該当していたものがその後、この要件に該当しなくなった場合、②買換資産の「実際の取得価額」が「取得価額の見積額」を下回った場合、又は

4 既成市街地等内における中高層の耐火共同住宅建設のための買換えの特例（措法37の5①二）

③買換資産の取得日から1年以内に居住の用又は事業の用に供しない場合（供しなくなった場合も含みます。）には、買換資産の取得期限又は居住用若しくは事業用に供しなくなった日から4か月以内に「修正申告書」を提出しなければなりません（措法37の5④、37の2①②）。

> （注）買換資産について、その取得の日から1年以内に居住の用又は事業の用に供しない場合又は供しなくなった場合においても、それが収用、災害、その他その者の責に帰せられないやむを得ない事情に基づき生じたものであるときは、「買換資産を居住又は事業の用に供しない（供しなくなった場合を含みます。）」場合に該当しないものとして取り扱われます（措通37の2-1）。
> なお、この取扱いは、所定の期間に現実に取得した場合に限って適用されるものですので、所定の期間内に買換資産を取得していない場合、又はその買換資産が不適格なものである場合には、この取扱いは適用されません。

(5) 買換資産の取得価額（引継価額）

措置法第37条の5第1項二号の特例の適用を受けて、買換資産を取得した場合の税法上の取得価額（買換資産を事業の用に供した場合の減価償却費の計算や買換資産をその後譲渡した場合の取得費の計算）は、実際の取得価額によるのではなく、譲渡資産の取得価額を引き継ぐことになります。

なお、上記特例の適用を受けた場合の買換資産の取得価額の計算方法は、措置法第37条の「特定の事業用資産の買換えの特例」と異なり、買換資産の取得価額を圧縮（70%～80%）する必要はありません。

具体的には、次のとおりです。

イ 譲渡資産の譲渡価額＜買換資産の取得価額

（譲渡資産の取得費 ＋ 譲渡費用）＋ 買換資産の取得価額 － 譲渡資産の譲渡価額

第3章 立体買換え

ロ　譲渡資産の譲渡価額＝買換資産の取得価額

　譲渡資産の取得費 ＋ 譲渡費用

ハ　譲渡資産の譲渡価額＞買換資産の取得価額

$$（譲渡資産の取得費 ＋ 譲渡費用）\times \frac{買換資産の取得価額}{譲渡資産の譲渡価額}$$

設例

〔申告書の記載例（措置法第37条の5第1項一号）〕

　私（原口香江）は、渋谷区広尾4－○－○に土地及び建物を所有し、そこに住んでいましたが、そこで行われる中高層ビルを建設する特定民間再開発事業のために同不動産を譲渡し、その代わりとして、同事業によって建築されるマンションの1室（土地及び建物）を取得することにしました。

　この不動産の譲渡申告に当たっては、措置法第37条の5第1項一号「特定民間再開発事業の用に供するための買換えの特例」の適用を考えていますが、この場合の「確定申告書第三表」及び「譲渡所得の内訳書」の記載の仕方を教えてください。

　また、買換資産の引継価額についても教えてください。

(1) 譲渡資産の価額：2億3,000万円
(2) 譲渡日：平成28年2月3日
(3) 譲渡資産の取得日：平成22年6月23日
(4) 譲渡資産の取得費：土地（9,000万円、建物3,200万円）
(5) 譲渡費用：746万円（仲介料＋印紙代）
(6) 買換資産の契約日：平成28年2月3日
(7) 買換資産の取得日（予定）：平成29年11月30日
(8) 買換資産の取得費：2億2,000万円（土地1億6,000万円、建物6,000万円）

第3章 立体買換え

2面　　　　　　　　　　　　　　　　　　　　　　　　　　　　名簿番号 □□□□

1 譲渡（売却）された土地・建物について記載してください。

(1) どこの土地・建物を譲渡（売却）されましたか。

所在地	所在地番 （住居表示）	東京都渋谷区広尾4－○－○

(2) どのような土地・建物をいつ譲渡（売却）されましたか。

土地	☑ 宅地　□ 田 □ 山林　□ 畑 □ 雑種地　□ 借地権 □ その他（　　）	（実測）40 ㎡ （公簿等）40 ㎡
建物	☑ 居宅　□ マンション □ 店舗　□ 事務所 □ その他（　　）	93 ㎡

利用状況
☑ 自己の居住用 □ 自己の事業用 □ 貸付用 □ 未利用 □ その他（　　）

売買契約日	引き渡した日
28年 2月 3日	28年 2月 3日

○ 次の欄は、譲渡（売却）された土地・建物が共有の場合に記載してください。

あなたの持分		共有者の住所・氏名	共有者の持分	
土地	建物		土地	建物
100	100	（住所）　　　　　　　　（氏名）	―	―
100	100	（住所）　　　　　　　　（氏名）	―	―

(3) どなたに譲渡（売却）されましたか。

買主	住所（所在地）	東京都港区南青山8－○－○
	氏名（名称）	㈱青山都市開発
	職業・業種	

(4) いくらで譲渡（売却）されましたか。

① 譲渡価額
230,000,000 円

【参考事項】

代金の受領状況	1回目 28年2月3日 　　　　円	2回目 年　月　日 　　　　円	3回目 年　月　日 　　　　円	未収金 29年11月30日（予定） 230,000,000 円

お売りになった理由	□ 買主から頼まれたため ☑ 他の資産を購入するため □ 事業資金を捻出するため	□ 借入金を返済するため □ その他（　　　　　　　）

「相続税の取得費加算の特例」や「保証債務の特例」の適用を受ける場合の記載方法

○ 「相続税の取得費加算の特例」の適用を受けるときは、「相続財産の取得費に加算される相続税の計算明細書」（国税庁ホームページ【www.nta.go.jp】からダウンロードできます。なお、税務署にも用意してあります。）で計算した金額を3面の「2」の「②取得費」欄の上段に「㊩×××円」と二段書きで記載してください。
○ 「保証債務の特例」の適用を受けるときは、「保証債務の履行のための資産の譲渡に関する計算明細書（確定申告書付表）」（国税庁ホームページ【www.nta.go.jp】からダウンロードできます。なお、税務署にも用意してあります。）で計算した金額を3面の「4」の「B必要経費」欄の上段に「㊡×××円」と二段書きで記載してください。
○ 4面を記載される方で、「相続税の取得費加算の特例」や「保証債務の特例」の適用を受ける場合には、税務署に記載方法をご確認ください。

設例

3 面

2 譲渡（売却）された土地・建物の購入（建築）代金などについて記載してください。

(1) 譲渡(売却)された土地・建物は、どなたから、いつ、いくらで購入（建築）されましたか。

購入建築	価額の内訳	購入（建築）先・支払先 住所（所在地）	氏名（名称）	購入建築年月日	購入・建築代金又は譲渡価額の5%
土 地		東京都港区白金3-○-○	大平栄司	平成 22・6・23	90,000,000円
				・・	円
				・・	円
				小　計 (イ)	90,000,000円
建 物		同　上	同　上	22・6・23	32,000,000円
				・・	円
				・・	円
建物の構造	□木造　□木骨モルタル　☑(鉄骨)鉄筋　□金属造　□その他			小　計 (ロ)	32,000,000円

※ 土地や建物の取得の際に支払った仲介手数料や非業務用資産に係る登記費用などが含まれます。

(2) 建物の償却費相当額を計算します。

建物の購入・建築価額(ロ)　　償却率　　経過年数　　償却費相当額(ハ)
□標準
32,000,000円 × 0.9 × 0.015 ×　6　= 2,592,000 円

(3) 取得費を計算します。

② 取得費　(イ)＋(ロ)－(ハ)　119,408,000 円

※ 「譲渡所得の申告のしかた（記載例）」を参照してください。なお、建物の標準的な建築価額による建物の取得価額の計算をしたものは、「□標準」に☑してください。
※ 非業務用建物（居住用）の(ハ)の額は、(ロ)の価額の95%を限度とします（償却率は1面をご覧ください）。

3 譲渡（売却）するために支払った費用について記載してください。

費用の種類	支払先 住所（所在地）	氏名（名称）	支払年月日	支払金額
仲介手数料	東京都千代田区大手町1-○-○	㈱大手町不動産	28・2・3	7,400,000 円
収入印紙代				60,000 円
			・・	円
			・・	円

※ 修繕費、固定資産税などは譲渡費用にはなりません。

③ 譲渡費用　7,460,000 円

4 譲渡所得金額の計算をします。

区分	特例適用条文	A 収入金額 ①	B 必要経費 (②＋③)	C 差引金額 (A－B)	D 特別控除額	E 譲渡所得金額 (C－D)
短期・**長期**	所・措・震 条の	円	円	円	円	円
短期・長期	所・措・震 条の	円	円	円	円	円
短期・長期	所・措・震 条の	円	円	円	円	円

※ ここで計算した内容（交換・買換え（代替）の特例の適用を受ける場合は、4面「6」で計算した内容）を「申告書第三表（分離課税用）」に転記してください。
※ 租税特別措置法第37条の9の5の特例の適用を受ける場合は、「平成21年及び平成22年に土地等の先行取得をした場合の譲渡所得の課税の特例に関する計算明細書」を併せて作成する必要があります。

整理欄

第3章 立体買換え 概　要

第3章　立体買換え

4 面

> 「交換・買換え（代替）の特例の適用を受ける場合の譲渡所得の計算」
> この面（4面）は、交換・買換え（代替）の特例の適用を受ける場合にのみ記載します。

5 交換・買換え（代替）資産として取得された（される）資産について記載してください。

物件の所在地	種類	面積	用途	契約(予定)年月日	取得(予定)年月日	使用開始(予定)年月日
東京都渋谷区広尾4-○-○	宅地	12 ㎡	居住用	28・2・3	29・11・30	29・11・30
同上	共同住宅	82 ㎡	居住用	28・2・3	29・11・30	29・11・30

※ 「種類」欄は、宅地・田・畑・建物などと、「用途」欄は、貸付用・居住用・事務所などと記載してください。

取得された（される）資産の購入代金など（取得価額）について記載してください。

費用の内容	支払先住所（所在地）及び氏名（名称）	支払年月日	支払金額
土地	東京都港区南青山8-○-○	29・11・30	160,000,000 円
	㈱青山都市開発	・・	円
		・・	円
建物	同上	29・11・30	60,000,000 円
		・・	円
		・・	円
④ 買換(代替)資産・交換取得資産の取得価額の合計額			220,000,000 円

※ 買換(代替)資産の取得の際に支払った仲介手数料や非業務用資産に係る登記費用などが含まれます。
※ 買換(代替)資産をこれから取得される見込みのときは、「買換(代替)資産の明細書」（国税庁ホームページ【www.nta.go.jp】からダウンロードできます。なお、税務署にも用意してあります。）を提出し、その見込額を記載してください。

6 譲渡所得金額の計算をします。

「2面」「3面」で計算した「①譲渡価額」、「②取得費」、「③譲渡費用」と上記「5」で計算した「④買換(代替)資産・交換取得資産の取得価額の合計額」により、譲渡所得金額の計算をします。

(1) (2)以外の交換・買換え(代替)の場合[交換(所法58)・収用代替(措法33)・居住用買換え(措法36の2)・震災買換え(震法12)など]

区分	特例適用条文	F 収入金額	G 必要経費	H 譲渡所得金額（F－G）
収用代替		①－③－④	$② \times \dfrac{F}{①－③}$	
上記以外		①－④	$(②＋③) \times \dfrac{F}{①}$	
短期・長期	所・㊍・震 37条の5	10,000,000 円	5,516,000 円	4,484,000 円

(2) 特定の事業用資産の買換え・交換(措法37・37の4)などの場合

区分	特例適用条文	J 収入金額	K 必要経費	L 譲渡所得金額（J－K）
①≦④		①×20%^(※)	(②＋③)×20%^(※)	
①＞④		(①－④)＋④×20%^(※)	$(②＋③) \times \dfrac{J}{①}$	
短期・長期	措法条の	円	円	円

※ 上記算式の20%は、一定の場合は25%又は30%となります。

平成 28 年分の所得税及び復興特別所得税の確定申告書（分離課税用） 第三表

FA0035

番号 □□□□□□□□ 一連番号 □□□□

この表は、「分離課税の所得」、「山林所得」又は「退職所得」がある場合に、その所得金額や所得税額を計算するために使用するものです。

特	例	適	用	条	文
法			条	項	号
所法 ● 措法 震法		37	条 5 の	1 項	一 号
所法 措法 震法			条 の	項	号
所法 措法 震法			条 の	項	号

住所 東京都渋谷区広尾3-○-○
屋号
フリガナ ハラグチ カエ
氏名 原口香江

（平成二十七年分以降用）○第三表は、申告書Bの第一表・第二表と一緒に提出してください。

（単位は円）

収入金額

分離課税			
短期譲渡	一 般 分	㋜	10,000,000
	軽 減 分	㋝	
長期譲渡	一 般 分	㋞	
	特 定 分	㋟	
	軽 課 分	㋠	
株式等の課税	未公開分	㋡	
	上 場 分	㋢	
上場株式等の配当		㋣	
先物取引		㋤	
山 林		㋥	
退 職		㋦	

所得金額

分離課税			
短期譲渡	一 般 分	59	
	軽 減 分	60	
長期譲渡	一 般 分	61	4,484,000
	特 定 分	62	
	軽 課 分	63	
株式等の課税	未公開分	64	
	上 場 分	65	
上場株式等の配当		66	
先物取引		67	
山 林		68	
退 職		69	

税金の計算

総合課税の合計額（申告書B第一表の⑨）	⑨	0
所得から差し引かれる金額（申告書B第一表の㉕）	㉕	3,800,000
⑨ 対応分	70	000
59 60 対応分	71	000
61 62 63 対応分	72	4,104,000
64 65 対応分	73	000
66 対応分	74	000
67 対応分	75	000
68 対応分	76	000
69 対応分	77	000

税金の計算

70 対応分	78	
71 対応分	79	
72 対応分	80	615,600
73 対応分	81	
74 対応分	82	
75 対応分	83	
76 対応分	84	
77 対応分	85	
78から85までの合計（申告書B第一表の㉗に転記）	86	615,600

その他

株式等・配当	本年分の64・65から差し引く繰越損失額	87	
	翌年以後に繰り越される損失の金額	88	
先物取引	本年分の67から差し引く繰越損失額	89	
	翌年以後に繰り越される損失の金額	90	
		91	

○ 分離課税の短期・長期譲渡所得に関する事項

区 分	所得の生ずる場所	必要経費	差引金額（収入金額－必要経費）	特別控除額
一般長期	東京都渋谷区広尾4-○-○	5,516,000	4,484,000	
		合計 �92	4,484,000	

○ 分離課税の上場株式等の配当所得に関する事項

種目・所得の生ずる場所	収入金額	負債の利子	差引金額

○ 退職所得に関する事項

所得の生ずる場所	収入金額	退職所得控除額

整理欄	A	B	C	申告等年月日				特例期間	
	D	E	F	通算					
	取限	資産	入力		申告区分				

319

第3章 立体買換え

___渋谷___ 税務署
平成 ___ 年 ___ 月 ___ 日提出

名簿番号 _____

買換（代替）資産の明細書

住　所	東京都渋谷区広尾3－○－○		
フリガナ	ハラグチ カエ	電話番号	（03）737－○○○○
氏　名	原口香江		

　交換・買換え（代替）の特例（租税特別措置法第33条、第36条の2、第37条、第37条の5又は震災特例法第12条）を受ける場合の、譲渡した資産の明細及び取得される予定の資産の明細について記載します。

1　特例適用条文　（［　］欄については、該当する文字を○で囲んでください。）

［租税特別措置法／震災特例法］　第 37 条の 5 第 1 項

2　譲渡した資産の明細

所　在　地	東京都渋谷区広尾4－○－○		
資産の種類	土地及び建物	数　量	土地 40 ㎡ 建物 93
譲渡価額	230,000,000 円	譲渡年月日	28 年 2 月 3 日

3　買い換える（取得する）予定の資産の明細

資産の種類	マンション （区分所有建物及び敷地）	数　量	建物の専有面積 82 土地の面積 12 ㎡
取得資産の該当条項（※）	1　租税特別措置法 　(1)　第37条第1項の表の 　(2)　第37条の5第1項の表の 2　震災特例法 　・第12条第1項の表の	第　　　　号 第9号（23区・23区以外の集中地域・集中地域以外の地域） ㊀第1号（中高層耐火建築物・中高層の耐火建築物） 　第2号（中高層の耐火共同住宅） 　第1号（国内の土地等・減価償却資産） 　第2号（被災区域内の土地等・減価償却資産）		
取得価額の見積額	220,000,000 円	取得予定年月日	29 年 11 月 30 日
付記事項			

※　該当する部分を○で囲むか、該当する号数を記載してください。

（注）3に記載した買換（取得）予定資産を取得しなかった場合や買換（代替）資産の取得価額が見積額を下回っている場合などには、修正申告が必要になります。

関与税理士	松本税理士	電話番号	03－6410－○○○○

◆買換資産の引継価額◆

買換資産の引継価額は、次のとおりになります。

1. 買換資産の引継価額

   (1) 譲渡資産の譲渡価額

   230,000,000円

   (2) 譲渡資産の取得費及び譲渡費用

   119,408,000円 ＋ 7,460,000円 ＝ 126,868,000円

   (3) 買換資産の取得価額

   220,000,000円

   (4) 引継価額の算定（譲渡価額＞買換資産の取得価額）

   〔算式〕

   $$126,868,000円 \text{（取得費＋譲渡費用）} \times \frac{220,000,000円 \text{（買換資産の取得費）}}{230,000,000円 \text{（譲渡収入金額）}} = 121,352,000円$$

2. 引継価額の土地と建物への配分

   $$土地：121,352,000円 \times \frac{160,000,000円}{220,000,000円} = 88,256,000円$$

   $$建物：121,352,000円 \times \frac{60,000,000円}{220,000,000円} = 33,096,000円$$

5 既成市街地等内にある土地等の中高層耐火建築物等の建設のための交換の特例の概要

　本章の❷の「特定民間再開発事業の施行地区内における土地等及び建物等から中高層耐火建築物への買換えの特例」及び❹の「既成市街地等内における中高層の耐火共同住宅建設のための買換えの特例」に該当する資産の譲渡及び取得が交換の方法で行われた場合において、次の(1)又は(2)の場合に該当するときは、本章の❷の「特定民間再開発事業の施行地区内における土地等及び建物等から中高層耐火建築物への買換えの特例（措法37の5①一）」及び❹の「既成市街地等における中高層の耐火共同住宅建設のための買換えの特例（措法37の5①二）」を適用することができます（措法37の5④）。

(1) 所有していた土地等及び建物等と中高層耐火建築物又は中高層の耐火共同住宅と交換した場合

　交換譲渡資産は、その交換の日において、その日における時価相当額で譲渡があったものとし、また、交換取得資産は、その交換の日において、その交換日における時価相当額で取得したものとして、措置法第37条の5第1項一号及び二号の立体買換えの特例が受けられます。

(2) 上記(1)以外の場合で、その交換により交換差金（金銭）を取得し、その交換差金で「買換資産」を取得した場合

　特例対象とならない買換資産を交換により取得し、かつ、交換差金を受領した場合において、その交換差金で一定の要件に該当する中高層耐火建築物等を取得した場合には、交換日において、交換譲渡資産を時価相当額で譲渡があったこととし、交換差金で取得した新資産の取得価額

5 既成市街地等内にある土地等の中高層耐火建築物等の建設のための交換の特例の概要

(その取得価額が交換差金を超える場合には交換差金)を買換資産の取得価額として立体買換えの特例が受けられます。

なお、譲渡資産の交換につき、次の①から④までの特例の通用を受ける場合には、この交換の特例は適用されません。

したがって、これらの特例と、この交換の特例のいずれか一方を選択して適用することとなります(措令24の4①、25の4⑭、25の6②二)。

① 所得税法の交換の場合の課税の特例
② 特定の事業用資産の交換の特例
③ 特定の居住用財産を交換した場合の長期譲渡所得の課税の特例
④ 大規模な住宅地の造成のための交換等の場合の課税の特例

(3) その他

①譲渡所得の金額の計算、②交換取得資産の取得価額の計算及び③申告手続等については、本章❷の「特定民間再開発事業の施行地区内における土地等及び建物等から中高層耐火建築物への買換えの特例(措法37の5①)(294～298頁参照)」と原則として同じです。

第3章　立体買換え

Q & A

第3章　立体買換え

Q&A 65 （共通） 2つの立体買換えの特例の比較

措置法第37条の5《既成市街地等内にある土地等の中高層耐火建築物等の建設のための買換え及び交換の場合の譲渡所得の課税の特例》には、2つの立体買換えの特例が規定されていますが、この2つの特例の違いについて具体的に教えてください。

answer　措置法第37条の5に規定されている既成市街地等内にある土地等の中高層耐火建築物等の建設のための買換え等の特例は一号及び二号があり、一号が地上4階以上の耐火建築物を建築する特定民間再開発事業の用に供するための立体買換え、二号が地上3階以上の耐火共同住宅を建築する事業の用に供するための立体買換えをいいますが、具体的な相違点は次のとおりです。

	措法37の5①一	措法37の5①二
1　譲渡資産	(1)　土地若しくは土地の上に存する権利（以下、「土地等」といいます。） (2)　建物（その附属設備を含みます。） (3)　構築物 　なお、平成23年6月30日以後の譲渡にあっては、個人の事業の用に供されているものは除かれます。	(1)　土地等 (2)　建物（その附属設備を含みます。） (3)　構築物 　なお、譲渡した土地等、建物又は構築物の用途は要件とされていないので事業用又は居住用のほか「空閑地」も対象となります。
2　地区及び地域要件	(1)　措置法第37条第1項の表の一号に規定する既成市街地等 (2)　都市計画法第4条第1項に規定する都市計画に都市再開発法第2条の3第1項二号に掲げる地区として定められた地区	(1)　措置法第37条第1項の表の一号に規定する既成市街地等 (2)　首都圏整備法第2条第4項に規定する近郊整備地帯、近畿圏整備法第2条第4項に規定する近郊整備区域又は中部圏開

Q&A65（共通） 2つの立体買換えの特例の比較

		(3) 都市計画法第8条第1項三号に掲げる高度利用地区として定められた地区 (4) 都市計画法第12条の4第1項二号に掲げる防災街区整備地区計画及び同項四号に掲げる沿道地区計画の区域のうち、一定の要件に該当する区域 (5) 中心市街地の活性化に関する法律第16条第1項に規定する認定中心市街地の区域 (6) 都市再生特別措置法第2条第3項に規定する都市再生緊急整備地域及び同法第99条に規定する認定誘導事業計画の区域 (7) 都市の低炭素化の促進に関する法律第12条に規定する認定集約都市開発事業計画の区域のうち一定の要件に該当する区域	発整備法第2条第3項に規定する都市整備区域のうち、(1)に掲げる既成市街地等に準ずる区域 (3) 中心市街地の活性化に関する法律第12条第1項に規定する認定基本計画に基づいて行われる中心市街地共同住宅供給事業の区域
3	買換資産	建物及び構築物 なお、建物は、 (1) 地上4階以上のもの (2) 構造は耐火構造であること (3) 用途の制限はありません	建物及び構築物 なお、建物は、 (1) 地上3階以上のもの (2) 構造は耐火構造又は準耐火構造であること (3) 建物の全体の1/2以上が住宅であること
4	所有期間	所有期間の制限はない。	
5	建築場所	原則として、譲渡した土地等と同一敷地に建築したもの (注)例外として他の敷地上の一定の地区でかつ特定の事業により施行された建築物等も認められます。	譲渡した土地等と同一敷地に建築したもの
6	敷地について	(1) 施行地区の面積が1,000㎡以上であること (2) 都市計画施設や空地が確保されていること	制限はありません。

		(3) その土地の利用の共同化に寄与するものであること	
7	敷地の権利関係	敷地は共有関係	制限はありません。
8	買換資産の用途	自己又は親族の居住の用	(1) 自己又は親族の居住用 (2) 自己の事業用・貸付用 (3) 自己と生計を一にする親族の事業用
9	買換資産を建築する者	都道府県知事の認定を受けた者	(1) 譲渡資産を取得した者 (2) 譲渡資産を譲渡した者
10	転出者への特例	転出者に特別の事情（都道府県知事等が認定したものに限ります。）がある場合には特例があります。	転出者に対する特例はありません。

Q&A 66 (共通) 買換資産の取得(所有権移転リース)

措置法第37条の5《既成市街地等内にある土地等の中高層耐火建築物等の建設のための買換え及び交換の場合の譲渡所得の課税の特例》で規定する2つの立体買換え等の特例の適用にあたり、買換資産の取得については、贈与、交換又は所有権移転外リース取引は除くとされています。

このうちの所有権移転リースについて詳しく教えてください。

answer　買換資産の取得方法が、①贈与による取得、②交換による取得、又は③所有権移転外リース取引による場合には、この立体買換えの特例の適用を受けることができません(措法37の5①)。

なお、所有権移転外リース取引とは、平成20年4月1日以後に締結される契約に係る法人税法上のリース取引(以下「リース取引」といいます。)のうち、次のいずれにも該当しないものをいいます。

(1) リース期間の終了時又はその中途において、そのリース取引に係る契約において定められているリース取引の目的とされている資産(以下「リース資産」といいます。)を無償又は名目的な対価の額でそのリース取引に係る賃借人に譲渡するとされていること

(2) リース期間の終了時又は中途においてリース資産を著しく有利な価額で買い取る権利を賃借人に与えられていること

(3) 賃借人の特別な注文によって製作される機械装置のようにリース資産がその使用可能期間中その賃借人によってのみ使用されると見込まれるものであること、又は建築用足場材のようにリース資産の

識別が困難であると認められるものであること

(4) リース期間がリース資産の法定耐用年数に比して相当短いもの(注)（賃借人の法人税の負担を著しく軽減することになると認められるものに限ります。）であること

> (注)「リース期間がリース資産の法定耐用年数に比して相当短いもの」とは、リース期間がリース資産の法定耐用年数の70％（法定耐用年数が10年以上のリース資産については60％）に相当する年数（1年未満の端数切捨て）を下回る期間であるものをいいます。

所有権移転リース取引の判定

```
┌─────────────────────────────────────┐
│ リース期間終了時又はその中途において、リース資産  │──はい──→
│ が無償又は名目的な対価の額で賃借人に譲渡するとさ  │
│ れているか。                                    │
└─────────────────────────────────────┘
              ↓ いいえ
┌─────────────────────────────────────┐
│ 賃借人に対し、リース期間終了時又はその期間の中途  │──はい──→  所
│ において、リース資産を著しく有利な価額で買い取る  │          有
│ 権利が与えられているか。                        │          権
└─────────────────────────────────────┘          移
              ↓ いいえ                                      転
┌─────────────────────────────────────┐          リ
│ リース資産が賃借人の特別な注文により製作されるな  │          ー
│ ど、その使用可能期間中、賃借人によってのみ使用さ  │──はい──→  ス
│ れると見込まれるものであること又はリース資産の識  │          取
│ 別が困難であると認められるものか。              │          引
└─────────────────────────────────────┘
              ↓ いいえ
┌─────────────────────────────────────┐
│ リース期間がリース資産の耐用年数に比して相当短い  │
│ もの（賃借人の法人税の負担を著しく軽減することに  │──はい──→
│ なると認められるものに限ります。）か。          │
└─────────────────────────────────────┘
              ↓ いいえ
┌─────────────────────────────────────┐
│         所 有 権 移 転 外 リ ー ス 取 引         │
└─────────────────────────────────────┘
```

参 考

法人税法上のリース取引について

　法人が平成20年4月1日以後に締結する契約に係る賃貸借（リース）取引のうち一定のものは、法人税法上のリース取引として、その取引の目的となるリース資産の賃貸人から賃借人への引渡し（以下「リース譲渡」といいます。）の時にそのリース資産の売買があったものとされます。

　また、法人が譲受人から譲渡人に対する法人税法上のリース取引による賃貸を条件に資産の売買（いわゆるセール・アンド・リースバック取引）を行った場合において、その資産の種類、その売買及び賃貸に至るまでの事情などに照らし、これら一連の取引が実質的に金銭の貸借であると認められるときは、その売買はなかったものとされ、かつ、その譲受人（賃貸人）からその譲渡人（賃借人）に対する金銭の貸付けがあったものとされます。なお、法人税法上のリース取引とは、資産の賃貸借のうち、次の要件の全てを満たすものをいいます。

① リース期間中の中途解約が禁止されていること又は賃借人が中途解約する場合には未経過期間に対応するリース料の額の合計額のおおむね全部（原則として90％以上）を支払うこととされていること

② 賃借人がリース資産からもたらされる経済的な利益を実質的に享受することができ、かつ、リース資産の使用に伴って生ずる費用を実質的に負担すべきこととされていること

　なお、リース期間（契約の解除をすることができないものとされている期間に限ります。）において賃借人が支払うリース料の額の合計額がその資産の取得のために通常要する価額のおおむね90％相当額を超える場合には、リース資産の使用に伴って生ずる費用を実質的に負担すべきこととされているものであることに該当します。

Q&A 67 (共通) 買換資産の取得期限と使用期限

措置法第37条の5《既成市街地等内にある土地等の中高層耐火建築物等の建設のための買換え及び交換の場合の譲渡所得の課税の特例》で規定する2つの立体買換え等の特例の適用を受ける場合には、譲渡された土地等の上に建築された中高層耐火建築物(共同住宅)をいつまでに取得し、いつまでに使用しなければなりませんか。

answer

措置法第37条の5で規定する2つの立体買換えの特例の適用を受けるためには、原則として、譲渡した土地等の上に建築された中高層耐火建築物又は中高層の耐火共同住宅を取得することが条件とされていますが、その取得期限及び使用期限は次のとおりです。

なお、措置法第37条の5の立体買換えの特例は、措置法第37条の特定の事業用資産の買換えの特例と異なり、買換資産の先行取得制度はありません。

また、2つの立体買換えの特例のうち、一号の「特定民間再開発事業の施行地区内における土地及び建物等から中高層耐火建築物への買換えの特例」については、特定民間再開発事業の施行される地区以外でも、隣接した同一地区で行われる一定の事業により施行された中高層の耐火建築物も買換対象に含まれます。

1 取得制限

買換資産の取得期間は、次のとおりです(措法37の5②)。

Q&A67（共通）　買換資産の取得期限と使用期限

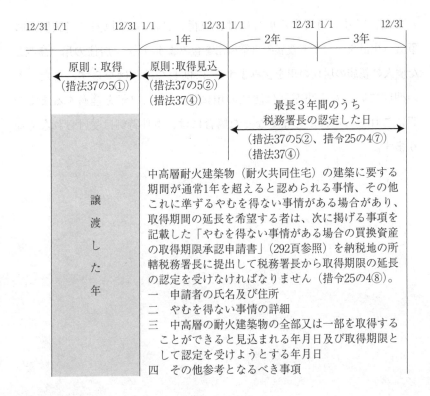

2　買換資産の用途及び使用期限

　使用期限については、一号の「特定民間再開発事業の施行地区内に土地等及び建物等から中高層耐火建築物への買換え」を適用するか二号の「中高層の耐火共同住宅建築のための買換え」を適用するかによって異なります。

　すなわち、一号を適用する場合には、取得の日から1年以内に当該個人（譲渡した個人の親族の居住用を含みます。）の居住の用に供しなければならず、また、その期間にいったん居住の用に供しても、1年を経過するまでの間に居住の用に供しなくなった場合には、本件特例は受けられなくなります。

また、二号を適用する場合には、取得の日から1年以内に当該個人の事業（生計を一にする親族の事業の用を含みます。）又は居住の用（譲渡した個人の親族の居住の用を含みます。）に供しなければならず、また、その期間にいったん事業又は居住の用に供しても、1年を経過するまでの間にこれらの用に供しなくなった場合には、本件特例は受けられなくなります。

Q&A 68（共通） 中高層耐火建築物等の取得期限及び延長の理由

　私は、既成市街地等内にある自己が所有する土地と当該土地の上に建てられる中高層耐火建築物の区分所有権とを等価交換する契約をデベロッパーと結びました。

　ところで、デベロッパーの話によると措置法第37条の5で定める立体買換え等の特例の適用に当たっては、買換え又は交換の対象となる買換資産又は交換取得資産は、一定期間内に取得しなければならないことのようですが、いつまでにこれら建物を取得すれば買換資産としてこの特例の適用を受けることができるのでしょうか。

answer

　措置法第37条の5の適用に当たっては、原則として買換資産の対象となる中高層耐火建築物等が譲渡の年の翌年12月31日までに建築され、かつ、その引渡しを受ければ買換資産として認められます。

　この場合に譲渡した日の属する年の翌年中に中高層の耐火建築物を取得する見込みの場合には、「買換（代替）資産の明細書」（337頁参照）を確定申告書に添付して取得価額の見積額により申告する必要があります。

　また、中高層耐火建築物等の建築に要する期間が1年を超えると認められる事情がある場合には、譲渡の年の翌年の12月31日以後2年の範囲内で、税務署長の認定した日までの取得期限の延長が認められます。

explanation

　買換資産は、原則として譲渡資産の譲渡の年又はその翌年中に取得す

る必要があります。ただし、譲渡をした年の翌年中に買換資産を取得する見込みの場合には、確定申告の際に「買換（代替）資産の明細書」を納税地の所轄税務署長に提出して、取得価額の見積額により本件特例の適用を受けることになります。

　また、中高層耐火建築物等の建築に要する期間が通常1年を超えると認められる事情、その他取得資産について次に掲げるようなやむを得ない事情があるため、譲渡した年の翌年中に買換資産の取得をすることが困難である場合には、譲渡の年の翌年の12月31日以後2年以内の範囲内で、税務署長が承認した日までの取得期限の延長が認められます（措令25の4⑦、措通37の5－10、37－27の2）。

(1)　法令の規制等によりその取得に関する計画の変更を余儀なくされたこと
(2)　売主その他の関係者との交渉が長びき容易にその取得ができないこと
(3)　(1)又は(2)に準ずる特別な事情があること

　なお、取得期間の延長について税務署長の承認を受けようとするときは、確定申告の際に次の事項を記載した「やむを得ない事情がある場合の買換資産の取得期限承認申請書」（292頁参照）を所轄税務署長に提出しなければなりません（措令25の4⑦）。

(1)　通常の取得期間内に取得することが困難であることについてのやむを得ない事情
(2)　買換資産の取得見込年月日及びその取得期間延長について承認を受けようとする日

Q&A68（共通） 中高層耐火建築物等の取得期限及び延長の理由

　　　　　　　　税務署　　　　　　　　　　　　　名簿番号
平成　年　月　日提出

買換（代替）資産の明細書

住　　所	
フリガナ	電話番号（　　）
氏　　名	

　交換・買換え（代替）の特例（租税特別措置法第33条、第36条の2、第37条、第37条の5又は震災特例法第12条）を受ける場合の、譲渡した資産の明細及び取得される予定の資産の明細について記載します。

1　特例適用条文　　（〔　〕欄については、該当する文字を○で囲んでください。）

〔租税特別措置法／震災特例法〕　第　　条　第　　項

2　譲渡した資産の明細

所　在　地			
資産の種類		数　量	㎡
譲渡価額	円	譲渡年月日	年　月　日

3　買い換える（取得する）予定の資産の明細

資産の種類		数　量	㎡
取得資産の該当条項（※）	1　租税特別措置法 　(1)　第37条第1項の表の 　(2)　第37条の5第1項の表の 2　震災特例法 　・第12条第1項の表の	第　　　号 第9号　（23区・23区以外の集中地域・集中地域以外の地域） 第1号　（中高層耐火建築物・中高層の耐火建築物） 第2号　（中高層の耐火共同住宅） 第1号　（国内の土地等・減価償却資産） 第2号　（被災区域内の土地等・減価償却資産）	
取得価額の見積額	円	取得予定年月日	年　月　日
付　記　事　項			

※　該当する部分を○で囲むか、該当する号数を記載してください。

(注)　3に記載した買換（取得）予定資産を取得しなかった場合や買換（代替）資産の取得価額が見積額を下回っている場合などには、修正申告が必要になります。

関与税理士		電話番号	

（資6－8－4－A4統一）
H27.11

第3章　立体買換え

Q&A 69 （共通） 地上4階又は地上3階の判定

　措置法第37条の5第1項一号で規定する特定民間再開発事業の用に供するための立体買換えの特例は、原則として、譲渡した土地等の上に地上4階以上の耐火建築物を建築することが要件とされ、また、二号で規定する中高層の耐火共同住宅を建築するための立体買換えでは、譲渡等した土地等の上に地上3階以上の耐火共同住宅を建築することが要件とされています。

　この場合において、3階以上又は4階以上であるかの判定の仕方について教えてください。

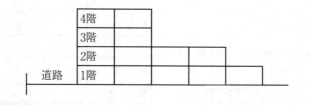

answer　特定民間再開発事業の施行によって建設された中高層耐火建築物等が地上4階以上の建物であるかを判定するに当たり、その建築物の一部分が、日照権やその建築物に面する道路幅等の制限から部分的に2階又は3階となっている場合、その建築物は4階以上とみなしていいかという問題があります。このような場合には、仮に建物の一部分に4階以下があったとしても、その建築物の他の部分が地上4階以上であれば、その建築物の全部を地上4階以上の建築物に該当するものとして取り扱うこととされています（措通37の5-2）。

　なお、この取扱いは二号で規定する中高層の耐火共同住宅の建設のた

めの買換えの場合の特例（措法37の5①二）の地上3階以上の建物であるかの判定においても同様に取り扱うとされています。

> explanation

　措置法第37条の5第1項一号に規定する特定民間再開発事業の用に供するための立体買換えの特例の適用を受けることができる買換資産とは、原則として、譲渡資産の上に建築された地上4階以上の中高層耐火建築物の全部又は一部（その敷地の用に供されている土地等を含みます。）と定められています（措法37の5①一）。

　ところで、これらの要件を満たす中高層耐火建築物が地上4階以上である建物であるかどうかを判定する場合、同じ建築物であっても、その建築物の一部分が日照権やその建築物に接する道路幅員等の制限などから部分的に3階又は2階とされているときには、その建物の全部を地上4階以上の中高層の建築物と見るべきかについて疑義があるところです。

　しかしながら、建築物の一部分に地上4階以上に満たない部分があっても、その建築物の他の部分に地上4階以上の部分があれば、その建築物の全部を地上4階以上の建築物に該当するものとして取り扱うこととされています（措通37の5-2）。

　なお、この取扱いは、二号で規定する中高層の耐火共同住宅の建設のための買換えの特例で規定する地上3階以上の建物の判定においても同様です。

第3章 立体買換え

Q&A 70（共通） 立体買換えの特例の対象地が2つあった場合の譲渡所得の計算

　私は、①港区内にある土地を8,000万円で譲渡し、その他の上に建築されたマンション1室を6,000万円で取得し、また②大田区にある土地を7,000万円で譲渡し、その土地の上に建築されたマンション1室を9,000万円で取得しました。

　この2つの土地の譲渡が立体買換えの特例の要件を満たしていた場合、譲渡所得の計算方法はどうなりますか。

① 　港区内の譲渡土地　　譲渡価額8,000万円　取得価額6,000万円
② 　大田区内の譲渡土地　譲渡価額7,000万円　取得価額8,000万円

answer

　同一年中に措置法第37条の5第1項に規定する立体買換えが2つ以上行われた場合（当該2つ以上の買換えに係る同項の表の一号又は二号に規定する事業の施行される土地の区域がそれぞれ異なる場合に限ります。）において、当該2つ以上の買換えについて立体買換えの特例の適用を受けるときの譲渡所得の計算（「譲渡がなかったもの」とされる部分の金額又は「譲渡があったもの」とされる部分の金額の計算）は、それぞれの買換えが行われたごとに計算します。

explanation

　ご質問の場合は、同一年中に行われた2つの立体買換えが措置法で認められる立体買換えの特例要件を満たしているということなので、それを前提に譲渡所得を計算の方法について考えてみると、立体買換えの特例は、原則として、譲渡した土地等の上に建築された中高層耐火建築物又は中高層の耐火共同住宅のみを買換資産とすることができることか

Q&A70（共通） 立体買換えの特例の対象地が2つあった場合の譲渡所得の計算

ら、「譲渡があった」ものとされる部分の収入金額の計算は、場所を異にする譲渡土地ごとに、その譲渡収入金額から、譲渡土地の上に建築された建築物の取得価額を控除して計算すると考えるのが相当です。

したがって、ご質問の場合では、港区内の土地の譲渡について譲渡があったものとされる部分の収入金額が算出されますが、大田区内の土地の譲渡については譲渡があったとされる部分の収入金額は0円となります。

したがって、措置法第37条の5の譲渡所得の計算は、譲渡した土地ごとに計算しますので両者の合計額によって計算するのではありません。

(1) 港区内の土地　　8,000万円 － 6,000万円 ＝ 2,000万円
(2) 大田区内の土地　7,000万円 － 8,000万円 ＝ △1,000万円⇒ 0円

なお、同一の買換資産の敷地となる土地等の譲渡が2つ以上ある場合又は譲渡した土地等の上に建設された建築物が2つ以上である場合で、そのいずれの資産についても立体買換えの特例の適用を受けるときの譲渡所得の計算方法は、その譲渡した2つの土地等の資産の譲渡収入金額の合計額及び買換資産として取得した2つの建築物の取得価額の合計額を基として、「譲渡がなかった」ものとされる部分の金額又は「譲渡があった」ものとされる部分の金額の計算を行うことになります。

第3章 立体買換え

Q&A 71 （共通） 等価交換契約書において譲渡価額及び取得価額の定めがない場合

私は、港区内に所有する土地をA社に譲渡し、その対価としてA社が譲渡した土地の上に建築する建物の一部（区分所有権）を取得する契約（等価交換契約）を締結しました。

しかし、私とA社の間で締結した等価交換契約書では土地の譲渡価額及び建物の取得価額について明示されていません。

この場合、譲渡所得の計算に当たって土地の譲渡収入金額は、どのようにして求めるのでしょうか。

answer

等価交換契約書において譲渡資産の譲渡価額を定めていない場合には、原則として、交換によって取得する買換資産（マンションの一室）の取得時の時価に相当する金額を譲渡収入金額として申告することになります。

ただし、譲渡土地の契約時における時価を適正に算定できる場合には、契約ベースで当該土地の時価を収入金額として申告することも可能です。

explanation

立体買換えの対象となる既成市街地等内にある土地等、建物及び構築物（以下「譲渡資産」といいます。）を譲渡し、その土地等の上に建築される中高層耐火建築物等を取得する等価交換契約のうちには、完成後の建物等の価額が未確定であること等から譲渡資産の譲渡価額及び買換資産の取得価額について、金額を記載しないものも見受けられます。

ただし、このような場合でも取引当事者間では、譲渡資産の時価及び

Q&A71（共通） 等価交換契約書において譲渡価額及び取得価額の定めがない場合

買換資産の時価を認識して等価交換契約を締結しているものと考えますので、見方によってはそれぞれの資産の時価に基づき申告することは可能ということもできます。

　なお、実務上、等価交換方式によるマンション等の建設が措置法第37条の5の要件を満たす場合は、その譲渡収入金額は同条第4項の規定によりその交換時における交換譲渡資産及び交換取得資産の価額（時価）を基として計算をすることになりますが、一般的には譲渡所得が算出されるケースは少ないので、課税上の問題は比較的少ないものと考えます。

　これに対し、土地等の所有者がデベロッパーにいったん土地等を譲渡し、建物の完成時にその建物の一部（又はその敷地の共有部分）を取得する場合には、譲渡土地の譲渡価額を定めて契約するものと譲渡土地等の譲渡価額を定めず、建築された建物の部分を土地等の譲渡の対価として取得することを約すものとがあります。そして、後者の場合には所得税法第36条の規定により、取得する建物の価額に相当する金額を当該土地等の譲渡による収入金額として譲渡所得の計算をすることが建前ですが、取得する建物の価額が確定しない限り譲渡収入金額を算定することができないことから契約ベースで申告することは、実際にはできないこととなります。

　しかし、このような買換えの場合には、土地所有者にしてみれば、譲渡土地等の契約時における価額で既に譲渡しているという認識が極めて強いので、契約時における譲渡土地等の価額に相当する金額を譲渡収入金額として申告があったとき、その算定に合理性がある限り、契約ベースでの申告を認めるとされています（措通37の5−7）。

　上記より、立体買換えの特例に関して、契約において譲渡土地の価額が定められている場合又は定められていない場合の取扱いは次のとおりです。

第3章　立体買換え

1　譲渡契約において譲渡価額を定めている場合

　契約において定められた譲渡価額（適正な取引価額）が譲渡収入金額となります。

2　譲渡契約において譲渡価額を定めていない場合

(1)　買換資産の取得時の価額（時価）に相当する金額が収入金額となります。

　　この場合における買換資産の時価は、第三者に分譲販売されている価額（一般に土地の取得費及び建物の建築費等に建設業者等の適正利潤相当額を加算した金額を基として計算されます。）を基に算定された金額によることになります。

　　ただし、この場合には、取得する建物の価額が確定しない限り譲渡収入金額を算定することができないことから、引渡基準で申告するしか方法がありません。

(2)　契約ベースで申告する場合（未だ買換資産が完成していない状態では、取得する建物の価額が確定していないので取得する建物の価額が確定しない）において、譲渡資産のその契約時における価額に相当する金額を収入金額として算定しているときは、その価額がその譲渡をするに至った事情等に照らし合理的に算定していると認められる限り、その申告を認めることとされています。

> （注）　この場合の買換資産の措置法第37条の5第1項に規定する取得価額は、当該契約時における当該譲渡資産の価額（買換資産の取得に伴って金銭その他の資産を交付し、又は給付するときは、当該金銭の額並びに金銭以外の資産の価額を当該譲渡資産の価額に加算し又は当該価額から控除した価額）によることになります。

Q&A71（共通）　等価交換契約書において譲渡価額及び取得価額の定めがない場合

　なお、ご質問の場合にも契約の効力発生の日の属する年分で申告することも認められますが、その場合の譲渡収入金額は、買換資産の価額が不明なことから上記(2)のとおり、当該譲渡資産の時価であり、かつその価額が譲渡に至った事情等に照らし合理的に算定されていることが必要です。

第3章 立体買換え

Q&A 72 (一号関係) 事業の用に供していた土地等及び建物等が適用除外となる理由

特定民間再開発事業のための土地等及び建物等から中高層耐火建築物への買換えの特例（措法37の5①一）では、平成23年6月30日以後、事業の用に供されているものについては適用除外となりましたが、その理由を教えてください。

answer 　立体買換えの特例は、既成市街地等内における都市の再開発や土地所有者が自ら行う立体化・高度化による土地の有効利用を推進するために、既成市街地等内にある土地等を譲渡して、その土地等の上に建築される中高層の耐火建築物及びその敷地を取得する場合において、いわば政策的な見地から、いわゆる取得価額の引継ぎによる課税の繰延べ（買換え特例）を認める制度です。

　この立体買換えの特例は、従来、個人の場合には、事業の用及びそれ以外の用に供されていた土地等（居住の用に供されている土地等）についても、特例の適用を認めていたため、事業用資産について課税の繰延べの特例を認めている措置法第37条の「特定の事業用資産の買換等の場合の譲渡所得の課税の特例」（以下「特定事業用資産の買換え特例」といいます。）とは別にこの特例が定められていました（措法37の5）。

　他方、法人には居住用又は事業用といった概念がありませんが、法人に対しては、個人の事業用資産の買換え特例に相当する「特定の資産の買換えの場合の課税の特例（措法65の7）」（以下「特定資産の買換え特例」といいます。）があり、その中に、措置法第37条の5と同様の買換えの規定が設けられていました（旧措法65の7①十二）。

　ところで、平成23年度税制改正において、法人の特定資産の買換え特

Q&A72（一号関係） 事業の用に供していた土地等及び建物等が適用除外となる理由

例の見直しが行われ、この特定民間再開発事業の施行による中高層耐火建築物への買換えがこの特例対象から除外されました。

これによって個人の土地所有者についても、法人の特定資産の買換え特例とのバランスから、特定民間再開発事業の施行による中高層耐火建築物への買換えについて、適用対象となる譲渡資産から個人の事業用資産を除外し、さらに、取得した買換資産をその個人の事業の用に供する場合（取得した後、1年以内に居住の用に供しなければなりません。）には、この特例の対象外となるよう改正されました。

したがって、平成23年6月30日以後に、事業用資産を譲渡した場合には、措置法第37条の5第1項一号の規定の適用はなく、措置法第37条の「特定の事業用資産の買換等の場合の譲渡所得の課税の特例」だけの適用を選択することができます。

第3章　立体買換え

Q&A 73 （一号関係） 譲渡した土地等の上に中高層の耐火建築物が建築されない場合

措置法第37条の5で規定する立体買換えの特例は、譲渡した土地等及び建物等の敷地の上に建築された建築物等を取得することが要件となっていますが、一号で規定する特定民間再開発事業の用に供するための立体買換えは、この要件が緩和されていると聞きました。この点について詳しく教えてください。

answer　措置法第37条の5第1項一号は、特定民間再開発事業の用に供するため土地等又は建物等を譲渡した場合の立体買換えの特例について規定していますが、この場合の買換資産は、譲渡した土地等及び建物等の用に供されていた土地等の上に建築された地上4階以上の中高層耐火建築物又はその建築物に係る構築物の全部又は一部（それらの敷地の用に供されている土地等を含みます。）とされています。

したがって、買換えによって取得する中高層耐火建築物等は譲渡された土地等又は建物等の敷地の上に建てられたものである必要がありますが、特定民間再開発事業の施行される地区内と同一地区で行われる、①他の特定民間再開発事業、②措置法第31条の2第2項十一号に規定する事業及び③第一種市街地再開発事業又は第二種再開発事業の施行により建築された中高層の耐火建築物も適用対象とされています。

すなわち、前記①～③の事業が、譲渡資産が買い取られた基因となる「特定民間再開発事業が施行される地区」と同一地区で行われていれば当該①～③の事業により施行された中高層の耐火建築物も買換資産の対象となるわけですが、ここでいう同一地区の範囲については、次のような疑義が生じます。

Q&A73（一号関係） 譲渡した土地等の上に中高層の耐火建築物が建築されない場合

　すなわち、例えば、東京都内のＡ高度利用地区にある土地等を特定民間再開発事業のために譲渡し、大阪市内のＢ高度利用地区において施行された他の特定民間再開発事業により建築された中高層の耐火建築物を買換資産として取得する場合、ともに高度利用地区内で行われているから同一地区ということができるかという疑問ですが、このような場合には明らかに距離が離れていて同一地区ということはできませんので適用対象から外れます。

　したがって、特定民間再開発事業の施行される地区と「同一地区」とは、譲渡資産である土地等又は建物等が買い取られる基因となった特定民間再開発事業が施行される土地の区域が高度利用地区など一定の地区内に存する場合において、それに隣接した同じ地域地区で行われる前記①～③の事業の施行地区が該当します。

　先述の例で、東京都内のＡ高度利用地区に存する土地及び建物等を「特定民間再開発事業」のために譲渡した場合には、同じＡ高度利用地区で施行される「他の特定民間再開発事業等（①～③の事業）」により建築された中高層の耐火建築物が適用対象となる買換資産に該当し、それとは異なる地域地区や同じ高度利用地区にあっても場所が全く異なる地区に存する中高層の耐火建築物は適用対象とはなりません。

〔他の敷地上の中高層の耐火建築物等が買換資産と認められるケース〕

	特定民間再開発事業が施行される地区	左記の地区で行われる中高層の耐火建築物を建築する事業
買換資産	1　都市計画に都市再開発法第2条の3第1項二号に掲げる地区として定められた地区	①　その地区内で施行される他の特定民間再開発事業 ②　措置法第31条の2第2項十一号に規定する事業（地上4階以上の中高層の耐火建築物の建築をする政令で定める事業） ③　都市再開発法による第一種市街地再開発事業又は第二種市街地再開発事業
	2　都市計画に高度利用地区として定められた地区	
	3　都市計画に、防災街区整備地区計画及び沿道地区計画の区域として定められた地区	
	4　認定中心市街地の区域として定められた一定の地区	
	5　都市計画に都市再生緊急整備地域として定められた地域	
	6　都市計画に認定誘導事業計画の区域として定められた一定の区域	
	7　都市計画に認定集約都市開発事業計画の区域として定められた一定の区域	

〔具体例〕

例えば、従前の土地の所有者（甲～乙）の土地の利用状況が次の(1)のような場合において特定民間再開発事業の用に供するためにこれらの土地を譲渡しましたが、同一地区内では第一種市街地再開発事業による中高層の耐火建築物の建築事業も行われていました。

そして、これらの事業の施行により、次の(2)のような2棟の中高層耐火建物及び中高層の耐火建築物が建ち上がりましたが、土地の所有者（甲）及び（丙）は、譲渡した土地の上に建てられた中高層耐火建物の一部を取得するのに対し、（乙）及び（丁）は、譲渡した土地ではない

Q&A73（一号関係） 譲渡した土地等の上に中高層の耐火建築物が建築されない場合

土地の上に建築された中高層の耐火建築物の一部を取得することになっています。

このような場合において、(乙)及び(丁)は、もともと特定民間再開発事業の用のために土地を譲渡しており、また、同地区で施行された第一種市街地再開発事業により建築された中高層の耐火建築物を取得していますので措置法第37条の5第1項一号の適用が認められることになります。

この取扱いは、譲渡した土地等とは位置的に離れた別の中高層の耐火建築物であっても、隣接する同一地区でかつ、一定の事業の施行により建築されたものであれば買換資産の対象として認めるというものです。

(1) 従前土地の利用状況

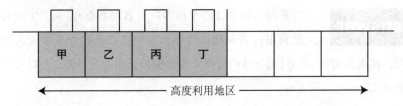

(2) 建物完成後の利用状況

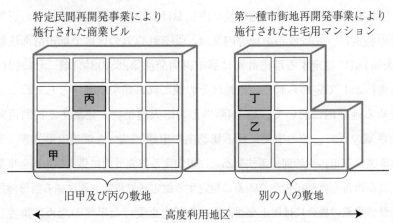

Q&A 74 (一号関係) 土地利用の共同化に寄与するものであるかどうかの判定

　私は、既成市街地内に1,500㎡の土地を所有していましたが（事業の用には供していません。）、建設会社から再開発の話があり、その土地を譲渡する代わり、その対価としててその土地の上に建築される中高層建築物と土地の一部を取得することにしました。

　この事業の施行地内に土地等を有する者は、私だけですが、特定民間再開発事業の施行地区内における中高層耐火建築物への買換えの特例の適用（措法37の5①一）を受けることができるでしょうか。

answer　ご質問の場合は、土地の所有者があなた1人ですから土地利用の共同化に寄与していることになりませんので、措置法37条の5第1項一号の買換えの特例の適用を受けることはできません。

explanation

　特定民間再開発事業の施行地区内における中高層耐火建築物への買換えの特例は、①既成市街地等内又は、②それ以外の区域で都市計画法第4条第1項に規定する都市計画に都市再開発法第2条の3第1項二号に掲げる地区として定められている地区その他これに類する地区として政令で定める地区内において、地上4階以上の耐火建築物を建築する民間再開発事業のうち、その事業に係る建築主の申請に基づき都道府県知事（その事業が都市再生特別措置法第25条に規定する認定計画に係る都市再生事業又は都市再生特別措置法第99条に規定する認定誘導事業計画に係る誘導施設等整備事業の場合には国土交通大臣）の認定を受けた事業のために譲渡し

Q&A74(一号関係) 土地利用の共同化に寄与するものであるかどうかの判定

た場合について適用があります。

　この場合、都道府県知事の認定を受けるためには、次に掲げる要件の全てを満たす必要があります（措令25の4②③、措規18の6①）。

(1)　その事業の施行される土地の区域の面積が、1,000㎡以上であること

(2)　その事業の施行地区内において都市計画法で定める都市計画施設又は地区施設の用に供される土地又は建築基準法施行令第136条第1項に規定する空地が確保されていること

(3)　その事業の施行地区の土地利用の共同化に寄与するものとして、次のいずれかの要件を満たしていること
　①　その事業の施行地区内の土地（借地権の設定の目的となっている土地のうち、いわゆる底地権者は除かれます。）につき所有権を有する者又は借地権を有する者が2人以上いること（区画された一つの土地に係る所有権又は借地権が2以上の者により共有されていたとしてもカウントにあたっては「1人」とみなすこととされています。）
　②　中高層耐火建築物の建築後における施行地区内の土地に係る所有権又は借地権が、前記①の所有権者若しくは借地権者又はこれらの者及び中高層耐火建築物を所有することとなる者の2人以上の者により共有されるものであること

　　(注)　その事業の施行後の中高層耐火建築物の敷地については、その施行地区内の従前の土地の所有権者若しくは借地権者のみにより共有される場合又は従前の土地の所有権者若しくは借地権者と中高層耐火建築物を所有することとなる者とにより共有される場合が該当します。
　　　ただし、この場合における共有関係は、敷地の所有権そのものに限らず、

> その敷地に係る借地権（いわゆる共同地上権設定方式）でもよいこととされています。

　したがって、ご質問の場合には土地の所有者は、あなただけですから上記(3)の要件に該当しませんので、措置法37条の5第1項一号の適用を受けることはできません。
　なお、上記(3)の要件について図示すると次のようになります。

Q&A74（一号関係） 土地利用の共同化に寄与するものであるかどうかの判定

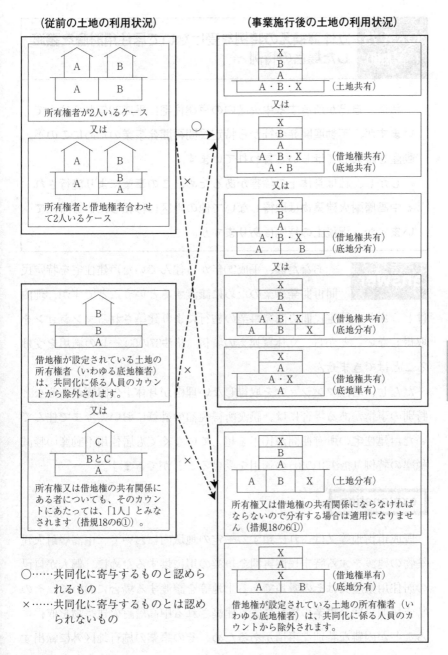

第3章 立体買換え

Q&A 75 (一号関係) 立体買換えの特例を受けないで居住用財産を譲渡した場合の特例

私は、自己が所有する中央区内の戸建住宅に平成20年から住んでいますが、不動産開発会社から特定民間再開発事業のためにこの不動産を譲渡してほしいと言われています。

しかし、私は身体上の障害があるため、この事業により施行される中高層耐火建築物は取得しないで他の地区に移転したいと考えていますが、課税上の特例はありますか。

answer

あなたは、平成20年から住んでいた戸建住宅を特定民間再開発事業のために譲渡するということですが、理由はどうあれ、特定民間再開発事業の施行により建築されるマンションを取得しないことから、立体買換えの特例（措法37の5①一）の適用を受けることはできません。

ただし、当該マンションを取得しない理由が身体上の障害があるなど特別の事情がある場合には、譲渡所得税額の計算において今まで住んでいた戸建住宅の所有期間が10年を超えていなくても居住用不動産の軽減税率の特例（措法31の3）の適用を受けることができます。

explanation

既成市街地等又はこれに類する一定の地域内において、中高層耐火建築物の建設をする特定民間再開発事業の用に供するために、個人が自己の居住用家屋又はその敷地である土地等を譲渡する場合において、その特定民間再開発事業の施行により建築される中高層耐火建築物を取得することが困難な特別な事情があるため、その事業の施行地区外に転出す

Q&A75（一号関係）　立体買換えの特例を受けないで居住用財産を譲渡した場合の特例

る場合には、その譲渡の年の1月1日現在において譲渡不動産の所有期間が10年以下であっても、措置法第31条の3第2項に規定する居住用財産の要件を満たすことを条件として、居住用財産の軽減税率の特例（措法31の3）の適用を受けることができます（措法37の5⑤）。

なお、この特例の適用を受けるためには、資産（居住用不動産）の譲渡が特定民間再開発事業により建築される中高層耐火建築物の建築に係る確認済証の交付があった日の翌日から同日以後6か月を経過する日までに行われた場合に限り適用することができます（措令25の4⑲）。

また、あなたは居住用不動産に住んでいたので措置法第35条の3,000万控除の特例を適用することもできますが、仮に、本件特例（措法37の5⑤）の適用によって措置法第31条の3に規定する居住用不動産の軽減税率の適用を受ける場合には、措置法第37条の5第1項において同条と措置法第35条は適用できないとされているので「3,000万円控除の特例」は適用できないことになります。

Q&A 76 (一号関係) 中高層耐火建築物を取得できない特別の事情

特定民間再開発事業施行のための買換えの特例(措法37の5①一)では、所有期間が10年以下の居住用不動産を譲渡した場合であってもやむを得ない事情により特定民間再開発事業の施行により建築された中高層の耐火建築物を取得できない場合には、措置法第31条の3に規定する居住用不動産の軽減税率の特例の適用が認められると聞いています。この「やむを得ない特別の事情」について教えてください。

answer　特定民間再開発事業の施行により建築される中高層耐火建築物等の取得が困難である「特別の事情」とは、次の(1)〜(3)のいずれかの事情に該当するため、特定民間再開発事業により建築される中高層耐火建築物等を取得して、居住の用に供することが困難である場合をいいます（措法37の5⑤、措令25の4⑯、措規18の6③）。

ただし、譲渡資産の譲渡者及び中高層耐火建築物の建築主の申請に基づき、都道府県知事が「特例の事情」を認定しない限り、軽減税率の適用を受けることはできません。

(1) 譲渡者又は譲渡者と同居を常況とする者が老齢であるか又はその者に身体上の障害があること（措令25の4⑯）

(2) 特定民間再開発事業により建築される中高層耐火建築物の用途が専ら業務の用に供する目的で設計されたものであること（措規18の6③）

(3) 中高層耐火建築物が住宅の用に供するのに不適当な構造、配置及び利用状況にあると認められるものであること（措規18の6③）

Q&A 77 (二号関係) 中高層の耐火共同住宅の意義

私は目黒区内に所有する土地について、建設会社から中高層の耐火共同住宅の建築のために譲渡してほしいと言われています。

ところで、中高層の耐火共同住宅の建築のために土地等を譲渡した場合には、立体買換えの特例の適用ができると聞きましたが、「中高層の耐火共同住宅」とは、1棟の建物を構造上区分し、独立して居住の用又は事業の用に供することができる建物（区分所有建物）でなければいけないのでしょうか。

answer

譲渡した土地等の上に建築される中高層の耐火共同住宅は、必ずしも分譲マンションのように構造上区分され、独立して居住の用又は事業の用に供することができるいわゆる区分所有建物にしなければならないということはありません。

したがって、建物の区分所有等に関する法律の対象とならない建物であっても一定の要件を満たせば、立体買換えの特例を適用することができます。

explanation

措置法第37条の5第1項二号で規定する「中高層の耐火共同住宅」とは、次の4つの要件をすべて満たす建築物をいうとされています（措法37の5①二、措令25の4⑤）。

(1) 中高層の耐火共同住宅は、譲渡資産の取得者、又は譲渡者が建築したものであること

(2) 中高層の耐火共同住宅は、譲渡した土地の上に建築される地上3階以上の建築物であること

(3) 中高層の耐火共同住宅は、耐火建築物又は準耐火建築物であること

(4) 中高層の耐火共同住宅の建築物の床面積の1/2以上に相当する部分が専ら居住の用（居住の用に供される部分に係る廊下、階段その他その共用に供されるべき部分を含みます。）に供されるものであること

　上記のとおり、建築される中高層の耐火共同住宅は、分譲マンションのように区分所有建物にしなければならないとされているわけではないので、建物の区分所有等に関する法律の対象とならない建物であっても上記の(1)から(4)の要件を満たしていれば、買換資産の対象として認められると考えられます。

Q&A 78 (二号関係) 中高層の耐火共同住宅を建築する者の要件

中高層の耐火共同住宅の建設のための買換えの特例（措法37の5①二）では、その中高層の耐火共同住宅は、①譲渡資産を取得した者（買主）のほかに、②譲渡資産を譲渡した売主が建築したものも含まれていますが、①の譲渡資産を取得した買主が死亡してしまったようなケースについて詳しく教えてください。

answer

中高層の耐火共同住宅の建設のための買換えの特例の適用にあたっては、買換えにより取得する耐火共同住宅は、譲渡資産の取得者又は譲渡資産を譲渡した売主が建築したものでなければならないとされています（措令25の4⑤）。

ただし、譲渡資産を取得した者（買主・通常は建設会社、デベロッパー等）については、次の(1)及び(2)の場合において例外が認められており、直接の買主でなくても(1)及び(2)で規定する者が建築した場合も買換資産の対象として認められます。

(1) 譲渡資産を取得した者（買主）が個人でその人が死亡した場合

その譲渡資産を取得した者（買主）が個人でその人の死亡により当該建築物の建築に関する事業を承継した当該個人の相続人又は包括受遺者が建築したもの

(2) 譲渡資産を取得した者（買主）が法人でその法人が合併等をした場合

譲渡資産を取得した法人の合併により、当該建築物の建築に関する事

業を引き継いだ合併法人が建築したもの、及び当該法人の分割により当該建築物の建築に関する事業を引き継いだ分割承継法人が建築したもの

　なお、個人が直接、中高層の耐火共同住宅を建築する業者（デベロッパー等）に土地等を譲渡するのではなく、いったん、地元の建設会社に譲渡し、その後、地元の建設会社が大手のデベロッパー等に土地を転売するような場合には、本件特例の適用はできません。
　すなわち、ここでいう譲渡資産を取得した者（買主）が中高層の耐火共同住宅を建築するというのは、その買主が建築主として建築するということであって、先の例で仮に大手デベロッパーから地元の建設会社に建築の依頼があった場合でも、その場合には地元の建設会社が請負業者として施工するだけのことですので、買主が建築したものに該当しないことになります。

Q&A 79 (二号関係) 容積率の異なる地域にまたがる一団の土地の上に2棟の中高層耐火共同住宅が建築される場合

商業地域と準工業地域にまたがる地域に所在する一区画内に相互に隣接して土地を所有する甲、乙及び丙（以下「甲ら」といいます。）は、デベロッパーから地上階数3階以上の中高層の耐火共同住宅を建築したいので土地を譲渡してほしいと言われています。

ところで、商業地域と準工業地域とでは適用される容積率が異なる（商業地域500％、準工業地域300％）ことから、当該事業では容積率を最大限に有効活用するために商業地域に所在する土地上にA建物を、準工業地域に所在する土地上にB建物をそれぞれ建築する計画です（次頁【想定図】参照）。

このような前提で、取得する建物が次のいずれの場合であっても、中高層の耐火共同住宅建設のための買換えの特例（措法37の5①二）に規定する買換資産に該当すると考えてよいでしょうか。なお、A建物及びB建物とも、「地上階数3階以上の中高層の耐火共同住宅」の要件は満たしています。

(1) 商業地域に所在する土地の所有者甲が、準工業地域に所在する土地上に建築されるB建物の一部を取得する場合

(2) 商業地域と準工業地域にまたがって所在する土地の所有者乙が、A建物とB建物の双方の一部を取得する場合、又はA建物とB建物のいずれか一方の一部を取得する場合

第3章 立体買換え

(3) 準工業地域に所在する土地の所有者丙が、商業地域に所在する土地上に建築されるA建物の一部を取得する場合

【想定図】

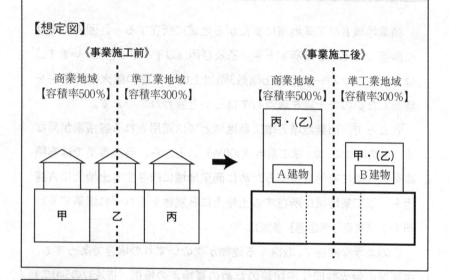

answer 措置法第37条の5第1項二号では、譲渡資産について既成市街地等内にある「……土地等、建物又は構築物で……土地等の上に地上階数三以上の中高層の耐火共同住宅……の建築をする事業の用に供するために譲渡をされるもの……」と規定した上で、買換資産については「当該事業の施行により当該土地等の上に建築された耐火共同住宅（当該耐火共同住宅の敷地の用に供される土地等を含む。）……」と規定しています。

したがって、本件特例の買換資産には、「地上階数三以上の中高層の耐火共同住宅の建築をする事業の用に供するために譲渡した（既成市街地等内にある）土地等の上に建築された耐火共同住宅（当該耐火共同住宅の敷地の用に供されている土地等を含む。）」が該当することとなると考えられます。

Q&A79（二号関係） 容積率の異なる地域にまたがる一団の土地の上に2棟の中高層耐火共同住宅が建築される場合

　ところで、甲及び丙は、自らが譲渡した土地の上に建築されたものではない建物の一部を取得する予定ですが、このような建物を甲及び丙が取得する場合には、「譲渡された土地の上に建築された建物」の取得に該当せず、本件特例の適用を受けることはできないのではないかとの疑義が生じます。

　しかしながら、本件特例が既成市街地等内の特定の区域について、立体化・高度化による土地の有効利用を推進するとの観点から設けられたものであることを踏まえれば、本件特例は、地上階数3階以上の中高層の耐火共同住宅が建築される区域全体を対象（単位）として適用されるものであると解されます。

　したがって、本件特例における「譲渡された土地の上に建築された建物」とは、「譲渡された土地を含む一団の土地の上に建築された建物」と解するのが相当であると考えられます。

　ご質問の場合において、甲らから開発業者に譲渡される土地は、一区画内で相互に隣接して物理的に一体となっている土地であることから、一団の土地を形成していると把握することが相当であると考えられます。

　そして、A建物及びB建物は、一つの事業により甲らが譲渡した土地を含む一団の土地の上に建築されることとなりますので、いずれも措置法第37条の5第1項二号にいう「譲渡された土地の上に建築された建物」に該当するものと考えるのが相当であり、土地を譲渡した甲らがA建物とB建物のいずれの部分を取得しても、本件特例の買換資産の取得に該当するものと考えられます。

　以上のことから、(1)から(3)のいずれの場合であっても、本件特例の買換資産の取得に該当し、本件特例の適用があるものと解されます（東京国税局・文書回答事例・平成28年3月15日）。

Q&A 80 (二号関係) 譲渡する土地のうち、中高層の耐火共同住宅の敷地の用に供されない部分がある場合

　私は、中高層の耐火共同住宅を建設する事業のため土地等をデベロッパーに譲渡し、その対価としてデベロッパーが建築する中高層の耐火共同住宅の一部を取得する予定です。ところで、この事業施行地については、防災上及び交通上の観点から市道が新たに設けられますが、私が譲渡する土地の部分は最終的に当該市道用地として市に寄付されるようです。

　このような場合、私が譲渡する土地は、事業施行後市道として利用されることになりますが、それでも中高層の耐火共同住宅の建設のための買換えの特例の適用を受けることができますか。

answer

　譲渡した土地が中高層の耐火共同住宅を建築する事業の施行区域内にあると認められる場合には、譲渡した土地が事業の施行により建築される建築物の敷地ではなく、市道用地となる場合であっても、中高層の耐火共同住宅の建設のための買換えの特例（措法37の5①二）の適用を受けることができます。

explanation

　中高層の耐火共同住宅の建設のための買換えの特例（措法37の5①二）は、土地等又は建物等の譲渡をし、その土地の上に建築された中高層の耐火共同住宅を取得することが特例の要件となっております。

　したがって、譲渡される土地等は、原則として、当該中高層の耐火共同住宅の敷地として利用されることが必要になります。

　しかし、市の開発指導要綱等により、公共施設や公益的施設の設置が

Q&A80（二号関係）　譲渡する土地のうち、中高層の耐火共同住宅の敷地の用に供されない部分がある場合

開発許可等の条件とされる場合も多く、譲渡した土地等の全部又は一部が物理的に中高層の耐火共同住宅の敷地の用に供されていないことだけをもって特例の適用が認められないとするのは実情に則したものとはいえません。

　このような場合は、中高層の耐火共同住宅の事業が行われていない区域の建築物等を取得した場合とは全く異なるので、その場合とは明確に区別して考える必要があります。

　したがって、譲渡した土地等が中高層の耐火共同住宅を建築する事業の施行されている区域内にあれば、事業の施行後に譲渡した土地が道路用地として利用されることになったとしても特例の適用が受けられると考えられます。

Q&A 81 (二号関係) 譲渡した者が買換資産である中高層の耐火共同住宅を建築しているケース

　中高層の耐火共同住宅を建設するために土地等及び建物等を譲渡した場合には立体買換えの特例（措法37の5①二）の適用が考えられますが、この場合、対価として取得する中高層の耐火共同住宅には、土地等及び建物等を譲渡した相手方（買主）が建築したもののほか、土地等及び建物等を譲渡した者が建築したものも含まれています。

　この場合、土地等及び建物等を譲渡した者が建築する場合とはどういうケースをいうのでしょうか。

answer　中高層の耐火共同住宅を土地等及び建物等の譲渡者が建設するようなケースは次のような場合です。

　すなわち、おおむね10年以上所有している土地等の上に自ら中高層の耐火共同住宅を建築し、当該建築した日から同日の属する12月31日までに中高層の耐火共同住宅の一部とともに、当該土地等の一部を譲渡した場合には、当該譲渡した土地等を譲渡資産とし、当該建設した中高層の耐火共同住宅（譲渡された部分は除きます）を買換資産として、措置法第37条の5第1項二号の適用を受けることができます。

explanation

　自己の所有土地等の上に建物を建築し、その建物と共にその敷地の用に供されている土地等を譲渡した場合には、その土地等の譲渡による所得は、原則として、事業所得又は雑所得として扱われますが、その土地等が極めて長期間（おおむね10年以上）保有されていたときは、建物を建築したことによる利益に対応する部分は事業所得又は雑所得とし、そ

Q&A81（二号関係） 譲渡した者が買換資産である中高層の耐火共同住宅を建築しているケース

の他の部分は譲渡所得として、取り扱っても差し支えないこととされています（所基通33-4、5）。

また、この取扱いにより譲渡所得として課税される部分があるときには、措置法第37条の5第1項二号に規定される、中高層の耐火共同住宅の建設のための買換えの特例の適用を受けることができます（措通37の5-4の2）。

すなわち、自己が所有する土地の上に自らが中高層の耐火共同住宅を建築した後、その建物と敷地の一部を譲渡する場合には、その土地の譲渡対価（譲渡所得とに課税される部分に限ります。）により、自己が分譲せずに所有することとなる耐火共同住宅を買換取得したもの（自ら耐火共同住宅を建築した日が共同住宅を分譲した日より前の場合には、譲渡した年の1月1日以後に共同住宅を建築した場合に限ります。）としてこの規定を適用することができます（措通37の5-4、4の2）。

第3章 立体買換え

Q&A 82 （二号関係） 中高層の耐火共同住宅を譲渡の前に取得していた場合

　私は、新宿区内の自己の所有地の上に、銀行からの借入金により地上8階建ての共同住宅（区分所有建物）を建築し、平成27年の2月に引渡しを受けました。その後、11月に共同住宅の一部を譲渡し、借入金の返済にあてています。このように、中高層の耐火共同住宅の取得が所有する土地等の譲渡より先だった場合でも、措置法第37条の5第1項二号の適用が受けられるでしょうか。

answer

　ご質問の場合は、措置法第37条の5第1項二号の要件を満たす中高層の耐火共同住宅を自ら建築した後、その共同住宅（建築物とその敷地）を譲渡し、その敷地の譲渡について中高層の耐火共同住宅建設のための立体買換えの特例の適用を考えているのだと思いますが、立体買換えの特例は、買換資産の先行取得を認めていないので、譲渡があった日より前に買換資産を取得しているケース（本件では、先に中高層の耐火共同住宅を建築して、引渡しを受けている。）において、特例の適用が問題となります。

　このような場合においては、共同住宅を譲渡した日の属する年に中高層の共同住宅の引渡しを受けていれば、当該共同住宅を譲渡する日より前に取得したものであっても買換資産とすることができます。

explanation

　措置法第37条の5第1項に規定する立体買換えの特例は、原則として、土地及び建物等を譲渡した日の属する年の12月31日までに、買換資産を取得した場合に限り適用されるとされていることから、譲渡の年の前年

Q&A82（二号関係）　中高層の耐火共同住宅を譲渡の前に取得していた場合

に買換資産を取得する先行取得は認められていません。

したがって、譲渡資産の譲渡が年の途中に行われた場合において、譲渡の属する日の1月1日から譲渡のあった日より前に買換資産を取得した場合（すなわち、譲渡が行われる前に買換資産を先行取得していた場合）に本件特例が適用されるか疑義が生じます。

ところで、自己の有する既成市街地等内の土地等の上に、地上3階以上の耐火共同住宅を建築した者が、その共同住宅を建築（取得）した日（建築業者からその住宅の引渡しを受けた日）後に、その共同住宅の一部分とその部分に対応する敷地の用に供される土地等の共有持分を譲渡した場合において、「立体買換えの特例」の適用できないとすることは、既成市街地等内にある土地の高度利用の促進を図ることを目的とする立法趣旨にも反するばかりでなく、共同住宅を建築（取得）した日に譲渡した場合との税負担の公平も失することになります。

そこで、譲渡資産を譲渡した日の属する年中に中高層の耐火共同住宅を建築（取得）していた場合には、仮にその取得日が譲渡日より前であっても、「立体買換えの特例」を適用することができるとされています。

ただし、譲渡資産の譲渡をした日の属する前年中に中高層の耐火共同住宅を建築（取得）しているような場合（年をまたぐ先行取得のケース）には、立体買換えの特例は適用できないとされています（措法37の5②）。

第3章　立体買換え

Q&A 83 (二号関係)　中高層の耐火共同住宅を建築した年の翌年に譲渡した場合

　私は、港区内に所有する土地の上に、銀行からの借入金で中高層の耐火共同住宅（マンション）を建築し、その後、その一部（建物区分所有権及びその敷地）を譲渡して、銀行からの借入金の返済にあてるつもりでいます。ところで自ら中高層の共同住宅を建築した場合には、立体買換えの特例の適用があると聞きましたが、マンションが完成した年の翌年に当該マンションの一部を譲渡する場合でも、同法の規定の適用を受けることができますか。

answer

　自らが建築した中高層の耐火共同住宅を譲渡した場合において、当該譲渡の申告にあたり措置法第37条の5第1項二号の規定の適用を受けるためには、中高層の耐火共同住宅が完成した年に譲渡する者のみが対象となります。

　したがって、中高層の耐火共同住宅の一部をそれが完成した年の翌年以降に譲渡する場合については立体買換えの特例の適用はできません。

explanation

　措置法第37条の5第1項の規定は、一定の地区又は区域内にある土地等及び建物等を譲渡し、その譲渡した土地等の上に建築された中高層の耐火建築物等又は耐火共同住宅等の一部又は全部を一定の期間内に取得し、その取得の日から1年以内にその者の事業の用又は居住の用に供し又は供する見込みである場合に適用があります。

　そして、立体買換えの適用に当たっては、買換資産の取得が譲渡資産の譲渡よりも先行する場合には、譲渡した年中に買換資産を取得したと

Q&A83（二号関係） 中高層の耐火共同住宅を建築した年の翌年に譲渡した場合

きを除き、立体買換えの特例を適用することはできないとされています。

こうした点を考慮すると、中高層の耐火共同住宅（マンション）を建築（取得）した年の年末までに当該中高層の耐火共同住宅の一部を譲渡する場合については特例の適用を受けることができますが、その年の翌年以後に譲渡する場合については、立体買換えの特例にはもともと買換資産の先行取得制度がないため特例の適用を受けることができないことになります。

その理由として、次のような点が挙げられます。

すなわち、立体買換えの特例は、土地の有効利用を図るため一定の地区の土地の上に中高層の耐火建築物等又は耐火共同住宅等の建築を押し進めることを目的とした制度でありますが、建物を建築（取得）した後に譲渡するようなケースまでを対象に含めるとその期間が長くなり、買換えの意味が薄れること及びそうした資金的にも余裕があり、既に積極的に土地の有効利用が図られているケースまでを特例の対象に含めることは相当ではないからと考えられます。

第3章　立体買換え

Q&A 84 （二号関係） 中高層の耐火共同住宅の建築主の変更

　私は、建設会社のA社から土地の活用の提案を受け、私が所有する土地の上にA社が建物を建築し、完成後、建物の一部を私が取得するいわゆる等価交換契約を同社と締結しました。その後、A社が倒産し、その権利がB社に転売されて建築主がA社からB社に変更されました。

　最終的に、私はA社との等価交換契約に基づいて、B社から建物を取得しましたが、私はこの土地の譲渡については、中高層の耐火共同住宅の建設のための買換えの特例を適用を考えています。

　ところで、等価交換契約の当事者ではないB社から取得した建物について買換資産とすることができるでしょうか。

answer　　ご質問の場合は、あなたが土地を譲渡したのはA社であり、また、建物を建築したのはB社です。中高層の耐火共同住宅建設のための立体買換えの特例の適用に当たっては、中高層の耐火共同住宅は買主が建築したものでなければならないとされています。

　したがって、ご質問の場合、譲渡した土地の買主（A社）と建物の建築した者（B社）が異なるため、中高層の耐火共同住宅の建設のための買換えの特例の適用を受けることができません。

explanation

　措置法第37条の5第1項二号に規定する買換資産（中高層の耐火共同住宅）は、譲渡した土地等又は建物若しくは構築物の敷地の用に供されて

いる土地等の上に、その譲渡資産を取得した者（買主）又は、その譲渡資産を譲渡した者（売主）が建築した建築物であることが要件とされています（措令25の4⑤）。

　したがって、あなたがB社から取得した建物（中高層の耐火共同住宅）は、譲渡した土地の買主（A社）が建築したものではなく、その土地を転得したB社が建築したものですから、買換資産としての要件を満たしていないことになります。

　したがって、B社が建築した中高層の耐火共同住宅をあなたが取得したとしても措置法第37条の5第1項二号の適用を受けることはできません。

　なお、次のようなケースは、譲渡資産を取得した者（買主）と建築主が一致しない場合でも例外として買換特例の適用が認められます。

(1) 譲渡資産を取得した者が個人でその人が死亡した場合

　その譲渡資産を取得した人の死亡により当該建築物の建築に関する事業を承継した相続人又は包括受遺者

(2) 譲渡資産を取得した者が法人でその法人が合併等をした場合

　譲渡資産を取得した法人の合併又は分割後、中高層の耐火建築物の建築に関する事業を引き継いだ合併法人又は分割承継法人

第3章 立体買換え

Q&A 85 （二号関係） 買換資産である中高層の耐火共同住宅を転得した者から取得した場合

　私は、既成市街地内に土地を所有していましたが、その土地を中高層の耐火共同住宅の建設のために建設会社のA社に譲渡し、A社が建築した当該耐火共同住宅の一部を取得する等価交換契約を締結しました。

　A社は、私の所有していた土地の上に中高層の耐火共同住宅を建築したものの、資金の早期回収及び販売等の都合により完成した中高層の耐火共同住宅を一括でB社に譲渡しました。

　その結果、私は、B社から買換資産を取得することになりますが、措置法第37条の5第1項二号の適用を受けることは可能でしょうか。

answer　ご質問のポイントは、あなたから土地を取得したA社が、その土地の上に耐火共同住宅を建設したものの、その建物をB社に売却してしまったため、結局、あなたはB社から中高層の耐火共同住宅を取得せざるを得ないことになり、建物を建築した者以外から建築物（中高層の耐火共同住宅）を取得した場合でも本件特例の適用が受けられるかという点だと思われます。

　しかし、買換資産の要件としては、措置法施行令第25条の4第5項において、資産を取得した者が建築した建築物と規定しているだけであり、ご質問の場合は、土地の取得者（A社）と中高層の耐火共同住宅の建築者（A社）が一致していますので、適用要件を満たしていることになります。

　したがって、本件特例の適用を受けることができると考えられます。

Q&A85（二号関係）　買換資産である中高層の耐火共同住宅を転得した者から取得した場合

> **explanation**

　措置法第37条の5第1項二号の適用要件は、①譲渡資産が既成市街地等の区域又は既成市街地等に準ずる区域として指定された区域にあり、②買換資産（中高層の耐火共同住宅）は、その譲渡した土地等又は建物若しくは構築物の敷地の用に供されている土地等の上に建築された地上3階以上の中高層の耐火共同住宅の全部又は一部で、③その中高層の耐火共同住宅は、耐火建築物又は準耐火建物で、④譲渡資産を取得した者又は譲渡資産を譲渡した者が建築し、⑤床面積の1/2に相当する部分が専ら居住の用に供されるもの等でなければならないこととされていますが、買換資産の取得先については特に定めがありません。

　したがって、ご質問の場合は、これらの要件等を満たしている限り、適用が認められ、買換資産である建物を転得した者（B社）から取得することになったとしても、それだけで措置法第37条の5第1項二号の適用が否認されることにはならないと考えます。

　なお、立体買換えの特例は、原則として、買換資産の先行取得を認めておらず、先行取得する場合でも買換資産は譲渡した土地等の年中に取得しなければならないので、あなたがB社から中高層の耐火共同住宅を取得するにしても、この要件も満たす必要があります。

Q&A 86（二号関係） 床面積の1/2以上が専ら居住用であるかどうかの判定(1)

中高層の耐火共同住宅建設のための特例（措法37の5①二）の適用に当たっては、買換資産として取得する中高層の耐火共同住宅はその床面積の1/2以上が専ら居住の用に供されるものでなければならないとされています。

この床面積の1/2以上が居住の用に供されているかの判定にあたっては、バルコニーの面積も居住用部分の床面積に含めていいのでしょうか。

answer

居住の用に供されている床面積の判定は、建築基準法施行令第2条第1項三号に規定する床面積とされており、原則として、建物の壁の中心線で囲まれた壁芯面積により計算することになります。

そうなるとバルコニー部分の面積は、当然、壁芯面積に含まれないので居住用部分の床面積として計算することはできません。

explanation

既成市街地等内における中高層の耐火共同住宅建設のための買換えの特例では、買換資産は、床面積の1/2以上を専ら居住の用に供されるものであることが要件の一つとなっていますが、この場合の床面積の判定は、一般には、建築基準法施行令第2条第1項三号に規定する床面積によることとされています。

そして、同施行令に規定されている床面積は、壁芯面積といわれるもので、建築基準法における建築床面積の計算などにおいて採用されてい

Q&A86（二号関係） 床面積の1/2以上が専ら居住用であるかどうかの判定(1)

ますが、登記事項証明書に記載される内法面積とは異なります。

壁芯面積と内法面積の違いは、前者が建物の設計図の壁の中心線で囲まれた部分の面積（したがって、目に見えない壁の内側部分も含まれます。）をいうのに対し、内法面積とは、壁の内側、つまり実際に利用できる部屋の広さをいいますので、通常は、壁芯面積の方が大きくなります。

このように、両者の面積は異なりますが、いずれにしてもバルコニー部分は壁に囲まれていないので、床面積にカウントされないことになります。

なお、居住の用に供される部分に係る廊下、階段、その他の共用に供される部分は居住用の面積に含まれます。

> **参　考**
>
> 建築基準法施行令第2条第1項三号《面積、高さ等の算定方法》
> 　床面積は、建築物の各階又はその一部で壁その他の区画の中心線で囲まれた部分の水平投影面積による。

第3章　立体買換え

Q&A 87 （二号関係）　床面積の1/2以上が専ら居住用であるかどうかの判定(2)

　甲は、既成市街地等内にある土地を譲渡し、その土地の上に買主（Ａ社）が建設した地上8階のマンションの一部を取得しました。

　このマンションの構造は、1階及び2階が店舗で、3階～8階は住宅用であり、その住宅用部分の各区画（専用面積が60～70㎡）にはすべて台所・風呂場・便所等の設備が設けられています（住宅用部分の床面積は全床面積の75％にあたります。）。

　甲もＡ社もこの建物（マンション）を賃貸の用に供していますが、3階～8階の各部屋の8割が居住用としてではなく事務所として使用しています。

　中高層の耐火共同住宅の建設のための買換えの特例の対象となる建物は、その床面積の1/2以上が居住用でなければならないということですが、このように住宅用として建築された建物が事務所用として使用されている場合にも、この特例の適用が受けられますか。

answer　　措置法第37条の5第1項二号では、買換資産として取得する中高層の耐火共同住宅は、主として居住用（その床面積の1/2以上が居住用）であることが要件とされており、その居住用の部屋を借りた人が居住用以外の用に供していても、それは「主として居住用であるか」の判定に影響を及ぼしません。

　ご質問の場合は、Ａ社が建築した中高層の耐火共同住宅は、床面積の1/2以上が居住用として利用できる構造になっていますので、特例の適用は可能と考えられます。

Q&A87（二号関係）　床面積の1/2以上が専ら居住用であるかどうかの判定(2)

explanation

　措置法第37条の5第1項二号に規定する中高層の耐火共同住宅の建設のための買換えの特例の対象となる「中高層の耐火共同住宅」とは、①譲渡資産の取得者又は譲渡者が建築したものであること、②譲渡した土地の上に建築されること、③地上3階以上の建築物であること、④耐火建築物又は準耐火建築物であること、⑤その建物の床面積の1/2以上に相当する部分が専ら居住用として使用されるものであること、という5つの要件のすべてを満たす建築物であればよいこととされています（措法37の5①二、措令25の4⑤）。

　この場合の⑤の「その建物の床面積の1/2以上に相当する部分が専ら居住の用として使用されるものであること」とは、その構造が居住の用に供するものであれば足り、中高層の共同住宅の利用者がその都合により事務所として使用したとしても、この要件を欠くことにはならないと考えられます。

　したがって、ご質問の場合にも他の要件を満たす限り特例の適用が可能と考えられます。

第3章 立体買換え

Q&A 88 (二号関係) 生計を一にする親族の事業の用に供する中高層の耐火共同住宅

　私は、新宿区内にある居住用家屋とその敷地を譲渡して、その土地の上に建築される4階建の耐火共同住宅15戸のうち3戸を取得し、1戸は自己の居住の用に供して、残りの2戸は妻の事業の用に供する予定です。
　この場合、妻の事業の用に供される2戸の耐火共同住宅についても、中高層の耐火共同住宅の建築のための買換えの特例の買換資産として認められるでしょうか。

answer

　買換資産として取得する予定の3戸の耐火共同住宅のうち、1つは自己の居住の用に使用するほか、あとの2つは生計を一にする妻の事業の用に供する予定でいるようですが、事業用の場合、生計を一にする親族の事業の用も含めるとされていますので、立体買換えの特例の買換資産として認められると考えられます。

explanation

　措置法第37条の5第1項二号で規定する中高層の共同住宅建設のための買換えの特例では、譲渡資産に用途制限はありませんが、買換資産については、買換資産をその取得の日から1年以内に譲渡した者の事業の用又は居住の用（譲渡者の親族の居住用を含みます。）に供しなければならないとされています。
　この場合、買換えた資産を譲渡した者の妻が事業用の供した場合でも適用対象に含めることができるのかという疑問が生じますが、例えば、「収用等の代替資産を取得した場合の課税の特例（措法33）」又は「特定

Q&A88（二号関係） 生計を一にする親族の事業の用に供する中高層の耐火共同住宅

の事業用資産の買換えの場合の譲渡所得の課税の特例（措法37）」の適用に当たり、生計を一にしている親族の事業の用に供していればその資産の所有者にとっても事業の用に供されているものとして取り扱う（措通33－43、37－22）とされていることから、ご質問の場合も同様に妻の事業の用に供する2戸部分も本件特例の適用が認められると考えられます（措通37の5－5）。

　ちなみに、「収用等に伴い代替資産を取得した場合の課税の特例」上、生計を一にしている親族が事業の用に供していれば、その所有者にとっても事業の用に供することができるとした理由について、次のように述べています（措通33－43）。

　ところで、個人の有する資産がその親族の営む事業の用に供されている場合の取扱いについて、所得税法第56条《事業から対価を受ける親族がある場合の必要経費の特例》では、生計を一にする配偶者その他の親族の営む不動産所得、事業所得又は山林所得を生ずべき事業の用に供された資産についてその事業から支払う賃借料等の対価は、その事業に係る所得金額の計算上必要経費に算入せず、その資産の所有者がその資産に係る所得金額の計算上必要経費に算入されるべき金額は、その事業を営むその事業に係る所得金額の計算上必要経費に算入することとされている。

　したがって、不動産所得等を生ずべき事業を営む者が生計を一にする親族が有する資産を無償で借りてその事業の用に供している場合には、対価の支払いがないため親族の有する資産に係る費用を事業主の不動産所得の計算上必要経費に算入することは形式的にはできませんが、所得税法第56条の規定は、事業所得等における世帯単位課税を考慮した規定であるから、事業主が生計を一にする親族から資産を無償で借りて、事業の用に供していてもその資産に係る必要経費に参入されるべき金額を

その事業主の事業所得等の計算上必要経費に算入することができる旨を規定しています。

　このことから、この取扱いは、譲渡資産又は代替資産がその所有者以外の者の事業の用に供されている場合であっても、これらの資産がその所有者と生計を一にする親族の事業の用に供されているものであるときは、その所有者にとっても事業の用に供されているものとして取り扱うこととしている。

Q&A 89 (二号関係) 中高層の耐火共同住宅の建設のための買換えの特例と措置法第35条との併用適用（一つの譲渡）

私は、中高層の耐火共同住宅の建設のために店舗併用住宅（1階は店舗の用、2階は居住の用。）及びその敷地を譲渡しました。

この場合、店舗併用住宅の1階部分とそれに対応する敷地については措置法第37条の5第1項二号の適用を、2階部分とそれに対応する敷地については同法第35条の適用を受けることができるでしょうか。

answer 措置法第37条の5と同法第35条の適用を併せて受けることはできませんので、どちらか一方の選択となります。

explanation

譲渡する不動産は1つで、それを居住用と店舗用に利用していたということですが、措置法第37条の5第1項二号の適用対象となる譲渡資産については、その用途を問わないとされていますので、用途によって特例の適用が変わるわけではありません。したがって、その一部についてのみ、本件特例の規定の適用を受けるということはできません。

仮に建物及びその敷地のうち、居住用部分については措置法第35条《居住用財産の譲渡所得の特別控除》を適用し、事業用部分については措置法第37条《特定の事業用資産の買換えの場合の譲渡所得の課税の特例》の適用を受けるというのであれば、措置法第37条の5第1項二号を適用することはできません（措法37の5①）。

Q&A 90
（二号関係）

中高層の耐火共同住宅の建設のための買換えの特例と措置法第35条との併用適用（二つの譲渡）

　私は、2年前まで自己の居住用に供していたA土地（家屋を含みます。）と現に居住用に供しているB土地（家屋を含みます。）を既成市街地等内にそれぞれ所有しています。

　この度、A土地及びB土地を中高層の耐火共同住宅の建築のため譲渡することを考えています。

　この場合、A土地等の譲渡については措置法第31条の3《居住用財産を譲渡した場合の長期譲渡所得の課税の特例》及び第35条《居住用財産の課税の特例》適用を考えており、また、B土地等の譲渡については、同法第37条の5の適用を考えていますが、このように居住用財産の譲渡が2つある場合には、それぞれの譲渡ごとに異なる特例の適用を受けることができるでしょうか。

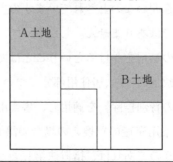

共同住宅建設の施行地区

answer　　ご質問の場合には、A土地及びB土地はそれぞれ別の資産として取り扱われますので、それぞれ特例を選択して適用を受けることができます。

Q&A90(二号関係) 中高層の耐火共同住宅の建設のための買換えの特例と措置法第35条との併用適用(二つの譲渡)

explanation

　措置法第37条の5第1項の規定では、その譲渡について同法第35条の適用を受けた場合には、その譲渡について重ねて同法第37条の5第1項の適用はできないこととされています。この規定の趣旨は、譲渡資産が1つである場合、その譲渡について措置法第35条と同法第37条の5を重複して適用することができないということであり、同一年中に措置法第37条の5と措置法第35条の適用を受けることができないというものではありません。

　したがって、A土地及びB土地がそれぞれ独立していて、それぞれが1つの譲渡対象として認められるのであれば、その譲渡ごとに特例を選択することができると考えられます。

第3章 立体買換え

Q&A 91 (二号関係) 交換差金で取得する買換資産

　私は、JR渋谷駅の近くで所有する空地（A土地）とデベロッパーである甲社が郊外に所有している販売用土地（B土地）を交換し、なおかつ、その差額については、甲社がA土地等の上に建築する5階建マンションの5階部分を取得しようと考えています。
　このような前提で私がA土地の譲渡所得を申告する際、何かの特例を受けることは可能ですか。

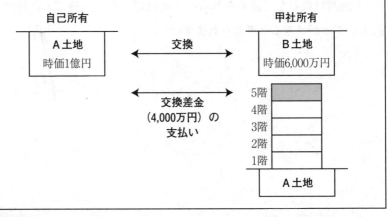

answer　あなたが所有しているA土地と甲社が郊外で所有している販売用のB土地の交換については、固定資産と棚卸資産との交換となること及び、価額差も高い方（1億円）の価額の20％を超えていますから、所得税法第58条第1項に規定する固定資産の交換の特例の適用を受けることはできません。
　また、あなたが譲渡するA土地は、空地だったということであり事業の用に供されていた資産には該当しませんから、措置法第37条第1項《特

388

Q&A91（二号関係） 交換差金で取得する買換資産

定の事業用資産の買換えの場合の譲渡所得の課税の特例》及び同法第37条の4《特定の事業用資産を交換した場合の譲渡所得の課税の特例》の適用を受けることもできません。

　一方で、あなたが取得する予定の甲社が取得したA土地の上に建築する5階建の分譲マンションが措置法第37条の5第1項二号に規定する中高層の耐火共同住宅の要件に該当する場合には、A土地の譲渡価額のうち、交換差金の4,000万円に対応する次の算式で計算される譲渡価額については、等価交換が行われたと考えることができるので、この立体買換えを受けることができます（措法37の5④、措令25の4⑮）。

$$\underset{\text{の価額}}{\underset{\text{(A土地}}{1億円}} \times \frac{\underset{\text{4,000万円}}{\text{（交換差金）}}}{\underset{\text{（交換差金）（B宅地の価額）}}{\text{4,000万円 ＋ 6,000万円}}} = \underset{\text{4,000万円}}{\underset{\text{応する部分}}{\text{（交換差金に対}}}$$

　この場合、措置法第37条の5第4項の適用を受ける4,000万円に相当する部分は譲渡がなかったものとみなされますが、B土地の価額（時価）に相当する6,000万円については譲渡があったものとされ、一般の譲渡所得として申告することになります。

資料—関係法令等

資料―関係法令等

所得税法

第2条第1項 《定義》
　この法律において、次の各号に掲げる用語の意義は、当該各号に定めるところによる。
一　国内　この法律の施行地をいう。
二　国外　この法律の施行地外の地域をいう。
三　居住者　国内に住所を有し、又は現在まで引き続いて1年以上居所を有する個人をいう。
四　非永住者　居住者のうち、日本の国籍を有しておらず、かつ、過去10年以内において国内に住所又は居所を有していた期間の合計が5年以下である個人をいう。
五　非居住者　居住者以外の個人をいう。
六　内国法人　国内に本店又は主たる事務所を有する法人をいう。
七　外国法人　内国法人以外の法人をいう。
八　人格のない社団等　法人でない社団又は財団で代表者又は管理人の定めがあるものをいう。
八の二　株主等　株主又は合名会社、合資会社若しくは合同会社の社員その他法人の出資者をいう。
八の三　法人課税信託　法人税法（昭和40年法律第34号）第2条第29号の2《定義》に規定する法人課税信託をいう。
八の四　恒久的施設　次に掲げるものをいう
　イ　非居住者又は外国法人の国内にある支店、工場その他事業を行う一定の場所で政令で定めるもの
　ロ　非居住者又は外国法人の国内にある建設作業場（非居住者又は外国法人が国内において建設作業等（建設、据付け、組立てその他の作業又はその作業の指揮監督の役務の提供で1年を超えて行われるものをいう。）を行う場所をいい、当該非居住者又は外国法人の国内における当該建設作業等を含む。）
　ハ　非居住者又は外国法人が国内に置く自己のために契約を締結する権限のある者その他これに準ずる者で政令で定めるもの
九　公社債　公債及び社債（会社以外の法人が特別の法律により発行する債券を含む。）をいう。
十　預貯金　預金及び貯金（これらに準ずるものとして政令で定めるものを含む。）をいう。
十一　合同運用信託　信託会社（金融機関の信託業務の兼営等に関する法律（昭和18年法律第43号）により同法第1条第1項《兼営の認可》に規定する信託業務を営む同項に規定する金融機関を含む。）が引き受けた金銭信託で、共同しない多数

の委託者の信託財産を合同して運用するもの（投資信託及び投資法人に関する法律（昭和26年法律第198号）第2条第2項《定義》に規定する委託者非指図型投資信託及びこれに類する外国投資信託(同条第24項に規定する外国投資信託をいう。第12号の2及び第13号において同じ。）並びに委託者が実質的に多数でないものとして政令で定める信託を除く。）をいう。

十二　貸付信託　貸付信託法（昭和27年法律第195号）第2条第1項《定義》に規定する貸付信託をいう。

十二の二　投資信託投資信託及び投資法人に関する法律第2条第3項に規定する投資信託及び外国投資信託をいう。

十三　証券投資信託投資信託及び投資法人に関する法律第2条第4項に規定する証券投資信託及びこれに類する外国投資信託をいう。

十四　オープン型の証券投資信託　証券投資信託のうち、元本の追加信託をすることができるものをいう。

十五　公社債投資信託　証券投資信託のうち、その信託財産を公社債に対する投資として運用することを目的とするもので、株式（投資信託及び投資法人に関する法律第2条第14項に規定する投資口を含む。第24条《配当所得》、第25条《配当等とみなす金額》、第57条の4第3項《株式交換等に係る譲渡所得等の特例》、第176条第1項及び第2項《信託財産に係る利子等の課税の特例》、第224条の3第2項第1号《株式等の譲渡の対価の受領者の告知》並びに第225条第1項第2号《支払調書及び支払通知書》において同じ。）又は出資に対する投資として運用しないものをいう。

十五の二　公社債等運用投資信託証券投資信託以外の投資信託のうち、信託財産として受け入れた金銭を公社債等（公社債、手形、指名金銭債権（指名債権であって金銭の支払を目的とするものをいう。）その他の政令で定める資産をいう。）に対して運用するものとして政令で定めるものをいう。

十五の三　公募公社債等運用投資信託　その設定に係る受益権の募集が公募（金融商品取引法（昭和23年法律第25号）第2条第3項《定義》に規定する取得勧誘のうち同項第1号に掲げる場合に該当するものとして政令で定めるものをいう。）により行われた公社債等運用投資信託（法人税法第2条第29号ロ(2)に掲げる投資信託に該当するものに限る。）をいう。

十五の四　特定目的信託資産の流動化に関する法律（平成10年法律第105号）第2条第13項《定義》に規定する特定目的信託をいう。

十五の五　特定受益証券発行信託　法人税法第2条第29号ハに規定する特定受益証券発行信託をいう。

十六　棚卸資産　事業所得を生ずべき事業に係る商品、製品、半製品、仕掛品、原材料その他の資産（有価証券及び山林を除く。）で棚卸しをすべきものとして政令で定めるものをいう。

十七　有価証券　金融商品取引法第2条第1項に規定する有価証券その他これに準ずるもので政令で定めるものをいう。

十八　固定資産　土地（土地の上に存する権利を含む。）、減価償却資産、電話加入権その他の資産（山林を除く。）で政令で定めるものをいう。

十九　減価償却資産　不動産所得若しくは雑所得の基因となり、又は不動産所得、事業所得、山林所得若しくは雑所得を生ずべき業務の用に供される建物、構築物、機械及び装置、船舶、車両及び運搬具、工具、器具及び備品、鉱業権その他の資産で償却をすべきものとして政令で定めるものをいう。

二十　繰延資産　不動産所得、事業所得、山林所得又は雑所得を生ずべき業務に関し個人が支出する費用のうち支出の効果がその支出の日以後1年以上に及ぶもので政令で定めるものをいう。

二十一　各種所得　第2編第2章第2節第1款《所得の種類及び各種所得の金額》に規定する利子所得、配当所得、不動産所得、事業所得、給与所得、退職所得、山林所得、譲渡所得、一時所得及び雑所得をいう。

二十二　各種所得の金額　第2編第2章第2節第1款に規定する利子所得の金額、配当所得の金額、不動産所得の金額、事業所得の金額、給与所得の金額、退職所得の金額、山林所得の金額、譲渡所得の金額、一時所得の金額及び雑所得の金額をいう。

二十三　変動所得　漁獲から生ずる所得、著作権の使用料に係る所得その他の所得で年々の変動の著しいもののうち政令で定めるものをいう。

二十四　臨時所得　役務の提供を約することにより一時に取得する契約金に係る所得その他の所得で臨時に発生するもののうち政令で定めるものをいう。

二十五　純損失の金額　第69条第1項《損益通算》に規定する損失の金額のうち同条の規定を適用してもなお控除しきれない部分の金額をいう。

二十六　雑損失の金額　第72条第1項《雑損控除》に規定する損失の金額の合計額が同項各号に掲げる場合の区分に応じ当該各号に掲げる金額を超える場合におけるその超える部分の金額をいう。

二十七　災害　震災、風水害、火災その他政令で定める災害をいう。

二十八　障害者　精神上の障害により事理を弁識する能力を欠く状況にある者、失明者その他の精神又は身体に障害がある者で政令で定めるものをいう。

二十九　特別障害者　障害者のうち、精神又は身体に重度の障害がある者で政令で定めるものをいう。

三十　寡婦　次に掲げる者をいう。
　イ　夫と死別し、若しくは夫と離婚した後婚姻をしていない者又は夫の生死の明らかでない者で政令で定めるもののうち、扶養親族その他その者と生計を一にする親族で政令で定めるものを有するもの
　ロ　イに掲げる者のほか、夫と死別した後婚姻をしていない者又は夫の生死の明らかでない者で政令で定めるもののうち、第70条《純損失の繰越控除》及び第

71条《雑損失の繰越控除》の規定を適用しないで計算した場合における第22条《課税標準》に規定する総所得金額、退職所得金額及び山林所得金額の合計額(以下この条において「合計所得金額」という。)が500万円以下であるもの

三十一　寡夫　妻と死別し、若しくは妻と離婚した後婚姻をしていない者又は妻の生死の明らかでない者で政令で定めるもののうち、その者と生計を一にする親族で政令で定めるものを有し、かつ、合計所得金額が500万円以下であるものをいう。

三十二　勤労学生　次に掲げる者で、自己の勤労に基づいて得た事業所得、給与所得、退職所得又は雑所得(以下この号において「給与所得等」という。)を有するもののうち、合計所得金額が65万円以下であり、かつ、合計所得金額のうち給与所得等以外の所得に係る部分の金額が10万円以下であるものをいう。

　イ　学校教育法(昭和22年法律第26号)第1条《学校の範囲》に規定する学校の学生、生徒又は児童

　ロ　国、地方公共団体又は私立学校法(昭和24年法律第270号)第3条《定義》に規定する学校法人、同法第64条第4項《私立専修学校及び私立各種学校》の規定により設立された法人若しくはこれらに準ずるものとして政令で定める者の設置した学校教育法第124条《専修学校》に規定する専修学校又は同法第134条第1項《各種学校》に規定する各種学校の生徒で政令で定める課程を履修するもの

　ハ　職業訓練法人の行う職業能力開発促進法(昭和44年法律第64号)第24条第3項《職業訓練の認定》に規定する認定職業訓練を受ける者で政令で定める課程を履修するもの

三十三　控除対象配偶者　居住者の配偶者でその居住者と生計を一にするもの(第57条第1項《事業に専従する親族がある場合の必要経費の特例等》に規定する青色事業専従者に該当するもので同項に規定する給与の支払を受けるもの及び同条第3項に規定する事業専従者に該当するものを除く。)のうち、合計所得金額が38万円以下である者をいう。

三十三の二　老人控除対象配偶者　控除対象配偶者のうち、年齢70歳以上の者をいう。

三十四　扶養親族　居住者の親族(その居住者の配偶者を除く。)並びに児童福祉法(昭和22年法律第164号)第27条第1項第3号《都道府県の採るべき措置》の規定により同法第6条の4第1項《定義》に規定する里親に委託された児童及び老人福祉法(昭和38年法律第133号)第11条第1項第3号《市町村の採るべき措置》の規定により同号に規定する養護受託者に委託された老人でその居住者と生計を一にするもの(第57条第1項に規定する青色事業専従者に該当するもので同項に規定する給与の支払を受けるもの及び同条第3項に規定する事業専従者に該当するものを除く。)のうち、合計所得金額が38万円以下である者をいう。

三十四の二　控除対象扶養親族　扶養親族のうち、年齢16歳以上の者をいう。

三十四の三　特定扶養親族　控除対象扶養親族のうち、年齢19歳以上23歳未満の者をいう。

三十四の四　老人扶養親族　控除対象扶養親族のうち、年齢70歳以上の者をいう。

三十五　特別農業所得者　その年において農業所得（米、麦、たばこ、果実、野菜若しくは花の生産若しくは栽培又は養蚕に係る事業その他これに類するものとして政令で定める事業から生ずる所得をいう。以下この号において同じ。）の金額が総所得金額の10分の7に相当する金額を超え、かつ、その年9月1日以後に生ずる農業所得の金額がその年中の農業所得の金額の10分の7を超える者をいう。

三十六　予定納税額　第104条第1項《予定納税額の納付》又は第107条第1項《特別農業所得者の予定納税額の納付》（これらの規定を第166条《申告、納付及び還付》において準用する場合を含む。）の規定により納付すべき所得税の額をいう。

三十七　確定申告書　第2編第5章第2節第1款及び第2款《確定申告》（第166条において準用する場合を含む。）の規定による申告書（当該申告書に係る期限後申告書を含む。）をいう。

三十八　期限後申告書　国税通則法（昭和37年法律第66号）第18条第2項《期限後申告》に規定する期限後申告書をいう。

三十九　修正申告書　国税通則法第19条第3項《修正申告》に規定する修正申告書をいう。

四十　青色申告書　第143条《青色申告》（第166条において準用する場合を含む。）の規定により青色の申告書によって提出する確定申告書及び確定申告書に係る修正申告書をいう。

四十の二　更正請求書　国税通則法第23条第3項《更正の請求》に規定する更正請求書をいう。

四十一　確定申告期限　第120条第1項《確定所得申告》（第166条において準用する場合を含む。）の規定による申告書の提出期限をいい、年の中途において死亡し又は出国をした場合には、第125条第1項《年の中途で死亡した場合の確定申告》又は第127条第1項《年の中途で出国をする場合の確定申告》（これらの規定を第166条において準用する場合を含む。）の規定による申告書の提出期限をいう。

四十二　出国　居住者については、国税通則法第117条第2項《納税管理人》の規定による納税管理人の届出をしないで国内に住所及び居所を有しないこととなることをいい、非居住者については、同項の規定による納税管理人の届出をしないで国内に居所を有しないこととなること（国内に居所を有しない非居住者で第164条第1項第1号から第3号まで《非居住者に対する課税の方法》に掲げる非居住者に該当するものについては、これらの号に掲げる非居住者のいずれにも該当しなくなることとし、国内に居所を有しない非居住者で同項第4号に掲げる非居住者に該当するものについては、国内において行う第161条第2号《人的役務の提供事業に係る対価》に規定する事業を廃止することとする。）をいう。

四十三　更正　国税通則法第24条《更正》又は第26条《再更正》の規定による更正をいう。

四十四　決定　第19条《納税地指定の処分の取消しがあった場合の申告等の効力》、第151条の4《相続により取得した有価証券等の取得費の額に変更があった場合等の修正申告の特例》、第159条《更正等又は決定による源泉徴収税額等の還付》及び第160条《更正等又は決定による予納税額の還付》の場合を除き、国税通則法第25条《決定》の規定による決定をいう。

四十五　源泉徴収　第4編第1章から第6章まで《源泉徴収》の規定により所得税を徴収し及び納付することをいう。

四十六　附帯税　国税通則法第2条第4号《定義》に規定する附帯税をいう。

四十七　充当　第190条《年末調整》及び第191条《過納額の還付》の場合を除き、国税通則法第57条第1項《充当》の規定による充当をいう。

四十八　還付加算金　国税通則法第58条第1項《還付加算金》に規定する還付加算金をいう。

第58条　《固定資産の交換の場合の譲渡所得の特例》

1　居住者が、各年において、1年以上有していた固定資産で次の各号に掲げるものをそれぞれ他の者が1年以上有していた固定資産で当該各号に掲げるもの（交換のために取得したと認められるものを除く。）と交換し、その交換により取得した当該各号に掲げる資産（以下この条において「取得資産」という。）をその交換により譲渡した当該各号に掲げる資産（以下この条において「譲渡資産」という。）の譲渡の直前の用途と同一の用途に供した場合には、第33条《譲渡所得》の規定の適用については、当該譲渡資産（取得資産とともに金銭その他の資産を取得した場合には、当該金銭の額及び金銭以外の資産の価額に相当する部分を除く。）の譲渡がなかったものとみなす。

一　土地（建物又は構築物の所有を目的とする地上権及び賃借権並びに農地法（昭和27年法律第229号）第2条第1項《定義》に規定する農地の上に存する耕作に関する権利を含む。）

二　建物（これに附属する設備及び構築物を含む。）

三　機械及び装置

四　船舶

五　鉱業権（租鉱権及び採石権その他土石を採掘し又は採取する権利を含む。）

2　前項の規定は、同項の交換の時における取得資産の価額と譲渡資産の価額との差額がこれらの価額のうちいずれか多い価額の100分の20に相当する金額をこえる場合には、適用しない。

3　第1項の規定は、確定申告書に同項の規定の適用を受ける旨、取得資産及び譲渡資産の価額その他財務省令で定める事項の記載がある場合に限り、適用する。

4　税務署長は、確定申告書の提出がなかった場合又は前項の記載がない確定申告

書の提出があった場合においても、その提出がなかったこと又はその記載がなかったことについてやむを得ない事情があると認めるときは、第1項の規定を適用することができる。
5 　第1項の規定の適用を受けた居住者が取得資産について行なうべき第49条第1項《減価償却資産の償却費の計算及びその償却の方法》に規定する償却費の計算及びその者が取得資産を譲渡した場合における譲渡所得の金額の計算に関し必要な事項は、政令で定める。

第36条　《収入金額》
1 　その年分の各種所得の金額の計算上収入金額とすべき金額又は総収入金額に入すべき金額は、別段の定めがあるものを除き、その年において収入すべき金額（金銭以外の物又は権利その他経済的な利益をもって収入する場合には、その金銭以外の物又は権利その他経済的な利益の価額）とする。
2 　前項の金銭以外の物又は権利その他経済的な利益の価額は、当該物若しくは権利を取得し、又は当該利益を享受する時における価額とする。
3 　無記名の公社債の利子、無記名の株式（無記名の公募公社債等運用投資信託以外の公社債等運用投資信託の受益証券及び無記名の社債的受益権に係る受益証券を含む。第169条第2号《分離課税に係る所得税の課税標準》、第224条第1項及び第2項《利子、配当等の受領者の告知》並びに第225条第1項及び第2項《支払調書及び支払通知書》において「無記名株式等」という。）の剰余金の配当（第24条第1項《配当所得》に規定する剰余金の配当をいう。）又は無記名の貸付信託、投資信託若しくは特定受益証券発行信託の受益証券に係る収益の分配については、その年分の利子所得の金額又は配当所得の金額の計算上収入金額とすべき金額は、第1項の規定にかかわらず、その年において支払を受けた金額とする。

所得税法施行令

第5条　《固定資産の範囲》
　法第2条第1項第18号《固定資産の意義》に規定する政令で定める資産は、たな卸資産、有価証券及び繰延資産以外の資産のうち次に掲げるものとする。
　一　土地（土地の上に存する権利を含む。）
　二　次条各号に掲げる資産
　三　電話加入権
　四　前3号に掲げる資産に準ずるもの

第79条　《資産の譲渡とみなされる行為》
1　法第33条第1項《譲渡所得》に規定する政令で定める行為は、建物若しくは構築物の所有を目的とする地上権若しくは賃借権（以下この条において「借地権」という。）又は地役権（特別高圧架空電線の架設、特別高圧地中電線若しくはガス事業法第2条第11項《定義》に規定するガス事業者が供給する高圧のガスを通ずる導管の敷設、飛行場の設置、懸垂式鉄道若しくは跨座式鉄道の敷設又は砂防法（明治30年法律第29号）第1条《定義》に規定する砂防設備である導流堤その他財務省令で定めるこれに類するもの（第1号において「導流堤等」という。）の設置、都市計画法（昭和43年法律第100号）第4条第14項《定義》に規定する公共施設の設置若しくは同法第8条第1項第4号《地域地区》の特定街区内における建築物の建築のために設定されたもので、建造物の設置を制限するものに限る。以下この条において同じ。）の設定（借地権に係る土地の転貸その他他人に当該土地を使用させる行為を含む。以下この条において同じ。）のうち、その対価として支払を受ける金額が次の各号に掲げる場合の区分に応じ当該各号に定める金額の10分の5に相当する金額を超えるものとする。
　一　当該設定が建物若しくは構築物の全部の所有を目的とする借地権又は地役権の設定である場合（第3号に掲げる場合を除く。）　その土地（借地権者にあっては、借地権。次号において同じ。）の価額（当該設定が、地下若しくは空間について上下の範囲を定めた借地権若しくは地役権の設定である場合又は導流堤等若しくは河川法（昭和39年法律第167号）第6条第1項第3号《河川区域》に規定する遊水地その他財務省令で定めるこれに類するものの設置を目的とした地役権の設定である場合には、当該価額の2分の1に相当する金額）
　二　当該設定が建物又は構築物の一部の所有を目的とする借地権の設定である場合　その土地の価額に、その建物又は構築物の床面積（当該対価の額が、当該建物又は構築物の階その他利用の効用の異なる部分ごとにその異なる効用に係る適正な割合を勘案して算定されているときは、当該割合による調整後の床面積。以下この号において同じ。）のうちに当該借地権に係る建物又は構築物の

一部の床面積の占める割合を乗じて計算した金額
　三　当該設定が施設又は工作物（大深度地下の公共的使用に関する特別措置法（平成12年法律第87号）第16条《使用の認可の要件》の規定により使用の認可を受けた事業（以下この号において「認可事業」という。）と一体的に施行される事業として当該認可事業に係る同法第14条第2項第2号《使用認可申請書》の事業計画書に記載されたものにより設置されるもののうち財務省令で定めるものに限る。）の全部の所有を目的とする地下について上下の範囲を定めた借地権の設定である場合　その土地（借地権者にあっては、借地権）の価額の2分の1に相当する金額に、その土地（借地権者にあっては、借地権に係る土地）における地表から同法第2条第1項各号《定義》に掲げる深さのうちいずれか深い方の深さ（以下この号において「大深度」という。）までの距離のうちに当該借地権の設定される範囲のうち最も浅い部分の深さから当該大深度（当該借地権の設定される範囲より深い地下であって当該大深度よりも浅い地下において既に地下について上下の範囲を定めた他の借地権が設定されている場合には、当該他の借地権の範囲のうち最も浅い部分の深さ）までの距離の占める割合を乗じて計算した金額
2　借地権に係る土地を他人に使用させる場合において、その土地の使用により、その使用の直前におけるその土地の利用状況に比し、その土地の所有者及びその借地権者がともにその土地の利用を制限されることとなるときは、これらの者については、これらの者が使用の対価として支払を受ける金額の合計額を前項に規定する支払を受ける金額とみなして、同項の規定を適用する。
3　第1項の規定の適用については、借地権又は地役権の設定の対価として支払を受ける金額が当該設定により支払を受ける地代の年額の20倍に相当する金額以下である場合には、当該設定は、同項の行為に該当しないものと推定する。

第168条　《交換による取得資産の取得価額等の計算》

　法第58条第1項《固定資産の交換の場合の譲渡所得の特例》の規定の適用を受けた居住者が同項に規定する取得資産（以下この条において「取得資産」という。）について行なうべき法第49条第1項《減価償却資産の償却費の計算及びその償却の方法》に規定する償却費の額の計算及びその者が取得資産を譲渡した場合における譲渡所得の金額の計算については、その者がその取得資産を次の各号に掲げる場合の区分に応じ当該各号に掲げる金額をもって取得したものとみなす。この場合において、その譲渡による所得が法第33条第3項各号《譲渡所得の金額》に掲げる所得のいずれに該当するかの判定については、その者がその取得資産を法第58条第1項に規定する譲渡資産（以下この条において「譲渡資産」という。）を取得した時から引き続き所有していたものとみなす。
一　取得資産とともに交換差金等（法第58条第1項に規定する交換の時における取得資産の価額と譲渡資産の価額とが等しくない場合にその差額を補うために交付

される金銭その他の資産をいう。以下この条において同じ。）を取得した場合　譲渡資産の法第38条第1項又は第2項《譲渡所得の金額の計算上控除する取得費》の規定による取得費（その譲渡資産が法第61条第2項又は第3項（昭和27年12月31日以前に取得した資産の取得費等）の規定に該当するものである場合には、これらの規定による取得費とし、その譲渡資産の譲渡に要した費用がある場合には、これらの取得費にその費用の額を加算した金額とする。以下この条において「取得費」という。）に、その取得資産の価額とその交換差金等の額との合計額のうちにその取得資産の価額の占める割合を乗じて計算した金額

二　譲渡資産とともに交換差金等を交付して取得資産を取得した場合　譲渡資産の取得費にその交換差金等の額を加算した金額

三　取得資産を取得するために要した経費の額がある場合　譲渡資産の取得費（前2号の規定の適用がある場合には、これらの号に掲げる金額）にその経費の額を加算した金額

所得税法施行規則

第37条 《**固定資産の交換の場合の譲渡所得の特例の適用を受けるための記載事項**》
　法第58条第3項《固定資産の交換の場合の譲渡所得の特例》に規定する財務省令で定める事項は、次に掲げる事項とする。
一　法第58条第1項に規定する取得資産及び譲渡資産の種類、数量及び用途
二　法第58条第1項に規定する交換の相手方の氏名又は名称及び住所若しくは居所又は本店若しくは主たる事務所の所在地
三　前号の交換がされた年月日
四　第1号の取得資産及び譲渡資産の取得の年月日
五　その他参考となるべき事項

所得税基本通達

58-1 《所有期間の起算日》
　法第58条第1項に規定する「1年以上有していた固定資産」であるかどうかを判定する場合における当該固定資産の取得の日については、33-9の取扱いに準ずる。

58-1の2 《取得時期の引継規定の適用がある資産の所有期間》
　交換により譲渡又は取得した固定資産が次に掲げる資産である場合における法第58条第1項に規定する「1年以上有していた固定資産」であるかどうかの判定は、次に掲げるところによる。

(1)　法第60条第1項《贈与等により取得した資産の取得費等》又は措置法第33条の6第1項《収用交換等により取得した代替資産等の取得価額の計算》の規定の適用がある資産……引き続き所有していたものとして判定する。

(2)　令第168条《交換による取得資産の取得価額等の計算》の規定の適用がある資産……その実際の取得の日を基礎として判定する。

58-2 《交換の対象となる土地の範囲》
　法第58条第1項第1号に規定する土地には、立木その他独立して取引の対象となる土地の定着物は含まれないが、その土地が宅地である場合には、庭木、石垣、庭園（庭園に附属する亭、庭内神し（祠）その他これらに類する附属設備を含む。）その他これらに類するもののうち宅地と一体として交換されるもの（同項第2号に該当するものを除く。）は含まれる。

58-2の2 《交換の対象となる耕作権の範囲》
　法第58条第1項第1号に規定する「農地法（昭和27年法律第229号）第2条第1項《定義》に規定する農地の上に存する耕作に関する権利」とは、耕作を目的とする地上権、永小作権又は賃借権で、これらの権利の移転、これらの権利に係る契約の解約等をする場合には農地法第3条第1項《農地又は採草放牧地の権利移動の制限》、第5条第1項《農地又は採草放牧地の転用のための権利移動の制限》又は第18条第1項《農地又は採草放牧地の賃貸借の解約等の制限》の規定の適用があるものをいうのであるから留意する。

(注)　したがって、これらの条の規定の適用がないいわゆる事実上の権利は含まれないことに留意する。

58-3 《交換の対象となる建物附属設備等》
　法第58条第1項第2号かっこ内に規定する建物に附属する設備及び構築物は、その建物と一体となって交換される場合に限り建物として同条の規定の適用があるのであるから、建物に附属する設備又は構築物は、それぞれ単独には同条の規定の適用がない。

58-4 《2以上の種類の資産を交換した場合》

2以上の種類の固定資産を同時に交換した場合、例えば、土地及び建物と土地及び建物とを交換した場合には、法第58条第2項の規定の適用については、土地と土地と、建物は建物とそれぞれ交換したものとする。この場合において、これらの資産は全体としては等価であるが土地と土地、建物と建物との価額がそれぞれ異なっているときは、それぞれの価額の差額は同項に規定する差額に該当することに留意する。

58-5 《交換により取得した2以上の同種類の資産のうちに同一の用途に供さないものがある場合》

交換により種類を同じくする2以上の資産を取得した場合において、その取得した資産のうちに譲渡直前の用途と同一の用途に供さなかったものがあるときは、法第58条の規定の適用については、当該用途に供さなかった資産は同条の規定の適用がある取得資産には該当せず、当該資産は交換差金等となる。

58-6 《取得資産を譲渡資産の譲渡直前の用途と同一の用途に供したかどうかの判定》

法第58条第1項に規定する資産を交換した場合において、取得資産を譲渡資産の譲渡直前の用途と同一の用途に供したかどうかは、その資産の種類に応じ、おおむね次に掲げる区分により判定する。

(1) 土地　宅地、田畑、鉱泉地、池沼、山林、牧場又は原野、その他の区分
(2) 建物　居住の用、店舗又は事務所の用、工場の用、倉庫の用、その他の用の区分
　(注)　店舗又は事務所と住宅とに供用されている家屋は、居住専用又は店舗専用若しくは事務所専用の家屋と認めて差し支えない。
(3) 機械及び装置　その機械及び装置の属する減価償却資産の耐用年数等に関する省令の一部を改正する省令（平成20年財務省令第32号）による改正前の耐用年数省令別表第2に掲げる設備の種類の区分
(4) 船舶　漁船、運送船（貨物船、油そう船、薬品そう船、客船等をいう。）、作業船（しゅんせつ船及び砂利採取船を含む。）、その他の区分

58-7 《譲渡資産の譲渡直前の用途》

法第58条第1項に規定する譲渡資産の譲渡直前の用途は、例えば、農地を宅地に造成し、又は住宅を店舗に改造するなど当該譲渡資産を他の用途に供するために造成又は改造に着手して他の用途に供することとしている場合には、その造成又は改造後の用途をいう。

なお、例えば、農地を宅地に造成した後、他人が所有する固定資産である宅地と交換したような場合において、その譲渡による所得が33-5により譲渡所得又は事業所得若しくは雑所得として取り扱われるときは、その土地のうち、当該譲渡所得の基因となる部分についてのみ固定資産に該当するものとして同条の規定を適用す

ることができる。
(注) 当該事業所得又は雑所得に係る収入金額に相当する金額は、交換差金に該当することとなることに留意する。

58－8 《取得資産を譲渡資産の譲渡直前の用途と同一の用途に供する時期》
　固定資産を交換した場合において、取得資産をその交換の日の属する年分の確定申告書の提出期限までに譲渡資産の譲渡直前の用途と同一の用途に供したとき（相続人が当該用途に供した場合を含む。）は、法第58条第1項の規定を適用することができるものとする。この場合において、取得資産を譲渡資産の譲渡直前の用途と同一の用途に供するには改造等を要するため、当該提出期限までに当該改造等に着手しているとき（相当期間内にその改造等を了する見込みであるときに限る。）は、当該提出期限までに同一の用途に供されたものとする。

58－9 《資産の一部分を交換とし他の部分を売買とした場合》
　一の資産につき、その一部分については交換とし、他の部分については売買としているときは、法第58条の規定の適用については、当該他の部分を含めて交換があったものとし、売買代金は交換差金等とする。

58－10 《交換費用の区分》
　交換のために要した費用の額を令第168条第1号《交換による取得資産の取得価額等の計算》に規定する「譲渡資産の譲渡に要した費用」の額と同条第3号に規定する「取得資産を取得するために要した経費の額」とに区分する場合において、仲介手数料、周旋料その他譲渡と取得との双方に関連する費用（受益者等課税信託（法第13条第1項に規定する受益者（同条第2項の規定により同条第1項に規定する受益者とみなされる者を含む。以下この項において「受益者等」という。）がその信託財産に属する資産及び負債を有するものとみなされる信託をいう。以下この項において同じ。）の信託財産に属する資産（信託財産に属する資産が譲渡所得の基因となる資産である場合における当該資産をいう。）を交換した場合において、当該交換に係る信託報酬として当該受益者等課税信託の受益者等が当該受益者等課税信託の受託者に支払う金額を含む。）でいずれの費用であるか明らかでないものがあるときは、当該費用の50％ずつをそれぞれの費用とする。

58－11 《借地権等の設定の対価として土地を取得した場合》
　自己の有する土地に借地権等の設定（その設定による所得が譲渡所得とされる場合に限る。）をし、その設定の対価として相手方から土地等を取得した場合には、法第58条第1項第1号に掲げる土地の交換があったものとして同条の規定を適用することができるものとする。

58－12 《交換資産の時価》
　固定資産の交換があった場合において、交換当事者間において合意されたその資産の価額が交換をするに至った事情等に照らし合理的に算定されていると認められるものであるときは、その合意された価額が通常の取引価額と異なるときであって

も、法第58条の規定の適用上、これらの資産の価額は当該当事者間において合意されたところによるものとする。

33－1の6 《共有地の分割》
　個人が他の者と土地を共有している場合において、その共有に係る一の土地についてその持分に応ずる現物分割があったときには、その分割による土地の譲渡はなかったものとして取り扱う。
（注）1　その分割に要した費用の額は、その土地が業務の用に供されるもので当該業務に係る各種所得の金額の計算上必要経費に算入されたものを除き、その土地の取得費に算入する。
　　　2　分割されたそれぞれの土地の面積の比と共有持分の割合とが異なる場合であっても、その分割後のそれぞれの土地の価額の比が共有持分の割合におおむね等しいときは、その分割はその共有持分に応ずる現物分割に該当するのであるから留意する。

33－1の5 《代償分割による資産の移転》
　遺産の代償分割（現物による遺産の分割に代え共同相続人の一人又は数人に他の共同相続人に対する債務を負担させる方法により行う遺産の分割をいう。以下同じ。）により負担した債務が資産の移転を要するものである場合において、その履行として当該資産の移転があったときは、その履行をした者は、その履行をした時においてその時の価額により当該資産を譲渡したこととなる。
（注）　代償分割に係る資産の取得費については、38－7参照

租税特別措置法

第31条　《長期譲渡所得の課税の特例》
1　個人が、その有する土地若しくは土地の上に存する権利（以下第32条までにおいて「土地等」という。）又は建物及びその附属設備若しくは構築物（以下第32条までにおいて「建物等」という。）で、その年1月1日において所有期間が5年を超えるものの譲渡（建物又は構築物の所有を目的とする地上権又は賃借権の設定その他契約により他人（当該個人が非居住者である場合の所得税法第161条第1項第1号に規定する事業場等を含む。）に土地を長期間使用させる行為で政令で定めるもの（第33条から第37条の9まで及び第37条の9の5において「譲渡所得の基因となる不動産等の貸付け」という。）を含む。以下第32条までにおいて同じ。）をした場合には、当該譲渡による譲渡所得については、同法第22条及び第89条並びに第165条の規定にかかわらず、他の所得と区分し、その年中の当該譲渡に係る譲渡所得の金額（同法第33条第3項に規定する譲渡所得の特別控除額の控除をしないで計算した金額とし、第32条第1項に規定する短期譲渡所得の金額の計算上生じた損失の金額があるときは、同項後段の規定にかかわらず、当該計算した金額を限度として当該損失の金額を控除した後の金額とする。以下この項及び第31条の4において「長期譲渡所得の金額」という。）に対し、長期譲渡所得の金額（第3項第3号の規定により読み替えられた同法第72条から第87条までの規定の適用がある場合には、その適用後の金額。以下第31条の3までにおいて「課税長期譲渡所得金額」という。）の100分の15に相当する金額に相当する所得税を課する。この場合において、長期譲渡所得の金額の計算上生じた損失の金額があるときは、同法その他所得税に関する法令の規定の適用については、当該損失の金額は生じなかったものとみなす。
2　前項に規定する所有期間とは、当該個人がその譲渡をした土地等又は建物等をその取得（建設を含む。）をした日の翌日から引き続き所有していた期間として政令で定める期間をいう。
3　第1項の規定の適用がある場合には、次に定めるところによる。
　一　所得税法第2条第1項第30号から第34号の4までの規定の適用については、同項第30号中「山林所得金額」とあるのは、「山林所得金額並びに租税特別措置法第31条第1項《長期譲渡所得の課税の特例》（同法第31条の2《優良住宅地の造成等のために土地等を譲渡した場合の長期譲渡所得の課税の特例》又は第31条の3《居住用財産を譲渡した場合の長期譲渡所得の課税の特例》の規定により適用される場合を含む。以下同じ。）に規定する長期譲渡所得の金額（以下「長期譲渡所得の金額」という。）」とする。
　二　所得税法第69条の規定の適用については、同条第1項中「譲渡所得の金額」

資料―関係法令等

とあるのは「譲渡所得の金額（租税特別措置法第31条第1項《長期譲渡所得の課税の特例》に規定する譲渡による譲渡所得がないものとして計算した金額とする。）」と、「各種所得の金額」とあるのは「各種所得の金額（長期譲渡所得の金額を除く。）」とする。
三　所得税法第71条から第87条までの規定の適用については、これらの規定中「総所得金額」とあるのは、「総所得金額、長期譲渡所得の金額」とする。
四　所得税法第92条、第95条及び第165条の6の規定の適用については、同法第92条第1項中「前節（税率）」とあるのは「前節（税率）及び租税特別措置法第31条第1項（長期譲渡所得の課税の特例）」と、「課税総所得金額」とあるのは「課税総所得金額及び租税特別措置法第31条第1項に規定する課税長期譲渡所得金額の合計額」と、同条第2項中「課税総所得金額に係る所得税額」とあるのは「課税総所得金額に係る所得税額、同項に規定する課税長期譲渡所得金額に係る所得税額」と、同法第95条及び第165条の6中「その年分の所得税の額」とあるのは「その年分の所得税の額及び租税特別措置法第31条第1項《長期譲渡所得の課税の特例》の規定による所得税の額」とする。
五　前各号に定めるもののほか、所得税法第2編第5章の規定による申請又は申告に関する特例その他第1項の規定の適用がある場合における所得税に関する法令の規定の適用に関し必要な事項は、政令で定める。

第33条　《収用等に伴い代替資産を取得した場合の課税の特例》

1　個人の有する資産（所得税法第2条第1項第16号に規定する棚卸資産その他これに準ずる資産で政令で定めるものを除く。以下この条、次条第2項及び第33条の4において同じ。）で次の各号に規定するものが当該各号に掲げる場合に該当することとなった場合（次条第1項の規定に該当する場合を除く。）において、その者が当該各号に規定する補償金、対価又は清算金の額（当該資産の譲渡（消滅及び価値の減少を含む。以下この款において同じ。）に要した費用がある場合には、当該補償金、対価又は清算金の額のうちから支出したものとして政令で定める金額を控除した金額。以下この条において同じ。）の全部又は一部に相当する金額をもって当該各号に規定する収用、買取り、換地処分、権利変換、買収又は消滅（以下第33条の4までにおいて「収用等」という。）のあった日の属する年の12月31日までに当該収用等により譲渡した資産と同種の資産その他のこれに代わるべき資産として政令で定めるもの（以下この款において「代替資産」という。）の取得（所有権移転外リース取引による取得を除き、製作及び建設を含む。以下この款において同じ。）をしたときは、その者については、その選択により、当該収用等により取得した補償金、対価又は清算金の額が当該代替資産に係る取得に要した金額（以下第37条の9まで及び第37条の9の5において「取得価額」という。）以下である場合にあっては、当該譲渡した資産（第3号の清算金を同号の土地等とともに取得した場合には、当該譲渡した資産のうち当該清算金の額に対応する

ものとして政令で定める部分。以下この項において同じ。）の譲渡がなかったものとし、当該補償金、対価又は清算金の額が当該取得価額を超える場合にあっては、当該譲渡した資産のうちその超える金額に相当するものとして政令で定める部分について譲渡があったものとして、第31条（第31条の2又は第31条の3の規定により適用される場合を含む。第33条の4第1項第1号、第34条第1項第1号、第34条の2第1項第1号、第34条の3第1項第1号、第35条第1項第1号及び第34条の3第1項第1号、第35条の2第1項を除き、以下第37条の9の5までにおいて同じ。）若しくは第32条又は所得税法第32条若しくは第33条の規定を適用することができる。

一　資産が土地収用法（昭和26年法律第219号）、河川法（昭和39年法律第167号）、都市計画法、首都圏の近郊整備地帯及び都市開発区域の整備に関する法律（昭和33年法律第98号）、近畿圏の近郊整備区域及び都市開発区域の整備及び開発に関する法律（昭和39年法律第145号）、新住宅市街地開発法（昭和38年法律第134号）、都市再開発法、新都市基盤整備法（昭和47年法律第86号）、流通業務市街地の整備に関する法律（昭和41年法律第110号）、水防法（昭和24年法律第193号）、土地改良法（昭和24年法律第195号）、森林法、道路法（昭和27年法律第180号）、住宅地区改良法（昭和35年法律第84号）その他政令で定めるその他の法令（以下次条までにおいて「土地収用法等」という。）の規定に基づいて収用され、補償金を取得する場合（政令で定める場合に該当する場合を除く。）。

二　資産について買取りの申出を拒むときは土地収用法等の規定に基づいて収用されることとなる場合において、当該資産が買い取られ、対価を取得するとき（政令で定める場合に該当する場合を除く。）。

三　土地又は土地の上に存する権利（以下第33条の3までにおいて「土地等」という。）につき土地区画整理法による土地区画整理事業、大都市地域における住宅及び住宅地の供給の促進に関する特別措置法（昭和50年法律第67号。以下第34条の2までにおいて「大都市地域住宅等供給促進法」という。）による住宅街区整備事業、新都市基盤整備法による土地整理又は土地改良法による土地改良事業若しくは独立行政法人緑資源機構法（平成14年法律第130号）第11条第1項第7号イの事業が施行された場合において、当該土地等に係る換地処分により土地区画整理法第94条（大都市地域住宅等供給促進法第82条第1項及び新都市基盤整備法第37条において準用する場合を含む。）の規定による清算金（土地区画整理法第90条（大都市地域住宅等供給促進法第82条第1項及び新都市基盤整備法第36条において準用する場合を含む。）の規定により換地又は当該権利の目的となるべき宅地若しくはその部分を定められなかったこと及び大都市地域住宅等供給促進法第74条第4項又は第90条第1項の規定により大都市地域住宅等供給促進法第74条第4項に規定する施設住宅の一部等又は大都市地域住宅等供給促進法第90条第2項に規定する施設住宅若しくは施設住宅敷地に関する権利を定められなかったことにより支払われるものを除く。）又は土地改良法

資料―関係法令等

第54条の2第4項(同法第89条の2第10項、第96条及び第96条の4第1項並びに独立行政法人緑資源機構法第16条第2項において準用する場合を含む。)に規定する清算金(土地改良法第53条の2の2第1項(同法第89条の2第3項、第96条及び第96条の4第1項並びに独立行政法人緑資源機構法第16条第2項において準用する場合を含む。)の規定により地積を特に減じて換地若しくは当該権利の目的となるべき土地若しくはその部分を定めたこと又は換地若しくは当該権利の目的となるべき土地若しくはその部分を定められなかったことにより支払われるものを除く。)を取得するとき(政令で定める場合に該当する場合を除く。)。

三の二　資産につき都市再開発法による第一種市街地再開発事業が施行された場合において、当該資産に係る権利変換により同法第91条の規定による補償金(同法第79条第3項又は同法第111条の規定により読み替えられた同法第79条第3項の規定により施設建築物の一部等又は建築施設の部分が与えられないように定められたことにより支払われるもの及びやむを得ない事情により同法第71条第1項の申出をしたと認められる場合として政令で定める場合における当該申出に基づき支払われるものに限る。)を取得するとき(政令で定める場合に該当する場合を除く。)。

三の三　資産につき密集市街地における防災街区の整備の促進に関する法律による防災街区整備事業が施行された場合において、当該資産に係る権利変換により同法第226条の規定による補償金(同法第212条第3項の規定により防災施設建築物の一部等が与えられないように定められたこと又は政令で定める規定により防災建築施設の部分が与えられないように定められたことにより支払われるもの及びやむを得ない事情により同法第203条第1項の申出をしたと認められる場合として政令で定める場合における当該申出に基づき支払われるものに限る。)を取得するとき(政令で定める場合に該当する場合を除く。)。

三の四　土地等が都市計画法第52条の4第1項(同法第57条の5及び密集市街地における防災街区の整備の促進に関する法律第285条において準用する場合を含む。)又は都市計画法第56条第1項の規定に基づいて買い取られ、対価を取得する場合(第34条第2項第2号及び第2号の2に掲げる場合に該当する場合を除く。)。

三の五　土地区画整理法による土地区画整理事業で同法第109条第1項に規定する減価補償金を交付すべきこととなるものが施行される場合において、公共施設の用地に充てるべきものとして当該事業の施行区域内の土地等が買い取られ、対価を取得するとき。

四　国、地方公共団体、独立行政法人都市再生機構又は地方住宅供給公社が、自ら居住するため住宅を必要とする者に対し賃貸し、又は譲渡する目的で行う50戸以上の一団地の住宅経営に係る事業の用に供するため土地等が買い取られ、対価を取得する場合。

五　資産が土地収用法等の規定により収用された場合(第2号の規定に該当する

買取りがあった場合を含む。）において、当該資産に関して有する所有権以外の権利が消滅し、補償金又は対価を取得するとき（政令で定める場合に該当する場合を除く。）。
六　資産に関して有する権利で都市再開発法に規定する権利変換により新たな権利に変換をすることのないものが、同法第87条の規定により消滅し、同法第91条の規定による補償金を取得する場合（政令で定める場合に該当する場合を除く。）。
六の二　資産に関して有する権利で密集市街地における防災街区の整備の促進に関する法律に規定する権利変換により新たな権利に変換をすることのないものが、同法第221条の規定により消滅し、同法第226条の規定による補償金を取得する場合（政令で定める場合に該当する場合を除く。）。
七　国若しくは地方公共団体（その設立に係る団体で政令で定めるものを含む。）が行い、若しくは土地収用法第3条に規定する事業の施行者がその事業の用に供するために行う公有水面埋立法（大正10年法律第57号）の規定に基づく公有水面の埋立て又は当該施行者が行う当該事業の施行に伴う漁業権、入漁権その他水の利用に関する権利又は鉱業権（租鉱権及び採石権その他土石を採掘し、又は採取する権利を含む。）の消滅（これらの権利の価値の減少を含む。）により、補償金又は対価を取得する場合。
八　前各号に掲げる場合のほか、国又は地方公共団体が、建築基準法第11条第1項若しくは漁業法（昭和24年法律第267号）第39条第1項その他政令で定めるその他の法令の規定に基づき行う処分に伴う資産の買取り若しくは消滅（価値の減少を含む。）により、又はこれらの規定に基づき行う買収の処分により補償金又は対価を取得する場合。

2　前項の規定は、個人が同項各号に掲げる場合に該当した場合において、その者が当該各号に規定する補償金、対価又は清算金の額の全部又は一部に相当する金額をもって収用等のあった日の属する年の翌年1月1日から収用等のあった日以後2年を経過した日までの期間（当該収用等に係る事業の全部又は一部が完了しないこと、工場等の建設に要する期間が通常2年を超えることその他のやむを得ない事情があるため、当該期間内に代替資産を取得することが困難である場合で政令で定める場合には、当該代替資産については、同年1月1日から政令で定める日までの期間）内に代替資産を取得する見込みであるときについて準用する。この場合において、同項中「補償金、対価又は清算金の額」とあるのは「補償金、対価又は清算金の額（収用等のあった日の属する年において当該補償金、対価又は清算金の額の一部に相当する金額をもって代替資産を取得した場合には、当該資産の取得価額を控除した金額）」と、「取得価額」とあるのは「取得価額の見積額」と読み替えるものとする。
3　個人の有する資産が次の各号に掲げる場合に該当することとなった場合には、

第1項(前項において準用する場合を含む。)の規定の適用については、第1号の場合にあっては同号に規定する土地等、第2号の場合にあっては同号に規定する土地の上にある資産(同号に規定する補償金が当該資産の価額の一部を補償するものである場合には、当該資産のうちその補償金に対応するものとして政令で定める部分)について、収用等による譲渡があつたものとみなす。この場合においては、第1号又は第2号に規定する補償金又は対価の額をもって、第1項に規定する補償金、対価又は清算金の額とみなす。

一 土地等が土地収用法等の規定に基づいて使用され、補償金を取得する場合(土地等について使用の申出を拒むときは土地収用法等の規定に基づいて使用されることとなる場合において、当該土地等が契約により使用され、対価を取得するときを含む。)において、当該土地等を使用させることが譲渡所得の基因となる不動産等の貸付けに該当するとき(政令で定める場合に該当する場合を除く。)。

二 土地等が第1項第1号から第3号の3まで、前号、次条第1項第2号若しくは第33条の3第1項の規定に該当することとなったことに伴い、その土地の上にある資産につき、土地収用法等の規定に基づく収用をし、若しくは取壊し若しくは除去をしなければならなくなった場合又は第1項第8号に規定する法令の規定若しくは大深度地下の公共的使用に関する特別措置法(平成12年法律第87号)第11条の規定に基づき行う国若しくは地方公共団体の処分に伴い、その土地の上にある資産の取壊し若しくは除去をしなければならなくなった場合において、これらの資産の対価又はこれらの資産の損失に対する補償金で政令で定めるものを取得するとき(政令で定める場合に該当する場合を除く。)。

4 第1項第1号、第5号、第7号又は第8号に規定する補償金の額は、名義がいずれであるかを問わず、資産の収用等の対価たる金額をいうものとし、収用等に際して交付を受ける移転料その他当該資産の収用等の対価たる金額以外の金額を含まないものとする。

5 第1項又は第2項の規定は、これらの規定の適用を受けようとする年分の確定申告書に、これらの規定の適用を受けようとする旨を記載し、かつ、これらの規定による山林所得の金額又は譲渡所得の金額の計算に関する明細書その他財務省令で定める書類を添付しない場合には、適用しない。ただし、当該申告書の提出がなかったこと又は当該記載若しくは添付がなかったことにつき税務署長においてやむを得ない事情があると認める場合において、当該記載をした書類並びに当該明細書及び財務省令で定める書類の提出があったときは、この限りでない。

6 前項に規定する確定申告書を提出する者は、政令で定めるところにより、代替資産の明細に関する財務省令で定める書類を納税地の所轄税務署長に提出しなければならない。

第33条の2 《交換処分等に伴い資産を取得した場合の課税の特例》

1 個人の有する資産で次の各号に規定するものが当該各号に掲げる場合に該当す

ることとなった場合（当該各号に規定する資産とともに補償金、対価又は清算金（以下この款において「補償金等」という。）を取得した場合を含む。）には、その者については、その選択により、当該各号に規定する収用、買取り又は交換（以下この款において「交換処分等」という。）により譲渡した資産（当該各号に規定する資産とともに補償金等を取得した場合には、当該譲渡した資産のうち当該補償金等の額に対応する部分以外のものとして政令で定める部分）の譲渡がなかったものとして、第28条の4、第31条若しくは第32条又は所得税法第27条、第32条、第33条若しくは第35条の規定を適用することができる。

一　資産につき土地収用法等の規定による収用があった場合（前条第1項第2号又は第4号の規定に該当する買取りがあった場合を含む。）において、当該資産と同種の資産として政令で定めるものを取得するとき。

二　土地等につき土地改良法による土地改良事業、農業振興地域の整備に関する法律第13条の2第1項の事業又は独立行政法人緑資源機構法第11条第1項第8号の事業が施行された場合において、当該土地等に係る交換により土地等を取得するとき。

2　前条第1項から第3項までの規定は、個人の有する資産で前項各号に規定するものが当該各号に掲げる場合に該当することとなった場合において、個人が、同項各号に規定する資産とともに補償金等を取得し、その全部又は一部に相当する金額をもって代替資産を取得したとき、又は取得する見込みであるときについて準用する。この場合において、同条第1項中「当該譲渡した資産」とあるのは、「当該譲渡した資産のうち当該補償金等の額に対応するものとして政令で定める部分」と読み替えるものとする。

3　前条第4項及び第5項の規定は、前2項の規定を適用する場合について準用する。

4　前条第6項の規定は、前項において準用する同条第5項に規定する確定申告書を提出する者について準用する。この場合において、同条第6項中「代替資産」とあるのは、「交換処分等により取得した資産又は代替資産」と読み替えるものとする。

第33条の3　《換地処分等に伴い資産を取得した場合の課税の特例》

1　個人が、その有する土地等につき土地区画整理法による土地区画整理事業、新都市基盤整備法による土地整理、土地改良法による土地改良事業、独立行政法人緑資源機構法第11条第1項第7号イの事業又は大都市地域住宅等供給促進法による住宅街区整備事業が施行された場合において、当該土地等に係る換地処分により土地等又は土地区画整理法第93条第1項、第2項、第4項若しくは第5項に規定する建築物の一部及びその建築物の存する土地の共有持分、大都市地域住宅等供給促進法第74条第1項に規定する施設住宅の一部等若しくは大都市地域住宅等供給促進法第90条第2項に規定する施設住宅若しくは施設住宅敷地に関する権利を取得したときは、第28条の4、第31条若しくは第32条又は所得税法第27条、第33条若

しくは第35条の規定の適用については、換地処分により譲渡した土地等（土地等とともに清算金を取得した場合又は中心市街地の活性化に関する法律第16条第1項、高齢者、障害者等の移動等の円滑化の促進に関する法律（平成18年法律第91号）第39条第1項、都市の低炭素化の促進に関する法律（平成24年法律第84号）第19条第1項、大都市地域住宅等供給促進法第21条第1項若しくは地方拠点都市地域の整備及び産業業務施設の再配置の促進に関する法律（平成4年法律第76号）第28条第1項の規定による保留地が定められた場合には、当該譲渡した土地等のうち当該清算金の額又は当該保留地の対価の額に対応する部分以外のものとして政令で定める部分）の譲渡がなかったものとみなす。
2　個人が、その有する資産につき都市再開発法による第一種市街地再開発事業が施行された場合において、当該資産に係る権利変換により施設建築物の一部を取得する権利及び施設建築敷地若しくはその共有持分若しくは地上権の共有持分（当該資産に係る権利変換が同法第110条第1項の規定により定められた権利変換計画において定められたものである場合には、施設建築敷地又は施設建築物に関する権利）を取得したとき又はその有する資産が同法による第二種市街地再開発事業の施行に伴い買い取られ、若しくは収用された場合において、同法第118条の11第1項の規定によりその対価として同項に規定する建築施設の部分の給付（当該給付が同法第118条の25の2第1項の規定により定められた管理処分計画において定められたものである場合には、施設建築敷地又は施設建築物に関する権利の給付）を受ける権利を取得したときは、第28条の4、第31条若しくは第32条又は所得税法第27条、第33条若しくは第35条の規定の適用については、当該権利変換又は買取り若しくは収用により譲渡した資産（当該給付を受ける権利とともに補償金等を取得した場合には、当該譲渡した資産のうち当該補償金等の額に対応する部分以外のものとして政令で定める部分。次項及び次条第1項において「旧資産」という。）の譲渡がなかったものとみなす。
3　前項の規定の適用を受けた場合において、同項に規定する施設建築物の一部を取得する権利（都市再開発法第110条第1項の規定により定められた権利変換計画に係る施設建築物に関する権利を取得する権利を含む。）又は前項に規定する給付を受ける権利につき譲渡、相続（限定承認に係るものに限る。以下この条、第33条の6、第36条の4、第37条の3、第37条の6、第37条の9及び第37条の9の5第8項において同じ。）、遺贈（法人に対するもの及び個人に対する包括遺贈のうち限定承認に係るものに限る。以下この条、第33条の6、第36条の4、第37条の3、第37条の6、第37条の9及び第37条の9の5第8項において同じ。）若しくは贈与（法人に対するものに限る。以下この条、第33条の6、第36条の4、第37条の3、第37条の6、第37条の9及び第37条の9の5第8項において同じ。）があったとき又は同項に規定する建築施設の部分（同法第118条の25の2第1項の規定により定められた管理処分計画に係る施設建築敷地又は施設建築物に関する権利を含む。）につき同法

租税特別措置法

第118条の5第1項の規定による譲受け希望の申出の撤回があったとき（同法第118条の12第1項又は第118条の19第1項の規定により譲受け希望の申出を撤回したものとみなされる場合を含む。）は、政令で定めるところにより、当該譲渡、相続、遺贈若しくは贈与又は譲受け希望の申出の撤回のあった日若しくは同法第118条の12第1項若しくは第118条の19第1項の規定によりその撤回があつたものとみなされる日において旧資産の譲渡、相続、遺贈若しくは贈与又は収用等による譲渡があったものとみなして第28条の4、第31条、第32条若しくは第33条又は所得税法第27条、第33条、第35条、第40条若しくは第59条の規定を適用し、前項に規定する権利及び施設建築敷地若しくはその共有持分又は地上権の共有持分につき都市再開発法第104条第1項又は第118条の24（同法第118条の25の2第3項の規定により読み替えて適用される場合を含む。）の規定によりこれらの規定に規定する差額に相当する金額の交付を受けることとなったときは、そのなった日において旧資産のうち当該金額に対応するものとして政令で定める部分につき収用等による譲渡があったものとみなして第33条の規定を適用する。

4 個人が、その有する資産につき密集市街地における防災街区の整備の促進に関する法律による防災街区整備事業が施行された場合において、当該資産に係る権利変換により防災施設建築物の一部を取得する権利及び防災施設建築敷地若しくはその共有持分若しくは地上権の共有持分又は個別利用区内の宅地若しくはその使用収益権（当該資産に係る権利変換が同法第255条から第257条までの規定により定められた権利変換計画において定められたものである場合には、防災施設建築敷地若しくは防災施設建築物に関する権利又は個別利用区内の宅地に関する権利）を取得したときは、第28条の4、第31条若しくは第32条又は所得税法第27条、第33条若しくは第35条の規定の適用については、当該権利変換により譲渡した資産（次項及び次条第1項において「防災旧資産」という。）の譲渡がなかったものとみなす。

5 前項の規定の適用を受けた場合において、同項に規定する防災施設建築物の一部を取得する権利（密集市街地における防災街区の整備の促進に関する法律第255条又は第257条の規定により定められた権利変換計画に係る防災施設建築物に関する権利を取得する権利を含む。）につき譲渡、相続、遺贈又は贈与があったときは、政令で定めるところにより、当該譲渡、相続、遺贈又は贈与のあった日において防災旧資産の譲渡、相続、遺贈又は贈与があったものとみなして第28条の4、第31条若しくは第32条又は所得税法第27条、第33条、第35条、第40条若しくは第59条の規定を適用し、前項に規定する防災施設建築物の一部を取得する権利及び防災施設建築敷地若しくはその共有持分若しくは地上権の共有持分又は個別利用区内の宅地若しくはその使用収益権につき密集市街地における防災街区の整備の促進に関する法律第248条第1項の規定により同項に規定する差額に相当する金額の交付を受けることとなったときは、そのなった日において防災旧資産の

うち当該金額に対応するものとして政令で定める部分につき収用等による譲渡があつたものとみなして第33条の規定を適用する。

6　個人が、その有する資産(政令で定めるものに限る。以下この項において同じ。)につきマンションの建替え等の円滑化に関する法律第2条第1項第4号に規定するマンション建替事業が施行された場合において、当該資産に係る同法の権利変換により同項第7号に規定する施行再建マンションに関する権利を取得する権利又は当該施行再建マンションに係る敷地利用権(同項第16号に規定する敷地利用権をいう。)を取得したときは、第28条の4、第31条若しくは第32条又は所得税法第27条、第33条若しくは第35条の規定の適用については、当該権利変換により譲渡した資産(次項において「変換前資産」という。)の譲渡がなかったものとみなす。

7　前項の規定の適用を受けた場合において、同項の施行再建マンションに関する権利を取得する権利につき譲渡、相続、遺贈又は贈与があったときは、政令で定めるところにより、当該譲渡、相続、遺贈又は贈与のあった日において変換前資産の譲渡、相続、遺贈又は贈与があったものとみなして第28条の4、第31条若しくは第32条又は所得税法第27条、第33条、第35条、第40条若しくは第59条の規定を適用し、当該施行再建マンションに関する権利を取得する権利又は同項の施行再建マンションに係る敷地利用権につきマンションの建替え等の円滑化に関する法律第85条の規定により同条に規定する差額に相当する金額の交付を受けることとなったときは、そのなった日において変換前資産のうち当該金額に対応するものとして政令で定める部分につき譲渡があったものとみなして第28条の4、第31条若しくは第32条又は所得税法第27条、第33条若しくは第35条の規定を適用する。

第33条の6　《収用交換等により取得した代替資産等の取得価額の計算》

1　第33条、第33条の2第1項若しくは第2項又は第33条の3の規定の適用を受けた者(前条第1項の規定による修正申告書を提出し、又は同条第2項の規定による更正を受けたため、第33条(第33条の2第2項において準用する場合を含む。)の規定の適用を受けないこととなった者を除く。)が代替資産又は交換処分等、換地処分若しくは権利変換(都市再開発法第88条第2項若しくは第110条第2項の規定による施設建築物の一部若しくは施設建築物に関する権利、同法第118条の11第1項(同法第118条の25の2第3項の規定により読み替えて適用される場合を含む。)の規定による建築施設の部分若しくは施設建築敷地若しくは施設建築物に関する権利、密集市街地における防災街区の整備の促進に関する法律第222条第2項の規定による防災施設建築物の一部若しくは同法第255条第4項若しくは第257条第3項の規定による同法第255条第2項(同法第257条第2項において準用する場合を含む。)の防災施設建築物に関する権利又はマンションの建替え等の円滑化に関する法律第71条第2項の規定による施行再建マンションの区分所有権(政令で定めるものに限る。)の取得を含む。以下この条において同じ。)により取得した資産(以下この条において「代替資産等」という。)について所得税法第49条第1項の規定に

租税特別措置法

より償却費の額を計算するとき、又は代替資産等につきその取得した日以後譲渡（譲渡所得の基因となる不動産等の貸付けを含む。）、相続、遺贈若しくは贈与があつた場合において、事業所得の金額、山林所得の金額、譲渡所得の金額又は雑所得の金額を計算するときは、政令で定めるところにより、第33条、第33条の2第1項若しくは第2項又は第33条の3の規定の適用を受けた資産（以下この条において「譲渡資産」という。）の取得の時期を当該代替資産等の取得の時期とし、譲渡資産の取得価額並びに設備費及び改良費の額の合計額（第36条の4、第37条の3、第37条の5、第37条の6及び第37条の9において「取得価額等」という。）のうち当該代替資産等に対応する部分として政令で定めるところにより計算した金額をその取得価額とする。ただし、取得価額については、次の各号に掲げる場合に該当する場合には、その取得価額とされる金額に、当該各号に定める金額のうち政令で定めるところにより計算した金額をそれぞれ加算した金額を、その取得価額とする。

一　譲渡資産に係る収用交換等による譲渡に関して第33条第1項に規定する費用がある場合　当該費用に相当する金額

二　代替資産の取得価額が、譲渡資産に係る補償金等の額（当該資産の収用交換等による譲渡に要した費用がある場合には、第33条第1項に規定する政令で定める金額を控除した金額）を超える場合又は第33条第2項（第33条の2第2項において準用する場合を含む。）の規定により読み替えられた第33条第1項に規定する取得価額の見積額（当該補償金等の額以下のものに限る。）を超える場合（前条第4項の規定による更正の請求をした場合を除く。）　その超える金額

三　交換処分等、換地処分又は権利変換により取得した資産の価額が譲渡資産の価額を超え、かつ、その差額に相当する金額を交換処分等、換地処分又は権利変換に際して支出した場合　その支出した金額

2　個人が第33条、第33条の2第1項若しくは第2項又は第33条の3第2項、第4項若しくは第6項の規定の適用を受けた場合には、代替資産等については、第19条各号に掲げる規定は、適用しない。

第37条　《特定の事業用資産の買換えの場合の譲渡所得の課税の特例》

1　個人が、昭和45年1月1日から平成29年12月31日（次の表の第9号の上欄に掲げる資産にあっては、同年3月31日）までの間に、その有する資産（所得税法第2条第1項第16号に規定する棚卸資産その他これに準ずる資産で政令で定めるものを除く。以下この条、第37条の4及び第37条の5において同じ。）で同表の各号の上欄に掲げるもののうち事業（事業に準ずるものとして政令で定めるものを含む。以下第37条の5まで及び第37条の9の5において同じ。）の用に供しているものの譲渡（譲渡所得の基因となる不動産等の貸付けを含むものとし、第33条から第33条の3までの規定に該当するもの及び贈与、交換又は出資によるものその他政令で定めるものを除く。以下この条において同じ。）をした場合において、当該譲渡

の日の属する年の12月31日までに、当該各号の下欄に掲げる資産の取得（建設及び製作を含むものとし、贈与、交換又は法人税法第2条第12号の6に規定する現物分配によるもの、所有権移転外リース取引によるものその他政令で定めるものを除く。同表の第1号、第3号及び第9号の上欄を除き、以下第37条の3までにおいて同じ。）をし、かつ、当該取得の日から1年以内に、当該取得をした資産（以下同条までにおいて「買換資産」という。）を当該各号の下欄に規定する地域内にある当該個人の事業の用（同表の第10号の下欄に掲げる船舶については、その個人の事業の用。以下この条及び次条において同じ。）に供したとき（当該期間内に当該事業の用に供しなくなったときを除く。）、又は供する見込みであるときは、当該譲渡による収入金額が当該買換資産の取得価額以下である場合にあっては当該譲渡に係る資産のうち当該収入金額の100分の80に相当する金額を超える金額に相当するものとして政令で定める部分の譲渡があったものとし、当該収入金額が当該取得価額を超える場合にあっては当該譲渡に係る資産のうち当該取得価額の100分の80に相当する金額を超える金額に相当するものとして政令で定める部分の譲渡があったものとして、第31条若しくは第32条又は所得税法第33条の規定を適用する。

譲渡資産	買換資産
一　次に掲げる区域（政令で定める区域を除く。以下この表において「既成市街地等」という。）内にある事務所若しくは事業所で政令で定めるものとして使用されている建物（その附属設備を含む。以下この表において同じ。）又はその敷地の用に供されている土地等（土地又は土地の上に存する権利をいう。以下この条において同じ。）で、当該個人により取得をされたこれらの資産のうちその譲渡の日の属する年の1月1日において所有期間（第31条第2項に規定する所有期間をいう。第9号及び第5項において同じ。）が10年を超えるもの（次号の上欄に掲げる資産にも該当するものを除く。）	既成市街地等以外の地域内（国内に限る。以下この表において同じ。）にある土地等、建物、構築物又は機械及び装置（農業及び林業以外の事業の用に供されるものにあっては次に掲げる区域（ロに掲げる区域にあっては、都市計画法第7条第1項の市街化調整区域と定められた区域を除く。）内にあるものに限るものとし、農業又は林業の用に供されるものにあっては同項の市街化区域と定められた区域（以下第3号までにおいて「市街化区域」という。）以外の地域内にあるものに限る。） イ　市街化区域のうち都市計画法第7条第1項ただし書の規定により区域区分（同項に規定する区域区分をいう。）を定めるものとされて

イ　首都圏整備法（昭和31年法律第83号）第2条第3項に規定する既成市街地 ロ　近畿圏整備法（昭和38年法律第129号）第2条第3項に規定する既成都市区域 ハ　イ又はロに掲げる区域に類するものとして政令で定める区域	いる区域 ロ　首都圏整備法第2条第5項又は近畿圏整備法第2条第5項に規定する都市開発区域その他これに類するものとして政令で定める区域
二　市街化区域又は既成市街地等内にある農業の用に供される土地等、建物又は構築物	市街化区域及び既成市街地等以外の地域内にある土地等（その面積が上欄に掲げる土地等に係る面積を超えるもの又は当該個人が所有権、賃借権若しくは使用貸借による権利を有する土地に隣接する土地等に限る。）、建物、構築物又は機械及び装置で、農業経営基盤強化促進法第12条第1項に規定する農業経営改善計画に係る同項の認定を受けた個人（第7号において「認定農業者」という。）又は同法第14条の4第1項に規定する青年等就農計画に係る同項の認定を受けた個人（同号において「認定就農者」という。）の農業の用に供されるもの
三　次に掲げる区域（以下この号において「航空機騒音障害区域」という。）内にある土地等（平成26年4月1日又はその土地等のある区域が航空機騒音障害区域となった日のいずれか遅い日以後に取得（相続、遺贈又は贈与による取得を除く。）をされたものを除く。）、建物又は構築物でそれぞれ次に定める場合に譲渡をされるもの イ　特定空港周辺航空機騒音対策特別措置法第4条第1項に規定する航	航空機騒音障害区域以外の地域内にある土地等、建物、構築物又は機械及び装置（農業又は林業の用に供されるものにあっては、市街化区域以外の地域内にあるものに限る。）

空機騒音障害防止特別地区　同法第8条第1項若しくは第9条第2項の規定により買い取られ、又は同条第1項の規定により補償金を取得する場合 ロ　公共用飛行場周辺における航空機騒音による障害の防止等に関する法律第9条第1項に規定する第二種区域　同条第2項の規定により買い取られ、又は同条第1項の規定により補償金を取得する場合 ハ　防衛施設周辺の生活環境の整備等に関する法律第5条第1項に規定する第二種区域　同条第2項の規定により買い取られ、又は同条第1項の規定により補償金を取得する場合	
四　過疎地域自立促進特別措置法第2条第1項に規定する過疎地域（同項に規定する過疎地域に係る市町村の廃置分合又は境界変更に伴い同法第33条第1項の規定に基づいて新たに同法第2条第1項に規定する過疎地域に該当することとなった区域その他政令で定める区域を除く。以下この号において「過疎地域」という。）以外の地域内にある土地等、建物又は構築物（既成市街地等内にあるものにあっては、事務所若しくは事業所で政令で定めるものとして使用されている建物又はその敷地の用に供されている土地等に限る。）	過疎地域内にある特定資産（土地等、建物、構築物又は機械及び装置をいう。次号及び第6号において同じ。）
五　都市再生特別措置法第95条第1項に規定する都市機能誘導区域（以下	都市機能誘導区域内にある特定資産で、当該都市機能誘導区域内における

この号において「都市機能誘導区域」という。）以外の地域内にある土地等、建物又は構築物	同項に規定する誘導施設等整備事業に係る同法第99条に規定する認定誘導事業計画に記載された同項に規定する誘導施設において行われる事業の用に供されるもの
六　既成市街地等及びこれに類する区域として政令で定める区域内にある土地等、建物又は構築物	上欄に規定する区域内にある特定資産で、土地の計画的又は構築物かつ効率的な利用に資するものとして政令で定める施策の実施に伴い、当該施策に従って取得をされるもの（政令で定めるものを除く。）
七　農業振興地域の整備に関する法律第8条第1項の農業振興地域整備計画において同条第2項第1号の農用地区域として定められている区域（以下この号において「農用地区域」という。）内にある土地等	農用地区域内にある土地等で認定農業者又は認定就農者が農業経営基盤強化促進法第19条の規定による公告があった同条の農用地利用集積計画の定めるところにより取得をするもののうち、その面積が上欄に掲げる土地等に係る面積を超えるもの又は当該認定農業者若しくは認定就農者が所有権、賃借権若しくは使用貸借による権利を有する土地に隣接するもの
八　密集市街地における防災街区の整備の促進に関する法律第3条第1項第1号に規定する防災再開発促進地区のうち地震その他の災害が発生した場合に著しく危険な地区として政令で定める地区（以下この号において「危険密集市街地」という。）内にある土地等、建物又は構築物で、当該土地等又は当該建物若しくは構築物の敷地の用に供されている土地等の上に耐火建築物又は準耐火建築物（それぞれ建築基準法第2条第9号の2	当該危険密集市街地内にある土地等、建物又は構築物で、密集市街地における防災街区の整備の促進に関する法律による防災街区整備事業に関する都市計画の実施に伴い、当該防災街区整備事業に関する都市計画に従って取得をされるもの

に規定する耐火建築物又は同条第9号の3に規定する準耐火建築物をいう。）で政令で定めるものを建築するために譲渡をされるもの	
九　国内にある土地等、建物又は構築物で、当該個人により取得をされたこれらの資産のうちその譲渡の日の属する年の1月1日において所有期間が10年を超えるもの	国内にある土地等（事務所、事業所その他の政令で定める施設（以下この号において「特定施設」という。）の敷地の用に供されるもの（当該特定施設に係る事業の遂行上必要な駐車場の用に供されるものを含む。）又は駐車場の用に供されるもの（建物又は構築物の敷地の用に供されていないことについて政令で定めるやむを得ない事情があるものに限る。）で、その面積が300平方メートル以上のものに限る。）、建物又は構築物
十　船舶（船舶法第1条に規定する日本船舶に限る。以下この号において同じ。）のうちその進水の日からその譲渡の日までの期間が政令で定める期間に満たないもの	船舶（政令で定めるものに限る。）

2　前項の規定を適用する場合において、その年中の買換資産のうちに土地等があり、かつ、当該土地等をそれぞれ同項の表の各号の下欄ごとに区分をし、当該区分ごとに計算した当該土地等に係る面積が、当該年中において譲渡をした当該各号の上欄に掲げる土地等に係る面積を基礎として政令で定めるところにより計算した面積を超えるときは、同項の規定にかかわらず、当該買換資産である土地等のうちその超える部分の面積に対応するものは、同項の買換資産に該当しないものとする。

3　前2項の規定は、昭和45年1月1日から平成29年12月31日（第1項の表の第9号の上欄に掲げる資産にあっては、同年3月31日）までの間に同表の各号の上欄に掲げる資産で事業の用に供しているものの譲渡をした個人が、当該譲渡をした日の属する年の前年中（工場等の建設に要する期間が通常1年を超えることその他の政令で定めるやむを得ない事情がある場合には、政令で定める期間内）に当該各

号の下欄に掲げる資産の取得をし、かつ、当該取得の日から1年以内に、当該取得をした資産（政令で定めるところにより納税地の所轄税務署長にこの項の規定の適用を受ける旨の届出をしたものに限る。）を当該各号の下欄に規定する地域内にある当該個人の事業の用に供した場合（当該取得の日から1年以内に当該事業の用に供しなくなった場合を除く。）について準用する。この場合において、第1項中「供する見込みであるときは」とあるのは、「供する見込みであるときは、政令で定めるところにより」と読み替えるものとする。

4 　第1項及び第2項の規定は、昭和45年1月1日から平成29年12月31日（第1項の表の第9号の上欄に掲げる資産にあっては、同年3月31日）までの間に同表の各号の上欄に掲げる資産で事業の用に供しているものの譲渡をした個人が、当該譲渡をした日の属する年の翌年中（前項に規定する政令で定めるやむを得ない事情があるため、当該翌年中に当該各号の下欄に掲げる資産の取得をすることが困難である場合において、政令で定めるところにより税務署長の承認を受けたときは、当該資産の取得をすることができるものとして、当該翌年の12月31日後2年以内において当該税務署長が認定した日までの期間内。次条第2項第2号において同じ。）に当該各号の下欄に掲げる資産の取得をする見込みであり、かつ、当該取得の日から1年以内に当該取得をした資産を当該各号の下欄に規定する地域内にある当該個人の事業の用に供する見込みであるときについて準用する。この場合において、第1項中「取得価額」とあるのは、「取得価額の見積額」と読み替えるものとする。

5 　第1項（前2項において準用する場合を含む。以下この条において同じ。）の規定は、その年1月1日において所有期間が5年以下である土地等（その年中に取得をした土地等で政令で定めるものを含む。）の譲渡（第28条の4第3項各号に掲げる土地等の譲渡に該当することにつき財務省令で定めるところにより証明がされたものを除く。）については、適用しない。

6 　第1項の規定は、同項の規定の適用を受けようとする者の同項の譲渡をした日の属する年分の確定申告書に、同項の規定の適用を受けようとする旨の記載があり、かつ、当該譲渡をした資産の譲渡価額、買換資産の取得価額又はその見積額に関する明細書その他財務省令で定める書類の添付がある場合に限り、適用する。

7 　税務署長は、確定申告書の提出がなかった場合又は前項の記載若しくは添付がない確定申告書の提出があった場合においても、その提出又は記載若しくは添付がなかったことについてやむを得ない事情があると認めるときは、当該記載をした書類並びに同項の明細書及び財務省令で定める書類の提出があつた場合に限り、第1項の規定を適用することができる。

8 　第33条第6項の規定は、第6項に規定する確定申告書を提出する者について準用する。この場合において、同条第6項中「代替資産」とあるのは、「買換資産」と読み替えるものとする。

資料—関係法令等

9 第1項(同項の表の第9号に係る部分に限る。)の規定を適用する場合において、個人が譲渡をした同号の上欄に掲げる資産が地域再生法第5条第4項第4号に規定する集中地域(第2号において「集中地域」という。)以外の地域内にある資産に該当し、かつ、当該個人が取得をした、又は取得をする見込みである同表の第9号の下欄に掲げる資産(以下この項において「第9号買換資産」という。)が次の各号に規定する場合に該当するときにおける第1項の規定の適用については、当該各号に定めるところによる。
一 当該第9号買換資産が地域再生法第17条の2第1項第1号に規定する政令で定める地域内にある資産である場合には、第1項中「100分の80」とあるのは、「100分の70」とする。
二 当該第9号買換資産が集中地域(前号に規定する地域を除く。)内にある資産である場合には、第1項中「100分の80」とあるのは、「100分の75」とする。
10 第2項及び第6項から前項までに定めるもののほか、第1項の譲渡をした資産が同項の表の2以上の号の上欄に掲げる資産に該当する場合における同項の規定により譲渡がなかったものとされる部分の金額の計算その他同項の規定の適用に関し必要な事項は、政令で定める。
11 第5項の規定は、個人が平成10年1月1日から平成29年3月31日までの間にした土地等の譲渡については、適用しない。

第37条の2 《特定の事業用資産の買換えの場合の更正の請求、修正申告等》

1 前条第1項の規定の適用を受けた者は、買換資産の取得をした日から1年以内に、当該買換資産を同項の表の各号の下欄に規定する地域内にある当該個人の事業の用に供しない場合又は供しなくなった場合には、これらの事情に該当することとなった日から4月以内に同項に規定する譲渡の日の属する年分の所得税についての修正申告書を提出し、かつ、当該期限内に当該申告書の提出により納付すべき税額を納付しなければならない。
2 前条第4項において準用する同条第1項の規定の適用を受けた者は、次の各号のいずれかに該当する場合には、第1号に該当する場合で過大となったときにあっては、当該買換資産の取得をした日から4月以内に同条第4項に規定する譲渡の日の属する年分の所得税についての更正の請求をすることができるものとし、同号に該当する場合で不足額を生ずることとなったとき、又は第2号に該当するときにあっては、当該買換資産の取得をした日又は同号に該当する事情が生じた日から4月以内に同項に規定する譲渡の日の属する年分の所得税についての修正申告書を提出し、かつ、当該期限内に当該申告書の提出により納付すべき税額を納付しなければならないものとする。
一 買換資産の取得をした場合において、その取得価額が前条第4項の規定により読み替えられた同条第1項に規定する取得価額の見積額に対して過不足額があるとき、又はその買換資産の地域が同条第4項の地域と異なることとなった

こと若しくはその買換資産（同条第1項の表の第9号に係るものに限る。）の同条第9項第1号に規定する地域若しくは同項第2号に規定する地域若しくはこれらの地域以外の地域の区分が、同条第4項の取得をし、事業の用に供する見込みであった資産のこれらの地域の区分と異なることとなったことにより同条第1項に規定する譲渡があったものとされる部分の金額に過不足額があるとき。
　二　前条第4項に規定する譲渡の日の属する年の翌年中に買換資産の取得をせず、又は同項に規定する取得の日から1年以内に、買換資産を同項に規定する事業の用に供せず、若しくは供しなくなった場合
3　第1項若しくは前項第2号の規定に該当する場合又は同項第1号に規定する不足額を生ずることとなった場合において、修正申告書の提出がないときは、納税地の所轄税務署長は、当該申告書に記載すべきであった所得金額、所得税の額その他の事項につき国税通則法第24条又は第26条の規定による更正を行う。
4　第33条の5第3項の規定は、第1項又は第2項の規定による修正申告書及び前項の更正について準用する。この場合において、同条第3項第1号及び第2号中「第1項に規定する提出期限」とあるのは「第37条の2第1項又は第2項に規定する提出期限」と、同号中「第33条の5第1項」とあるのは「第37条の2第1項又は第2項」と読み替えるものとする。

第37条の3　《買換えに係る特定の事業用資産の譲渡の場合の取得価額の計算等》

1　第37条第1項（同条第3項及び第4項において準用する場合を含む。以下この条において同じ。）の規定の適用を受けた者（前条第1項若しくは第2項の規定による修正申告書を提出し、又は同条第3項の規定による更正を受けたため、第37条第1項の規定による特例を認められないこととなった者を除く。）の買換資産に係る所得税法第49条第1項の規定による償却費の額を計算するとき、又は当該買換資産の取得の日以後その譲渡（譲渡所得の基因となる不動産等の貸付けを含む。）、相続、遺贈若しくは贈与があつた場合において、譲渡所得の金額を計算するときは、政令で定めるところにより、当該買換資産の取得価額は、次の各号に掲げる場合の区分に応じ、当該各号に定める金額（第37条第1項の譲渡に要した費用があるときは、政令で定めるところにより計算した当該費用の金額を加算した金額）とする。
　一　第37条第1項の譲渡による収入金額が買換資産の取得価額を超える場合　当該譲渡をした資産の取得価額等のうちその超える額及び当該買換資産の取得価額の100分の20に相当する金額に対応する部分以外の部分の額として政令で定めるところにより計算した金額と当該100分の20に相当する金額との合計額
　二　第37条第1項の譲渡による収入金額が買換資産の取得価額に等しい場合　当該譲渡をした資産の取得価額等のうち当該収入金額の100分の20に相当する金額に対応する部分以外の部分の金額として政令で定めるところにより計算した金額と当該100分の20に相当する金額との合計額に相当する金額

資料―関係法令等

　三　第37条第1項の譲渡による収入金額が買換資産の取得価額に満たない場合
　　当該譲渡をした資産の取得価額等のうち当該収入金額の100分の20に相当する金額に対応する部分以外の部分の額として政令で定めるところにより計算した金額と当該100分の20に相当する金額との合計額にその満たない額を加算した金額に相当する金額
2　前項の場合（第37条第9項の規定により同条第1項の規定の適用を受けた場合に限る。）において、前項の買換資産が次の各号に規定する場合に該当するときにおける同項の規定の適用については、当該各号に定めるところによる。
　一　当該買換資産が第37条第9項第1号に規定する資産である場合には、前項各号中「100分の20」とあるのは、「100分の30」とする。
　二　当該買換資産が第37条第9項第2号に規定する資産である場合には、前項各号中「100分の20」とあるのは、「100分の25」とする。
3　個人が第37条第1項の規定の適用を受けた場合には、買換資産については、第19条各号に掲げる規定は、適用しない。

第37条の4　《特定の事業用資産を交換した場合の譲渡所得の課税の特例》

　個人が、昭和45年1月1日から平成29年12月31日（第37条第1項の表の第9号の上欄に掲げる資産にあっては、同年3月31日）までの間に、その有する資産で同表の各号の上欄に掲げるもののうち事業の用に供しているもの（以下この条において「交換譲渡資産」という。）と当該各号の下欄に掲げる資産（以下この条において「交換取得資産」という。）との交換（第33条の2第1項第2号に規定する交換その他政令で定める交換を除く。以下この条において同じ。）をした場合（当該交換に伴い交換差金（交換により取得した資産の価額と交換により譲渡した資産の価額との差額を補うための金銭をいう。以下この条、次条、第37条の7、第37条の9及び第37条の9の4において同じ。）を取得し、又は支払った場合を含む。）又は交換譲渡資産と交換取得資産以外の資産との交換をし、かつ、交換差金を取得した場合（以下この条において「他資産との交換の場合」という。）における前3条の規定の適用については、次に定めるところによる。
　一　当該交換譲渡資産（他資産との交換の場合にあっては、交換差金に対応するものとして政令で定める部分に限る。）は、当該個人が、その交換の日において、同日における当該資産の価額に相当する金額をもって第37条第1項の譲渡をしたものとみなす。
　二　当該交換取得資産は、当該個人が、その交換の日において、同日における当該資産の価額に相当する金額をもって第37条第1項の取得をしたものとみなす。

第37条の5　《既成市街地等内にある土地等の中高層耐火建築物等の建設のための買換え及び交換の場合の譲渡所得の課税の特例》

1　個人が、その有する資産で次の表の各号の上欄に掲げるもの（第1号の上欄に掲げる資産にあっては、当該個人の事業の用に供しているものを除く。以下この

項及び第4項において「譲渡資産」という。）の譲渡（譲渡所得の基因となる不動産等の貸付けを含むものとし、第33条から第33条の4まで、第34条から第35条の2まで、第36条の2若しくは第37条の規定の適用を受けるもの又は贈与、交換若しくは出資によるものを除く。以下この条において同じ。）をした場合において、当該譲渡の日の属する年の12月31日までに、当該各号の下欄に掲げる資産の取得（建設を含むものとし、贈与、交換又は所有権移転外リース取引によるものを除く。以下この条において同じ。）をし、かつ、当該取得の日から1年以内に、当該取得をした資産（以下この項及び第4項において「買換資産」という。）を、第1号の買換資産にあっては当該個人の居住の用（当該個人の親族の居住の用を含む。以下この項において同じ。）に供したとき（当該期間内に居住の用に供しなくなったときを除く。）若しくは第2号の買換資産にあっては当該個人の事業の用若しくは居住の用に供したとき（当該期間内にこれらの用に供しなくなったときを除く。）又はこれらの用に供する見込みであるときは、当該譲渡による収入金額が当該買換資産の取得価額以下である場合にあっては当該譲渡資産の譲渡がなかったものとし、当該収入金額が当該取得価額を超える場合にあっては当該譲渡資産のうちその超える金額に相当するものとして政令で定める部分の譲渡があったものとして、第31条又は第32条の規定を適用する。

譲渡資産	買換資産
一　次に掲げる区域又は地区内にある土地若しくは土地の上に存する権利（以下この条において「土地等」という。）、建物（その附属設備を含む。以下この条において同じ。）又は構築物で、当該土地等又は当該建物若しくは構築物の敷地の用に供されている土地等の上に地上階数4以上の中高層の耐火建築物（以下この条において「中高層耐火建築物」という。）の建築をする政令で定める事業（以下この項において「特定民間再開発事業」という。）の用に供するために譲渡をされるもの（当該特定民間再開発事業の施行される土地の区域内にあるものに限る。）	当該特定民間再開発事業の施行により当該土地等の上に建築された中高層耐火建築物若しくは当該特定民間再開発事業の施行される地区（都市計画法第4条第1項に規定する都市計画に都市再開発法第2条の3第1項第2号に掲げる地区として定められた地区その他これに類する地区として政令で定める地区に限る。）内で行われる他の特定民間再開発事業その他の政令で定める事業の施行により当該地区内に建築された政令で定める中高層の耐火建築物（これらの建築物の敷地の用に供されている土地等を含む。）又はこれらの建築物に係る構築物

イ　第37条第1項の表の第1号の上欄に規定する既成市街地等 　ロ　都市計画法第4条第1項に規定する都市計画に都市再開発法第2条の3第1項第2号に掲げる地区として定められた地区その他これに類する地区として政令で定める地区（イに掲げる区域内にある地区を除く。）	
二　次に掲げる区域内にある土地等、建物又は構築物で、当該土地等又は当該建物若しくは構築物の敷地の用に供されている土地等の上に地上階数3以上の中高層の耐火共同住宅（主として住宅の用に供される建築物で政令で定めるものに限る。以下この項において同じ。）の建築をする事業の用に供するために譲渡をされるもの（当該事業の施行される土地の区域内にあるものに限るものとし、前号に掲げる資産に該当するものを除く。） 　イ　前号のイに規定する既成市街地等 　ロ　首都圏整備法第2条第4項に規定する近郊整備地帯、近畿圏整備法第2条第4項に規定する近郊整備区域又は中部圏開発整備法（昭和41年法律第102号）第2条第3項に規定する都市整備区域（第37条第1項の表の第1号の上欄のハに掲げる区域を除く。）のうち、イに掲げる既成市街地等に準ずる区域として政令で定める区域 　ハ　中心市街地の活性化に関する法	当該事業の施行により当該土地等の上に建築された耐火共同住宅（当該耐火共同住宅の敷地の用に供されている土地等を含む。）又は当該耐火共同住宅に係る構築物

律第12条第1項に規定する認定基本計画に基づいて行われる同法第7条第6項に規定する中心市街地共同住宅供給事業（同条第4項に規定する都市福利施設の整備を行う事業と一体的に行われるものに限る。）の区域	

2　第37条第4項及び第6項から第8項まで、第37条の2並びに第37条の3第3項の規定は、前項の規定を適用する場合について準用する。この場合において、次の表の上欄に掲げるこれらの規定中同表の中欄に掲げる字句は、それぞれ同表の下欄に掲げる字句に読み替えるものとする。

第37条第4項	第1項及び第2項の規定は、昭和45年1月1日から平成29年12月31日（第1項の表の第9号の上欄に掲げる資産にあっては、同年3月31日）までの間に同表の各号の上欄に掲げる資産で事業の用に供しているもの	第37条の5第1項の規定は、同項に規定する譲渡資産
	前項に規定する政令で	政令で
	当該翌年中に当該各号の下欄に掲げる資産	当該翌年中に同項に規定する買換資産（以下第37条の3までにおいて「買換資産」という。）
	当該資産	当該買換資産
	同じ。）に当該各号の下欄に掲げる資産	同じ。）に当該買換資産
	資産を当該各号の下欄に規定する地域内にある当該個人の事業の用	買換資産を当該個人の第37条の5第1項に規定する事業の用又は居住の用
	第1項中	同項中

第37条第6項	第1項の規定は、同項	第37条の5第1項（同条第2項において準用する第37条第4項の規定を含む。以下この条において同じ。）の規定は、第37条の5第1項
第37条第7項	第1項	第37条の5第1項
第37条第8項	第6項	第37条の5第2項において準用する第37条第6項
	同条第6項	第33条第6項
第37条の2第1項	前条第1項	第37条の5第1項
	同項の表の各号の下欄に規定する地域内にある当該個人の事業の用	当該個人の同項に規定する事業の用又は居住の用
第37条の2第2項	前条第4項において準用する同条第1項	第37条の5第2項において準用する第37条第4項の規定により第37条の5第1項
	に同条第4項	に同条第2項において準用する第37条第4項
	前条第4項の規定	第37条の5第2項において準用する第37条第4項の規定
	前条第4項に規定する	第37条の5第2項において準用する第37条第4項に規定する
	規定する事業の用	規定する事業の用又は居住の用
第37条の2第4項	第37条の2第1項	第37条の5第2項において準用する第37条の2第1項
第37条の3第3項	第37条第1項	第37条の5第1項

租税特別措置法

3　第1項（前項において準用する第37条第4項の規定を含む。）の規定の適用を受けた者（前項において準用する第37条の2第1項若しくは第2項の規定による修正申告書を提出し、又は前項において準用する同条第3項の規定による更正を受けたため、第1項の規定による特例を認められないこととなった者を除く。）の買換資産に係る所得税法第49条第1項の規定による償却費の額を計算するとき、又は当該買換資産の取得の日以後その譲渡（譲渡所得の基因となる不動産等の貸付けを含む。）、相続、遺贈若しくは贈与があつた場合において、譲渡所得の金額を計算するときは、政令で定めるところにより、当該買換資産の取得価額は、次の各号に掲げる場合の区分に応じ、当該各号に定める金額（第1項の譲渡に要した費用があるときは、政令で定めるところにより計算した当該費用の金額を加算した金額）とする。
　一　第1項の譲渡による収入金額が買換資産の取得価額を超える場合　当該譲渡をした資産の取得価額等のうちその超える額に対応する部分以外の部分の額として政令で定めるところにより計算した金額
　二　第1項の譲渡による収入金額が買換資産の取得価額に等しい場合　当該譲渡をした資産の取得価額等に相当する金額
　三　第1項の譲渡による収入金額が買換資産の取得価額に満たない場合　当該譲渡をした資産の取得価額等にその満たない額を加算した金額に相当する金額
4　個人が、その有する資産で譲渡資産に該当するもの（以下この項において「交換譲渡資産」という。）と買換資産に該当する資産（以下この項において「交換取得資産」という。）との交換（政令で定める交換を除く。以下この項において同じ。）をした場合（交換差金を取得し、又は支払った場合を含む。）又は交換譲渡資産と交換取得資産以外の資産との交換をし、かつ、交換差金を取得した場合（以下この項において「他資産との交換の場合」という。）における第1項及び前項並びに第2項の規定により読み替えて準用する第37条第4項及び第6項から第8項まで、第37条の2並びに第37条の3第3項の規定の適用については、次に定めるところによる。
　一　当該交換譲渡資産（他資産との交換の場合にあっては、交換差金に対応するものとして政令で定める部分に限る。）は、当該個人が、その交換の日において、同日における当該資産の価額に相当する金額をもって第1項の譲渡をしたものとみなす。
　二　当該交換取得資産は、当該個人が、その交換の日において、同日における当該資産の価額に相当する金額をもって第1項の取得をしたものとみなす。
5　個人が、その有する資産で第1項の表の第1号の上欄に掲げるものの譲渡をした場合において、当該個人が同号の下欄に掲げる資産のうち同号の中高層耐火建築物又は当該中高層耐火建築物に係る構築物の取得をすることが困難である特別な事情があるものとして政令で定める場合に該当するときは、当該譲渡をした資産

資料

431

が、その年1月1日において第31条第2項に規定する所有期間が10年以下のもので第31条の3第2項に規定する居住用財産に該当するものである場合には、当該譲渡による譲渡所得は、同条第1項に規定する譲渡所得に該当するものとみなして、同条の規定を適用する。

6　前項の個人が同項の規定により第31条の3の規定の適用を受ける場合の確定申告書の記載事項その他同条の規定の適用に関し必要な事項は、政令で定める。

第31条の2　《優良住宅地の造成等のために土地等を譲渡した場合の長期譲渡所得の課税の特例》

1　個人が、昭和62年10月1日から平成28年12月31日までの間に、その有する土地等でその年1月1日において前条第2項に規定する所有期間が5年を超えるものの譲渡をした場合において、当該譲渡が優良住宅地等のための譲渡に該当するときは、当該譲渡（次条の規定の適用を受けるものを除く。以下この項において同じ。）による譲渡所得については、前条第1項前段の規定により当該譲渡に係る課税長期譲渡所得金額に対し課する所得税の額は、同項前段の規定にかかわらず、次の各号に掲げる場合の区分に応じ当該各号に定める金額に相当する額とする。

　一　課税長期譲渡所得金額が2,000万円以下である場合　当該課税長期譲渡所得金額の100分の10に相当する金額

　二　課税長期譲渡所得金額が2,000万円を超える場合　次に掲げる金額の合計額
　　イ　200万円
　　ロ　当該課税長期譲渡所得金額から2,000万円を控除した金額の100分の15に相当する金額

2　前項に規定する優良住宅地等のための譲渡とは、次に掲げる土地等の譲渡に該当することにつき財務省令で定めるところにより証明がされたものをいう。

　一　国、地方公共団体その他これらに準ずる法人に対する土地等の譲渡で政令で定めるもの

　二　独立行政法人都市再生機構、土地開発公社その他これらに準ずる法人で宅地若しくは住宅の供給又は土地の先行取得の業務を行うことを目的とするものとして政令で定めるものに対する土地等の譲渡で、当該譲渡に係る土地等が当該業務を行うために直接必要であると認められるもの（土地開発公社に対する政令で定める土地等の譲渡に該当するものを除く。）

　三　土地等の譲渡で第33条の4第1項に規定する収用交換等によるもの（前二号に掲げる譲渡又は政令で定める土地等の譲渡に該当するものを除く。）

　四　都市再開発法（昭和44年法律第38号）による第一種市街地再開発事業の施行者に対する土地等の譲渡で、当該譲渡に係る土地等が当該事業の用に供されるもの（前3号に掲げる譲渡又は政令で定める土地等の譲渡に該当するものを除く。）

　五　密集市街地における防災街区の整備の促進に関する法律（平成9年法律第49

号)による防災街区整備事業の施行者に対する土地等の譲渡で、当該譲渡に係る土地等が当該事業の用に供されるもの(第1号から第3号までに掲げる譲渡又は政令で定める土地等の譲渡に該当するものを除く。)
六　密集市街地における防災街区の整備の促進に関する法律第3条第1項第1号に規定する防災再開発促進地区の区域内における同法第8条に規定する認定建替計画(当該認定建替計画に定められた新築する建築物の敷地面積の合計が五百平方メートル以上であることその他の政令で定める要件を満たすものに限る。)に係る建築物の建替えを行う事業の同法第7条第1項に規定する認定事業者に対する土地等の譲渡で、当該譲渡に係る土地等が当該事業の用に供されるもの(第2号から前号までに掲げる譲渡又は政令で定める土地等の譲渡に該当するものを除く。)
七　都市再生特別措置法第25条に規定する認定計画に係る同条に規定する都市再生事業(当該認定計画に定められた建築物(その建築面積が財務省令で定める面積以上であるものに限る。)の建築がされること、その事業の施行される土地の区域の面積が一ヘクタール以上であることその他の政令で定める要件を満たすものに限る。)の同法第23条に規定する認定事業者(当該認定計画に定めるところにより当該認定事業者と当該区域内の土地等の取得に関する協定を締結した独立行政法人都市再生機構を含む。)に対する土地等の譲渡で、当該譲渡に係る土地等が当該都市再生事業の用に供されるもの(第2号から前号までに掲げる譲渡に該当するものを除く。)
八　都市再生特別措置法第67条に規定する認定整備事業計画に係る同条に規定する都市再生整備事業(当該認定整備事業計画に定められた建築物(その建築面積が財務省令で定める面積以上であるものに限る。)の建築がされること、その事業の施行される土地の区域の面積が0.5ヘクタール以上であることその他の政令で定める要件を満たすものに限る。)の同法第65条に規定する認定整備事業者(当該認定整備事業計画に定めるところにより当該認定整備事業者と当該区域内の土地等の取得に関する協定を締結した独立行政法人都市再生機構を含む。)に対する土地等の譲渡で、当該譲渡に係る土地等が当該都市再生整備事業の用に供されるもの(第2号から前号までに掲げる譲渡に該当するものを除く。)
八の二　国家戦略特別区域法第11条第1項に規定する認定区域計画に定められている同法第2条第2項に規定する特定事業又は当該特定事業の実施に伴い必要となる施設を整備する事業(これらの事業のうち、産業の国際競争力の強化又は国際的な経済活動の拠点の形成に特に資するものとして財務省令で定めるものに限る。)を行う者に対する土地等の譲渡で、当該譲渡に係る土地等がこれらの事業の用に供されるもの(第2号から前号までに掲げる譲渡に該当するものを除く。)

資料―関係法令等

九　マンションの建替え等の円滑化に関する法律（平成14年法律第78号）第15条第1項若しくは第64条第1項若しくは第3項の請求若しくは同法第56条第1項の申出に基づくマンション建替事業（同法第2条第1項第4号に規定するマンション建替事業をいい、良好な居住環境の確保に資するものとして政令で定めるものに限る。以下この号において同じ。）の施行者（同法第2条第5号に規定する施行者をいう。以下この号において同じ。）に対する土地等の譲渡又は同法第2条第1項第6号に規定する施行マンションが政令で定める建築物に該当し、かつ、同項第7号に規定する施行再建マンションの延べ面積が当該施行マンションの延べ面積以上であるマンション建替事業の施行者に対する土地等（同法第11条第1項に規定する隣接施行敷地に係るものに限る。）の譲渡で、これらの譲渡に係る土地等がこれらのマンション建替事業の用に供されるもの（第6号から前号までに掲げる譲渡に該当するものを除く。）

九の二　マンションの建替え等の円滑化に関する法律第124条第1項の請求に基づく同法第2条第1項第9号に規定するマンション敷地売却事業（当該マンション敷地売却事業に係る同法第113条に規定する認定買受計画に、同法第109条第1項に規定する決議要除却認定マンションを除却した後の土地に新たに建築される同法第2条第1項第1号に規定するマンション（良好な居住環境を備えたものとして政令で定めるものに限る。）に関する事項、当該土地において整備される道路、公園、広場その他の公共の用に供する施設に関する事項その他の財務省令で定める事項の記載があるものに限る。以下この号において同じ。）を実施する者に対する土地等の譲渡又は当該マンション敷地売却事業に係る同法第141条第1項の認可を受けた同項に規定する分配金取得計画（同法第145条において準用する同項の規定により当該分配金取得計画の変更に係る認可を受けた場合には、その変更後のもの）に基づく当該マンション敷地売却事業を実施する者に対する土地等の譲渡で、これらの譲渡に係る土地等がこれらのマンション敷地売却事業の用に供されるもの

十　建築面積が政令で定める面積以上である建築物の建築をする事業（当該事業の施行される土地の区域の面積が500平方メートル以上であることその他の政令で定める要件を満たすものに限る。）を行う者に対する都市計画法第4条第2項に規定する都市計画区域のうち政令で定める地域内にある土地等の譲渡で、当該譲渡に係る土地等が当該事業の用に供されるもの（第6号から第9号まで又は第12号から第16号までに掲げる譲渡に該当するものを除く。）

十一　地上階数4以上の中高層の耐火建築物の建築をする政令で定める事業を行う者に対する第37条第1項の表の第1号に規定する既成市街地等又はこれに類する地区として政令で定める地区内にある土地等の譲渡で、当該譲渡に係る土地等が当該事業の用に供されるもの（第6号から第9号まで、前号又は次号から第16号までに掲げる譲渡に該当するものを除く。）

十二　一団の宅地の造成（次に掲げる要件を満たすものに限る。）を行う個人（都市計画法第44条又は第45条に規定する開発許可に基づく地位の承継（以下この号において「開発許可に基づく地位の承継」という。）があった場合には当該開発許可に基づく地位の承継に係る被承継人である個人又は当該開発許可に基づく地位の承継をした個人とし、当該造成を行う個人の死亡により当該造成に関する事業を承継した当該個人の相続人若しくは包括受遺者が当該造成を行う場合には当該死亡した個人又は当該相続人若しくは包括受遺者とする。第5項において同じ。）又は法人（開発許可に基づく地位の承継があつた場合には当該開発許可に基づく地位の承継に係る被承継人である法人又は当該開発許可に基づく地位の承継をした法人とし、当該造成を行う法人の合併による消滅により当該造成に関する事業を引き継いだ当該合併に係る法人税法第2条第12号に規定する合併法人が当該造成を行う場合には当該合併により消滅した法人又は当該合併法人とし、当該造成を行う法人の分割により当該造成に関する事業を引き継いだ当該分割に係る同条第12号の3に規定する分割承継法人が当該造成を行う場合には当該分割をした法人又は当該分割承継法人とする。第5項において同じ。）に対する土地等の譲渡で、当該譲渡に係る土地等が当該一団の宅地の用に供されるもの（第1号、第2号若しくは第6号から第8号の2までに掲げる譲渡又は政令で定める土地等の譲渡に該当するものを除く。）
　　イ　当該一団の宅地の面積が1000平方メートル（都市計画法第7条第1項の市街化調整区域と定められた区域その他の政令で定める区域内の当該一団の宅地の面積にあっては、政令で定める面積）以上のものであること。
　　ロ　当該一団の宅地の造成が、都市計画法第29条第1項の許可（同法第4条第2項に規定する都市計画区域内において行われる同条第12項に規定する開発行為に係るものに限る。以下この項において「開発許可」という。）又は土地区画整理法（昭和29年法律第119号）第4条第1項、第14条第1項若しくは第3項若しくは第51条の2第1項の認可を受けて行われ、かつ、当該開発許可又は認可の内容に適合して行われると認められるものであること。
　　ハ　当該一団の宅地の造成が開発許可を受けて行われるものである場合には、当該宅地の造成と併せて公共施設の整備が適切に行われるものとして財務省令で定める要件を満たすものであること。
十三　開発許可を受けて住宅建設の用に供される一団の宅地（次に掲げる要件を満たすものに限る。）の造成を行う個人（都市計画法第44条又は第45条に規定する開発許可に基づく地位の承継があつた場合には、当該承継に係る被承継人である個人又は当該地位を承継した個人。第5項において同じ。）又は法人（同法第44条又は第45条に規定する開発許可に基づく地位の承継があった場合には、当該承継に係る被承継人である法人又は当該地位を承継した法人。第5項において同じ。）に対する土地等の譲渡で、当該譲渡に係る土地等が当該一団

の宅地の用に供されるもの（第6号から第8号の2まで又は前号に掲げる譲渡又は政令で定める土地等の譲渡に該当するものを除く。）
　　イ　当該一団の宅地の面積が1000平方メートル（開発許可を要する面積が1000平方メートル未満である区域内の当該一団の宅地の面積にあっては、政令で定める面積）以上のものであること。
　　ロ　当該一団の宅地の造成が当該開発許可の内容に適合して行われると認められるものであること。
　十四　その宅地の造成につき開発許可を要しない場合において住宅建設の用に供される一団の宅地（次に掲げる要件を満たすものに限る。）の造成を行う個人（当該造成を行う個人の死亡により当該造成に関する事業を承継した当該個人の相続人又は包括受遺者が当該造成を行う場合には、当該死亡した個人又は当該相続人若しくは包括受遺者。第5項において同じ。）又は法人（当該造成を行う法人の合併による消滅により当該造成に関する事業を引き継いだ当該合併に係る法人税法第2条第12号に規定する合併法人が当該造成を行う場合には当該合併により消滅した法人又は当該合併法人とし、当該造成を行う法人の分割により当該造成に関する事業を引き継いだ当該分割に係る同条第12号の3に規定する分割承継法人が当該造成を行う場合には当該分割をした法人又は当該分割承継法人とする。第5項において同じ。）に対する土地等の譲渡で、当該譲渡に係る土地等が当該一団の宅地の用に供されるもの（第6号から第8号の2まで若しくは第12号に掲げる譲渡又は政令で定める土地等の譲渡に該当するものを除く。）
　　イ　当該一団の宅地の面積が1000平方メートル（政令で定める区域内の当該一団の宅地の面積にあっては、政令で定める面積）以上のものであること。
　　ロ　都市計画法第4条第2項に規定する都市計画区域内において造成されるものであること。
　　ハ　当該一団の宅地の造成が、住宅建設の用に供される優良な宅地の供給に寄与するものであることについて政令で定めるところにより都道府県知事の認定を受けて行われ、かつ、当該認定の内容に適合して行われると認められるものであること。
　十五　一団の住宅又は中高層の耐火共同住宅（それぞれ次に掲げる要件を満たすものに限る。）の建設を行う個人（当該建設を行う個人の死亡により当該建設に関する事業を承継した当該個人の相続人又は包括受遺者が当該建設を行う場合には、当該死亡した個人又は当該相続人若しくは包括受遺者。次号及び第5項において同じ。）又は法人（当該建設を行う法人の合併による消滅により当該建設に関する事業を引き継いだ当該合併に係る法人税法第2条第12号に規定する合併法人が当該建設を行う場合には当該合併により消滅した法人又は当該合併法人とし、当該建設を行う法人の分割により当該建設に関する事業を引き継いだ当該分割に係る同条第12号の3に規定する分割承継法人が当該建設を行

う場合には当該分割をした法人又は当該分割承継法人とする。次号及び第5項において同じ。）に対する土地等の譲渡で、当該譲渡に係る土地等が当該一団の住宅又は中高層の耐火共同住宅の用に供されるもの（第6号から第9号まで又は前3号に掲げる譲渡に該当するものを除く。）
　　イ　一団の住宅にあってはその建設される住宅の戸数が25戸以上のものであること。
　　ロ　中高層の耐火共同住宅にあっては住居の用途に供する独立部分（建物の区分所有等に関する法律（昭和37年法律第69号）第2条第1項に規定する建物の部分に相当するものをいう。）が15以上のものであること又は当該中高層の耐火共同住宅の床面積が1000平方メートル以上のものであることその他政令で定める要件を満たすものであること。
　　ハ　前号ロに規定する都市計画区域内において建設されるものであること。
　　ニ　当該一団の住宅又は中高層の耐火共同住宅の建設が優良な住宅の供給に寄与するものであることについて政令で定めるところにより都道府県知事（当該中高層の耐火共同住宅でその用に供される土地の面積が1000平方メートル未満のものにあっては、市町村長）の認定を受けたものであること。
　十六　住宅又は中高層の耐火共同住宅（それぞれ次に掲げる要件を満たすものに限る。）の建設を行う個人又は法人に対する土地等（土地区画整理法による土地区画整理事業の同法第2条第4項に規定する施行地区内の土地等で同法第98条第1項の規定による仮換地の指定（仮に使用又は収益をすることができる権利の目的となるべき土地又はその部分の指定を含む。以下この号において同じ。）がされたものに限る。）の譲渡のうち、その譲渡が当該指定の効力発生の日（同法第99条第2項の規定により使用又は収益を開始することができる日が定められている場合には、その日）から3年を経過する日の属する年の12月31日までの間に行われるもので、当該譲渡をした土地等につき仮換地の指定がされた土地等が当該住宅又は中高層の耐火共同住宅の用に供されるもの（第6号から第9号まで又は第12号から前号までに掲げる譲渡に該当するものを除く。）
　　イ　住宅にあっては、その建設される住宅の床面積及びその住宅の用に供される土地等の面積が政令で定める要件を満たすものであること。
　　ロ　中高層の耐火共同住宅にあっては、前号ロに規定する政令で定める要件を満たすものであること。
　　ハ　住宅又は中高層の耐火共同住宅が建築基準法（昭和25年法律第201号）その他住宅の建築に関する法令に適合するものであると認められること。
3　第1項の規定は、個人が、昭和62年10月1日から平成28年12月31日までの間に、その有する土地等でその年1月1日において前条第2項に規定する所有期間が5年を超えるものの譲渡をした場合において、当該譲渡が確定優良住宅地等予定地のための譲渡（その譲渡の日から同日以後2年を経過する日の属する年の12月31日ま

資料—関係法令等

での期間（住宅建設の用に供される宅地の造成に要する期間が通常2年を超えることその他の政令で定めるやむを得ない事情がある場合には、その譲渡の日から政令で定める日までの期間）内に前項第12号から第16号までに掲げる土地等の譲渡に該当することとなることが確実であると認められることにつき財務省令で定めるところにより証明がされたものをいう。第7項において同じ。）に該当するときについて準用する。この場合において、第1項中「優良住宅地等のための譲渡」とあるのは、「第3項に規定する確定優良住宅地等予定地のための譲渡」と読み替えるものとする。

4 第1項（前項において準用する場合を含む。）の場合において、個人が、その有する土地等につき、第33条から第33条の4まで、第34条から第35条の2まで、第36条の2、第36条の5、第37条、第37条の4から第37条の7まで、第37条の9の4又は第37条の9の5の規定の適用を受けるときは、当該土地等の譲渡は、第1項又は前項に規定する優良住宅地等のための譲渡又は確定優良住宅地等予定地のための譲渡に該当しないものとみなす。

5 第3項の規定の適用を受けた者から同項の規定の適用を受けた譲渡に係る土地等の買取りをした第2項第12号から第14号までの造成又は同項第15号若しくは第17号の建設を行う個人又は法人は、当該譲渡の全部又は一部が第3項に規定する期間内に第2項第12号から第16号までに掲げる土地等の譲渡に該当することとなった場合には、当該第3項の規定の適用を受けた者に対し、遅滞なく、その該当することとなった当該譲渡についてその該当することとなったことを証する財務省令で定める書類を交付しなければならない。

6 第3項の規定の適用を受けた者は、同項の規定の適用を受けた譲渡に係る前項に規定する書類の交付を受けた場合には、納税地の所轄税務署長に対し、財務省令で定めるところにより、当該書類を提出しなければならない。

7 第3項の規定の適用を受けた者は、同項の規定の適用を受けた譲渡の全部又は一部が同項に規定する期間内に第2項第12号から第16号までに掲げる土地等の譲渡に該当しないこととなった場合には、当該期間を経過した日から4月以内に第3項の規定の適用を受けた譲渡のあった日の属する年分の所得税についての修正申告書を提出し、かつ、当該期限内に当該申告書の提出により納付すべき税額を納付しなければならない。この場合において、その該当しないこととなった譲渡は、同項の規定にかかわらず、確定優良住宅地等予定地のための譲渡ではなかったものとみなす。

8 前項の場合において、修正申告書の提出がないときは、納税地の所轄税務署長は、当該申告書に記載すべきであつた所得金額、所得税の額その他の事項につき国税通則法第24条又は第26条の規定による更正を行う。

9 第7項の規定による修正申告書及び前項の更正に対する国税通則法の規定の適用については、次に定めるところによる。

一　当該修正申告書で第7項に規定する提出期限内に提出されたものについては、国税通則法第20条の規定を適用する場合を除き、これを同法第17条第2項に規定する期限内申告書とみなす。
二　当該修正申告書で第7項に規定する提出期限後に提出されたもの及び当該更正については、国税通則法第2章から第7章までの規定中「法定申告期限」とあり、及び「法定納期限」とあるのは「租税特別措置法第31条の2第7項に規定する修正申告書の提出期限」と、同法第61条第1項第1号中「期限内申告書」とあるのは「租税特別措置法第2条第1項第10号に規定する確定申告書」と、同条第2項中「期限内申告書又は期限後申告書」とあるのは「租税特別措置法第31条の2第7項の規定による修正申告書」と、同法第65条第1項、第3項第2号及び第4項第2号中「期限内申告書」とあるのは「租税特別措置法第2条第1項第10号に規定する確定申告書」とする。
三　国税通則法第61条第1項第2号及び第66条の規定は、前号に規定する修正申告書及び更正には、適用しない。

第31条の3　《居住用財産を譲渡した場合の長期譲渡所得の課税の特例》

1　個人が、その有する土地等又は建物等でその年1月1日において第31条第2項に規定する所有期間が10年を超えるもののうち居住用財産に該当するものの譲渡(当該個人の配偶者その他の当該個人と政令で定める特別の関係がある者に対してするもの及び所得税法第58条の規定又は前条、第33条から第33条の3まで、第36条の2、第36条の5、第37条、第37条の4、第37条の5(同条第5項を除く。)、第37条の6、第37条の7、第37条の9の4若しくは第37条の9の5の規定の適用を受けるものを除く。以下この条において同じ。)をした場合(当該個人がその年の前年又は前々年において既にこの項の規定の適用を受けている場合を除く。)には、当該譲渡による譲渡所得については、第31条第1項前段の規定により当該譲渡に係る課税長期譲渡所得金額に対し課する所得税の額は、同項前段の規定にかかわらず、次の各号に掲げる場合の区分に応じ当該各号に定める金額に相当する額とする。
一　課税長期譲渡所得金額が6千万円以下である場合　当該課税長期譲渡所得金額の100分の10に相当する金額
二　課税長期譲渡所得金額が6千万円を超える場合　次に掲げる金額の合計額
　イ　600万円
　ロ　当該課税長期譲渡所得金額から6千万円を控除した金額の100分の15に相当する金額
2　前項に規定する居住用財産とは、次に掲げる家屋又は土地等をいう。
一　当該個人がその居住の用に供している家屋で政令で定めるもののうち国内にあるもの
二　前号に掲げる家屋で当該個人の居住の用に供されなくなったもの(当該個人

の居住の用に供されなくなった日から同日以後3年を経過する日の属する年の12月31日までの間に譲渡されるものに限る。)
　三　前2号に掲げる家屋及び当該家屋の敷地の用に供されている土地等
　四　当該個人の第1号に掲げる家屋が災害により滅失した場合において、当該個人が当該家屋を引き続き所有していたとしたならば、その年1月1日において第31条第2項に規定する所有期間が10年を超える当該家屋の敷地の用に供されていた土地等（当該災害があった日から同日以後3年を経過する日の属する年の12月31日までの間に譲渡されるものに限る。)
3　第1項の規定は、同項の規定の適用を受けようとする年分の確定申告書に、同項の規定の適用を受けようとする旨の記載があり、かつ、同項の規定に該当する旨を証する書類として財務省令で定める書類の添付がある場合に限り、適用する。
4　税務署長は、確定申告書の提出がなかった場合又は前項の記載若しくは添付がない確定申告書の提出があった場合においても、その提出又は記載若しくは添付がなかったことについてやむを得ない事情があると認めるときは、当該記載をした書類及び同項の財務省令で定める書類の提出があった場合に限り、第1項の規定を適用することができる。

租税特別措置法施行令

第20条第1項　《長期譲渡所得の課税の特例》
　法第31条第1項に規定する政令で定める行為は、地上権又は賃借権の設定その他契約により他人（当該個人が非居住者である場合の所得税法第161条第1項第1号に規定する事業場等を含む。）に土地を長期間使用させる行為で所得税法施行令第79条第1項の規定に該当するものとする。

第20条の2　《優良住宅地の造成等のために土地等を譲渡した場合の長期譲渡所得の課税の特例》
1　法第31条の2第2項第1号に規定する政令で定める土地等の譲渡は、次に掲げる土地等（法第31条第1項に規定する土地等をいう。以下この条において同じ。）の譲渡（法第31条第1項に規定する譲渡をいう。以下この項において同じ。）とする。
　一　国又は地方公共団体に対する土地等の譲渡
　二　地方道路公社、独立行政法人鉄道建設・運輸施設整備支援機構、独立行政法人水資源機構、成田国際空港株式会社、東日本高速道路株式会社、首都高速道路株式会社、中日本高速道路株式会社、西日本高速道路株式会社、阪神高速道路株式会社又は本州四国連絡高速道路株式会社に対する土地等の譲渡で、当該譲渡に係る土地等がこれらの法人の行う法第33条第1項第1号に規定する土地収用法等に基づく収用（同項第2号の買取り及び同条第3項第1号の使用を含む。）の対償に充てられるもの
2　法第31条の2第2項第2号に規定する宅地若しくは住宅の供給又は土地の先行取得の業務を行うことを目的とする法人として政令で定めるものは、次に掲げる法人とし、同号に規定する政令で定める土地等の譲渡は、公有地の拡大の推進に関する法律第17条第1項第1号ニに掲げる土地の譲渡とする。
　一　成田国際空港株式会社、独立行政法人中小企業基盤整備機構、地方住宅供給公社及び日本勤労者住宅協会
　二　公益社団法人（その社員総会における議決権の全部が地方公共団体により保有されているものに限る。）又は公益財団法人（その拠出をされた金額の全額が地方公共団体により拠出をされているものに限る。）のうち次に掲げる要件を満たすもの
　　イ　宅地若しくは住宅の供給又は土地の先行取得の業務を主たる目的とすること。
　　ロ　当該地方公共団体の管理の下にイに規定する業務を行っていること。
　三　幹線道路の沿道の整備に関する法律（昭和55年法律第34号）第13条の3第3号に掲げる業務を行う同法第13条の2第1項に規定する沿道整備推進機構（公益社団法人（その社員総会における議決権の総数の2分の1以上の数が地方公共団体

資料―関係法令等

により保有されているものに限る。以下この項において同じ。）又は公益財団法人（その設立当初において拠出をされた金額の2分の1以上の金額が地方公共団体により拠出をされているものに限る。以下この項において同じ。）であって、その定款において、その法人が解散した場合にその残余財産が地方公共団体又は当該法人と類似の目的をもつ他の公益を目的とする事業を行う法人に帰属する旨の定めがあるものに限る。）

四　密集市街地における防災街区の整備の促進に関する法律（平成9年法律第49号）第301条第3号に掲げる業務を行う同法第300条第1項に規定する防災街区整備推進機構（公益社団法人又は公益財団法人であって、その定款において、その法人が解散した場合にその残余財産が地方公共団体又は当該法人と類似の目的をもつ他の公益を目的とする事業を行う法人に帰属する旨の定めがあるものに限る。）

五　中心市街地の活性化に関する法律第62条第3号に掲げる業務を行う同法第61条第1項に規定する中心市街地整備推進機構（公益社団法人又は公益財団法人であって、その定款において、その法人が解散した場合にその残余財産が地方公共団体又は当該法人と類似の目的をもつ他の公益を目的とする事業を行う法人に帰属する旨の定めがあるものに限る。）

六　都市再生特別措置法第119条第4号に掲げる業務を行う同法第118条第1項に規定する都市再生推進法人（公益社団法人又は公益財団法人であって、その定款において、その法人が解散した場合にその残余財産が地方公共団体又は当該法人と類似の目的をもつ他の公益を目的とする事業を行う法人に帰属する旨の定めがあるものに限る。）

3　法第31条の2第2項第3号及び第4号に規定する政令で定める土地等の譲渡は、都市再開発法（昭和44年法律第38号）による市街地再開発事業の施行者である同法第50条の2第3項に規定する再開発会社に対する当該再開発会社の株主又は社員である個人の有する土地等の譲渡とする。

4　法第31条の2第2項第5号に規定する政令で定める土地等の譲渡は、密集市街地における防災街区の整備の促進に関する法律による防災街区整備事業の施行者である同法第165条第3項に規定する事業会社に対する当該事業会社の株主又は社員である個人の有する土地等の譲渡とする。

5　法第31条の2第2項第6号に規定する政令で定める要件は、第1号及び第2号（密集市街地における防災街区の整備の促進に関する法律第8条に規定する認定建替計画（以下この項において「認定建替計画」という。）に定められた同法第4条第4項第1号に規定する建替事業区域（第2号において「建替事業区域」という。）の周辺の区域からの避難に利用可能な通路を確保する場合にあっては、第1号及び第3号）に掲げる要件とする。

一　認定建替計画に定められた新築する建築物の敷地面積がそれぞれ100平方

メートル以上であり、かつ、当該敷地面積の合計が500平方メートル以上であること。
二　認定建替計画に定められた建替事業区域内に密集市街地における防災街区の整備の促進に関する法律第2条第10号に規定する公共施設が確保されていること。
三　その確保する通路が次に掲げる要件を満たすこと。
　イ　密集市街地における防災街区の整備の促進に関する法律第289条第4項の認可を受けた同条第1項に規定する避難経路協定（その避難経路協定を締結した同項に規定する土地所有者等に地方公共団体が含まれているものに限る。）において同項に規定する避難経路として定められていること。
　ロ　幅員4メートル以上のものであること。
6　法第31条の2第2項第6号に規定する政令で定める土地等の譲渡は、同号に規定する認定事業者である法人に対する当該法人の株主又は社員である個人の有する土地等の譲渡とする。
7　法第31条の2第2項第7号に規定する政令で定める要件は、次に掲げる要件とする。
一　その事業に係る法第31条の2第2項第7号に規定する認定計画において同号に規定する建築物の建築をすることが定められていること。
二　その事業の施行される土地の区域の面積が1ヘクタール（当該事業が都市再生特別措置法施行令（平成14年政令第190号）第7条第1項ただし書に規定する場合に該当するものであるときは、0.5ヘクタール）以上であること。
三　都市再生特別措置法第2条第2項に規定する公共施設の整備がされること。
8　法第31条の2第2項第8号に規定する政令で定める要件は、次に掲げる要件とする。
一　その事業に係る法第31条の2第2項第8号に規定する認定整備事業計画において同号に規定する建築物の建築をすることが定められていること。
二　その事業の施行される土地の区域の面積が0.5ヘクタール以上であること。
三　都市再生特別措置法第2条第2項に規定する公共施設の整備がされること。
9　法第31条の2第2項第9号に規定する良好な居住環境の確保に資するものとして政令で定めるものは、マンションの建替え等の円滑化に関する法律（平成14年法律第78号）第2条第1項第4号に規定するマンション建替事業に係る同項第7号に規定する施行再建マンションの住戸の規模及び構造が国土交通大臣が財務大臣と協議して定める基準に適合する場合における当該マンション建替事業とし、法第31条の2第2項第9号に規定する政令で定める建築物は、建築基準法第3条第2項（同法第86条の9第1項において準用する場合を含む。）の規定により同法第3章（第3節及び第5節を除く。）の規定又はこれに基づく命令若しくは条例の規定の適用を受けない建築物とする。

資料—関係法令等

10　法第31条の2第2項第9号の2に規定する良好な居住環境を備えたものとして政令で定めるものは、マンションの建替え等の円滑化に関する法律第2条第1項第9号に規定するマンション敷地売却事業に係る同法第109条第1項に規定する決議要除却認定マンションを除却した後の土地に新たに建築される同法第2条第1項第1号に規定するマンションのその住戸の規模及び構造が国土交通大臣が財務大臣と協議して定める基準に適合する場合における当該マンションとする。

11　法第31条の2第2項第10号に規定する政令で定める面積は、150平方メートルとし、同号に規定する政令で定める要件は、次に掲げる要件とする。
　一　法第31条の2第2項第10号に規定する建築物の建築をする事業の施行される土地の区域(以下この項において「施行地区」という。)の面積が500平方メートル以上であること。
　二　次に掲げる要件のいずれかを満たすこと。
　　イ　その事業の施行地区内において都市施設(都市計画法(昭和43年法律第100号)第4条第6項に規定する都市計画施設又は同法第12条の5第2項第3号に規定する地区施設をいう。)の用に供される土地(その事業の施行地区が、同条第3項に規定する再開発等促進区内又は同条第4項に規定する開発整備促進区内である場合には当該都市施設又は同条第5項第2号に規定する施設の用に供される土地とし、幹線道路の沿道の整備に関する法律第9条第3項に規定する沿道再開発等促進区内である場合には当該都市計画施設、同条第2項第2号に規定する沿道地区施設又は同条第4項第2号に規定する施設の用に供される土地とする。)が確保されていること。
　　ロ　法第31条の2第2項第10号に規定する建築物に係る建築面積の敷地面積に対する割合が、建築基準法第53条第1項各号に掲げる建築物の区分に応じ同項に定める数値(同条第2項又は同条第3項(同条第6項の規定により適用される場合を含む。)の規定の適用がある場合には、これらの規定を適用した後の数値とする。)から10分の1を減じた数値(同条第5項(同条第6項の規定により適用される場合を含む。)の規定の適用がある場合には、10分の9とする。)以下であること。
　　ハ　その事業の施行地区内の土地の高度利用に寄与するものとして財務省令で定める要件

12　法第31条の2第2項第10号に規定する政令で定める地域は、次に掲げる区域とする。
　一　都市計画法第7条第1項の市街化区域と定められた区域
　二　都市計画法第7条第1項に規定する区域区分に関する都市計画が定められていない同法第4条第2項に規定する都市計画区域のうち、同法第8条第1項第1号に規定する用途地域が定められている区域

13　法第31条の2第2項第11号に規定する中高層の耐火建築物の建築をする政令で定

める事業は、地上階数4以上の中高層の耐火建築物の建築をすることを目的とする事業で、当該事業が法第37条第1項の表の第1号に規定する既成市街地等又は次項に規定する地区内において施行されるもの（同項第5号に掲げる区域内において施行される事業にあっては、同号に規定する認定集約都市開発事業計画に係る同号イに規定する集約都市開発事業に限る。）であること及び次に掲げる要件（当該事業が都市再開発法第129条の6に規定する認定再開発事業計画に係る同法第129条の2第1項に規定する再開発事業（第1号において「認定再開発事業」という。）である場合には、第1号及び第3号に掲げる要件）の全てを満たすものであることにつき、当該事業を行う者の申請に基づき都道府県知事が認定をしたものとする。

一　その事業の施行される土地の区域（以下この項において「施行地区」という。）の面積が1000平方メートル以上（当該事業が認定再開発事業である場合には、500平方メートル以上）であること。

二　その事業の施行地区内において都市施設（都市計画法第4条第6項に規定する都市計画施設又は同法第12条の5第2項第3号に規定する地区施設をいう。）の用に供される土地（その事業の施行地区が次に掲げる区域内である場合には、当該都市計画施設又は当該区域の区分に応じそれぞれ次に定める施設の用に供される土地）又は建築基準法施行令（昭和25年政令第338号）第136条第1項に規定する空地が確保されていること。

　イ　都市計画法第12条の5第3項に規定する再開発等促進区又は同条第4項に規定する開発整備促進区　同条第2項第3号に規定する地区施設又は同条第5項第2号に規定する施設

　ロ　都市計画法第12条の4第1項第2号に掲げる防災街区整備地区計画の区域　密集市街地における防災街区の整備の促進に関する法律第32条第2項第2号に規定する地区防災施設又は同項第3号に規定する地区施設

　ハ　都市計画法第12条の4第1項第4号に掲げる沿道地区計画の区域　幹線道路の沿道の整備に関する法律第9条第2項第2号に規定する沿道地区施設（その事業の施行地区が同条第3項に規定する沿道再開発等促進区内である場合には、当該沿道地区施設又は同項第4項第2号に規定する施設）

三　その事業の施行地区内の土地の高度利用に寄与するものとして財務省令で定める要件

14　法第31条の2第2項第11号に規定する政令で定める地区は、次に掲げる地区又は区域（同号に規定する既成市街地等内にある地区又は区域を除く。）とする。

一　都市計画法第4条第1項に規定する都市計画に都市再開発法第2条の3第1項第2号に掲げる地区として定められた地区

二　次に掲げる地区若しくは区域で都市計画法第4条第1項に規定する都市計画に定められたもの又は中心市街地の活性化に関する法律第16条第1項に規定する認定中心市街地の区域

資料―関係法令等

　　イ　都市計画法第8条第1項第3号に掲げる高度利用地区
　　ロ　都市計画法第12条の4第1項第2号に掲げる防災街区整備地区計画の区域及び同項第4号に掲げる沿道地区計画の区域のうち、次に掲げる要件のいずれにも該当するもの
　　　(1)　当該防災街区整備地区計画又は沿道地区計画の区域について定められた次に掲げる計画において、当該計画の区分に応じそれぞれ次に定める制限が定められていること。
　　　　(i)　当該防災街区整備地区計画の区域について定められた密集市街地における防災街区の整備の促進に関する法律第32条第2項第2号に規定する特定建築物地区整備計画又は同項第3号に規定する防災街区整備地区整備計画　同条第3項又は第4項第2号に規定する建築物等の高さの最低限度又は建築物の容積率の最低限度
　　　　(ii)　当該沿道地区計画の区域について定められた幹線道路の沿道の整備に関する法律第9条第2項第2号に規定する沿道地区整備計画　同条第6項第2号に規定する建築物等の高さの最低限度又は建築物の容積率の最低限度
　　　(2)　(1)(i)又は(ii)に掲げる計画の区域において建築基準法第68条の2第1項の規定により、条例で、これらの計画の内容として定められた(1)(i)又は(ii)に定める制限が同項の制限として定められていること。
　三　都市再生特別措置法第2条第3項に規定する都市再生緊急整備地域
　四　都市再生特別措置法第99条に規定する認定誘導事業計画の区域
　五　都市の低炭素化の促進に関する法律（平成24年法律第84号）第12条に規定する認定集約都市開発事業計画（当該認定集約都市開発事業計画に次に掲げる事項が定められているものに限る。）の区域
　　イ　当該認定集約都市開発事業計画に係る都市の低炭素化の促進に関する法律第9条第1項に規定する集約都市開発事業（社会資本整備総合交付金（予算の目である社会資本整備総合交付金の経費の支出による給付金をいう。）の交付を受けて行われるものに限る。ロにおいて「集約都市開発事業」という。）の施行される土地の区域の面積が二千平方メートル以上であること。
　　ロ　当該認定集約都市開発事業計画に係る集約都市開発事業により都市の低炭素化の促進に関する法律第9条第1項に規定する特定公共施設の整備がされること。
15　法第31条の2第2項第12号及び第14号に規定する政令で定める土地等の譲渡は、土地区画整理法（昭和29年法律第119号）による土地区画整理事業の施行者である同法第51条の9第5項に規定する区画整理会社に対する当該区画整理会社の株主又は社員である個人の有する土地等の譲渡とする。
16　法第31条の2第2項第12号イに規定する政令で定める区域は、次の各号に掲げる

区域とし、同項第12号イに規定する政令で定める面積は、当該各号に掲げる区域の区分に応じ当該各号に定める面積とする。
　一　都市計画法第7条第1項に規定する区域区分に関する都市計画が定められていない同法第4条第2項に規定する都市計画区域　3000平方メートル
　二　都市計画法第7条第1項の市街化調整区域と定められた区域　5ヘクタール
17　法第31条の2第2項第13号イに規定する政令で定める面積は、都市計画法施行令（昭和44年政令第158号）第19条第2項の規定により読み替えて適用される同条第1項本文の規定の適用がある場合には、500平方メートルとし、同項ただし書（同条第2項の規定により読み替えて適用する場合を含む。）の規定により同条第1項ただし書の都道府県が条例を定めている場合には、当該条例で定める規模に相当する面積とする。
18　法第31条の2第2項第14号イに規定する政令で定める区域は、都市計画法施行令第19条第2項の規定の適用を受ける区域とし、同号イに規定する政令で定める面積は、500平方メートルとする。
19　法第31条の2第2項第14号ハの都道府県知事の認定は、住宅建設の用に供される一団の宅地の造成を行う同号に規定する個人又は法人の申請に基づき、当該一団の宅地の造成の内容が次に掲げる事項について国土交通大臣の定める基準に適合している場合に行うものとする。
　一　宅地の用途に関する事項
　二　宅地としての安全性に関する事項
　三　給水施設、排水施設その他住宅建設の用に供される宅地に必要な施設に関する事項
　四　その他住宅建設の用に供される優良な宅地の供給に関し必要な事項
20　法第31条の2第2項第15号ロに規定する政令で定める要件は、次に掲げる要件とする。
　一　建築基準法第2条第9号の2に規定する耐火建築物又は同条第9号の3に規定する準耐火建築物に該当するものであること。
　二　地上階数3以上の建築物であること。
　三　当該建築物の床面積の4分の3以上に相当する部分が専ら居住の用（当該居住の用に供される部分に係る廊下、階段その他その共用に供されるべき部分を含む。）に供されるものであること。
　四　法第31条の2第2項第15号ロの住居の用途に供する独立部分の床面積が財務省令で定める要件を満たすものであること。
21　法第31条の2第2項第15号ニの都道府県知事（同号ニに規定する中高層の耐火共同住宅でその用に供される土地の面積が1000平方メートル未満のものにあっては、市町村長）の認定は、一団の住宅又は中高層の耐火共同住宅の建設を行う同号に規定する個人又は法人の申請に基づき、当該一団の住宅又は中高層の耐火共

資料―関係法令等

同住宅が次に掲げる事項について国土交通大臣の定める基準に適合している場合に行うものとする。
一 建築基準法その他住宅の建築に関する法令の遵守に関する事項
二 住宅の床面積に関する事項
三 その他優良な住宅の供給に関し必要な事項

22 法第31条の2第2項第16号イに規定する政令で定める要件は、次に掲げる要件とする。
一 その建設される一の住宅の床面積が200平方メートル以下で、かつ、50平方メートル以上のものであること。
二 その建設される一の住宅の用に供される土地等の面積が500平方メートル以下で、かつ、100平方メートル以上のものであること。

23 法第31条の2第3項に規定する住宅建設の用に供される宅地の造成に要する期間が通常2年を超えることその他の政令で定めるやむを得ない事情は、同項の譲渡に係る土地等の買取りをする同条第2項第12号から第14号までの造成又は同項第15号若しくは第16号の建設に関する事業（以下この項において「確定優良住宅地造成等事業」という。）を行う個人又は法人が、財務省令で定めるところにより、当該確定優良住宅地造成等事業につき、次の各号に掲げる事業の区分に応じ当該各号に定める事由により同条第3項に規定する2年を経過する日の属する年の12月31日までの期間内に同条第2項第12号ロに規定する開発許可若しくは認可、同項第14号ハの都道府県知事の認定、同項第15号ニの都道府県知事若しくは市町村長の認定又は同項第16号に規定する住宅若しくは中高層の耐火共同住宅に係る建築基準法第7条第5項若しくは第7条の2第5項の規定による検査済証の交付（以下この条において「開発許可等」という。）を受けることが困難であると認められるとして当該事業に係る事務所、事業所その他これらに準ずるものの所在地の所轄税務署長（以下この条において「所轄税務署長」という。）の承認を受けた事情とする。
一 法第31条の2第2項第12号の造成に関する事業（当該造成に係る一団の宅地の面積が1ヘクタール以上のものに限る。）　当該事業に係る都市計画法第32条第1項に規定する同意を得、及び同条第2項に規定する協議をするために要する期間又は当該事業に係る土地区画整理法第4条第1項、第14条第1項若しくは第3項若しくは第51条の2第1項の規定による認可を受けるために要する期間が通常2年を超えると見込まれること。
二 法第31条の2第2項第13号の造成に関する事業（当該造成に係る住宅建設の用に供される一団の宅地の面積が1ヘクタール以上のものに限る。）　当該事業に係る都市計画法第32条第1項に規定する同意を得、及び同条第2項に規定する協議をするために要する期間が通常2年を超えると見込まれること。
三 法第31条の2第2項第14号の造成に関する事業（その事業が土地区画整理法に

よる土地区画整理事業として行われるもので、かつ、その造成に係る住宅建設の用に供される一団の宅地の面積が1ヘクタール以上のものに限る。）当該事業に係る同法第4条第1項、第14条第1項若しくは第3項若しくは第51条の2第1項の規定による認可を受けるために要する期間又は当該土地区画整理事業の施行に要する期間が通常2年を超えると見込まれること。

四　法第31条の2第2項第15号の建設に関する事業（その建設される同号イに規定する住宅の戸数又は同号ロに規定する住居の用途に供する独立部分が50以上のものに限る。）当該事業に係る同号イに規定する一団の住宅又は同号ロに規定する中高層の耐火共同住宅の建設に要する期間が通常2年を超えると見込まれること。

五　確定優良住宅地造成等事業（前各号に掲げる事業でこれらの規定に定める事由があるものを除く。）当該事業につき災害その他の財務省令で定める事情（第25項において「災害等」という。）が生じたことにより当該事業に係る開発許可等を受けるために要する期間が通常2年を超えることとなると見込まれること。

24　法第31条の2第3項に規定する政令で定める日は、同項に規定する2年を経過する日の属する年の12月31日までの期間の末日から同日以後2年（前項第1号から第3号までに掲げる事業（同項第1号に掲げる事業にあってはその造成に係る一団の宅地の面積が10ヘクタール以上であるものに限るものとし、同項第2号又は第3号に掲げる事業にあってはその造成に係る住宅建設の用に供される一団の宅地の面積が10ヘクタール以上であるものに限る。）にあっては、4年）を経過する日までの期間内の日で当該事業につき開発許可等を受けることができると見込まれる日として所轄税務署長が認定した日の属する年の12月31日（次項において「当初認定日の属する年の末日」という。）とする。

25　第23項第1号から第4号までに掲げる事業（当該事業につきこれらの規定に定める事由により同項の承認を受けた事情があるものに限る。）につき、災害等が生じたことにより、又は当該事業が大規模住宅地等開発事業（同項第1号から第3号までに掲げる事業をいい、同項第1号に掲げる事業にあってはその造成に係る一団の宅地の面積が5ヘクタール以上であるものに限るものとし、同項第2号又は第3号に掲げる事業にあってはその造成に係る住宅建設の用に供される一団の宅地の面積が5ヘクタール以上であるものに限る。）であることにより、当初認定日の属する年の末日までに当該事業に係る開発許可等を受けることが困難であると認められるとして財務省令で定めるところにより所轄税務署長の承認を受けた事情があるときは、法第31条の2第3項に規定する政令で定める日は、前項の規定にかかわらず、当該当初認定日の属する年の末日から2年を経過する日までの期間内の日で当該事業につき開発許可等を受けることができると見込まれる日として所轄税務署長が認定した日の属する年の12月31日とする。

26　国土交通大臣は、第9項又は第10項の規定により基準を定めたときは、これを告示する。

第25条　《特定の事業用資産の買換えの場合の譲渡所得の課税の特例》

1　法第37条第1項に規定する政令で定める棚卸資産に準ずる資産は、雑所得の基因となる土地及び土地の上に存する権利とする。

2　法第37条第1項に規定する事業に準ずるものとして政令で定めるものは、事業と称するに至らない不動産又は船舶の貸付けその他これに類する行為で相当の対価を得て継続的に行うものとする。

3　法第37条第1項に規定する政令で定める譲渡は、代物弁済（金銭債務の弁済に代えてするものに限る。以下この項において同じ。）としての譲渡とし、同条第1項に規定する政令で定める取得は、代物弁済としての取得とする。

4　譲渡（法第37条第1項（同条第3項及び第4項において準用する場合を含む。以下この項及び次項において同じ。）に規定する譲渡をいう。以下この条及び次条において同じ。）による収入金額が買換資産（法第37条第1項に規定する買換資産をいう。以下この条及び次条において同じ。）の取得価額以下である場合における法第37条第1項に規定する政令で定める部分は、当該譲渡をした同項の表の各号の上欄に掲げる資産で同項に規定する事業の用に供しているもの（以下この条及び次条において「譲渡資産」という。）のうち、当該譲渡資産の価額の100分の20（当該譲渡資産につき法第37条第9項の規定により同条第1項の規定の適用を受ける場合において、買換資産が、同条第9項第1号に規定する資産であるときは100分の30とし、同項第2号に規定する資産であるときは100分の25とする。）に相当する金額に相当する部分とする。

5　譲渡による収入金額が買換資産の取得価額を超える場合における法第37条第1項に規定する政令で定める部分は、譲渡資産のうち、当該譲渡による収入金額（当該譲渡の日の属する年中に二以上の譲渡資産の譲渡が行われた場合には、これらの譲渡資産の譲渡により取得した収入金額の合計額）から買換資産の取得価額（当該譲渡の日の属する年中に二以上の買換資産の同項に規定する取得が行われた場合には、これらの買換資産の取得価額の合計額）の100分の80（当該譲渡資産につき同条第9項の規定により同条第1項の規定の適用を受ける場合において、買換資産が、同条第9項第1号に規定する資産であるときは100分の70とし、同項第2号に規定する資産であるときは100分の75とする。）に相当する金額を控除した金額が当該収入金額のうちに占める割合を、当該譲渡資産の価額に乗じて計算した金額に相当する部分とする。

6　法第37条第1項の表の第1号の上欄に規定する同欄のイからハまでに掲げる区域から除くものとして政令で定める区域は、同項の譲渡があつた日の属する年の10年前の年の翌年1月1日以後に公有水面埋立法（大正10年法律第57号）の規定による竣功認可のあつた埋立地の区域とする。

7 　法第37条第1項の表の第1号の上欄に規定する政令で定める事務所又は事業所は、事務所、工場、作業場、研究所、営業所、倉庫その他これらに類する施設（福利厚生施設を除く。）とする。
8 　法第37条第1項の表の第1号の上欄のハに規定する政令で定める区域は、首都圏、近畿圏及び中部圏の近郊整備地帯等の整備のための国の財政上の特別措置に関する法律施行令（昭和41年政令第318号）別表に掲げる区域とする。
9 　法第37条第1項の表の第1号の下欄のロに規定する政令で定める区域は、中部圏開発整備法（昭和41年法律第102号）第2条第4項に規定する都市開発区域とする。
10　法第37条第1項の表の第4号の上欄に規定する政令で定める区域は、都市計画法第7条第1項の市街化調整区域と定められた区域とし、同欄に規定する政令で定める事務所又は事業所は、事務所、工場、作業場、研究所、営業所、倉庫その他これらに類する施設（福利厚生施設を除く。）とする。
11　法第37条第1項の表の第6号の上欄に規定する政令で定める区域は、都市計画法第4条第1項に規定する都市計画に都市再開発法第2条の3第1項第2号に掲げる地区若しくは同条第2項に規定する地区の定められた市又は道府県庁所在の市の区域の都市計画法第4条第2項に規定する都市計画区域のうち最近の国勢調査の結果による人口集中地区の区域（同欄に規定する既成市街地等を除く。）とし、同表の第6号の下欄に規定する政令で定める施策は、都市再開発法による市街地再開発事業（その施行される土地の区域の面積が5000平方メートル以上であるものに限る。）に関する都市計画とし、同欄に規定する政令で定めるものは、建物（その附属設備を含む。以下この項において同じ。）のうち次に掲げるもの（その敷地の用に供される土地等（土地又は土地の上に存する権利をいう。以下この条において同じ。）を含む。）とする。
　一 　中高層耐火建築物（地上階数四以上の中高層の建築基準法第2条第9号の2に規定する耐火建築物をいう。）以外の建物
　二 　住宅の用に供される部分が含まれる建物（住宅の用に供される部分に限る。）
12　法第37条第1項の表の第8号の上欄に規定する政令で定める地区は、地震その他の災害が発生した場合に著しく危険な地区として国土交通大臣が定める基準に該当する地区であって国土交通大臣が指定する地区とし、同欄に規定する政令で定めるものは、同欄に規定する危険密集市街地内に建築される同欄に規定する耐火建築物又は準耐火建築物であることにつき、その建物の建築基準法第2条第16号に規定する建築主の申請に基づき都道府県知事が認定したものとする。
13　法第37条第1項の表の第9号の下欄に規定する政令で定める施設は、事務所、工場、作業場、研究所、営業所、店舗、倉庫、住宅その他これらに類する施設（福利厚生施設に該当するものを除く。）とし、同欄に規定する政令で定めるやむを得ない事情は、次に掲げる手続その他の行為が進行中であることにつき財務省令で定める書類により明らかにされた事情とする。

一　都市計画法第29条第1項又は第2項の規定による許可の手続
　　二　建築基準法第6条第1項に規定する確認の手続
　　三　文化財保護法第93条第2項に規定する発掘調査
　　四　建築物の建築に関する条例の規定に基づく手続（建物又は構築物の敷地の用に供されていないことが当該手続の理由とするものであることにつき国土交通大臣が証明したものに限る。）

14　法第37条第1項の表の第10号の上欄に規定する政令で定める期間は、次の各号に掲げる船舶の区分に応じ当該各号に定める期間とする。
　　一　海洋運輸業（本邦の港と本邦以外の地域の港との間又は本邦以外の地域の各港間において船舶により人又は物の運送をする事業をいう。次項第2号ロにおいて同じ。）、沿海運輸業（本邦の各港間において船舶により人又は物の運送をする事業をいう。同号ロにおいて同じ。）又は漁業（水産動植物の採捕又は養殖の事業をいう。同号において同じ。）の用に供されている船舶　25年
　　二　前号に掲げる船舶以外の船舶　45年

15　法第37条第1項の表の第10号の下欄に規定する政令で定めるものは、次に掲げる船舶とする。
　　一　建造の後事業の用に供されたことのない船舶のうち環境への負荷の低減に資する船舶として国土交通大臣及び農林水産大臣が財務大臣と協議して指定するもの
　　二　船舶でその進水の日から取得の日までの期間（以下この号において「船齢」という。）がその船舶に係る譲渡資産に該当する船舶（以下この号において「譲渡船舶」という。）の進水の日から当該譲渡船舶の譲渡の日までの期間に満たないもの（次に掲げる船舶にあっては、それぞれ次に定めるものに限る。）のうち環境への負荷の低減に資する船舶として国土交通大臣及び農林水産大臣が財務大臣と協議して指定するもの（前号に掲げるものを除く。）
　　　イ　漁業の用に供される船舶　その船齢が15年に満たないもの
　　　ロ　海洋運輸業、沿海運輸業及び漁業以外の事業の用に供される船舶　その船齢が耐用年数（所得税法の規定により定められている耐用年数をいう。）以下であるもの

16　法第37条第2項に規定する政令で定めるところにより計算した面積は、次の各号に掲げる場合の区分に応じ、当該各号に定める面積とする。
　　一　譲渡資産が法第37条第1項の表の第2号の上欄に規定する地域内にある農業の用に供する土地等であり、かつ、買換資産が同号の下欄に規定する地域内にある農業の用に供する土地等である場合において、当該地域内の農業委員会が当該土地等の取得をする者の営む農業の規模その他の事情に照らし適当であると認めるとき　当該譲渡資産である土地等に係る面積に10を乗じて計算した面積
　　二　譲渡資産が土地等である場合（前号に掲げる場合に該当する場合を除く。）

当該土地等に係る面積に5を乗じて計算した面積
17 法第37条第3項に規定する政令で定めるやむを得ない事情は、工場等の敷地の用に供するための宅地の造成並びに当該工場等の建設及び移転に要する期間が通常1年を超えると認められる事情その他これに準ずる事情とし、同項に規定する政令で定める期間は、同項に規定する譲渡の日の属する年の前年以前2年の期間とする。
18 法第37条第3項の届出は、同条第1項の表の各号の下欄に掲げる資産の取得（建設及び製作を含む。）をした日の属する年の翌年3月15日までに、当該資産につき同条第3項の規定の適用を受ける旨及び次に掲げる事項を記載した届出書により行わなければならない。
　一　届出者の氏名及び住所
　二　当該取得をした資産の種類、規模（土地等にあっては、その面積）、所在地、用途、取得年月日及び取得価額
　三　譲渡をする見込みである資産の種類
　四　その他参考となるべき事項
19 法第37条第3項において準用する同条第1項の規定を適用する場合において、買換資産が減価償却資産であり、かつ、当該資産につき譲渡資産の譲渡の日前に既に必要経費に算入された所得税法第49条第1項の規定による償却費の額があるときは、当該譲渡資産の収入金額のうち、当該償却費の額と当該償却費の額の計算の基礎となった期間につき法第37条の3の規定を適用した場合に計算される同項の規定による償却費の額との差額に相当する金額については、当該譲渡資産の譲渡があつたものとし、当該譲渡があったものとされる金額は、不動産所得、事業所得、山林所得又は雑所得に係る収入金額とする。
20 法第37条第4項の税務署長の承認を受けようとする者は、次に掲げる事項を記載した申請書を納税地の所轄税務署長に提出しなければならない。
　一　申請者の氏名及び住所
　二　法第37条第4項に規定するやむを得ない事情の詳細
　三　買換資産の取得予定年月日及び法第37条第4項に規定する認定を受けようとする日
　四　その他参考となるべき事項
21 法第37条第5項に規定するその年1月1日において所有期間（法第31条第2項に規定する所有期間をいう。以下この項において同じ。）が5年以下の土地等に含まれるその年中に取得をした土地等で政令で定めるものは、当該個人がその年中に取得をした土地等（当該土地等が第20条第3項第1号又は第3号に掲げる土地等に該当するものである場合には、その年1月1日において所有期間が5年を超えるものを除く。）とする。
22 法第37条第6項に規定する確定申告書を提出する者は、同条第8項において準用

資料―関係法令等

する法第33条第6項に規定する財務省令で定める書類を、次の各号に掲げる場合の区分に応じ、当該各号に定める日（法第37条第7項の規定に該当してその日後において同項に規定する書類を提出する場合には、その提出の日）までに納税地の所轄税務署長に提出しなければならない。
一　法第37条第1項（同条第3項において準用する場合を含む。）の規定の適用を受ける場合　当該確定申告書の提出の日
二　法第37条第4項において準用する同条第1項の規定の適用を受ける場合　買換資産を取得した日から4月を経過する日
23　法第37条第1項（同条第3項及び第4項において準用する場合を含む。次項において同じ。）の譲渡をした資産が同条第1項の表の二以上の号の上欄に掲げる資産に該当する場合における同項の規定により譲渡がなかったものとされる部分の金額の計算については、当該譲渡をした資産の全部又は一部は、当該個人の選択により、当該二以上の号のいずれかの号の上欄に掲げる資産にのみ該当するものとして、同項の規定を適用する。
24　買換資産が法第37条第1項の表の二以上の号の下欄に掲げる資産に該当する場合における同項の規定により譲渡がなかったものとされる部分の金額の計算については、当該買換資産の全部又は一部は、当該個人の選択により、同表の第1号から第9号までのうちその該当する二以上の号のいずれかの号の下欄に掲げる資産にのみ該当するものとして、同項の規定を適用する。
25　国土交通大臣は、第12項の基準を定めたとき、又は同項の規定により地区を指定したときは、これを告示する。
26　国土交通大臣及び農林水産大臣は、第15項各号の規定により船舶を指定したときは、これを告示する。

第25条の4　《既成市街地等内にある土地等の中高層耐火建築物等の建設のための買換え及び交換の場合の譲渡所得の課税の特例》

1　法第37条の5第1項（同条第2項において準用する法第37条第4項の規定により読み替えて適用される場合を含む。）に規定する政令で定める部分は、譲渡（法第37条の5第1項に規定する譲渡をいう。以下この条において同じ。）をした同項に規定する譲渡資産（以下この条において「譲渡資産」という。）のうち、当該譲渡による収入金額（当該譲渡の日の属する年中に二以上の譲渡資産の譲渡が行われた場合には、これらの譲渡資産の譲渡により取得した収入金額の合計額）から同項に規定する買換資産（以下この条において「買換資産」という。）の取得価額（当該譲渡の日の属する年中に二以上の買換資産の同項に規定する取得が行われた場合には、これらの買換資産の取得価額の合計額）を控除した金額が当該収入金額のうちに占める割合を、当該譲渡資産の価額に乗じて計算した金額に相当する部分とする。
2　法第37条の5第1項の表の第1号の上欄に規定する中高層の耐火建築物の建築を

する政令で定める事業は、地上階数4以上の中高層の耐火建築物の建築をすることを目的とする事業で、当該事業が同欄のイ又はロに掲げる区域又は地区内において施行されるもの（第20条の2第14項第5号に掲げる区域内において施行される事業にあっては、同号に規定する認定集約都市開発事業計画に係る同号イに規定する集約都市開発事業に限る。）であること及び次に掲げる要件の全てを満たすものであることにつき、当該中高層の耐火建築物の建築基準法第2条第16号に規定する建築主の申請に基づき都道府県知事（当該事業が都市再生特別措置法第25条に規定する認定計画に係る同条に規定する都市再生事業又は同法第99条に規定する認定誘導事業計画に係る同条に規定する誘導施設等整備事業に該当する場合には、国土交通大臣。第16項及び第17項において同じ。）が認定をしたものとする。
一　その事業の施行される土地の区域（以下この項において「施行地区」という。）の面積が1000平方メートル以上であること。
二　その事業の施行地区内において都市施設（都市計画法第4条第6項に規定する都市計画施設又は同法第12条の5第2項第3号に規定する地区施設をいう。）の用に供される土地（その事業の施行地区が次に掲げる区域内である場合には、当該都市計画施設又は当該区域の区分に応じそれぞれ次に定める施設の用に供される土地）又は建築基準法施行令第136条第1項に規定する空地が確保されていること。
　　イ　都市計画法第12条の5第3項に規定する再開発等促進区又は同条第4項に規定する開発整備促進区同条第2項第3号に規定する地区施設又は同条第5項第2号に規定する施設
　　ロ　都市計画法第12条の5第1項第2号に掲げる防災街区整備地区計画の区域　密集市街地における防災街区の整備の促進に関する法律第32条第2項第2号に規定する地区防災施設又は同項第3号に規定する地区施設
　　ハ　都市計画法第12条の4第1項第4号に掲げる沿道地区計画の区域　幹線道路の沿道の整備に関する法律第9条第2項第2号に規定する沿道地区施設（その事業の施行地区が同条第3項に規定する沿道再開発等促進区内である場合には、当該沿道地区施設又は同条第4項第2号に規定する施設）
三　その事業の施行地区内の土地の利用の共同化に寄与するものとして財務省令で定める要件
3　法第37条の5第1項の表の第1号の上欄のロ及び下欄に規定する政令で定める地区は、第20条の2第14項第2号から第5号までに掲げる地区又は区域とする。
4　法第37条の5第1項の表の第1号の下欄に規定する政令で定める事業は、次の各号に掲げる事業とし、同欄に規定する政令で定める中高層の耐火建築物は、当該各号に掲げる事業の施行により建築された同表の第1号の上欄に規定する中高層耐火建築物で建築後使用されたことのないものとする。
一　法第37条の5第1項の表の第1号の上欄に規定する特定民間再開発事業

二　法第31条の2第2項第11号に規定する事業
三　都市再開発法による第一種市街地再開発事業又は第二種市街地再開発事業
5　法第37条の5第1項の表の第2号の上欄に規定する主として住宅の用に供される建築物で政令で定めるものは、同欄に掲げる資産の取得をした者が建築した建築物（当該取得をした者が個人である場合には、当該個人の死亡により当該建築物の建築に関する事業を承継した当該個人の相続人又は包括受遺者が建築したものを、当該取得をした者が法人である場合には、当該法人の合併により当該建築物の建築に関する事業を引き継いだ当該合併に係る法人税法第2条第12号に規定する合併法人が建築したもの及び当該法人の分割により当該建築物の建築に関する事業を引き継いだ当該分割に係る同条第12号の3に規定する分割承継法人が建築したものを含む。）又は同欄に掲げる資産の譲渡をした者が建築した建築物で、次に掲げる要件の全てに該当するものとする。
一　建築基準法第2条第9号の2に規定する耐火建築物又は同条第9号の3に規定する準耐火建築物に該当するものであること。
二　当該建築物の床面積の2分の1以上に相当する部分が専ら居住の用（当該居住の用に供される部分に係る廊下、階段その他その共用に供されるべき部分を含む。）に供されるものであること。
6　法第37条の5第1項の表の第2号の上欄のロに規定する既成市街地等に準ずる区域として政令で定める区域は、同表の第1号の上欄のイに規定する既成市街地等と連接して既に市街地を形成していると認められる市の区域のうち、都市計画法第7条第1項の市街化区域として定められている区域でその区域の相当部分が最近の国勢調査の結果による人口集中地区に該当し、かつ、都市計画その他の土地利用に関する計画に照らし中高層住宅の建設が必要である区域として国土交通大臣が財務大臣と協議して指定した区域とする。
7　法第37条の5第2項において準用する法第37条第4項に規定する政令で定めるやむを得ない事情は、法第37条の5第1項の表の第1号の下欄に規定する中高層耐火建築物若しくは中高層の耐火建築物又は同表の第2号の下欄に規定する耐火共同住宅（これらの建築物に係る構築物を含む。）の建築に要する期間が通常1年を超えると認められる事情その他これに準ずる事情とする。
8　法第37条の5第2項において準用する法第37条第4項の税務署長の承認を受けようとする者は、次に掲げる事項を記載した申請書を納税地の所轄税務署長に提出しなければならない。
一　申請者の氏名及び住所
二　前項に規定するやむを得ない事情の詳細
三　法第37条の5第1項の表の各号の下欄に掲げる資産の取得（同項に規定する取得をいう。次項において同じ。）をすることができると見込まれる年月日及び同条第2項において準用する法第37条第4項に規定する認定を受けようとする年

月日
　四　その他参考となるべき事項
9　法第37条の5第2項において準用する法第37条第6項に規定する確定申告書を提出する者は、同条第8項の規定により読み替えて適用される法第33条第6項に規定する財務省令で定める書類を、次の各号に掲げる場合の区分に応じ、当該各号に定める日（法第37条の5第2項において準用する法第37条第7項の規定に該当してその日後において同項に規定する書類を提出する場合には、その提出の日）までに納税地の所轄税務署長に提出しなければならない。
　一　法第37条の5第1項の規定の適用を受ける場合当該確定申告書の提出の日
　二　法第37条の5第2項において準用する法第37条第4項の規定の適用を受ける場合　買換資産を取得した日から4月を経過する日
10　買換資産について法第37条の5第3項の規定により償却費の額を計算する場合又は譲渡所得の金額を計算する場合には、確定申告書に当該買換資産に係る償却費の額又は譲渡所得の金額が同項の規定により計算されている旨を記載するものとする。
11　買換資産が二以上ある場合には、各買換資産につき法第37条の5第3項の規定によりその取得価額とされる金額は、同項各号に掲げる場合の区分に応じ当該各号に掲げる金額に当該各買換資産の価額がこれらの買換資産の価額の合計額のうちに占める割合を乗じて計算した金額とする。
12　法第37条の5第3項の規定により同項各号に掲げる金額に加算する同項に規定する費用の金額は、譲渡資産の譲渡に関する費用の金額のうち同条第1項（同条第2項において準用する法第37条第4項の規定により読み替えて適用する場合を含む。）の規定による譲渡所得の金額の計算上控除されなかつた部分の金額とする。
13　法第37条の5第3項第1号に規定する超える額に対応する部分以外の部分の額として政令で定めるところにより計算した金額は、譲渡資産の取得価額等（当該譲渡の日の属する年中に二以上の譲渡資産の譲渡が行われた場合には、これらの譲渡資産の取得価額等の合計額）に同号に規定する買換資産の取得価額が同号に規定する収入金額のうちに占める割合を乗じて計算した金額とする。
14　法第37条の5第4項に規定する政令で定める交換は、所得税法第58条第1項又は法第37条の4の規定の適用を受ける交換とする。
15　法第37条の5第4項第1号に規定する政令で定める部分は、同項に規定する交換譲渡資産のうち、同項に規定する交換差金の額が当該交換差金の額とその交換により取得した同項に規定する交換取得資産以外の資産の価額との合計額のうちに占める割合を、当該交換譲渡資産の価額に乗じて計算した金額に相当する部分とする。
16　法第37条の5第5項に規定する政令で定める場合は、同条第1項の表の第1号の上欄に掲げる資産の譲渡をした個人及び第2項に規定する建築主の申請に基づき、

都道府県知事が、当該個人につき当該個人又は当該個人と同居を常況とする者の老齢、身体上の障害その他財務省令で定める事情により、当該個人が同号の下欄に掲げる資産のうち同号の中高層耐火建築物又は当該中高層耐火建築物に係る構築物を取得してこれを引き続き居住の用に供することが困難であると認められる事情があるものとして認定をした場合とする。

17　法第37条の5第5項の規定により法第31条の3の規定の適用を受けようとする個人は、同条第3項に規定する確定申告書に、法第37条の5第5項の規定の適用により法第31条の3の規定の適用を受ける旨を記載し、かつ、都道府県知事が前項に規定する認定をした旨を証する書類その他の財務省令で定める書類を添付しなければならない。

18　法第37条の5第5項の規定は、前項の確定申告書の提出がなかった場合又は同項の記載若しくは添付がない確定申告書の提出があった場合には、適用しない。ただし、税務署長は、その提出又は記載若しくは添付がなかったことについてやむを得ない事情があると認めるときは、当該記載をした書類及び同項に規定する書類の提出があった場合に限り、同条第5項の規定を適用することができる。

19　法第37条の5第5項の規定は、同項に規定する資産の譲渡が同条第1項の表の第1号の上欄に規定する中高層耐火建築物の建築に係る建築基準法第6条第4項又は第6条の2第1項の規定による確認済証の交付（同法第18条第3項の規定による確認済証の交付を含む。）のあった日の翌日から同日以後6月を経過する日までの間に行われた場合で当該資産の譲渡の一部につき法第37条の5第1項（同条第2項において準用する法第37条第4項の規定により読み替えて適用される場合を含む。）の規定の適用を受けないときに限り、適用する。

20　国土交通大臣は、第6項の規定により区域を指定したときは、これを告示する。

租税特別措置法施行規則

第18条の6 《既成市街地等内にある土地等の中高層耐火建築物等の建設のための買換え及び交換の場合の譲渡所得の課税の特例》

1　施行令第25条の4第2項第3号に規定する施行地区内の土地の利用の共同化に寄与するものとして財務省令で定める要件は、同項に規定する中高層の耐火建築物の建築をすることを目的とする事業の同項第1号に規定する施行地区内の土地（建物又は構築物の所有を目的とする地上権又は賃借権（以下この項において「借地権」という。）の設定がされている土地を除く。）につき所有権を有する者又は当該施行地区内の土地につき借地権を有する者（区画された一の土地に係る所有権又は借地権が二以上の者により共有されている場合には、当該所有権を有する二以上の者又は当該借地権を有する二以上の者のうち、それぞれ一の者とする。）の数が二以上であり、かつ、当該中高層の耐火建築物の建築の後における当該施行地区内の土地に係る所有権又は借地権がこれらの者又はこれらの者及び当該中高層の耐火建築物（当該中高層の耐火建築物に係る構築物を含む。）を所有することとなる者の二以上の者により共有されるものであることとする。

2　法第37条の5第2項において準用する法第37条第6項に規定する財務省令で定める書類は、法第37条の5第1項に規定する譲渡資産（以下この項において「譲渡資産」という。）の次の各号に掲げる区分に応じ当該各号に定める書類（法第37条の5第2項の規定により読み替えられた法第37条第4項において準用する法第37条の5第1項の規定の適用を受ける場合には、当該書類並びに同項に規定する取得をする予定の同項に規定する買換資産についての取得予定年月日、当該買換資産の取得価額の見積額及び当該買換資産が同項の表の各号の下欄のいずれに該当するかの別（同表の第1号の下欄に該当する場合にあっては、当該買換資産が同欄に規定する中高層耐火建築物又は中高層の耐火建築物のいずれに該当するかの別）その他の明細を記載した書類）とする。

一　法第37条の5第1項の表の第1号の上欄に掲げる資産　次に掲げる場合の区分に応じそれぞれ次に定める書類

イ　法第37条の5第1項の表の第1号の下欄に規定する中高層耐火建築物又は当該中高層耐火建築物に係る構築物の取得をした場合　都道府県知事（同号の上欄に規定する中高層耐火建築物の建築をする事業が都市再生特別措置法第25条に規定する認定計画に係る同条に規定する都市再生事業又は同法第99条に規定する認定誘導事業計画に係る同条に規定する誘導施設等整備事業に該当する場合には、国土交通大臣。ロ及び第4項において同じ。）の買換資産（同条第1項に規定する買換資産をいう。以下この項において同じ。）に該当する同号の上欄に規定する中高層耐火建築物の建築をする事業に係る施行令第25

条の4第2項に規定する認定をした旨を証する書類
　　ロ　法第37条の5第1項の表の第1号の下欄に規定する中高層の耐火建築物又は当該中高層の耐火建築物に係る構築物の取得をした場合　都道府県知事の譲渡資産に係る同号の上欄に規定する中高層耐火建築物の建築をする事業につき施行令第25条の4第2項に規定する認定をした旨並びに買換資産に該当する同号の下欄に規定する中高層の耐火建築物が当該事業の施行される同欄に規定する地区内にある旨及び当該中高層の耐火建築物を建築する次に掲げる事業の区分に応じそれぞれ次に定める旨を証する書類
　　　(1)　施行令第25条の4第4項第1号に掲げる特定民間再開発事業　当該事業につき同条第2項に規定する認定をした旨
　　　(2)　施行令第25条の4第4項第2号に掲げる事業当該事業につき施行令第20条の2第13項に規定する認定をした旨
　　　(3)　施行令第25条の4第4項第3号に掲げる第一種市街地再開発事業又は第二種市街地再開発事業　当該中高層の耐火建築物がこれらの事業の施行により建築されたものである旨
　二　法第37条の5第1項の表の第2号の上欄に掲げる資産　買換資産に該当する同欄に規定する中高層の耐火共同住宅に係る建築基準法第7条第5項に規定する検査済証の写し及び当該中高層の耐火共同住宅に係る事業概要書又は各階平面図その他の書類で当該中高層の耐火共同住宅が施行令第25条の4第5項各号に掲げる要件に該当するものであることを明らかにする書類並びに次に掲げる場合の区分に応じそれぞれ次に定める書類
　　イ　当該資産の所在地が法第37条の5第1項の表の第2号の上欄のイ又はロに掲げる区域内である場合当該資産の所在地を管轄する市町村長の当該資産の所在地が当該区域内である旨を証する書類（東京都の特別区の存する区域、武蔵野市の区域又は大阪市の区域内にあるものを除く。）
　　ロ　当該資産の所在地が法第37条の5第1項の表の第2号の上欄のハに掲げる区域内である場合当該資産の所在地を管轄する市町村長の当該資産の所在地が当該区域内である旨並びに中心市街地の活性化に関する法律第23条の計画の認定をした旨及び当該認定をした計画に係る同法第7条第6項に規定する中心市街地共同住宅供給事業が同条第4項に規定する都市福利施設の整備を行う事業と一体的に行われるものである旨を証する書類
3　施行令第25条の4第16項に規定する財務省令で定める事情は、次に掲げるいずれかの事情とする。
　一　法第37条の5第1項の表の第1号の下欄に規定する中高層耐火建築物（次号において「中高層耐火建築物」という。）の用途が専ら業務の用に供する目的で設計されたものであること。
　二　中高層耐火建築物が住宅の用に供するのに不適当な構造、配置及び利用状況

にあると認められるものであること。

4　施行令第25条の4第17項に規定する財務省令で定める書類は、都道府県知事の同項に規定する個人が譲渡をした法第37条の5第1項の表の第1号の上欄に規定する資産に係る同欄に規定する中高層の耐火建築物の建築をする事業につき施行令第25条の4第2項に規定する認定をした旨を証する書類(当該中高層の耐火建築物の建築に係る同条第19項に規定する交付のあつた年月日の記載のあるものに限る。)及び当該譲渡をした資産に係る同条第16項に規定する認定をした旨を証する書類とする。

第13条の4　《居住用財産を譲渡した場合の長期譲渡所得の課税の特例》

　法第31条の3第3項に規定する財務省令で定める書類は、譲渡をした家屋又は土地若しくは土地の上に存する権利(以下この条において「土地建物等」という。)に係る登記事項証明書(当該譲渡をした時において当該譲渡をした者の住民票に記載されていた住所と当該譲渡をした土地建物等の所在地とが異なる場合その他これに類する場合には、当該登記事項証明書及び戸籍の附票の写し、消除された戸籍の附票の写しその他これらに類する書類で当該譲渡をした者が当該土地建物等を居住の用に供していたことを明らかにするもの)とする。

租税特別措置法関係通達

31・32共－1 《分離課税とされる譲渡所得の基因となる資産の範囲》

措置法第31条第1項又は第32条第1項（同条第2項において準用する場合を含む。）の規定により分離課税とされる譲渡所得の基因となる資産は、次に掲げる資産に限られるから、鉱業権（租鉱権及び採石権その他土石を採掘し又は採取する権利を含む。）、温泉を利用する権利、借家権、土石（砂）などはこれに含まれないことに留意する。

(1) 土地若しくは土地の上に存する権利又は建物及びその附属設備若しくは構築物（以下「土地建物等」という。）

(2) 事業又はその用に供する資産の譲渡に類するものとして措置法令第21条第4項第2号に掲げる株式等（措置法第32条第2項に規定する株式等をいう。）のうち措置法令第21条第3項各号に掲げるもの

37の2－1 《買換資産を事業の用に供しなくなったかどうかの判定》

買換資産について措置法第37条の2第1項に規定する事情が生じた場合においても、それが収用、災害その他その者の責に帰せられないやむを得ない事情に基づき生じたものであるときは、同項の規定を適用しないことができる。

37の5－1 《特例の対象となる譲渡資産》

措置法第37条の5第1項の表の第2号の上欄に掲げる譲渡資産は、事業の用又は居住の用に供されていたものであるかどうかを問わないものであることに留意する。

(注) 例えば、措置法第37条の5第1項の表の第2号の上欄に掲げる譲渡資産で、個人が空閑地又は事業の用に供していた土地を譲渡し、同号の下欄に掲げる買換資産を取得して居住の用に供したような場合における当該土地の譲渡についても同項の規定の適用がある。

37の5－2 《地上階数の判定》

その建築される中高層の耐火建築物に地上階数4以上の部分と地上階数4に満たない部分とがある場合又はその建築される中高層の耐火共同住宅（措置法令第25条の4第5項に定める要件を満たすものに限る。）に地上階数3以上の部分と地上階数3に満たない部分とがある場合であっても、当該中高層の耐火建築物又は中高層の耐火共同住宅は、措置法第37条の5第1項に規定する中高層耐火建築物又は中高層の耐火共同住宅に該当するものとして取り扱う。

(注) 地上階数は、建築基準法施行令第2条第1項第8号に規定するところにより判定することに留意する。

37の5－2の2 《「当該特定民間再開発事業の施行される地区」の範囲》

措置法第37条の5第1項の表の第1号の下欄に規定する「当該特定民間再開発事業の施行される地区」とは、同号の上欄に規定する特定民間再開発事業が施行される

土地の区域が都市計画に都市再開発法第2条の3第1項第2号に掲げる地区として定められた地区又は措置法令第25条の4第3項に定める地区のいずれか一の地区内に所在する場合における当該土地の区域に係る地区をいうのであるから留意する。

37の5－3 《譲渡がなかったものとされる部分の金額等の計算》

　その年中に措置法第37条の5第1項に規定する買換えが2以上行われた場合（当該2以上の買換えに係る同項の表の第1号の上欄又は第2号に規定する事業の施行される土地の区域がそれぞれ異なる場合に限る。）において、当該2以上の買換えについて同項の規定の適用を受けるときは、同項の規定により「譲渡がなかったもの」とされる部分の金額又は「譲渡があったもの」とされる部分の金額の計算は、それぞれの買換えごとに行うことに留意する。

（注）　上記の場合において、それぞれの買換えに係る譲渡資産又は買換資産が2以上あるときは、当該譲渡資産の譲渡による収入金額の合計額又は当該買換資産の取得価額の合計額を基としてこれらの部分の金額を計算する。

37の5－4 《買換資産の取得の時期》

　措置法第37条の5第1項に規定する譲渡資産を譲渡した日の属する年の1月1日以後に取得した同項に規定する中高層耐火建築物若しくは中高層の耐火建築物又は中高層の耐火共同住宅は、当該譲渡した日前に取得したものであっても、同項に規定する買換資産とすることができる。

37の5－4の2 《自己の建設に係る耐火建築物又は耐火共同住宅を分譲した場合》

　その者がおおむね10年以上所有している土地等の上に自ら措置法第37条の5第1項に規定する中高層耐火建築物又は中高層の耐火共同住宅を建設し、当該建設した日から同日の属する年の12月31日までの間に当該中高層耐火建築物又は耐火共同住宅の一部とともに当該土地等の一部の譲渡（譲渡所得の基因となる不動産等の貸付けを含む。以下この項において同じ。）をした場合には、当該譲渡をした土地等を同項に規定する譲渡資産とし、当該建設した中高層耐火建築物又は耐火共同住宅（譲渡された部分を除く。）を同項に規定する買換資産として同条の規定の適用を受けることができることに留意する。この場合において、同項に規定する「当該譲渡による収入金額」は、所得税基本通達33－5により当該譲渡した土地等の当該建設に着手する直前の価額を基として算定することになる。

37の5－5 《生計を一にする親族の事業の用に供する資産》

　措置法第37条の5第1項の表の第2号の規定は、同号の上欄に掲げる譲渡資産の譲渡をした者が同号の下欄に掲げる買換資産を取得し、かつ、当該取得した買換資産をその取得の日から1年以内に当該譲渡をした者の同項に規定する事業の用又は居住の用（当該譲渡をした者の親族の居住の用を含む。）に供した場合又は供する見込みである場合に適用があるのであるが、当該買換資産が当該譲渡をした者と生計を一にする親族の同項に規定する事業の用に供される場合には、当該買換資産は当該譲渡をした者にとっても同項に規定する事業の用に供されたものとして同項の規

定を適用することができる。

37の5－6 《相続人が買換資産を取得した場合》

措置法第37条の5第1項に規定する譲渡資産の譲渡をした者が同項に規定する買換資産を取得しないで死亡した場合であっても、その死亡前に買換資産の取得に関する売買契約又は請負契約を締結しているなど買換資産が具体的に確定しており、かつ、その相続人が法定期間内にその買換資産を取得し、事業の用（当該譲渡をした者と生計を一にしていた親族の事業の用を含む。）又は居住の用（当該譲渡をした者の親族の居住の用を含む。）に供したときは、その死亡した者の当該譲渡につき同項の規定を適用することができる。

（注） 措置法第37条の5第1項の表の第1号の下欄に掲げる買換資産にあっては、居住の用（同号の上欄に掲げる譲渡資産の譲渡をした者の親族の居住の用を含む。）に供したときのみに限られていることに留意する。

37の5－7 《譲渡価額が定められていない場合の譲渡収入金額》

措置法第37条の5第1項に規定する譲渡資産（以下この項において「譲渡資産」という。）の譲渡に関する契約において、譲渡資産の譲渡価額を定めず、同項に規定する買換資産（以下この項において「買換資産」という。）を当該譲渡の対価として取得することを約した場合（同条第4項に該当する場合を除く。）には、同条第1項に規定する「当該譲渡による収入金額」は買換資産の取得時の価額に相当する金額によるのであるから留意する。ただし、この場合であっても、当該契約時においては、当該買換資産が当該譲渡に係る契約の効力発生の日の属する年の翌年以後に取得されるものであるためその価額は確定していないが、譲渡資産が具体的に確定していることから、その者が当該譲渡資産の当該契約時における価額に相当する金額をその譲渡による収入金額とし、同項の規定を適用して当該買換資産の価額の確定前に申告したときは、当該価額がその譲渡をするに至った事情等に照らし合理的に算定していると認められる限り、その申告を認めることとする。

（注） ただし書による場合の当該買換資産の措置法第37条の5第1項に規定する取得価額は、当該契約時における当該譲渡資産の価額（当該買換資産の取得に伴って金銭その他の資産を給付し、又は取得するときは、当該金銭の額及び金銭以外の資産の価額を当該譲渡資産の当該価額に加算し、又は当該価額から減額した価額）によるのであるから留意する。

37の5－8 《中高層耐火建築物の取得をすることが困難である特別の事情がある場合の適用関係》

措置法第37条の5第5項の規定により同法第31条の3の規定の適用を受ける場合には、次の点に留意する。

(1) 措置法第37条の5第5項の規定は、同項に規定する資産の譲渡の一部につき同条第1項の規定の適用を受けないときに限り、適用があること
(2) 当該譲渡については、措置法第35条第1項の規定の適用がないこと

37の5−9 《同一の号に規定する買換資産が2以上ある場合に付すべき取得価額》

同一年中において措置法第37条の5第1項の表のいずれか一の号の規定の適用を受けた買換資産が2以上ある場合において、同条第3項及び措置法令第25条の4第11項から第13項の規定により当該個々の買換資産の取得価額とされる金額は、同法第37条の5第1項の表の各号ごとに次の算式により計算した金額とする。

(1) 措置法第37条の5第3項第1号の場合

$$\left(\frac{譲渡資産の取得費の合計額} + \frac{譲渡費用の額の合計額}\right) \times \frac{買換資産の取得価額の合計額}{譲渡資産の譲渡に係る収入金額の合計額} \times \frac{個々の買換資産の価額}{買換資産の価額の合計額}$$

(2) 同項第2号の場合

$$\left(\frac{譲渡資産の取得費の合計額} + \frac{譲渡費用の額の合計額}\right) \times \frac{個々の買換資産の価額}{買換資産の価額の合計額}$$

(3) 同項第3号の場合

$$\left\{\left(\frac{譲渡資産の取得費の合計額} + \frac{譲渡費用の額の合計額}\right) + \left(\frac{買換資産の取得価額の合計額} - \frac{譲渡資産の譲渡に係る収入金額の合計額}\right)\right\} \times \frac{個々の買換資産の価額}{買換資産の価額の合計額}$$

37の5−10 《特定の事業用資産の買換えの場合の譲渡所得の課税の特例に関する取扱いの準用》

33−49、37−2、37−5、37−7、37−18、37−19、37−25、37−27の2、37の2−1、37の3−1の2、37の3−3及び37の3−4の取扱いは、措置法第37条の5の規定を適用する場合について準用する。

相続税法

第9条
　第5条から前条まで及び次節に規定する場合を除くほか、対価を支払わないで、又は著しく低い価額の対価で利益を受けた場合においては、当該利益を受けた時において、当該利益を受けた者が、当該利益を受けた時における当該利益の価額に相当する金額（対価の支払があった場合には、その価額を控除した金額）を当該利益を受けさせた者から贈与（当該行為が遺言によりなされた場合には、遺贈）により取得したものとみなす。ただし、当該行為が、当該利益を受ける者が資力を喪失して債務を弁済することが困難である場合において、その者の扶養義務者から当該債務の弁済に充てるためになされたものであるときは、その贈与又は遺贈により取得したものとみなされた金額のうちその債務を弁済することが困難である部分の金額については、この限りでない。

第4条　《遺贈により取得したものとみなす場合》
　民法第958条の3第1項《特別縁故者に対する相続財産の分与》の規定により同項に規定する相続財産の全部又は一部を与えられた場合においては、その与えられた者が、その与えられた時における当該財産の時価（当該財産の評価について第3章に特別の定めがある場合には、その規定により評価した価額）に相当する金額を当該財産に係る被相続人から遺贈により取得したものとみなす。

相続税法基本通達

9−12 《共有持分の放棄》
　共有に属する財産の共有者の1人が、その持分を放棄（相続の放棄を除く。）したとき、又は死亡した場合においてその者の相続人がないときは、その者に係る持分は、他の共有者がその持分に応じ贈与又は遺贈により取得したものとして取り扱うものとする。

9−9 《財産の名義変更があった場合》
　不動産、株式等の名義の変更があった場合において対価の授受が行われていないとき又は他の者の名義で新たに不動産、株式等を取得した場合においては、これらの行為は、原則として贈与として取り扱うものとする。

4−3 《相続財産法人から与えられた分与額》
　民法第958条の3の規定により、相続財産の分与を受けた者が、当該相続財産に係る被相続人の葬式費用又は当該被相続人の療養看護のための入院費用等の金額で相続開始の際にまだ支払われていなかったものを支払った場合において、これらの金額を相続財産から別に受けていないときは、分与を受けた金額からこれらの費用の金額を控除した価額をもって、当該分与された価額として取り扱う。

4−4 《分与財産に加算する贈与財産》
　民法第958条の3の規定により、相続財産の分与を受けた者が当該相続に係る被相続人の相続の開始前3年以内に、被相続人から贈与により財産を取得したことがある場合においては、法第19条の規定の適用があることに留意する。

資料

著者紹介

税理士・不動産鑑定士

松 本 好 正（まつもと　よしまさ）

　　平成10年7月　　東京国税局　　課税第一部国税訟務官室
　　平成15年7月　　東京国税局　　課税第一部資産評価官付
　　平成17年7月　　板橋税務署　　資産課税部門
　　平成19年8月　　松本税理士・不動産鑑定士事務所設立
　　現在、東京税理士会麻布支部会員及び公益社団法人　日本不動産鑑定士協会連合会会員

〔著書〕

『Q&Aと解説でわかる等価交換と事業用資産の買換えの税務』（大蔵財務協会）
『事業承継のための非上場株式等に係る納税猶予の実務と申告書の記載例』（大蔵財務協会）
『相続財産評価マニュアル』相続財産評価実務研究会　編集（新日本法規）
『相続財産調査・算定等の実務』相続財産調査実務研究会　編集（新日本法規）
『非上場株式の評価の仕方と記載例』（大蔵財務協会）
『「無償返還」「相当地代」「使用貸借」等に係る借地権課税のすべて』（税務研究会）
『非上場株式評価のQ&A』（大蔵財務協会）
『相続税法特有の更正の請求の実務』（大蔵財務協会）
『基礎控除引下げ後の相続税税務調査対策の手引』」共著（新日本法規）
『Q&A　市街地近郊土地の評価』（大蔵財務協会）

〔主な執筆〕

『平成15年版　相続税／贈与税　土地評価の実務』庄司範秋　編（大蔵財務協会）
『平成16年版　回答事例による資産税質疑応答集』北本高男／庄司範秋　共編（大蔵財務協会）
『平成17年　図解　財産評価』板垣勝義　編（大蔵財務協会）
『平成17年　株式・公社債評価の実務』板垣勝義　編（大蔵財務協会）
　　　　　　　　　　　　　　　　　　　　　　　　　　　（いずれも共同執筆）
『税理2011.8相続財産に瑕疵がある場合の実務対応』（ぎょうせい）

本書の内容に関するご質問は、なるべくファクシミリ等、文書で編集部宛にお願いいたします。(fax 03-3233-0502)
なお、個別のご相談は受け付けておりません。

本書刊行後に追加・修正事項がある場合は、随時、当社のホームページ（http://www.zeiken.co.jp「書籍」をクリック）にてお知らせいたします。

→ 税務研究会　書籍訂正　と検索してください。

実践　土地の有効活用
所法58条の交換・共有地の解消（分割）・立体買換えに係る実務とQ&A

平成28年 9 月29日　初版第一刷印刷　　　　　　　（著者承認検印省略）
平成28年10月11日　初版第一刷発行

　　　　　　　Ⓒ　著　者　松　本　好　正
　　　　　　　　　発行所　税 務 研 究 会 出 版 局
　　　　　　　　　　　　　週刊「税務通信」「経営財務」発行所

　　　　　　　　　代表者　山　根　　　毅

郵便番号101-0065
東京都千代田区西神田 1 - 1 - 3（税研ビル）
振替00160-3-76223
電話〔書 籍 編 集〕03(3294)4831〜2
　　〔書 店 専 用〕03(3294)4803
　　〔書 籍 注 文〕
　　〈お客さまサービスセンター〉03(3294)4741

●　各事業所　電話番号一覧　●

北海道 011(221)8348　　中　部 052(261)0381　　九　州 092(721)0644
東　北 022(222)3858　　関　西 06(6943)2251　　神奈川 045(263)2822
関　信 048(647)5544　　中　国 082(243)3720　　研修センター 03(5298)5491

〈税研ホームページ〉　http://www.zeiken.co.jp

乱丁・落丁の場合は，お取替え致します。　　印刷・製本　東日本印刷株式会社
ISBN 978-4-7931-2194-4

資産税関係

《2016年8月1日現在》

〈2016年3月刊〉

都市近郊農家・地主の相続税・贈与税

清田　幸弘　編著
下﨑　寛・妹尾芳郎・永瀬寿子　共著
A5判・186頁
定価 1,944円

都市近郊農家や地主の方々のため、相続税・贈与税の基本、生産緑地制度・農地の納税猶予の特例の取扱いや、土地などの相続財産の評価方法、事前対策や納税方法についてQ&A形式で解説しています。

〈2015年11月刊〉

【七訂版】民法・税法による遺産分割の手続と相続税実務

小池　正明　著
B5判・732頁
定価 4,968円

遺産分割をはじめ相続放棄や限定承認、相続の手続、遺留分やその減殺方法など多種多様な実務処理とそれを的確に実行するためのポイントを解説しています。本版は、平成27年1月より適用されている相続税制に対応し、新様式の記載例を数多く掲げ、設例や計算例も多数収録しています。

〈2015年10月刊〉

【第2版】贈与税の実務とその活用ポイント

五十嵐　徹夫　監修／服部　誠・小泉　秀子　共著
A5判・284頁
定価 2,160円

贈与税の基本について事例等を交えわかりやすく解説すると共に、様々な贈与による財産分与策や事業承継策を全40問のQ&Aで紹介しています。本版は、平成27年1月以降適用されている相続税制や平成27年4月に創設された「結婚・子育て資金の一括贈与の非課税制度」を織り込んでいます。

〈2015年7月刊〉

【2015年度版】一目でわかる小規模宅地特例100

赤坂　光則　著
B5判・460頁
定価 2,808円

特例の適用形態を体系的に整理し、イラストを織り込み、辞書をひく要領で適用状況がわかるよう編集した好評書です。本版では、適用時期が分かれていた平成25年度改正について、平成27年から適用されるものを中心に整理し、寄せられた質問等をもとに3つの事例を追加し、50事例としました。

税務研究会出版局

定価は8％の消費税込みの表示となっております。

注文・お問合せは、下記まで
TEL 03-3294-4741　FAX 03-3233-0197
http://www.zeiken.co.jp

法人税関係

《2016年8月1日現在》

<2016年7月刊>

【八訂版】
法人税基本通達逐条解説

小原 一博 編著
A5判・1680頁

定価 7,200円

本書は、法人税基本通達の全項目について、通達原文、改正の経緯、関連法令の概略、旧通達との関連、条文制定の趣旨、狙いを含めた実務解説、適用時期の形で構成しています。本版では、平成27年12月16日付課法2-26改正通達までを収録した最新の内容となっています。

<2016年6月刊>

【第5版】
「固定資産の税務・会計」完全解説

太田 達也 著
A5判・544頁

定価 3,000円

固定資産の取得から、その後の減価償却、資本的支出と修繕費の処理、除却・譲渡に至るまでの段階ごとに、税務・会計の取扱いをまとめ、詳細に解説しています。第5版では、平成28年度改正により廃止された定率法や平成27年度改正など最新の法令織り込んで詳しく解説しています。

<2016年6月刊>

【改訂第七版】
減価償却資産の取得費・修繕費

河手 博・成松 洋一 共著
A5判・676頁

定価 4,400円

減価償却資産は、税務上の取扱いにおいて注意しなければならない点が数多くあります。本書は、減価償却資産の取得から維持補修までについて、該当する基本通達とその解説、豊富な質疑応答により、必要な法令だけでなく裁判・裁決例までも網羅し説明しています。

<2016年6月刊>

事例で理解する
オーナーと同族会社間の税務

伊藤 正彦 編著
A5判・372頁

定価 2,300円

税理士の関与先法人は中小企業が大半であり、その多くを税法上の同族会社が占めています。本書は、同族会社の設立から清算に至る過程に沿って、オーナーと同族会社との取引に関する税務上のさまざまな取扱いを事例や図表を用いてわかりやすく解説しています。

税務研究会出版局
定価は8％の消費税込みの表示となっております。

注文・お問合せは、下記まで
TEL 03-3294-4741 FAX 03-3233-0197
http://www.zeiken.co.jp

消費税関係

《2016年8月1日現在》

〈2015年8月刊〉

【五訂増補版】 事例検討
誤りやすい消費税の実務

小池 敏範 著
A5判・372頁
定価 3,024円

本書は、第1章から第8章まで大きく8つの項目に分け、それぞれの項目の概要を説明した上で、消費税の取扱いのミスが目立つ点について、事例を検討する形式でわかりやすく解説しています。本版では、平成26年度から27年度までの改正を踏まえ、全部で100の事例を設けています。

〈2015年5月刊〉

【十訂版】 実務家のための
消費税実例回答集

木村 剛志 編
A5判・1080頁
定価 7,560円

本書は、平成3年の刊行以来、実務に役立つ事例を吟味して掲載し、消費税導入に携わった編者が的確な回答を行っています。本版は、簡易課税制度の改正等に対応しており、新たな事例を30問追加しました。誰にでも理解できるように問答形式で易しく解説しています。

〈2015年4月刊〉

【改訂新版】
消費税の「還付請求手続」完全ガイド

熊王 征秀 著
B5判・308頁
定価 3,456円

本書は、平成24年以降の消費税の還付スキームを、53の事例により実践的に解説した最新版で、還付請求手続のトラブル回避に最適な内容となっています。本版は、「〈4訂版〉消費税の『還付請求手続』と『簡易課税の業種区分』完全ガイド」を還付請求手続のみにまとめて、改題しています。

〈2014年11月刊〉

税率変更後に留意すべき
消費税の実務

島添 浩 著
A5判・328頁
定価 2,376円

本書は、消費税の基本的な仕組みを解説した上で、新旧税率が混在する期間における経理実務の留意点を詳しく述べています。今後の契約における契約書例や確定申告書・付表の記載方法には特にページを割いて、できるだけ具体的に解説しています。

税務研究会出版局

定価は8％の消費税込みの表示となっております。

注文・お問合せは、下記まで
TEL 03-3294-4741　FAX 03-3233-0197
http://www.zeiken.co.jp